Mitlesen
Mitteilen

Mitlesen Mitteilen

Literarische Texte zum Lesen, Sprechen, Schreiben und Hören

Third Edition

Larry D. Wells
Late of Binghamton University

Rosmarie T. Morewedge
Binghamton University

THOMSON
HEINLE

United States · Australia · Canada · Mexico · Singapore · Spain · United Kingdom

THOMSON

HEINLE

Mitlesen Mitteilen/Third Edition
Wells / Morewedge

Publisher: *Janet Dracksdorf*
Senior Editor: *Sean Ketchem, Ph.D.*
Editorial Assistant: *Heather Bradley*
Sr. Production Editor: *Sally Cogliano*
Director of Marketing: *Lisa Kimball*
Associate Marketing Manager:
  Elizabeth Dunn

Manufacturing Coordinator:
  Mary Beth Hennebury
Compositor: *Argosy*
Project Manager: *Kevin Sullivan*
Cover Designer: *Ophelia Bliss*
Text Designer: *Carol Rose*
Printer: *Webcom*

Printed in Canada.
  2 3 4 5 6 7 8   9 10   06 05 04 03

For more information contact Heinle, 25 Thomson Place, Boston, Massachusetts 02210 USA, or you can visit our Internet site at http://www.heinle.com.

0-0303-4434-4
(Student Text with Audio CD Package)

Library of Congress Control Number: 2003106964

Inhalt

Preface

Mitlesen Mitteilen: Literarische Texte zum Lesen, Sprechen, Schreiben und Hören is a literary reader designed for students in second-year college or advanced high school German classes. At some universities, the first four or five stories could be read toward the end of the first year, while other programs may find the book best suited for third-year conversation or composition courses. The activities in *Mitlesen Mitteilen*, be they reading, speaking, writing, or listening, are learner-centered to facilitate a genuine exchange of information, ideas, reactions, and opinions. Almost all activities can be done as homework, with a partner, in small groups, or in the class as a whole. As the title suggests, these varied activities encourage students to share and help each other through their encounters with the texts. Although this reader does not provide systematic grammar explanations, it does address certain grammar points, as well as matters of style, in the *Aufsatzthemen* writing tips section of the individual chapters. Instructors looking for a companion reference grammar to complement this text may wish to use *German in Review: Lehrbuch der deutschen Grammatik,* by Kimberly Sparks and Van Horn Vail.

New to This Edition

In general, activities throughout the book have been made more personalized, learner-centered, and task-based than in earlier editions. Instructors and students familiar with earlier editions will discover the following changes:

- In place of the seven separate **Hörtexte** listening strands with a total of fifteen recordings, each of the twenty-one chapters now offers an integrated listening component, called **Zum Hören**.
- The text is packaged with a free audio CD containing the recordings of the **Zum Hören** material.
- The **Zur Wiederholung** sections have been eliminated to allow for more expansive review and practice within the context of individual chapters.

- The chapter opener has been redesigned to provide a checklist of materials and learning goals for the chapter, as well as a short biographical sketch of the author of the reading.
- Each chapter now begins with an activity entitled **Mitlesen, mitteilen**, which is designed to help structure students' initial explorations of the text.
- A new section, **Sprechakte**, focuses on vocabulary building and communicative competence through practice of useful expressions and word meanings. This section also provides practice on material formerly covered in the **In eigenen Worten** section.
- A new feature, **Kontexte**, provides cultural backgrounding information to help students better access the texts.
- Each chapter now ends with a **Glossar** section, providing the text glosses formerly located at the end of the book.
- The chart of strong and irregular verbs has been placed in the online Student Resources section of the Web site, at **http://mitlesen.heinle.com**.

Reading and Listening Selections

Mitlesen Mitteilen consists of twenty-one readings and an equal number of listening texts by authors from Germany, Austria, Switzerland, and the former German Democratic Republic. In Chapters 6, 9, and 10, the reading also serves as the listening text. Six stories were written by women, including one (Yoko Tawada, "Von der Muttersprache zur Sprachmutter") originally from Japan. With the exception of the listening text "Rotkäppchen", all the stories are relatively modern and were selected to provide a range of voices representative of contemporary life in German-speaking countries. A somewhat longer text, "Wien 1938", by Ruth Klüger, is meant to provide a transition to the lengthier texts usually found in advanced courses.

The third edition of *Mitlesen Mitteilen* comes with an audio CD containing the **Zum Hören** listening texts. These too present a broad range of voices, from current pop hits such as Die Wise Guys' "Willst du mit mir gehen?" to readings of poems such as José F.A. Oliver's "Ich war ein Kind."

Chapter Activities

While much has changed in the third edition of *Mitlesen Mitteilen*, the basic pedagogy remains the same. Prereading activities (**Vor dem Lesen**) familiarize students with the texts they are about to encounter, beginning with the chapter opening activity which picks up the title of the text: **Mitlesen, mitteilen**. Vocabulary expansion is encouraged in the new edition by activities based on the creation of a **Stichwörterliste**. After the reading, the **Leseverständnis** comprehension activities help structure recall and analysis of the text. Discussion questions (**Diskussion**) foster appreciation and understanding of the texts as literature, while encouraging students to relate the topics and themes to their own lives and interests. Student-generated vocabulary selection activities (**Wortschatzaufgaben**), as well as practice of useful expressions in the **Sprechakte** section, assist students in the active mastery of vocabulary. New **Kontexte** sections provide helpful cultural background information in advance of the **Aufsatzthemen** writing sections. These sections are preceded by writing tips, focusing on aspects of grammar usage and style. Some of the writing topics encourage students to use the themes and ideas in the stories as a springboard for their own creative writing.

In the third edition, each chapter ends with a set of **Zum Hören** listening activities. These listening texts are generally of lesser linguistic difficulty than the reading texts. The activities include pre-listening and post-listening components. Key vocabulary to access the listening texts is presented in the **Vor dem Hören** section, as well as information about the performer or author. The chapter ends with a **Glossar**, keyed to the vocabulary glosses in the reading text.

Instructor's Guide and Audioscript

An Instructor's Guide and Audioscript is available for download on the *Mitlesen Mitteilen* Web site, **http://mitlesen.heinle.com**. It contains the script for the **Zum Hören** listening texts. It also presents strategies, tips, and suggestions for prereading, paraphrasing, vocabulary learning, writing, and listening as well as an overview of the chapter writing tips. These sections are written for students and may be distributed at the instructor's discretion.

Acknowledgments

Many people have contributed to past editions of *Mitlesen Mitteilen*. The author wishes to thank the colleagues who reviewed portions of prior editions as well as the manuscript of the current edition.

The author would also like to thank the staff of Thomson/Heinle, including Janet Dracksdorf, Publisher of World Languages, Sean Ketchem, Acquisitions Editor, and Sarah Cogliano, Senior Production Editor, as well as the freelance editor, Ulrike Rapp.

Finally, the author and publisher wish to honor the memory of Larry D. Wells, a tireless champion of German teaching, whose vision and expertise created and nurtured this book. It is a great honor and pleasure to continue his work.

Kapitel

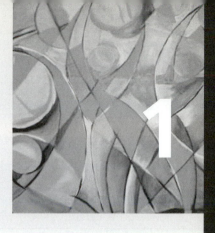

1

Wolf Wondratschek
was born in 1943 in Rudol-
stadt in Thuringia and is a
freelance writer currently
living in Frankfurt am
Main. "Mittagspause" is
from *Früher begann der*
Tag mit einer Schusswunde
(gunshot wound), a collection of his short prose
sketches, poems, and word
montages first published in
1969. His "Aspirin,"
"Deutschunterricht,"
"Postkarten," "Gewohn-
heiten," and "43
Liebesgeschichten" from
this collection are also
short and easy to read.

ⓐ Vor dem Lesen

Überfliegen des Textes

A.   Mitlesen, mitteilen. Der folgende Text beschreibt die Mittagspause einer jungen Frau, die in einem Büro arbeitet. Lesen Sie den Text
schnell durch, um zu verstehen, worum es im Text geht. Teilen Sie einer
anderen Person im Kurs in drei bis fünf Aussagen mit, was Sie beim Überfliegen des Textes über diese Frau erfahren haben.

1. Mit was für Erwartungen haben Sie und Ihr Partner das Lesen angefangen?
2. Welche davon waren richtig?
3. Welche von Ihren Erwartungen waren falsch?

---

❶   PREVIEWING

*You should preview a text before reading it. Always note the title, as well as any pic-
tures or other information that may give you an idea as to the content of the text.
Then skim quickly without glosses for the gist of the story. At the very least, you want
to find out **where** and **when** the story takes place, **who** the main characters are,
what they are doing, and **what** happens.*

*If working with a partner, you can then trade first impressions, as in the follow-
ing preview activity. Remember, the more you learn about the text in preview phase,
the better you will understand it when actually reading.*

B.   Zweites Lesen. Lesen Sie die Geschichte jetzt genau. Notieren Sie
sich kurz die Hauptideen.

---

❶   READING

*Always try to read a story a first time without referring to the glosses. Read for mean-
ing, not to understand every word. If you encounter words that you do not know and
cannot guess, keep going, unless you have completely lost the narrative thread. Then
read the text again, only now consulting the glosses for any words you still cannot figure out from context.*

C.   Stichwörterliste. From your reading, put together your own con-
nected list of **key words** and **clusters of expressions** related to these
key words. These words will record and recall to you the reading process,
will aid your recall of ideas and events, and will enable you to talk and
write about the story.

Mittagspause

Sie sitzt im Straßencafé. Sie schlägt sofort die Beine übereinander. Sie hat wenig Zeit. Sie blättert[1] in einem Modejournal. Die Eltern wissen, daß sie schön ist. Sie sehen es nicht gern. Zum Beispiel. Sie hat Freunde. Trotzdem sagt sie nicht, das ist mein bester Freund, wenn sie zu Hause
5 einen Freund vorstellt[2].

Zum Beispiel. Die Männer lachen und schauen herüber[3] und stellen sich ihr Gesicht ohne Sonnenbrille vor[4].

Das Straßencafé ist überfüllt. Sie weiß genau, was sie will. Auch am Nebentisch sitzt ein Mädchen mit Beinen.

10 Sie haßt Lippenstift. Sie bestellt einen Kaffee. Manchmal denkt sie an Filme und denkt an Liebesfilme. Alles muß schnell gehen.

Freitags reicht[6] die Zeit, um einen Cognac zum Kaffee zu bestellen. Aber freitags regnet es oft.

Mit einer Sonnenbrille ist es einfacher, nicht rot zu werden. Mit
15 Zigaretten wäre es noch einfacher. Sie bedauert[7], daß sie keine Lungenzüge[8] kann.

Die Mittagspause ist ein Spielzeug[9]. Wenn sie nicht angesprochen wird, stellt sie sich vor, wie es wäre, wenn sie ein Mann ansprechen würde. Sie würde lachen. Sie würde eine ausweichende[10] Antwort
20 geben. Vielleicht würde sie sagen, daß der Stuhl neben ihr besetzt[11] sei. Gestern wurde sie angesprochen. Gestern war der Stuhl frei. Gestern war sie froh, daß in der Mittagspause alles sehr schnell geht.

Beim Abendessen sprechen die Eltern davon, daß sie auch einmal jung waren. Vater sagt, er meine es nur gut. Mutter sagt sogar, sie habe
25 eigentlich Angst. Sie antwortet, die Mittagspause ist ungefährlich[12].

Sie hat mittlerweile[13] gelernt, sich nicht zu entscheiden[14]. Sie ist ein Mädchen wie andere Mädchen. Sie beantwortet eine Frage mit einer Frage.

Obwohl sie regelmäßig[15] im Straßencafé sitzt, ist die Mittagspause
30 anstrengender[16] als Briefeschreiben. Sie wird von allen Seiten beobachtet[17]. Sie spürt[18] sofort, daß sie Hände hat.

Der Rock ist nicht zu übersehen. Hauptsache[19], sie ist pünktlich[20].

Im Straßencafé gibt es keine Betrunkenen. Sie spielt mit der Handtasche. Sie kauft jetzt keine Zeitung.

35 Es ist schön, daß in jeder Mittagspause eine Katastrophe passieren könnte. Sie könnte sich sehr verspäten. Sie könnte sich sehr verlieben[21]. Wenn keine Bedienung[22] kommt, geht sie hinein und bezahlt den Kaffee an der Theke[23].

An der Schreibmaschine hat sie viel Zeit, an Katastrophen zu
40 denken. Katastrophe ist ihr Lieblingswort. Ohne das Lieblingswort wäre die Mittagspause langweilig[24]. ◣

📖 Leseverständnis

A. **Zum Text.** Sind die folgenden Aussagen **richtig (R), falsch (F)** oder **nicht im Text (N)**?

	R	F	N
1. Das Mädchen ist eine gute Sekretärin.	❑	❑	❑
2. In der Mittagspause tut sie, als wäre sie Modell oder Filmschauspielerin.	❑	❑	❑
3. Sie ist sehr nervös.	❑	❑	❑
4. Sie hat schöne Hände.	❑	❑	❑
5. Sie geht gern mit anderen jungen Frauen essen.	❑	❑	❑
6. Es ist ihr wichtig, eine perfekte Sekretärin zu werden.	❑	❑	❑
7. Sie hasst ihren Beruf.	❑	❑	❑
8. In der Mittagspause arbeitet sie schwerer als im Büro.	❑	❑	❑
9. Sie geht gern ins Café, um einen Mann zu finden.	❑	❑	❑
10. Das Mädchen ist schüchtern.	❑	❑	❑

B. **Aussagen.** Machen Sie mit anderen Personen zusammen möglichst viele kurze Aussagen über das, was das Mädchen im Straßencafé tut und denkt. Nehmen Sie dabei den Text nicht zur Hilfe.

❗
> RECALL
>
> *In recall and speech production, chronology is far less important than words and associations. If you cannot make complete statements, say any words you remember, or anything that you think might be significant. Your words may help other students recall something, which in turn may trigger in your own mind additional words or ideas.*
>
> *For example, the word **Eltern** might call to mind such associations as **Angst, einmal, jung** and **Tochter;** these words could then prompt a statement or two from someone else in your group. Anytime you do not understand the meaning of something, ask your instructor or another student.*

C. **Partnerarbeit.** Jeder sucht zehn Substantive, die für das Mädchen wichtig sind. Vergleichen Sie Ihre Listen und einigen Sie sich auf (*agree on*) zehn. Wieso sind diese Wörter wichtig? Mit welchen Themen haben die Wörter zu tun? Ordnen Sie die Wörter folgenden Themen zu:

Beziehung zu Männern   das Café   Eltern   Arbeit   Aussehen

Gibt es andere wichtige Themen im Text? Welche Ausdrücke setzen Sie sich auf Ihre Stichwörterliste?

D. **Wie steht es im Text?** Finden Sie die Zeilen (*lines*) im Text, wo die folgenden Ideen ausgedrückt werden. Schreiben Sie die Zeilennummer(n) auf.

Zeile(n)

1. Etwas tut ihr Leid. _____
2. Sie hat gelernt, eine Frage indirekt zu beantworten. _____
3. Sie sagt, der Stuhl ist nicht frei. _____
4. Die Eltern wollen das Beste für sie. _____
5. Sie ist schlauer geworden und hat gelernt,
   weder ja noch nein zu sagen. _____
6. Jeden Tag tut sie das Gleiche. Sie findet das langweilig. _____
7. Etwas an ihrer Kleidung sieht man sofort – es fällt auf. _____
8. Sie sucht das Risiko und die Gefahr. _____
9. Sie sucht den richtigen Mann. _____
10. Sie flirtet mit Männern. _____

Diskussion

A. **Umfrage.**

1. Fragen Sie vier Kursteilnehmer, wie man jemanden am besten kennen lernt, zu dem/der man eine Beziehung sucht.
2. Schreiben Sie eine Liste von Strategien auf.
3. Schreiben Sie neben jede Strategie, ob Sie sie blöd oder klug finden.

B. **Rollenspiel.**

1. Einer von Ihnen spielt die junge Frau. Die anderen stellen Fragen an sie.
   Beispiel: „Warum sitzen Sie täglich im Café?"
2. Einer von Ihnen spielt den jungen Mann. Die anderen stellen Fragen an ihn.
   Beispiel: „Sagen Sie mir, warum tragen Sie im Straßencafé eine Brille?"

C. **Allerlei Fragen.**

1. Wie alt ist „sie"?
2. Warum braucht sie Sonnenbrille und Zigaretten, aber keinen Lippenstift?
3. Wann spürt sie ihre Hände und warum?
4. Was passiert in diesem Text überhaupt? Wie bringt der Autor das zum Ausdruck? Was will er damit zeigen?

⊕ Wortschatzaufgaben

A. Pantomime. Ein Partner/eine Partnerin führt ein Verb vor; der andere/die andere sagt, um was es sich handelt. Nur der Ausdruck selbst ist tabu!

in einem Journal blättern	die Beine	etwas bedauern
zu Leuten	übereinanderschlagen	jemanden
hinüberschauen	eine ausweichende	ansprechen
Leute beobachten	Antwort geben	die Rechnung
sich verlieben	etwas bestellen	bezahlen

B. Partnerarbeit.

1. Textmarkierer organisieren einen Text, bauen Erwartungen und helfen beim Lesen. Wie geht es weiter? Ziehen Sie den Text nur zur Hilfe, wenn Sie nicht mehr weiter können. Erklären Sie Ihre Formulierung.

   a. Freitags reicht die Zeit, um ...

   b. Mit einer Sonnenbrille ist es einfacher ...

   c. Wenn sie nicht angesprochen wird, ...

   d. Gestern war sie froh, ...

   e. Die Eltern sprechen davon, ...

   f. Sie hat gelernt, eine Frage ...

   g. Obwohl sie im Straßencafé sitzt, ...

   h. Sie hat viel Zeit, ...

2. Besprechen Sie mit Ihrem Partner/Ihrer Partnerin, nach welchen Textmarkierern man **Infinitivgruppen, Hauptsätze** oder **Nebensätze** findet.

3. Besprechen Sie in Gruppen die Bedeutung von Textmarkierern.

C. Die Stichwörterliste. Erweitern Sie die Stichwörterliste durch zehn weitere Wörter aus dem Text, die Sie vorher nicht gekannt haben und die Sie jetzt lernen möchten. Mit den zehn Substantiven von vorher und diesen Wörtern können Sie die Geschichte nacherzählen.

D. Ein drittes Lesen. Um einen Text gut zu verstehen, ist es wichtig, dass der Leser wenigstens 95% der wichtigen Wörter kennt. Am Anfang dieses Buches kann man diese hohe Prozentzahl noch nicht erwarten, doch ein drittes Lesen vom Text kann Sie dazu bringen, jetzt viel mehr zu verstehen, als beim ersten und zweiten Lesen.

Falten Sie ein Blatt und notieren Sie auf der Oberseite, was Sie jetzt zum ersten Mal verstehen; auf der Unterseite, was Sie erfragen möchten. Besprechen Sie die Fragen in Gruppen.

🎙 Sprechakte

A.   **Formulierungen.** Wie formuliert der Text die folgenden Sprechakte? Suchen Sie Formulierungen unten oder im Text.

1. vorstellen
2. sich entschuldigen
3. Kontakt aufnehmen
4. bestellen
5. zahlen
6. Komplimente machen

---

darf ich vorstellen   Entschuldigung, ist hier noch frei?

es tut mir Leid, dass ...

Eigentlich nicht, doch ...   Wie viel macht das?

Runden Sie es ab.   die Rechnung, bitte.   Zahlen bitte.

Verzeihung, sind wir uns hier nicht schon mal begegnet?

Vielleicht, aber ...   darf ich bekannt machen

B.   **Rollenspiel.** Setzen Sie die Sprechakte in einen Kontext und spielen Sie sie vor.

Beispiel: Sie treffen eine Kursteilnehmerin im Café und stellen sich und Ihren Freund vor.

C.   **Weitere Rollenspiele.**

1. Ihr netter Partner/Ihre nette Partnerin, den/die Sie aber noch nicht kennen, lädt Sie für heute Abend zum Film ein.
2. Rufen Sie die Bedienung und zahlen Sie für Ihren Kaffee. Vergessen Sie nicht, ein kleines Trinkgeld zu geben.
3. Zeigen Sie Ihrem Freund/Ihrer Freundin, dass Sie sich um ihn/sie Sorgen machen. Erklären Sie warum.
4. Sprechen Sie mit jemandem und erkundigen Sie sich nach einem Termin.
5. Flirten Sie mit jemandem.

⊙ Aufsatzthemen

> **WRITING TIPS**
>
> *Writing is a process of important steps. These steps include:*
>
> *gathering vocabulary*
> *generating sentences*
> *arranging sentences into a first draft*
> *checking for accuracy and style*
> *writing final copy*
>
> *If your assignment is to retell a story, try gathering words and ideas by brainstorming with a partner or in groups. The most important words to brainstorm are* **verbs**, *since they normally provide the main thrust for sentences. When describing or discussing texts, keep your verbs in the present tense. Use a variety of verbs, and* **avoid** haben **and** sein **as much as possible**, *since they add little to your writing.*
>
> *Go to your* **Stichwörterliste** *for meaningful vocabulary you can use in your writing. For any writing project, make an* **advance organizer** *that clusters your ideas around themes to give flow, coherence, and structure to your ideas. Start by free-associating with the topic whatever comes to your mind. Place your ideas and sentences into an appropriate structure or sequence. You will need to use connectors, such as subordinating conjunctions.*
>
> *The following connectors explain* **das Warum**: *the intent* (**damit**), *cause* (**da**), *reason for actions* (**weil**). *Remember to put the conjugated verb at the end of the subordinated clause, and be sure to reread what you have written and revise as necessary.*

1. Erzählen Sie im Präsens, was das Mädchen in der Geschichte tut oder nicht tut, und warum sie diese Dinge tut. Gebrauchen Sie die Konnektoren *da, weil* und *damit.*

2. Beschreiben Sie einen typischen Abend für das Mädchen im Straßencafé. Gebrauchen Sie die folgenden Wörter: *zuerst, dann, danach, daraufhin, später, schließlich.*

3. Beschreiben Sie die „Mittagspause" eines jungen Mannes in demselben Straßencafé. Was tut er? Was denkt er? Was wäre für ihn eine Katastrophe?

Kontexte

Das Café

Das Café ist ein wichtiger öffentlicher Platz in der Stadt, der von morgens bis abends viele Funktionen erfüllt. Man geht dorthin, um sich auszuruhen, um Bekannte zu treffen, um sich nett zu unterhalten, die Zeitung zu lesen, um Leute zu sehen und auch gesehen zu werden. Man geht mit Bekannten ins Café, allein oder zur Unterhaltung.

In vielen Städten gibt es bekannte und elegante Cafés. In Wien gibt es das Café Demel, in Berlin das Café Kranzler, in St. Moritz Café Hanselmann und in Zürich das Café Sprüngli.

Ist das Café überfüllt, so darf man sich an einen Tisch setzen, wo noch Platz frei ist. Bevor man sich setzt, fragt man höflich: „Ist hier noch frei?" oder „Gestatten Sie?"

Man bestellt gewöhnlich beim Kellner oder der Kellnerin. Wenn Sie ein Café regelmäßig besuchen und immer am gleichen Platz sitzen, werden Sie ein Stammgast mit besonderen Privilegen.

Im Café kann man allein sein, ohne einsam zu sein. Das Café bietet Möglichkeiten Bekannte zu treffen, aber auch Bekanntschaften zu machen in geselliger, eleganter oder gemütlicher Umgebung.

Mädchen oder Frau?

Für junge Frauen, die sechzehn Jahre oder älter sind, gebraucht man gewöhnlich die Anrede **Frau.** Im Geschäftsleben spricht man Kollegen mit **Herr** und Kolleginnen mit **Frau** an. Kennt man sich schon lange und gut, so geht man vielleicht zu Vornamen, behält aber die **Sie**-Form als das Normale.

Man duzt sich als Zeichen der Solidarität; unter Studenten zum Beispiel ist es üblich, sich zu duzen. Sonst bedeutet das **Du** eine Form der Intimität.

⊙ Zum Hören

Vor dem Hören

A. **Zum Thema.** Was verbinden Sie mit dem Thema flirten?

1. Machen Sie eine Liste davon, was Sie sagen oder machen würden, wenn Sie jemanden unbedingt kennen lernen wollen, der der Richtige/ die die Richtige für Sie sein könnte.

2. Fragen Sie mindestens vier bis fünf Personen, was sie sagen oder tun würden, und setzen Sie die Aussagen auf die Liste mit dem Titel „Sprüche zum Flirten".

B.   **Zuordnung.** Welche Aussagen Ihrer Gruppe haben mit den folgenden Themen zu tun?

Augenkontakt   lächeln   denken   sich charmant zeigen
sich gut benehmen   sich verabreden   sich kennen lernen

C.   **Stichwörterliste.** Unten sind ein paar wichtige Wörter, die Sie sich vor dem Hören merken sollten. Schreiben Sie diese Wörter und andere, die Sie sich merken wollen, auf eine Stichwörterliste.

leihen	*jemandem etwas für kurze Zeit geben*
Handy	*Telefon zum Mitnehmen*
Geheimagentin	*weibliche 007*
klauen	*stehlen*
anziehen	*wie ein Magnet wirken*
unwiderstehlich	*nichts dagegen machen können*

◉ Beim Hören

„Willst du mit mir gehen?"
Die Wise Guys

A.   **Beim ersten Hören.** Hören Sie sich jetzt das Lied an. Was haben Sie verstanden? Es macht nichts aus, wenn Sie nicht jedes Wort verstehen. Wenn Sie das Lied zum zweiten Mal spielen, notieren Sie sich ein Schlüsselwort für jeden Flirt.

B.   **Beim zweiten Hören.** Hören Sie nochmal zu und schreiben Sie mit, was Sie verstehen. Sie und Ihr Partner/Ihre Partnerin vergleichen dann Ihre Texte und besprechen warum die eine oder die andere Version richtig sein könnte. Versuchen Sie so viele grammatische Gründe zu erwähnen, wie möglich.

C.   **Sprüche.** Wie viele Sprüche finden Sie, mit denen man flirten kann? Setzen Sie diese auf die Liste, die Sie angefangen haben. Schreiben Sie neben die Sprüche, ob Sie sie **gut, blöd** oder **frech** finden. Markieren Sie welche Sie von diesen Sprüchen gebrauchen würden.

Nach dem Hören

A. **Zuordnung.** Machen Sie zwei Listen nach dem Modell.

Was sagt der Mann über sich?	Was sagt er über die Frau?
Ich muss dich wiedersehen	*Du bist so schön!*
Ich habe meine Telefonnummer vergessen	*Du bist gewiss Geheimagentin*
...	...

B. **Minidrama.** Konstruieren Sie einen Flirt in der Mittagspause als Minidrama. Wer sagt was im Dialog? Spielen Sie den Dialog als Rollenspiel.

C. **Liebesbrief.** Schreiben Sie Ihrer/Ihrem heimlichen Geliebten einen Brief. Seien Sie theatralisch – je mehr Sie übertreiben, desto lustiger!

Glossar

1 **blättern** to page, leaf

2 **jmdn. vorstellen** to introduce
   s.o.; **jmdn, bekannt machen**

3 **herüberschauen** to look over
   toward

4 **sich** *(dat.)* **vorstellen** to imagine

5 **hassen** to hate

6 **reichen** to suffice; **genug sein**

7 **bedauern** to regret

8 **Lungenzüge machen** to inhale;
   Zigarettenrauch einatmen

9 das **Spielzeug, -e** toy

10 **ausweichend** evasive

11 **besetzt** occupied

12 **ungefährlich** not dangerous;
   harmlos

13 **mittlerweile** meanwhile;
   inzwischen

14 **sich entscheiden*** to decide
   (between options)

15 **regelmäßig** regularly; **gewöhnlich**

16 **anstrengend** strenuous; **ermüdend**

17 **beobachten** to observe; **eine Zeit
   lang anschauen**

18 **spüren** to sense, feel; **fühlen**

19 die **Hauptsache, -n** main thing

20 **pünktlich** punctual; **rechtzeitig**

21 **sich verlieben** to fall in love

22 die **Bedienung** waiter, service

23 die **Theken, -n** counter

24 **langweilig** boring; **uninterres-
   sant**

Kapitel

2

Gabriele Wohmann
was born in 1942 in Darmstadt and is one of Germany's best-known and most prolific authors. She published her first collection of stories, *Mit einem Messer*, in 1958. In addition to her many volumes of short stories and prose sketches, she has written novels, radio plays (**Hörspiele**) and poetry. Her stories often depict and expose the artificiality, meanness, and pain of human encounters and relationships. "Imitation," taken from her short story collection *Vor der Hochzeit: Erzählungen* (1980), proves no exception in this regard.

⊕ Vor dem Lesen

Überfliegen des Textes

A. **Mitlesen, mitteilen.** Im ersten Teil der folgenden Geschichte betreten ein Mann und eine Frau eine Bar. Im zweiten Teil geht ein anderes Paar in eine Bar, nachdem es vermutlich (*presumably*) den Film gesehen hat, der im ersten Teil beschrieben wird. Lesen Sie einen Teil der Geschichte, während Ihr Partner/Ihre Partnerin den anderen Teil liest. Erzählen Sie ihm/ihr über Ihren Teil der Geschichte.

> **DESCRIPTIVE LANGUAGE**
>
> *In conveying the mood and emotions of her characters, the author employs the following adjectives with which you may not be familiar.*
>
> | | |
> |---|---|
> | blöd = dumm | stupid, silly |
> | finster = dunkel; nicht froh | gloomy, dark |
> | geringschätzig | disdainful |
> | leise = nicht laut | soft, gentle |
> | missmutig | in a bad mood |
> | roh = wild, nicht zärtlich | rough |
> | sanft | gentle |
> | traurig | sad |
> | unvergnügt | displeased, in a bad mood |
> | verstimmt = missmutig | in a bad mood |
> | zärtlich | tender, loving |

B. **Zweites Lesen.** Nachdem Sie jemandem im Kurs über einen Teil der Geschichte berichtet haben, lesen Sie die ganze Geschichte jetzt genau durch. Schreiben Sie wichtige Ausdrücke auf, die auf Ihrer Stichwörterliste stehen sollten.

Imitation

I

Sie betraten die Bar, und sanft leitete[1] er sie an einen intimen Nischentisch. Seine Augen waren zärtlich und roh, besitzergreifend[2]. Sie atmete[3] schwer, im glänzenden[4] Blick lagen Unsicherheit und Hoffnung.

5   —*You are terribly sweet,* sagte er leise.

Sie schüttelte den Kopf, lächelte. Er beteuerte[5] es ihr, umschloß[6] mit einer Hand ihre gefalteten kleinen Finger, fragte, ob sie tanzen wolle.

Sie tanzten, dicht[7] aneinandergedrängt[8] und immer noch zu weit voneinander entfernt. Schwere, süße Betäubung[9]. Die Musik, sein Atem, ihr Parfum, Augen, Hände, Wärme. Ein Rausch[10].

Er verging[11] nicht. Im Taxi brachte er sie nach Haus. Sie wohnte allein. Darf ich? O nein. Nur eine Tasse Kaffee. Bitte!

Er durfte. Zärtlicher großer Mann, seine erregende[12], wunderbare Liebe. Herzklopfen, sanft, sanft kam er zu ihr, ein paar Tränen, die nur die Augen füllten und nicht die Wangen hinunterliefen, ihre Hingabe, dem Zuschauer[13] versprochen in der Glut[14] eines Augenaufschlags[15], in der Verschmelzung ihrer Lippen.

II

—Noch was trinken?

—Ja, wär' nicht schlecht.

Sie betraten die Bar, und mißmutig bahnte er sich einen Weg[16] durch die Tische, fand keinen guten Platz. Sie hinter ihm her.

Unsympathisch muß er wirken[17] mit seinem finsteren Gesicht, den unvergnügten Lippen.

Er bestellte das billigste Getränk, fand es immer noch zu teuer.

—Hübscher Film, sagte sie.

—Na, reichlich dick aufgetragen[18], brummte[19] er.

—Was willst du, Kitsch ist's immer.

Beleidigt[20] saß sie, betrachtete[21] mit geringschätziger Wehmut[22] die Tanzpaare.

—Blöd, bei der Hitze zu tanzen, sagte sie traurig.

Er sah auf, fixierte eine aparte[23] kleine Mulattin, schlank[24] und drahtig[25] und halb nackt in den Armen ihres Partners.

—Kommt drauf an[26], sagte er.

Schwere, bittere Enttäuschung[27]. Die Musik, sein festgenagelter[28] Blick[29], daß man nicht geliebt wurde, daß man nicht liebte. Hitze. Eine schwache, leise bohrende Qual[30]. Sie verging nicht. Verstimmt tappten[31] sie durch die dunklen Straßen. ➤

⊕ Leseverständnis

A. **Zum Text.** Einigen Sie sich darüber, ob die Aussagen **richtig (R)**, **falsch (F)** oder **nicht im Text (N)** sind.

	R	F	N
1. In beiden Teilen spielt der Mann die führende Rolle.	❏	❏	❏
2. Teil I zeigt eine idealisierte stereotypische Hollywood-Liebesgeschichte (*love story*) im Film; Teil II zeigt die Liebesgeschichte in der Wirklichkeit, ohne jede Illusion.	❏	❏	❏

	R	F	N
3. In Teil I wird durch das Bild der Hände gezeigt, dass die Frau den Mann anbetet.	❏	❏	❏
4. In Teil I hört der Rausch auf, nachdem sie zusammen tanzen.	❏	❏	❏
5. Teil I und II werden aus der Perspektive (*point of view*) des jungen Mannes gesehen.	❏	❏	❏
6. In Teil II lobt die junge Frau zuerst den Film, ändert aber ihre Meinung sofort, nachdem der junge Mann ihn kritisiert.	❏	❏	❏
7. In Teil II sehen wir, dass sie gern tanzen würde.	❏	❏	❏
8. In Teil II sehen wir, dass er sich nicht für seine Partnerin interessiert, sondern mit einer anderen jungen Frau tanzen möchte, die er attraktiv findet.	❏	❏	❏
9. In Teil II finden sich die beiden unsympathisch.	❏	❏	❏
10. Teil II ist ein realistischer Kommentar auf die Hollywood Liebesgeschichte.	❏	❏	❏

B.   Wie steht es im Text?

1. Suchen Sie in Teil I einen Ausdruck oder einen Satz, der Ihrer Meinung nach die Stimmung (*mood*) des ersten Teils am besten beschreibt. Machen Sie dasselbe für Teil II.

2. Suchen Sie Belege im Text, die zur typischen Hollywood Liebesgeschichte gehören (*belong*). In welchem Teil finden Sie diese Belege?

3. Suchen Sie Ausdrücke und Beschreibungen im Text, die zur Imitation der Liebesgeschichte gehören.

4. In Zeile 35 wird von einer „Enttäuschung" gesprochen. Wer spricht hier? Der Erzähler? Die junge Frau? Ist es klar, wer den letzten Satz spricht?

C.   Gruppenarbeit zu dritt.
Erzählen Sie die Geschichte mit Hilfe einer **Stichwörterliste** nach, worauf wichtige Substantive, Verben und Adjektive stehen, die Sie zum Erzählen brauchen.

Diskussion

A.   Imitationen.
Diskutieren Sie darüber, inwiefern Teil II dieser Geschichte eine „Imitation" ist. Durch welche Wörter und sprachlichen Mittel kontrastiert die Autorin die beiden Teile der Geschichte?

B. **Was ist anders?** Wie und warum sind die Stimmung und die Beziehung zwischen den beiden Menschen anders in Teil I als in Teil II?

> **❶** | **M O O D**
>
> *Mood is part of the setting and the environment, such as a crowded, dark, impersonal nightclub. Decide if the setting is just part of the background, or if it is a key factor in the story that affects the emotional state of the characters and influences the story's plot.*

C. **Rollenspiel.**

1. Vier von Ihnen spielen das Paar in Teil I und das Paar in Teil II. Alle anderen in der Klasse stellen Fragen an die vier.

   Modell: Welche Rolle möchten Sie in einer Beziehung spielen?

   Führen Sie gern?

   Passen Sie sich gern an *(are you flexible)*?

   Sind Sie nachgiebig?

2. Trösten *(console)* Sie die beiden, die das Paar in Teil II spielen, oder geben Sie Ihnen Rat *(advice)*.

3. Was möchten Sie den beiden in Teil I und in Teil II sonst noch sagen?

⊞ Wortschatzaufgaben

A. **Zuordnung.**

1. Machen Sie zwei Listen von positiven und negativen Ausdrücken, die mit der Stimmung oder Haltung in den beiden Liebesbeziehungen in Teil I und II zu tun haben. Es sollten Ausdrücke mit Adjektiven sein, die Sie für den aktiven Sprachgebrauch lernen wollen. Welche sind positiv? Welche negativ?

POSITIV	NEGATIV
zärtliche Augen	missmutig durch die Bar gehen

2. Bilden Sie kurze Sätze mit diesen Ausdrücken.

B. **Stichwörterliste.** Gehen Sie zu Ihrer Stichwörterliste und setzen Sie zusätzliche Wörter auf die Liste, die Sie brauchen, um die Geschichte nachzuerzählen oder sie zu interpretieren. Ordnen Sie die Wörter und Ausdrücke. Vielleicht möchten Sie Wortigel *(mind maps)* gebrauchen.

Modell: Imitation/Nachahmung   Beziehung   Ideal   Wirklichkeit

C. **Ein drittes Lesen.** Wenn Sie die Erzählung jetzt noch einmal lesen, lesen Sie sie mit ausgezeichnetem Verständnis! Falten Sie ein Blatt zusammen und notieren Sie auf der Oberseite, was Sie jetzt zum ersten Mal verstehen, und auf der Unterseite, was Sie erfragen möchten. Besprechen Sie die Fragen in Gruppen.

🎙 Sprechakte

A. **Was passt?** Ordnen Sie die Aussagen den betreffenden Sprechakten zu.

1. um etwas bitten
2. jemandem ein Kompliment machen
3. ein Kompliment annehmen
4. einen Kontakt abbrechen
5. widersprechen
6. etwas bedauern

a. Du bist ein toller Typ.

b. Du bist ganz toll.

c. Ich finde dich sehr sympathisch, verständnisvoll, aufgeschlossen,…

d. Danke für die Blumen.

e. Darf ich auf einen Kaffee/zu einer Cola hochkommen?

f. Es tut mir Leid, aber ich finde, wir passen nicht zueinander.

g. Machen wir Schluss.

h. Ich denke, es ist besser, dass…

i. Vielleicht nicht heute oder morgen, aber…

j. Du übertreibst aber sehr.

k. Da erkenn' ich mich gar nicht wieder.

B. **Rollenspiel.** Drücken Sie eine Bitte aus. Ihr Partner/Ihre Partnerin antwortet.

↔ Aufsatzthemen

A. **Ein Brief.** Schreiben Sie einen Brief, den „sie" am nächsten Tag an „ihn" schreibt, oder „er" an „sie".

> ❗ **WRITING LETTERS**
>
> *When writing informal letters, note the following common format:*
>
> Fulda, den 30. August 20..
>
> Liebe Berta/Lieber Bert,
>
> ich glaube, ich möchte (nicht mehr) mit dir immer zusammen sein. Wie du dir ja denken kannst....usw.
>
> Dein Klaus/
Deine Claudia
>
> *Always capitalize forms of the formal address* **Sie/Ihr/Ihnen**. *Du, dir, euer*

B. **Persönliche Fragen.** Wo lernen Sie neue Menschen kennen? Was machen Sie, wenn Sie zum ersten Mal mit einer neuen Bekanntschaft (*acquaintance*) ausgehen?

C. **Rollenspiel.** Jemand gefällt Ihnen und Sie möchten diese Person besser kennen lernen. Schreiben Sie ihm/ihr und laden Sie ihn/sie ein, mit Ihnen auszugehen (z.B. einen Ausflug machen, ins Kino oder zu einer Party gehen, usw.).

D. **Wie geht es weiter?** Wie geht die Geschichte weiter? Im Text heißt es: „sie tappten durch die dunklen Straßen". Wie sollte die Geschichte weitergehen Ihrer Meinung nach? Erfinden Sie ein neues Ende.

Kontexte

Jemandem Komplimente machen

Macht Ihnen ein Kollege/eine Kollegin in Amerika ein Kompliment zu Ihrem Aussehen (*looks*), Ihrer Stellung oder Ihrem Auto, so danken Sie einfach: *"Thank you very much."* Macht jemand einer Deutschen/einem Deutschen ein Kompliment zu dem schicken Auto, dem hübschen Haus oder der guten Stellung, so dankt er/sie nicht, sondern sagt gewöhnlich etwas Negatives über das Auto, das Haus oder die Stelle.

Etwas herabzusetzen (*to disparage*) oder nicht nur das Positive zu sehen, zeigt lobenswerte Sachlichkeit (*objectivity*), aber es zeigt auch, dass man nicht nach

(weiter)

(weiter)

weiteren Komplimenten fischt. Sagt man einem Deutschen: „Ihr Auto ist wunderbar", so wird er gleich ein „doch" erwähnen, dass es eigentlich alt ist, zu viel Benzin verbraucht, etc. Das Aussehen eines Kollegen/einer Kollegin öffentlich *(in public)* zu erwähnen, gilt *(is considered)* in Deutschland und Österreich als unprofessionell.

Im Text macht der männliche Partner der jungen Frau das Kompliment: „you are terribly sweet." Warum auf Englisch? Und wie reagiert die junge Frau darauf?

⊙ Zum Hören

Herbert Grönemeyer ist einer der bekanntesten deutschen Rocksänger. Er wurde 1956 in Göttingen geboren, gründete mit zwölf Jahren seine eigene Band und schrieb mit zwanzig Jahren die Musik für ein Beatles-Musical. Er hat mehr als 10 Millionen Alben verkauft, viele Preise erhalten und wurde in 1995 von MTV für ein „unplugged" Konzert eingeladen. Bekannt sind seine Alben *Bochum* (1984) und *Männer* sowie seine Filmrollen (z.B. *das Boot* 1981).

Vor dem Hören

A.   Zum Thema. Die traditionelle Rolle des deutschen Mannes sehen Sie in der Erzählung „Familie in Kürze" in folgenden Kapitel. In der traditionellen Familie und der Gesellschaft ist der Mann der überlegene *(superior)*. Grönemeyer singt über moderne deutsche Männer im Plural. Sind sie den Männern von früher ähnlich? Sind sie sehr traditionell? Oder haben sich ihre Ansichten mit der Zeit geändert?

B.   Assoziationen. Was für Themen erwarten Sie in diesem Lied? Listen Sie in Gruppen mögliche Themen auf:

Gefühle

Beziehung zu Frauen

Fähigkeiten (was Männer alles können, was Frauen nicht können)

Rollen, die Männer spielen

C. **Stichwörterliste.** Bevor Sie sich das Lied anhören, sehen Sie sich folgende Vokabeln an.

in den Arm nehmen*	*to embrace, hug*
Geborgenheit	*security*
Zärtlichkeit	*tenderness*
verletzlich	*vulnerable*
unersetzlich	*irreplaceable*
ständig	*constantly*
der Strom	*electricity*
baggern	*work*
bestechen*	*to corrupt*
die Lässigkeit	*laziness, negligence*
es leicht nehmen	*do not worry*
eichen	*to program, gauge, calibrate*
der Herzinfarkt	*heart attack*
der Streiter	*fighter*
durch jede Wand müssen	*to be stubborn*
blau	*drunk*
Pfeife rauchen	*to smoke a pipe*
sonderbar	*strange*

Beim Hören

„Männer"
Herbert Grönemeyer

Beim ersten Hören. Hören Sie sich jetzt das Lied an. Wenn Sie ein Thema hören, das auf Ihrem Assoziogramm steht, schreiben Sie ein wichtiges Wort aus dem Lied daneben.

Nach dem Hören

A. **Gruppenarbeit.** Berichten Sie über Ihre Resultate in Gruppen.
1. Gibt es im Lied noch andere wichtige Themen, die Sie nicht aufgelistet hatten? Schreiben Sie diese mit Ihrem Partner auf.
2. Zuordnung und Bewertung:
   a. Welche Aussagen im Lied handeln von der Stärke der Männer? Wird diese als männlich angesehen? Wann ist ein Mann ein Mann?
   b. Welche Aussagen im Lied handeln von der Schwäche der Männer? Wird diese als unmännlich angesehen?

    c. Welche Aussagen im Lied beziehen sich auf die Vielseitigkeit (*complexity*) der Männer?

3. „Männer" fängt mit dem traditionellen Bild von Männern an. „Männer nehmen in den Arm und geben Geborgenheit." Bleibt das Lied bei diesem traditionellen Bild? Wenn nicht, wie verändert das Lied dieses Bild? Suchen Sie Belege.

4. Was halten Sie für die wichtigste Aussage, die moderne Männer am besten beschreibt? Vergleichen Sie Ihre Bewertung mit der von anderen Kursteilnehmern.

5. Vergleichen Sie die beiden Männer in „Imitation" mit den Männern, die Grönemeyer beschreibt.

Glossar

1 **leiten** to guide, lead; **führen**

2 **besitzergreifend** possessive

3 **atmen** to breathe

4 **glänzend** gleaming, radiant; **strahlend**

5 **beteuern** to emphatically declare, swear; **jmdm. versichern**

6 **umschließen*** to enclose, clasp

7 **dicht** close, tight; **eng**

8 **aneinanderdrängen** to press together

9 die **Betäubung** numbness

10 der **Rausch** rapture, ecstasy, intoxication

11 **vergehen*** to fade away, vanish, disappear; **dahinschwinden**

12 **erregend** arousing, stimulating

13 der **Zuschauer, -** viewer

14 die **Glut** glow

15 der **Augenaufschlag** opening eyes, upward glance

16 **sich** (*dat.*) **einen Weg bahnen** to push one's way

17 **wirken** to have the effect, seem

18 **etwas dick auftragen*** to lay s.th. on thick: **übertreiben***

19 **brummen** to mutter, mumble

20 **beleidigen** to offend; **kränken**

21 **betrachten** to observe, look at; **anschauen**

22 die **Wehmut** melancholy; **leichte Trauer**

23 **apart** unusual, striking; **ungewöhnlich**

24 **schlank** slender; **dünn, schmal**

25 **drahtig** wiry

26 **es kommt darauf an** it (all) depends

27 die **Enttäuschung, -en** disappointment

28 **festgenagelt** firmly fastened

29 der **Blick, -e** glance, look

30 die **Qual, -en** torment; **großer Schmerz**

31 **tappen** to go *or* walk with uncertainty *or* blindly; **unsicher gehen***

Kapitel

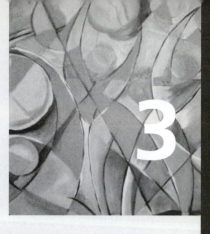

3

Elisabeth Alexander was born in 1932 in Linz (Rheinland). She attended a Catholic girls' school but married before completing her secondary education. She later passed her **Abitur** the hard way by attending an **Abendgymnasium.** Her career as a writer began with the publication of poems in 1963. Since 1970, she has been a freelance writer and journalist. In this story, as well as in her many other short stories and two novels, she depicts the role of a wife and mother in a male-dominated, bourgeois society. "Familie in Kürze" is taken from her collection *Damengeschichten,* first published in 1983. She has also written a collection of *Herrengeschichten* (1990).

⬡ Vor dem Lesen

Überfliegen des Textes

A. **Mitlesen, mitteilen.** Der folgende Text schildert das alltägliche Leben einer deutschen Ehefrau. Überfliegen Sie den Text, indem Sie nur die ersten zwei Zeilen in jedem Abschnitt lesen. Teilen Sie dann anderen Personen im Kurs in etwa drei bis vier Ausssagen Ihre ersten Eindrücke von dieser Familie mit. Sprechen Sie über Ihre Erwartungen. Wovon handelt der Text? Was sind wichtige Themen und Probleme?

B. **Zweites Lesen.** Lesen Sie die ganze Geschichte genau, nachdem Sie den Text überflogen haben. Achten Sie darauf, ob Ihre ersten Eindrücke von dieser Familie noch stimmen. Vergessen Sie nicht, Ihre **Stichwörterliste** anzufangen und diese während der Arbeit mit dem Text zu erweitern.

Familie in Kürze

Sie kochte gut. Sie putzte gut. Sie konnte auch gut backen. Die Familie wußte das. Jeden Mittag lockte[1] ein appetitlicher Geruch[2] die Esser schneller die Treppe hinauf.

Die Bücher standen akkurat im Regal. Die Fernsehillustrierten wur-
5 den eine Zeit lang aufgehoben[3]. Ordentlich lagen sie im Zeitungsständer.

Jede Woche kamen zwei Kasten Bier und ein Kasten Sprudel[4]. Die Schuhe der Kinder waren geputzt. Die Bügelfalten des Mannes waren korrekt. Die Hemden ohne Flecken[6] am Kragen[7]. Er war Abteilungsleiter[8].

Sein Auto war sauber[9] und der Motor genauso gepflegt[10]. Der
10 Mann liebte das. Seine Frau war stolz auf das Auto. An Sonntagen zog sie bedächtiger[11] den Rock an, wenn sie sich hineinsetzte. Sie fuhren rund um den Wohnort. In einen Waldort, zu Tanten, Onkel, Geburtstagen. Manchmal zu einem Volksfrest. Das sahen die Nachbarn erst bei der Rückkehr. Der Kleinste brachte dann einen prallgeblasenen[12] Luftballon
15 heim.

Die Frau ging jeden Morgen einkaufen. Die Kinder brachte sie bis zur Ecke, von wo ab der Weg zur Schule, zum Kindergarten sozusagen ungefährlich war.

Sie überlegte[13] vorher, ließ sich nicht beschwatzen[14] oder durch
20 Plakate verleiten[15], über ihr Einkaufsnetz hinauszukaufen. Nie ging sie langsam. Vielleicht spazierte sie auch so.

Die Stimmen der Familienmitglieder waren etwas lärmend[16]. Der Mann sprach eindringlich[17]. Wohldosiert. Mit optimistischen und pes-

simistischen Lebensanschauungen[18] gemischt. Er konnte das meiste
25 noch psychologisch untermalen[19].

Er dachte auch sicher schon einmal an Frauen. Aber das Bild seiner
Frau ging ihm nie aus dem Sinn[20]. Sie kochte in der Tat wunderbar.

Er gab das Geld ihr. Die Miete wurde gleich von der Bank über-
wiesen[21]. Er machte keine Überstunden. Es reichte[22]. Sein Bier stand im
30 Keller. Auch Wein. Den bekam er von einem Weingut[23] geschickt.
Zweimal im Jahr fünfzig Flaschen. Gewöhnlich kaufte er im Discountgeschäft. Mit dem Auto war das leicht, bequem und eine billige
Einkauferei geworden.

Nicht alle Kinder fuhren mit in Urlaub. Die größeren begannen,
35 eigene Interessen zu haben. Sie mußten Sprachen lernen. Dazu gab es
das Ausland. Außerdem war es sparsamer[24].

Die Frau liebte Operettenmusik. Die Jungen sammelten Schallplat-
ten[25]. Das Mädchen klebte[26] sich die Stars an die Wand. Der Mann liebte
Klavier. Es ist so beständig[27]. Wenigstens das, was er spielte.

40 Ölblumen[28] hingen an der Wand im Wohnzimmer. Und auf dem
großen Teppich lag eine richtige echte Brücke[29]. Sie staubte jeden Tag
alles ab[30]. Eigentlich lag nie etwas herum. Nicht einmal Kleidungsstücke.
In der Mitte auf dem Tisch standen die meiste Zeit frische Schnittblumen. Aber eines Tages wurden sie durch Plastikblumen ersetzt[31]. Und
45 die wurden einmal im Monat durch Rei[32] gezogen[33], und sie blühten
neu. Und nie brannte ein Essen an.

Der Mann konnte trotzdem laut schimpfen[34]. Es schallte[35] an den
Wänden hoch und hinab. Verstehen konnten es die anderen Hausbewohner kaum. Aber es war so mächtig gekonnt[36], das Brüllen[37] der
50 Wörter. Der Mann liebte das auch. Im Sommer standen die Fenster
offen. Es war ein akustischer Film dann.

Auf dem Balkon goß[38] die Frau jeden Tag die Geranien. Vielleicht
waren es jedes Jahr dieselben. Vom Fernsehen lernten sie viel. Sie sahen
es den anderen so gern ab[39]. Die so schön vormachten[40]. ◣

◫ Leseverständnis

A. **Zum Text.** Sind die folgenden Aussagen **richtig (R)**, **falsch (F)**
oder **nicht im Text (N)**?

	R	F	N
1. Das Leben der Eltern ist eine romantische Partnerschaft.	❐	❐	❐
2. Zu Hause hat der Mann seine Ruhe.	❐	❐	❐
3. Die Frau spricht von ihren Bedürfnissen (*needs*).	❐	❐	❐
4. Die Frau spricht nicht über ihre Gefühle.	❐	❐	❐
5. Alles zu Hause ist ordentlich, pünktlich, traditionell und geregelt.	❐	❐	❐

	R	F	N
6. Das Auto wird regelmäßig gepflegt.	❑	❑	❑
7. Die Frau ist der Herr im Haus; das heißt, sie hat die Hosen an.	❑	❑	❑
8. Die Familie ist gutbürgerlich (*bourgeois*).	❑	❑	❑
9. Ab und zu brüllt die Frau los.	❑	❑	❑
10. Das Fernsehen bestimmt das Familienleben dieser Familie.	❑	❑	❑

B. **Gruppenarbeit**. Machen Sie in Gruppen zusammen eine Liste von wichtigen Aufgaben, die jeder in der Familie erledigte (*took care of*).

DER MANN	DIE FRAU	DIE KINDER
Er verdiente Geld	Sie kochte	Sie lernten Sprachen

C. **Satzstruktur.** Bitte lesen Sie die Sätze unten und bestimmen Sie die Funktion der Wörter im Kursiv. Inwiefern hilft Ihnen eine Wortkombination, die Bedeutung zu erraten?

„In der Mitte auf dem Tisch standen die meiste Zeit frische Schnittblumen. *Aber* eines Tages *wurden* sie durch Plastikblumen *ersetzt*. *Und* die *wurden* einmal im Monat durch Rei *gezogen, und* sie blühten neu. *Und* nie brannte ein Essen an."

Was trifft zu? Streichen Sie, was nicht zutrifft.

1. *Aber* zeigt,

   dass das Gegenteil jetzt kommt.

   dass dasselbe weiter gemacht wird.

2. *Die Passivformen* zeigen,

   dass die Frau genau überlegt, was zu tun ist.

   dass die Frau automatisch handelt, fast so wie ein Roboter.

3. *Die Wiederholung von der koordinierenden Konjunktion **und*** zeigt,

   dass es große Veränderungen im Leben dieser Frau gab.

   dass sich eine Beschäftigung (*activity*) an die andere reihte wie in einem Kreislauf (*a circle*), von dem sie nur ein Teilchen war.

🎙 Diskussion

A. **Interview.** Halten Sie diese Familie für eine ideale Familie? Warum oder warum nicht? Fragen Sie wenigstens fünf Personen, was ihnen an dieser Familie gefällt oder missfällt. Verwenden Sie die folgenden Redemittel:

Mir gefällt es, dass…

Mir gefällt es nicht, dass…

Ich bin der Meinung, dass…

Ich glaube, dass…

Ich halte [ihn/sie] für…

Berichten Sie über die Resultate Ihrer Umfrage.

B.   **Rollenspiel.** Einer spielt den Mann, einer die Frau, zwei spielen die Kinder. Die Gruppe stellt Fragen an diese Familie.

Beispiel: Warum haben die Kinder keine Namen?

Warum ist Ihnen Wohlstand (*prosperity*) so wichtig?

An die Frau: Was für Interessen haben Sie früher gehabt, bevor Sie geheiratet haben?

C.   **Fragen zur Diskussion.**

1. Es gehört zum Stil der Autorin, dass sie ohne Kommentar erzählt. Erzählt sie auch ohne Kritik? Wieso?
2. Wir erfahren ausführlich (*in detail*), was die Frau tut. Fragen Sie mehrere Kursteilnehmer, was wir *nicht* erfahren. Was bedeutet das?
3. Welche Rolle spielt das Fernsehen in dieser Familie? Sehen Sie sich die letzten drei Sätze der Erzählung an und vergleichen Sie die Situation mit der Geschichte „Imitation".

Wortschatzaufgaben

A.   **Aussagen.** Suchen Sie aus der folgenden Liste sieben Verben, die Sie öfter im aktiven Sprachgebrauch verwenden könnten. Machen Sie korrekte Aussagen mit diesen sieben Verben. Die anderen acht Verben sollen Sie nur *passiv* aus dem Kontext verstehen können.

jemandem etwas absehen	locken	überlegen
aufheben	pflegen	überweisen
beschwatzen	sammeln	untermalen
blühen	schallen	verleiten
ersetzen	schimpfen	jemandem etwas vormachen

Beispiel: Bevor man spricht, sollte man **überlegen**, was man sagen will.

B.   **Beschreibungen.** Passen die folgenden Adjektive zu Ihnen? Warum? Warum nicht?

bedächtig   beständig   eindringlich   ordentlich   ungefährlich

C.   **Stichwörterliste.** Vergleichen Sie Ihre Stichwörterliste. Erklären Sie Ihrer Partnerin, warum die Ausdrücke auf Ihrer Liste Ihnen wichtig sind.

D.   **Ein drittes Lesen.** Wenn Sie die Erzählung jetzt noch einmal lesen, lesen Sie sie mit sehr gutem Verständnis! Falten Sie ein Blatt zusammen und notieren Sie auf der Oberseite, was Sie jetzt zum ersten Mal verstehen, und auf der Unterseite, was Sie erfragen möchten. Besprechen Sie die Fragen in Gruppen.

🎙 Sprechakte

A.   **Was passt?** Ordnen Sie die Ausdrücke den passenden Sprechakten zu.

1. jemandem ein Kompliment machen
2. auf (seinem Recht) bestehen
3. Ärger ausdrücken (schimpfen)
4. für oder gegen etwas sein
5. lügen

   a. Dies ist ihre einzige Gelegenheit den allerbesten X zu kaufen.

   b. Du kochst wunderbar. Dein Gulasch ist köstlich.

   c. Zu Hause will ich meine Ruhe haben.

   d. Ich bin dafür, dass meine Frau für den Haushalt sorgt und das Heim gemütlich macht.

   e. Als moderne Frau bin ich dagegen, dass Frauen gezwungen werden eine Rolle zu spielen, die ihnen nicht gefällt.

   f. Hört doch mal auf mit dem Unsinn! Hat denn keiner Verständnis für mich! Hier hat wohl keiner einen kühlen Kopf!

B.   **Rollenspiel.** Setzen Sie die Sprechakte in einen Kontext und spielen Sie sie vor.

Beispiel: „Du singst wie eine Nachtigall." *oder* „Du bist der netteste Mensch, den es gibt."

⊷ Aufsatzthemen

Eine Einladung zum kooperativen Schreiben. Aufsätze als Gruppenprojekt machen nicht nur Spaß, sondern helfen Ihnen von dem Wissen und Können aller Gruppenmitglieder zu profitieren. Probieren Sie Aufgabe 1 oder 2 als Gruppenprojekt zu behandeln.

1. Schreiben Sie über die Frau in dieser Geschichte. Erklären sie, warum sie so denkt und lebt.
2. Vergleichen Sie diese Familie mit einer anderen öffentlichen Fernsehfamilie. Gibt es Fernsehfamilien, die vielleicht der Familie in dieser Geschichte ähnlich sind?

SUBORDINATING CONJUNCTIONS

*Some subordinating conjunctions you have already found useful in explaining the intent (**damit**), cause (**da**), or reason (**weil**) behind a person's behavior. Remember that the conjugated verb comes last in subordinated clauses:*

Sie spielte die perfekte Haufrau, *weil* sie das von ihrer Mutter oder aus dem Fernsehen so gelernt hatte.

*You can also use adverbial expressions, such as **deswegen/deshalb/daher** (therefore, for this reason) and **aus diesem Grunde** (for this reason) to explain behavior and its results, but then the conjugated verb remains in regular second position:*

Sie machte alles für ihre Familie und **deshalb** hatte sie kein eigenes Leben.

Be sure to use (but not overuse!) conjunctions when writing.

ACADEMIC LANGUAGE

The **Kontexte** *reading is an example of academic language, which is often filled with rather long abstract substantives, even compound nouns, like* **Schwangerschaftsabbruch**. *By now you have the tools to take these apart into their component prefixes, stems, suffixes, modifiers, and linking letters.*
   With your partner, examine a number of these to learn how to discover the component parts:

> **schwanger**- *adj.* pregnant
> **-schaft**- abstract suffix, fem
> **-s**- linking letter
> (appears after suffixes **-heit, -ing, -ion, -keit, -ling, -schaft, -tät, -tum, -ung**)
> **ab**- separable prefix (*off*)
> **bruch**- verbal stem from **brechen**, to break
> The gender of nouns composed of verbal stems is masculine.

Learning how to recognize the component parts of compound nouns will increase your linguistic sensibility, your passive vocabulary and your ability to make educated guesses.

Kontexte

Die Frau in der traditionellen Familie

*(Diese Erzählung, die aus den achtziger Jahren kommt, beschreibt kleinbürgerliche Ver-
hältnisse, wie sie vor der Emanzipierung der Frau typisch waren.)*

Im 19. Jahrhundert wurde die unpolitische Frau definiert durch ihre drei Funktionen: Kinder, Kirche, Küche. Mutige Frauen wie Clara Zetkin kämpften für
die Emanzipierung der Frau. Obwohl Frauen in Deutschland und in Österreich
im Jahre 1919 nach dem Ersten Weltkrieg das Wahlrecht erhalten hatten (und
in der Schweiz erst 1971!) und Frauenrechte Hand in Hand gingen mit der
Arbeiter/Innenbewegung, schob der Nationalsozialismus Frauen aus dem
öffentlichen Leben zurück in die Rollen von Mutter und Hausfrau, denn Arbeits-
plätze gingen an Männer. Es war die Hauptaufgabe der Frau, Kinder zu gebären
und an der „Heimatfront" zu arbeiten.

Nach dem Zweiten Weltkrieg erhielten Frauen Gleichberechtigung mit Männern durch das Grundgesetz, was aber nicht bedeutete, dass patriarchalische
Strukturen aus der Gesellschaft verschwanden. Trümmerfrauen, die tapfer in
den kaputten Städten Deutschlands Schutt wegräumten, waren nicht wirklich
emanzipiert, sondern wurden Hausfrauen, als die Männer wieder zurückka-
men. In den Fünfzigern und Sechzigern wurden Frauen langsam in die
Arbeitswelt integriert, verdienten jedoch weniger als Männer.

In der DDR hatte die Frau Gleichberechtigung mit dem Mann, musste aber Beruf
und Familienleben verbinden. Trotz staatlicher Unterstützung war dies für viele
sehr schwer. Aus den Protesten der Student(inn)bewegung 1968 entstand die
feministische Gegenkultur. Sie betonte Gleichberechtigung, Straffreiheit bei
Schwangerschaftsabbruch, wirtschaftliche Unabhängigkeit vom Mann, stärkeres
politisches Engagement der Frau, Beseitigung sexueller Repression und der
Gewalt gegen Frauen, die Gleichberechtigung der Frau in Forschung Bildung,
Kultur und Gesellschaft. Politik sollte nicht mehr nur Männersache sein.

⊙ Zum Hören

Vor dem Hören

A.   **Zum Thema.** In der folgenden Geschichte bewirbt sich Herr Konrad um einen Posten und stellt sich beim Personalchef einer großen Firma
zum **Vorstellungsgespräch** vor. Was erwarten Sie von so einem Gespräch?

B. Stichwörterliste.

das Vorstellungsgespräch	*interview*
sich bewerben um	*to apply for*
sich (*acc*) vorstellen	*to introduce someone*
der Personalchef	*personnel manager*
die Stenographie	*shorthand*
Schreibmaschine können	*to be able to type*
die Erfahrung	*experience*
im Umgang mit	*in dealing with*
der Kunde	*customer*
weltweit	*worldwide*
das Unternehmen	*firm, enterprise*
das Selbstvertrauen	*self-confidence*
das Gedächtnis	*memory*
zunächst	*at first*
der Dienst	*service*
entsprechen (+ *dat*)	*to correspond to*
das Benehmen	*behavior*

Beim Hören

„Ein Posten ist frei"
Ekkehard Müller

Beim ersten Hören. Achten Sie darauf, welche Fragen der Personalchef an Herrn Kontrad stellt und wie Herr Konrad auf diese Fragen antwortet.

Nach dem Hören

Diskussion.
1. Welche weiteren Fragen würden Sie Herrn Konrad stellen, wenn Sie der Personalchef wären?
2. Wie macht man bein Vorstellungsgespräch einen guten Eindruck?
3. Entspricht Herrn Konrads Benehmen Ihren Vorschlägen oder Vorstellungen (*ideas*)?
4. Können Sie sich an eines Ihrer Vorstellungsgespräche erinnern? Erzählen Sie davon.

Glossar

1 **locken** to attract, entice

2 der **Geruch, ¨e** smell, odor

3 **aufheben*** to keep, save

4 der **Sprudel** carbonated water

5 die **Bügelfalte, -n** crease in one's trousers

6 der **Fleck(en), -** spot

7 der **Kragen, -** collar

8 der **Abteilungsleiter, -** department manager

9 **sauber** clean; **rein**

10 **pflegen** to take care of; **versorgen, betreuen**

11 **bedächtig** careful, deliberate

12 **prallgeblasen** blow taut

13 **überlegen** to think over, ponder; **über etwas nachdenken***

14 **beschwatzen** *(coll.)* to persuade, talk into; **überreden**

15 **verleiten** to tempt, seduce, lead astray; **verführen**

16 **lärmend** noisy; **laut**

17 **eindringlich** forceful, urgent

18 die **Lebensanschauung, -en** outlook on life

19 **untermalen** to provide reinforcing explanation or accompaniment

20 **jmdm. aus dem Sinn gehen*** to leave one's mind

21 **überweisen*** to transfer *(money)*, remit

22 **reichen** to be enough, suffice; **genug sein**

23 das **Weingut, ¨e** wine estate

24 **sparsam** thrifty

25 die **Schallplatte, -n** phonograph record

26 **kleben** to paste, glue, stick

27 **beständig** constant, enduring, lasting; **dauerhaft**

28 **Ölblumen** an oil painting of flowers

29 die **Brücke, -n** *here:* (Persian) throw rug

30 **abstauben** to wipe off dust

31 **ersetzen** to replace

32 **Rei** *(brand name for a cleaning agent)*

33 **ziehen*** to pull, draw

34 **schimpfen** to curse, scold; **fluchen**

35 **schallen** to (re)sound

36 **es war so mächtig gekonnt** he could do it with such might

37 **brüllen** to roar, bellow; **laut schreien***

38 **gießen* (Blumen)** to water flowers

39 **jmdm. etwas absehen*** to learn s.th. by watching s.o. do it

40 **vormachen** to demonstrate by doing it

Kapitel 4

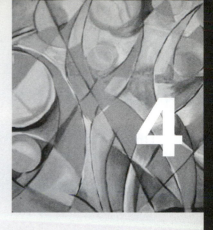

Lesetext

„Rotkäppchen '65"
Anneliese Meinert

Aufsatzthemen

Writing direct speech
Using punctuation with quotation marks

Zum Hören

„Rotkäppchen"
nach den Gebrüdern Grimm

Anneliese Meinert

(Alice Penkala) was born in 1902 in Vienna. She worked as an attorney for a number of years before becoming a freelance journalist and writer. After Hitler's annexation of Austria, she and her husband left the country and ended up in the international zone of Tangiers, where she survived through a variety of jobs and professions. At the end of World War II she settled in southern France.

⊕ Vor dem Lesen

Überfliegen des Textes

A. **Mitlesen, mitteilen.** Überfliegen Sie den Text von „Rotkäppchen '65". Lesen Sie den ersten Satz in jedem Abschnitt, um einen ersten Eindruck von der Geschichte zu bekommen. Was hat sich in dieser Version geändert?

B. **Zweites Lesen.** Lesen Sie „Rotkäppchen '65" jetzt genau. Achten Sie dabei auf Parallelen zwischen dieser modernen Adaption „Rotkäppchen '65" und „Rotkäppchen" nach den Brüdern Grimm.

Was verbinden Sie mit folgenden Begriffen, die zum Märchen gehören?

> das Geschenk der Großmutter
> der Auftrag der Mutter
> Rotkäppchens Erledigung des Auftrags (erledigen = *to complete a task*)
> die Begegnung im Wald
> der Rat des Wolfes
> die böse Tat des Wolfes
> Rotkäppchens rituelles Fragespiel
> Rotkäppchens Scheintod
> die Hilfe des Jägers
> das Töten des Wolfes
> das Fest
> die Begegnung mit dem zweiten Wolf
> die Lehre/Moral

C. **Stichwörterliste.** Fangen Sie Ihre **Stichwörterliste** an.

Rotkäppchen '65

„Rotkäppchen", sagte die Mutter, „ich habe ein Körbchen[1] für die Oma zurechtgemacht[2]. Kuchen und Whisky. Ich habe eine dringende[3] Verabredung[4]. Sei lieb und bring es ihr."

Rotkäppchen freute das gar nicht[5]. Sie hatte ein Rendezvous. Aber
5 da sie ein freundliches Mädchen war, knurrte[6] sie: „Gib her."

Rotkäppchen sprang in ihren Sportwagen. Sie sauste[7] durch den Wald. Das war keine Autobahn, aber der Verkehr war so schwach, daß man rasen[8] konnte. Vorbei an den Bäumen. Vorbei an den warnenden Tafeln[9] mit den Tiersilhouetten. Am Wegrand[10] stand ein grauer Schat-
10 ten[11] und winkte[12]. Vorbei!

Die Oma schien durch den Besuch nicht gerade[13] beglückt[14] zu sein. „Du kommst ungelegen[15], mein Kind. Ich habe eine Bridgepartie. Und was fällt deiner Mutter ein[16], mir Kuchen und Whisky zu schicken? Ich bin in meiner Rohkostwoche[17]. Muß abnehmen[18]. Trag das Zeug[19] fort[20],
15 ehe es mich in Versuchung[21] führt."

„Ja, Oma." Rotkäppchen ergriff das Körbchen, das sie auf den Tisch gestellt hatte. Dann fragte sie: „Oma, warum hast du so glänzende[22] Augen?"

„Damit[23] ich dich besser sehen kann." Die Oma lachte. „Kontakt-
20 gläser[24]! Viel angenehmer als eine Brille."

„Warum trägst du so große Ohrgehänge?"

„Damit ich dich besser hören kann. Das ist die letzte Erfindung[25]. Man baut die Apparate in die Ohrclips ein."

Auch Rotkäppchen lachte. „Oma, dein Mund ist anders also sonst."
25 „Damit ich dich besser fressen kann? Nein. Ich habe ein neues Gebiß[26]. Der Zahnarzt hat es so konstruiert, daß die Mundwinkel[27] nicht mehr herunterhängen. Aber ich will dich nicht länger aufhalten, Kind . . ." Rotkäppchen hüpfte in den Wagen und fuhr los.

An der Normaluhr[28] wartete ihr Freund, der junge Jäger.
30 „Unpünktlich", grollte[29] er, während er einstieg. „Wo hast du dich wieder herumgetrieben[30]?"

„Überhaupt nicht[31]. Ich war bei der Oma. Und wenn du mir nicht glaubst: da ist das Körbchen, das sie mir gegeben hat."

Hans Jäger öffnete die Whiskyflasche. „Keine einzige Begeg-
35 nung[32]?" fragte er. Dann nahm er einen kräftigen Schluck[33].

„I wo[34]! Der alte Herr Wolf wollte Autostopp machen. Ich hätte ihn beinahe[35] überfahren."

„Mmmm", machte Hans, denn er hatte den Mund voll Kuchen.

Sie fuhren über die Autobahn und durch den Wald. Daß Blumen am
40 Straßenrand wuchsen und weiter drin, unter den Baumen, noch schönere, sahen sie nicht, ebensowenig wie Rotkäppchen etwas davon gemerkt hatte, als sie allein im Wagen war. Wie könnte man auch! Bei 180 Stundengeschwindigkeit[36]! ◤

ⓜ Leseverständnis

A. **Zum Text.** Hören Sie sich „Rotkäppchen" nach den Gebrüdern Grimm an. Machen Sie eine Liste von allen möglichen Unterschieden zwischen diesen beiden Versionen von „Rotkäppchen". Vergleichen sie Ihre Liste mit den Listen anderer Kursteilnehmer.

Rotkäppchen	**Rotkäppchen '65**
zu Fuß gehen	im Sportwagen fahren
Körbchen mit Kuchen und Wein	Körbchen mit Kuchen und Whisky
usw.	

B. **Aufmerksam werden auf den Text.** Wie wird Folgendes im Text mit anderen Worten ausgedrückt? Die Formulierung im Text finden Sie zwischen den angegebenen Zeilen. Markieren Sie mit dem Leuchtstift jedesmal den neuen Ausdruck und notieren Sie ihn auf Ihrer Stichwörterliste. Gebrauchen Sie dann den Ausdruck in einem neuen Satz.

Beispiel: *Oma freute sich nicht besonders darüber, dass Rotkäppchen sie besuchte. (10–15)*

(Die Oma schien durch den Besuch nicht gerade beglückt zu sein (Z. 11)

Markieren Sie mit Leuchtstift den Ausdruck: **beglückt sein durch Besuch** und notieren Sie ihn.

Neuer Satz:

Wenn du heute zu mir kommst, beglückst du mich durch deinen Besuch.

1. Die Mutter musste unbedingt jemanden treffen. (1–5)
2. Du kommst zur falschen Zeit. (10–15)
3. Ich will nicht, dass du dich verspätest. (25–30)
4. Er war ärgerlich, weil sie sich verspätet hatte. (30–35)
5. Wo bist du denn überall gewesen? (30–35)
6. Hast du niemanden getroffen? (30–35)
7. Er trank aus der Whiskyflasche. (30–35)
8. Er wollte per Anhalter fahren. (35–40)

🎙 Diskussion

A. **Umfrage.** Ein Märchen hat fast immer eine Moral, eine Lehre. („…und die Moral von dem Märchen ist …")

1. Welche Lehre finden Sie im Grimmschen Märchen von Rotkäppchen?
2. Was wird aus der Moral in der modernen Version ?

B. **Rollenspiel.** Wer bin ich? Drei Fragen. Rollenverteilung: Fünf aus der Klasse bekommen ein Schild auf den Rücken geklebt und sitzen so, dass die Klasse die Schilder nicht sieht; nur die Schauspieler/innen wissen, wer wer ist. Die Klasse stellt Fragen, die Spieler/innen antworten mit ja/nein. Nach fünf Fragen an jede/n Schauspieler/in sollte die Klasse raten, wer wen in welchem Märchen (es können zwei Märchen sein!) darstellt.

Mutter
Rotkäppchen
Großmutter
Hans Jäger
Herr Wolf

C. **Allerlei Fragen.**

1. Diskutieren Sie, wie ein „Rotkäppchen" heute aussehen müsste/könnte/sollte.
2. Kennen Sie Angela Carters Erzählungen aus der Sammlung *The Bloody Chamber and Other Stories* (1979)?
3. Kennen Sie andere Versionen, in denen Rotkäppchen nicht mehr das kleine, leichtsinnige (*thoughtless*) Mädchen ist, sondern eine, die ihre eigene Identität unter Werwölfen (*werewolves*) sucht?

🔲 Wortschatzaufgaben

A. **Erzählen – nacherzählen – weitererzählen.** Welche wichtigen Ausdrücke brauchen Sie zum Nacherzählen? Welche Verben? Setzen Sie diese auf Ihre **Stichwörterliste**.

Beispiel:

Auftrag der Mutter	für Großmutter sorgen durch den Wald fahren Kuchen und Whisky bringen

Rotkäppchens Erledigung des Auftrags der Wald
die Großmutter   Hans Jäger

B. Partnerarbeit.

1. Schreiben Sie mit anderen Student(inn)en eine Liste von wichtigen Substantiven an die Tafel und setzen Sie eine Reihenfolge (*sequence*) fest. Dies ist Ihre **Erzählkarte.** Mit Hilfe dieser **Erzählkarte** kommt es jetzt zu einer Nacherzählung von dem Märchen.

   Visualize as much as possible the scenarios and settings you are describing— add visual detail as appropriate.

   Alle sitzen im Kreis und einer nach dem anderen bildet Sätze.

   Student A:

   Eines Tages (oder vor einigen Jahren) schickte eine Mutter ihre Tochter, die gerade einen schicken, roten Hut und Schal zum Geburtstag bekommen hatte, zur Großmutter.

   Studentin B:

   Die Großmutter sollte den Rest von dem Geburtstagskuchen und dazu eine Flasche Whisky bekommen.

2. Welche neuen Themen werden im modernen Märchen angesprochen? Machen Sie eine Liste und zeigen Sie, wie und wo im Text diese Themen behandelt werden.

   Beispiel:

   a) Umweltzerstörung… Rotkäppchen fährt mit 180 km/h (Kilometer pro Stunde) durch den Wald.

   b) Frauenemanzipation… die Großmutter

C. Zuordnung.

1. Machen Sie eine Liste von allen Präfixverben, die Sie in der Geschichte finden. Ordnen Sie diese Verben zu den folgenden Kategorien: Verben mit trennbaren und untrennbaren Präfixen.

V + trennbares Präfix	Bedeutung	V + untrennbares Präfix	Bedeutung
zurechtmachen	machen	ergreifen	nehmen
hergeben			
…			

2. Machen Sie Aussagen über die Unterschiede zwischen der Grimmschen Version vom Märchen „Rotkäppchen" und „Rotkäppchen '65" mit Hilfe dieser Verben.

D. Ein drittes Lesen.

Ein drittes Lesen vom Text kann Sie dazu bringen, jetzt viel mehr zu verstehen, als beim ersten und zweiten Lesen.

Falten Sie ein Blatt zusammen und notieren Sie auf der Oberseite, was Sie jetzt zum ersten Mal verstehen, und auf der Unterseite, was Sie noch erfragen möchten. Besprechen Sie die Fragen in Gruppen.

⊕ Aufsatzthemen

> ### WRITING DIRECT SPEECH
>
> *Direct speech and dialogue can make a narrative livelier and more interesting. Normally, narrative and direct speech for each speaker are in separate paragraphs, as in the Meinert text. When direct speech is introduced by narrative, a colon precedes it.* **Sie sagte: „Guten Tag."** *If, however, a sentence begins with direct speech and is then interrupted by narrative, the continuing direct speech is preceded by a comma rather than a colon.* **„Guten Tag", sagte sie, „darf ich herein?"**
>
>   *In German, the opening quotation mark is set at the bottom of the line, the concluding one at the top. The concluding quotation mark comes before commas but after periods, question marks, and exclamation marks.*

1. Schreiben sie Ihre eigene Rotkäppchen-Variante oder ein neues Ende zum alten Märchen.

   So könnte es beginnen:

   Es war einmal ein hübsches kleines Mädchen. Es hieß Rotkäppchen, aber es war ein freches und faules Kind. Eines Tages sagte die Mutter: „Rotkäppchen, nimm diesen Korb und bringe ihn der kranken Großmutter."

   „Warum immer ich", maulte das Rotkäppchen, „ich will jetzt Tennis spielen."

   …

   Als sie durch den Wald kam, traf sie den hübschen jungen Wolf, den sie von der Schule her kannte. „Grüß dich Wölfi", sagte das Rotkäppchen, „kannst du mir einen Gefallen tun und diesen Korb zur Oma tragen?"… usw.

2. Schreiben Sie eine moderne Märchenparodie. Wählen Sie ein anderes Grimmsches Märchen, z. B. Schneewittchen, Dornröschen, usw.

3. Gruppenarbeit: Jede Gruppe schreibt eine Anekdote oder ein Märchen mit insgesamt (*altogether*) zehn der trennbaren und untrennbaren Verben in diesem Text (siehe Wortschatzaufgabe 3). Die Arbeiten werden im Kreis vorgelesen.

Kontexte

Das Märchen als Erzählung spielt eine sehr wichtige Rolle in der deutschen Volksliteratur, in der deutschen Geschichte, Kultur und Landeskunde.

Märchen stammen aus dem Volksmund, denn bevor das Volk lesen konnte, erzählte man sich Märchen: Geschichten, in denen einfache Menschen dem Wunderbaren begegnen, Heldentaten tun, gegen das Böse kämpfen, Wünsche erfüllen und Großes für ihre Gesellschaft leisten.

Im Märchen tritt der Märchenheld oder die Märchenheldin in eine Welt, die durch starke, traditionelle Symbole spricht. Mit Hilfe von wunderbaren Gaben, Zaubermitteln und eigenen Kräften, die sich oft auf einer Wanderung entwickeln, löst die Heldin/der Held schwere oder unmögliche Aufgaben, kämpft gegen Unterdrückung, gewinnt einen großen Schatz und gründet eine Familie. Rational sind Märchen nicht zu erklären, doch symbolisch und emotionell sind sie wichtige Formen des Erzählens.

Die Brüder (im Deutschen sagt man die Gebrüder Grimm) Jakob und Wilhelm Grimm sind bekannt dafür, dass sie aus allen deutschsprechenden Ländern (es gab damals sehr viele) vom frühen 19. Jahrhundert an Märchen sammelten und in einer Sammlung aufschrieben, die sie *Kinder- und Hausmärchen* nannten. Diese Sammlung spielte eine wichtige Rolle in der Gründung der deutschen Nation.

Märchen wurden im 19. Jahrhundert an allen Schulen gelesen. Neben der Bibel wurden sie zum wichtigen Erziehungsmittel der Jugend und des Bürgertums, das vernünftige Lehre, ideale Werte und Lebensweisheit im Märchen fand.

Die Gebrüder Grimm sind also nicht „Märchenonkel", sondern Wissenschaftler, die mündliche Erzählungen aus dem Volksmund sammelten und verschriftlichten (*transmitted into the written tradition*). Jakob und Wilhelm Grimm sind auch bekannt als die Gründer der Wissenschaft der Germanistik.

In Deutschland gibt es nicht nur die Märchenstraße, die Sie auf Radtouren entdecken können, sondern auch 70 Städte, Schlösser und Burgen von Hanau bis Bremen, wo die Märchen zu Hause sind, weitererzählt und aufgeführt werden.

⊙ Zum Hören

Vor dem Hören

A. **Zum Thema.**

Das Märchen „Rotkäppchen" und die Wörter darin kennen Sie wahrscheinlich schon mehr oder weniger. Im folgenden Wortschatz finden Sie einige der Wörter in ihrem Kontext. Hören Sie sich das Märchen an. Versuchen Sie beim Hören die Bedeutung aller angegebenen Wörter aus dem Kontext zu erraten (*guess*). Schreiben Sie die englischen Bedeutungen daneben.

B. **Wortschatz im Hörtext.**

der Samt	*aus Samt*
sich aufmachen	*mach dich auf*
begegnen	*begegnete es dem Wolf*
die Schürze	*unter der Schürze*
sich stärken	*sich mit Kuchen und Wein stärken*
der Strauß	*frische Blumen aus dem Wald für die Großmutter*
die Klinke	*auf die Klinke drücken*
verschlingen	*verschlang sie*
die Haube	*setzte ihre Haube auf*
packen	*damit ich dich besser packen kann*
das Maul	*entsetzlich großes Maul*
schnarchen	*der Wolf schnarchte laut im Schlaf*
die Schere	*mit der Schere den Bauch aufschneiden*
der Bauch	*da waren die Großmutter und Rotkäppchen*
atmen	*die Großmutter musste schnell Luft holen*
dein Lebtag	*so lange du lebst*

⊙ Beim Hören

„Rotkäppchen"
nach den Gebrüdern Grimm

A.   **Beim ersten Hören.** Haben Sie alles verstanden? Wenn nicht, dann hören Sie sich den Text noch einmal an. Stoppen Sie die CD an jeder Stelle, die Sie nicht verstehen. Hören Sie sich diese Stelle noch einmal an. Schreiben Sie alle unbekannten Wörter oder Satzteile auf. Fragen Sie dann andere Personen im Kurs, ob sie Ihnen mit den „schwierigen Stellen" vielleicht helfen können.

B.   **Beim zweiten Hören.**

1. Hören Sie sich „Rotkäppchen" noch einmal an. Schreiben Sie beim Hören mindestens achtzehn trennbare *(separable)* Präfixverben auf, die Sie im Text hören.

2. Geben Sie einem Partner/einer Partnerin Ihre Liste. Er/sie soll versuchen, zu Ihren Verben passende Objekt-, Präpositional- oder Infinitivergänzungen (siehe Beispiele) aus dem Märchen zu finden. Machen Sie dasselbe mit seinen/ihren Verben. Vergleichen Sie am Ende Ihre Ergebnisse *(results)* mit denen Ihres Partners/Ihrer Partnerin.

   Beispiel: **mitbringen**

   einen Strauß **mitbringen** *(Objektergänzung)*

   ablaufen

   vom Weg **ablaufen** *(Präpositionalergänzung)*

   anfangen

   anfangen zu schnarchen *(Infinitivergänzung)*

Nach dem Hören

A.   **Eine Kettenerzählung.** Machen Sie mit allen anderen Personen im Kurs zusammen eine Liste mit möglichst vielen Substantiven aus „Rotkäppchen". Alle Substantive werden an die Tafel geschrieben.

Jetzt geht es mit einer chronologischen Nacherzählung des Märchens los! Alle sitzen im Kreis und einer nach dem anderen bildet Sätze. Dabei muss das letzte Substantiv im Satz der ersten Person das erste Substantiv im Satz der nächsten Person sein.

Beispiel: Student(in) 1: Es war einmal ein kleines **Mädchen**.

Student(in) 2: Dieses **Mädchen** trug immer ein rotes **Käppchen**.

Student(in) 3: Wegen dieses **Käppchens** nannten die Leute es **Rotkäppchen**.

Student(in) 4: **Rotkäppchen** hatte eine kranke **Großmutter**.

Student(in) 5: Die **Großmutter** wohnte in einem Haus im **Wald**.

Student(in) 6: Im **Wald** gab es natürlich keinen **Arzt**.

Student(in) 7: Weil es dort keinen **Arzt** gab, schickte die Mutter der Oma **Wein und Kuchen**.

Student(in) 8: Den **Wein und Kuchen** trug Rotkäppchen in einem **Korb**. usw.

B. **Partnerarbeit.** Sie und Ihre Partnerin/Ihr Partner hören sich noch einmal den Anfang von Rotkäppchen an (bis „…die Großmutter hat nichts".) Schreiben Sie mit so gut und so schnell Sie können. Nach dem Hören vergleichen Sie Ihren Text mit dem Ihrer Partnerin/Ihres Partners. Lücken können Sie zusammen erraten. Besprechen Sie Änderungen, die Sie beide vorschlagen. Besprechen Sie grammatische Probleme (Endungen, Fälle, Konjugationen, usw.). Können Sie sich zu zweit auf einen Text einigen?

C. **Diskussion.**

1. Was glauben Sie – Warum gibt es überhaupt Märchen?
2. Welche Märchen haben Sie als Kind gehört? Welche hatten Sie besonders gern oder ungern? Warum?
3. Welche Rollen spielten Männer in den Märchen, die Sie als Kind gehört haben? Welche Rollen spielten Frauen?
4. Was macht ein Märchen zum Märchen? Das heißt, was sind die typischen Merkmale (*elements, signs*) eines Märchens?
5. Kennen Sie ein modernes Märchen aus Radio, Film oder Fernsehen? Welche Thematik, welche Lehre und welche Motive hat dieses Märchen?
6. Kennen Sie ein Märchen aus einem anderen Land oder einer anderen Kultur als der deutschen, z.B. ein skandinavisches, russisches, chinesisches, usw.? Erzählen Sie kurz davon.

D. **Rollenspiel.** Wer ist schuldig? Rotkäppchen vor Gericht (*mock trial*)

der Richter = *the judge* (das Recht, recht, richtig, richten)

der Staatsanwalt = *prosecutor*

der/die Angeklagte = *the accused* (klagen = *to lament, to litigate*)

der Verteidiger = *defender* (verteidigen = *to defend*)

der Rechtsanwal/die Rechtsanwältin = *the lawyer*

der Zeuge = *the witness*

Rotkäppchen wird als Mittäterin eines Mordes angeklagt, da sie dem Wolf die Adresse der Großmutter gegeben hat, bevor der Wolf diese aufgefressen (*to devour*) hat. Rotkäppchen ihrerseits verklagt den Wolf, sie und die hilflose Großmutter verschlungen zu haben. Die Familie des Wolfes verklagt den Jäger wegen des Mordes an einem Tier, das menschliche Nahrung (*nourishment*) zu sich nahm, weil dies seiner Natur entsprach (*to be in keeping with*).

Glossar

1 der **Korb, ⸚e** basket

2 **zurechtmachen** to prepare; **fertigmachen, vorbereiten**

3 **dringend** urgent

4 die **Verabredung, -en** appointment

5 **gar nicht** not at all; **überhaupt nicht**

6 **knurren** to grumble

7 **sausen** to whiz, zoom

8 **rasen** to speed, race

9 die **Tafel, -n** sign; das **Schild, -er**

10 der **Rand, ⸚er** edge

11 der **Schatten, -** shadow

12 **winken** to wave

13 **gerade** exactly

14 **beglücken** to thrill, make happy

15 **ungelegen** inopportune

16 **jmdm. einfallen*** to occur, to s.o., come to mind

17 die **Rohkost** uncooked vegetarian food

18 **abnehmen*** to reduce, lose weight

19 das **Zeug** stuff; die **Sachen**

20 **fort** away; **weg**

21 die **Versuchung, -en** temptation

22 **glänzend** shiny, glittering

23 **damit** (*conj.*) so that, in order to

24 die **Kontakgläser** (*uncommon*) = **Kontaktlinsen** (*pl.*)

25 die **Erfindung, -en** invention

26 das **Gebiß, -e** dentures

27 der **Winkel, -** corner

28 die **Normaluhr, -en** public clock (*found in squares and on street corners*)

29 **grollen** to grumble

30 **sich herumtreiben*** to gad about; **herumbummeln**

31 **überhaupt nicht** not at all; **gar nicht**

32 **keine einzige Begegnung** didn't meet anybody at all

33 **ein kräftiger Schluck** a big gulp or swallow

34 **i wo = ach was!** oh, come on!

35 **beinahe** almost, nearly; **fast**

36 die **Geschwindigkeit, -en** speed, velocity

Kapitel

5

Peter Bichsel
was born in 1935 in Lucerne, Switzerland. He taught elementary school in the canton of Solothurn until he turned to writing full-time in 1968. Several remarkable short story collections and a novel, *Die* *Jahreszeiten* (1967), have established him as one of Switzerland's leading contemporary writers and earned him numberous literary awards. Taken from his collection *Eigentlich möchte Frau Blum den* *Milchmann kennen* (1964), "San Salvador" blends subtlety with understatement. The most important things are left unsaid; how they are left unsaid, however, is what lends the story its depth and poignancy.

⬡ Vor dem Lesen

Überfliegen des Textes

A. **Mitlesen, mitteilen.** Was erwarten Sie von dieser Erzählung, wenn Sie den Titel lesen? Lesen Sie daraufhin den ersten Abschnitt und revidieren Sie Ihre Erwartungen, falls nötig. Diskutieren Sie mit anderen Personen im Kurs darüber. San Salvador ist Ihnen vielleicht bekannt als die Hauptstadt von El Salvador.

B. **Stichwörterliste.** Fangen Sie Ihre **Stichwörterliste** von Vokabeln und wichtigen Ausdrücken an. Lesen Sie die Geschichte, nachdem Sie über Titel und Bild diskutiert haben. Achten Sie darauf, ob die Erzählung Ihren Erwartungen entspricht.

C. **Zweites Lesen.** Lesen Sie jetzt den Text gründlich und erweitern Sie danach Ihre **Stichwörterliste.** Versuchen Sie den Aufbau (*structure*) der Erzählung zu beachten.

San Salvador

Er hatte sich eine Füllfeder[1] gekauft.

Nachdem er mehrmals seine Unterschrift, dann seine Initialen, seine Adresse, einige Wellenlinien[2], dann die Adresse seiner Eltern auf ein Blatt gezeichnet hatte, nahm er einen neuen Bogen[3], faltete[4] ihn
5 sorgfältig und schrieb: „Mir ist es hier zu kalt", dann, „ich gehe nach Südamerika", dann hielt er inne[6], schraubte[7] die Kappe auf die Feder, betrachtete[8] den Bogen und sah, wie die Tinte eintrocknete und dunkel wurde (in der Papeterie[9] garantierte man, daß sie schwarz werde), dann nahm er seine Feder erneut[10] zur Hand und setzte noch großzügig[11]
10 seinen Namen darunter.

Dann saß er da.

Später räumte[12] er die Zeitungen vom Tisch, überflog[13] dabei die Kinoinserate[14], dachte an irgend etwas[15], schob den Aschenbecher beiseite, zerriß den Zettel[17] mit den Wellenlinien, entleerte seine Feder
15 und füllte sie wieder. Für die Kinovorstellung[18] war es jetzt zu spät.

Die Probe[19] des Kirchenchors dauerte bis neun Uhr, um halb zehn würde Hildegard zurück sein. Er wartete auf Hildegard. Zu all dem Musik aus dem Radio. Jetzt drehte er das Radio ab[21].

Auf dem Tisch, mitten auf dem Tisch, lag nun der gefaltete Bogen,
20 darauf stand in blauschwarzer Schrift sein Name Paul.

„Mir ist es hier zu kalt", stand auch darauf.

Nun würde also Hildegard heimkommen, um halb zehn. Es war jetzt neun Uhr. Sie läse seine Mitteilung[22], erschräke[23] dabei, glaubte wohl das mit Südamerika nicht, würde dennoch[24] die Hemden im Kas-
25 ten[25] zählen, etwas müßte ja geschehen sein.

Sie würde in den „Löwen"[26] telefonieren.

Der „Löwe" ist mittwochs geschlossen. Sie würde lächeln und verzweifeln[27] und sich damit abfinden[28], vielleicht.

Sie würde sich mehrmals die Haare aus dem Gesicht streichen[29], mit
30 dem Ringfinger der linken Hand beidseitig der Schläfe[30] entlangfahren, dann langsam den Mantel aufknöpfen[31].

Dann saß er da, überlegte[32], wem er einen Brief schreiben könnte, las die Gebrauchsanweisung[33] für den Füller noch einmal – leicht nach rechts drehen – las auch den französischen Text, verglich[34] den engli-
35 schen mit dem deutschen, sah wieder seinen Zettel, dachte an Palmen, dachte an Hildegard.

Saß da.

Und um halb zehn kam Hildegard und fragte: „Schlafen die Kinder?"

Sie strich sich die Haare aus dem Gesicht.

🔵 Leseverständnis

A. **Zum Text.** Sind die folgenden Aussagen **richtig (R), falsch (F)** oder **nicht im Text (N)**?

	R	F	N
1. Paul hat sich einen neuen Füllfederhalter gekauft, um einen Roman zu schreiben.	❐	❐	❐
2. Paul findet den Winter in der Schweiz zu kalt.	❐	❐	❐
3. Er hat vor, nach San Salvador in Mittelamerika zu fliegen.	❐	❐	❐
4. Er ist ein intellektueller Mensch, der sehr sensibel ist; ihm fällt es aber schwer zu handeln.	❐	❐	❐
5. Paul sehnt sich nach Wärme, Abenteuer und Unbekanntem.	❐	❐	❐
6. Paul gefällt es, dass auf Hildegard immer Verlass (*absolute reliance*) ist, dass er immer genau weiß, was, wann, wo und wie sie etwas macht.	❐	❐	❐
7. Paul weiß, warum Hildegard so handelt, wie sie es tut.	❐	❐	❐
8. Paul hat einen guten Freund, dem er oft Briefe schreibt.	❐	❐	❐
9. Paul kann sich nicht vorstellen, seine Kinder allein zu lassen.	❐	❐	❐

	R	F	N
10. Paul geht regelmäßig ins Gasthaus „Löwe", um dort mit Freunden zu trinken.	❐	❐	❐
11. Hildegard ist eine Frau, die genau so automatisch handelt (*to act*), wie Paul es sich vorgestellt (*imagine*) hat.	❐	❐	❐
12. Paul und Hildegard sind sehr glücklich miteinander; deswegen fällt es ihm schwer, sich von ihr zu trennen (*to separate*).	❐	❐	❐
13. Dass Paul am Ende da sitzt, ohne sich zu bewegen (*to move*), ist wichtig für die Bedeutung der Erzählung.	❐	❐	❐

B. **Schriftliche Hausarbeit.** Mit ganz wenigen Worten sagt der Autor viel über das Eheleben von Paul und Hildegard, über ihre Gefühle und ihre Situation aus. Es gibt aber auch manches, was wir nicht genau wissen.

1. Schreiben Sie zu Hause Fragen über das, was wir nicht erfahren (mindestens sieben Fragen).

   NOTE: Begin each question with a different interrogative word.

   Beispiel: Wie lange **sind Paul und Hildegard schon verheiratet?**

   Wo **wohnen sie?**

   Warum **ist es ihm zu kalt?**

2. Stellen Sie Ihre Fragen in der Unterrichtsstunde an andere Studenten. Notieren Sie die Antworten, die Sie bekommen.

C. **Partnerarbeit.** Beschreiben Sie Paul, Hildegard und ihre Ehe mit Hilfe der Antworten, die Sie auf Ihre Fragen bekommen haben.

🎙 Diskussion

A. **Umfrage.** Diskutieren Sie Pauls Wunschtraum. Warum ist es ihm jetzt zu kalt? In welchem Land lebt er und inwiefern ist das hier vielleicht wichtig? Welche Dimensionen hat das Adjektiv „kalt" hier?

B. **Fragen zur Diskussion.**

1. Der Name „San Salvador" kommt im Text nicht vor; Paul schreibt, dass er nach Südamerika geht, aber San Salvador ist bekanntlich die Hauptstadt von El Salvador in *Mittelamerika*. Die Insel San Salvador (*von wem wird sie so genannt*?!) befindet sich im Karibischen Meer und nicht in Südamerika. Hat der Autor sich geirrt? Warum nennt der

Autor seine Geschichte so? Was bedeutet San Salvador?

2. Wir können im Text beobachten, wie Pauls Entschluss (*decision*) wegzugehen sozusagen bildlich gesprochen wie die Tinte auf dem Papier „eintrocknet". Der Autor sagt aber nicht explizit, warum Paul diesen Entschluss nicht ausführt. Was meinen Sie?

3. Diskutieren Sie die wiederholten Worte „Dann saß er da" und „Saß da" (ohne „er").

4. Schlagen Sie vor, was beide Partner in dieser Ehe tun könnten, um eine solche „kalte" Situation zu vermeiden (*avoid*) oder zu ändern. Beginnen Sie Ihre Aussagen mit Formen wie z.B., „Sie könnten…", „Sie müssten…" und „Sie sollten…".

C. **Interview.** Einer übernimmt die Rolle von Paul, eine andere die von Hildegard. Die Klasse stellt Fragen an beide Ehepartner.

1. Was für Fragen haben Sie an Paul?

2. Was für Fragen haben Sie an Hildegard?

D. **Kurzgeschichte.** Die Erzählung ist eine Kurzgeschichte.

1. Was sind die Merkmale der Kurzgeschichte?

   a. Eine Einführung fehlt; der Leser wird sofort mit einem Problem konfrontiert und erfährt Wichtiges über die Charaktere und das Milieu im Laufe der Erzählung.

   b. Es wird mit großer Knappheit (*brevity*) und Einfachheit erzählt.

   c. Ein Lebensausschnitt wird dargestellt.

   d. Ein Leitmotiv oder Dingsymbol deutet tiefere Bedeutung an. Äußeres deutet auf Inneres.

   e. Die Erzählung hat gewöhnlich einen Wendepunkt (*turning point*) und einen Höhepunkt.

   f. Der Schluss ist offen.

2. Welche Merkmale finden Sie besonders wichtig für die Diskussion?

⚙ Wortschatzaufgaben

A. **Gruppenarbeit.** Gehen Sie zurück zu der **Stichwörterliste,** die Sie vor dem Lesen angefangen haben. Auf diese Liste schreiben Sie jetzt weitere Ausdrücke, die Sie für wichtig halten und oft gebrauchen wollen. Vergleichen Sie Ihre Liste mit anderen. Die Stichwörterliste können Sie beim Zusammenstellen von Ihrer **Erzählkarte, Schreibkarte** oder zum Wiederholen gebrauchen.

1. Sind Zeichnungen darauf?
2. Sie befestigen Assoziationen.

B. **Zuordnung.** Mit wem verbinden Sie Folgendes?

1. die Fähigkeit haben zu handeln
2. einsam zu sein, doch sich mitteilen wollen
3. den Heiland (*the savior*) in der Kirche zu suchen
4. sich mit dem Schicksal (*fate*) abzufinden
5. Sehnsucht zu haben nach dem Neuen, Unbekannten
6. sich unglücklich zu fühlen, die Rettung (*salvation*) im Schreiben zu suchen
7. unzufrieden zu sein, realistisch zu sein
8. berechenbar (*predictable*) zu sein
9. gesellig oder ein Gruppenmensch zu sein

mit Paul   **mit Hildegard**

_____   _____
_____   _____
_____   _____
_____   _____

C. **Rollenspiele.** Guter Rat ist teuer. Was tun? Spielen Sie die Szenen.

1. Paul und Hildegard suchen Rat bei **einer Eheberaterin** (*marriage counselor*). Spielen Sie die Szene zu Dritt.
2. Sie gehen zum Pastor/Priester. Welche Ratschläge bekommen sie hier?
3. Sie gehen ins Reisebüro. Was für Angebote bekommen sie hier?
4. Sie sprechen mit Pauls Freund, der Psychiater ist.
5. Sie sprechen mit Hildegards Freundin, die Lehrerin ist.

Wenn Sie Hildegard und Paul spielen, die über ihre Probleme sprechen, gebrauchen Sie bitte möglichst viele modale Hilfsverben: ich möchte (mögen)/nicht; ich muss/nicht…

Er/sie will…
Er/sie kann…
Er/sie soll/nicht

D. **Ein drittes Lesen.** Wenn Sie die Erzählung jetzt noch einmal lesen, lesen Sie sie mit ausgezeichnetem Verständnis.

Falten Sie ein Blatt zusammen und notieren Sie auf der Oberseite, was Sie jetzt zum ersten Mal verstehen, und auf der Unterseite, was Sie erfragen möchten. Besprechen Sie die Fragen in Gruppen.

Aufsatzthemen

USING MODAL VERBS

*Modal verbs (**dürfen, können, nicht mögen, müssen, sollen, wollen**) can be used to express motivations, attitudes, or conditions surrounding certain actions. The sentence "**Paul geht nicht nach Südamerika**" is a simple statement of fact without any commentary. On the other hand, the sentences, "**Paul kann nicht nach Südamerika gehen**" or "**Paul will nicht wirklich nach Südamerika gehen**" are in effect a commentary on why he does not go to South America.*

When offering opinions on possible courses of action, consider using the following conditional subjunctive forms:

Er/sie könnte etwas [tun]	he/she could/would be able to [do]
Er/sie müsste etwas [tun]	he/she would have to [do]
Er/sie sollte etwas [tun]	he/she should/ought to [do]

*In giving advice, use the subjunctive (**den Konjunktiv**):*

Opinions on different possible courses of action are usually given in the subjunctive II (the past subjunctive) as a conditional subjunctive form.

Sie **könnten** eine Reise nach Südamerika machen.

Sie sollten… Sie sollten aber nicht…

*You could also use the indefinite pronoun **man**, which is written **man** only in the nominative case. If you use it in any other case, switch over to declined forms of **ein**, **kein**, or **jemand**.*

Beispiel: **man** kann, **man** könnte … bei einer Eheberatung (*marriage counselor*) Rat suchen. Es ist **niemandem** möglich immer in einem kalten Land zu leben.

*Or you could use the flavoring particle **doch**. Use this particle for emphasis, surprise, the introduction of the opposite of what has gone on before. In imperatives it is often paired with **mal** to convey the sense of impatience or urgency.*

Versuchen Sie **doch**… why don't you try to…

Unternehmen Sie **doch mal** etwas in Ihrer Nachbarschaft.

(weiter)

(weiter)

To express criticism of something, use the forms:

    *... ich brauche **mehr** ...*

    *... **Etwas ist mir... zu** ...*

        *... **zu viel** ...*

        *... **zu wenig** ...*

        *... **nicht genug** ...*

1. Beschreiben Sie die Ehe dieses Ehepaars. Erklären Sie, wie und warum es Paul kalt geworden ist.
2. Mit seinem neuen Füllfederhalter schreibt Paul einen Brief an einen Psychiater.
   a. Was schreibt er ihm?
   b. Was antwortet dieser?
   c. Eine Partnerin schreibt den Brief an den Psychiater, der/die andere die Antwort des Psychiaters.
3. Wie geht die Geschichte weiter?
   a. Geht Paul fort?
   b. Bleibt er bei Hildegard?
   c. Was kauft er sich sonst noch?
   d. Wird er sein Leben verändern?

Kontexte

Der Füllfederhalter

Einen Füllfederhalter bekommt man gewöhnlich zu wichtigen Abschnitten oder Anfängen im Leben geschenkt, zum Beispiel zum Abitur oder dem Anfang auf der Universität, zur Konfirmation, zum 18. Geburtstag oder zur Beförderung (*promotion*). Wer sich einen kauft, hat ein wichtiges Projekt vor sich. Man macht einen neuen Anfang. Man beginnt eine wichtige Briefpartnerschaft. Man fängt eine neue Stellung an. Man führt ein Tagebuch. Man fängt an ein Buch zu schreiben.

Ein Füllfederhalter ist wertvoll, exklusiv, kostbar. Er wird für ein wichtiges Vorhaben gebraucht. Er wird in ein Etui gesteckt, weil er gepflegt (*taken care of*) werden muss. Früher sprach man von zwei möglichen Arten von Heldentum: das erste erreichte man durch das Schwert (*the sword*), das zweite durch die Feder. Der Füllfederhalter erinnert an das intellektuelle Heldentum, das heute von Dichtern und Denkern fortgesetzt wird, die mit dem Kopf und der Feder arbeiten.

Reisen – Ausbruch aus dem Alltag

Nach der Armut und den Hungerjahren des Zweiten Weltkrieges, zur Zeit des **Wiederaufbaus,** gab es in Deutschland in den 50ern und 60ern nicht nur die **Fresswelle und die Kaufwelle,** sondern auch die **Reisewelle.** Man träumte vom guten Leben, der Wohlstand wurde größer und die Arbeitszeit kürzer – dank der amerikanischen Unterstützung durch den Marshall-Plan, der Leistung der deutschen Arbeiter und der Gewerkschaft. Der Samstag z.B. sollte kein Arbeitstag, sondern ein Familientag werden.

Die Gewerkschaft führte in 1963 das Bundesurlaubsgesetz ein, wonach jeder Arbeiter mindestens 18 Tage im Jahr Urlaub bekam. Auch in der DDR wurde der Urlaub mit dem Bau von Ferienheimen staatlich geplant.

Während man in den 50ern Gesellschaftsreisen mit der Eisenbahn machte, fuhren Familien in den 60ern gewöhnlich mit dem Auto fort. Als der Urlaub schon in den 50ern zum Statussymbol wurde, träumte man vom Urlaub in warmen, fernen Ländern. Aus Gruppenurlaub wurde ein persönlicher Ausbruch aus dem Alltag.

In der Mitte der 50er Jahre fuhren 4,5 Millionen Deutsche nach Italien; bis 1960 verreiste ein Drittel der westdeutschen Bevölkerung. Ein beliebtes Urlaubsziel war Italien. Viele „Schlager" aus dieser Zeit handeln davon.

Gehören Paul und Hildegard zur neuen Konsum- und Reisegesellschaft?

⊙ Zum Hören

Vor dem Hören

A. **Zum Thema.**

1. Wann sehnen Sie sich am meisten nach Freiheit?
2. Wie reagieren Sie im Allgemeinen auf Autoritätspersonen, z.B. Polizisten, Offiziere, Richter, Professoren? Wie reagieren Sie auf Autoritätspersonen, die Sie auf folgende Weise ansprechen:

   „Entweder du kommst jetzt, oder…"
   „Komm sofort runter! Sonst…"

B. **Stichwörterliste.** Unten ist ein Wort, das Sie sich vor dem Hören merken sollten. Schreiben Sie dieses Wort auf Ihre Stichwörterliste.

das Kotelett   *gebratenes Rippenfleisch*

◉ Beim Hören

„Zurück in die Freiheit"
Ekkehard Müller

A.   **Beim ersten Hören.** Hören Sie sich jetzt den Text an. Was haben Sie verstanden?

B.   **Beim zweiten Hören.** Wie viele Verben verstehen Sie? Notieren Sie diese Verben.

Nach dem Hören

A.   **Partnerarbeit.** Nehmen Sie Ihre Verbliste zur Hand. Für wie viele von diesen Verben können Sie Objektergänzungen geben? Ein Partner liest die Liste vor; die Partnerin nennt die Objektergänzung.

Beispiel: **packen**   Objektergänzung: **den Koffer packen**

B.   **Minidrama.** An wie viele von diesen schrecklichen Fragen können Sie sich erinnern? Gewiss an recht viele. Probieren Sie mit einem Partner, den Dialog nachzusprechen.

Manches lernt man, weil es lustig ist. Hier lernt man, weil es einen nervt. (*beleidigen*)

*As you know, the **present perfect** (das Perfekt) is the **conversational past tense**. It is composed of the conjugated form of the verb **haben** or **sein** in the present tense plus the past participle (das Partizip).*

Ich **habe** meiner Mutter **geschrieben.**
Ich **bin** hier nicht gerne **gewesen.**

The perspective taken in the present perfect is always the present, as this tense deals with the effect past actions have on the present. The link to the present is so strong, that the present perfect is even used to convey the perception that facts or discoveries from the past will always be true:

Im Jahre 1492 **hat** Columbus Amerika **entdeckt.** (*discovered*)

C.   **Abstimmung.**

1. Welche von diesen Fragen hat Sie am meisten genervt, und warum?
2. Hätten Sie anders geantwortet? Wie? Warum?
3. Sind Sie ein geduldiger oder ein ungeduldiger Mensch? Warum könnte das hier eine Rolle spielen?

Glossar

[1] die **Füllfeder, -n** fountain pen

[2] die **Wellenlinie, -n** wavy line

[3] der **Bogen - or ̈** ein Blatt Papier

[4] **falten** to fold

[5] **sorgfältig** carefully; **genau**

[6] **innehalten*** to pause, stop (doing s.th.)

[7] **schrauben** to screw, twist

[8] **betrachten** to observe

[9] die **Papeterie, -n** (*French*) stationery store; das **Schreibwarengeschäft, -e**

[10] **erneut** anew; **wieder**

[11] **großzügig** *here*: in large letters

[12] **räumen** to clear away, clean up

[13] **überfliegen*** to skim, glance over

[14] das **Inserat, -e** advertisement, ad insert (*in newspaper*)

[15] **irgend etwas** something or other

[16] **zerreißen*** to tear up, tear to pieces or shreds

[17] der **Zettel, -** note, slip of paper

[18] die **Vorstellung, -en** show, performance

[19] die **Probe, -n** rehearsal

[20] **zu all dem** accompanying all this (there was)

[21] **abdrehen** to turn off

[22] die **Mitteilung, -en** message; die **Nachricht, -en**

[23] **erschrecken*** to be frightened, be startled; **plötzlich Angst bekommen***

[24] **dennoch** nevertheless, yet; **trotzdem**

[25] der **Kasten, ̈** chest, case

[26] der **„Löwe"** (*der Name eines Gasthauses*)

[27] **verzweifeln** to despair; **alle Hoffnung aufgeben***

[28] **sich mit etwas abfinden*** to come to accept or resign o.s. to s.th.

[29] **streichen*** here: to push hair out of one's face or eyes

[30] die **Schläfe, -n** temple

[31] **aufknöpfen** to unbutton

[32] **überlegen** to reflect on, ponder

[33] die **Gebrauchsanweisung, -en** operating instruction(s)

[34] **vergleichen*** to compare

Kapitel 6

Lese- und Hörtext

„Ich war ein Kind"
José F. A. Oliver

Aufsatzthemen

Using colorful expressions

José F. A. Oliver was born in 1961 in the village of Hausach in the Black Forest as a child of Andalusian guestworkers who had come to Germany in 1960 to improve their economic prospects. Oliver grew up multilingually in German, in the Alemannic dialect spoken in the Black Forest, in Spanish, and in the dialect of Andalusia from which his parents came. His upbringing was a multicultural one, shaped through living in both cultures—in the German as well as the Andalusian poetic traditions; Frederico García Lorca, for instance, influenced his poetry greatly. He studied Romance philology, German studies, and philosophy at the University of Freiburg. He has won a number of prizes for his poetry, has spent a semester at MIT as Max Kade Writer in Residence, and has published nine volumes of poetry.

⊕ Vor dem Lesen

Überfliegen des Textes

A.   **Mitlesen, mitteilen.** In dem folgenden Gedicht schaut der Dichter auf seine Kindheit zurück. Lesen Sie das Gedicht einmal leise durch, um zu verstehen, worum es im Text geht.

B.   **Zweites Lesen.** Lesen Sie sich nun das Gedicht noch einmal laut durch und hören Sie es sich zweimal auf der CD an.

1. Wie wird ein Kind zum Dichter?
2. Was ist typisch für das Leben dieses Kindes?
3. Wie und wo findet er seine eigene Stimme?

C.   **Stichwörterliste.** Fangen Sie eine Stichwörterliste an.

Ich war ein Kind

Ich war ein Kind
und spielte
spielte mit den Schatten
blühender Orangenbäume

5   Ich war ein Kind und suchte
suchte meinen Namen
in den Zügen mündiger[1] Gesichter

Ich war ein Kind
und spielte
10   Ich war ein Kind
und suchte

eine Bleibe
ohne Schlüssel[2]

ein Zuhause
15   ohne Aber[3]

ein Daheim
ohne Angst[4]

ein Willkommen
ohne Bitten[5]

20 einen Morgen
ohne Schweigen[6]

einen Tag
ohne Flucht[7]

einen Abend
25 ohne Abschied[8]

Ich war ein Kind
und sang
sang mir unbekannte Klänge[9]
ins Echo tauber Muscheln[10]

30 Ich war ein Kind
ohne Vater
und hatte dennoch eine Mutter
Ich war ein Kind
ohne Mutter
35 und hatte dennoch[11] einen Vater

und

versteckt
zwischen Himbeersträuchern[12]
schenkte mir die Sonne
40 eine Hütte[13] ohne Licht

und

ortskundig[14]
träumte ich dann
auf schneeverwehten Hängen[15]
45 und sang
sang mir unbekannte Klänge
im seichten Algengrün[16]

Ich war ein Kind
Ich war
50 Ich

und sanft
strich das Meer[17]
nur für mich
über andalusische Gitarrensaiten[18] ➤

⊕ Leseverständnis

A. **Zum Text.** Wie wird das Kind zum Dichter? Nennen sie die Verben. Verben machen das Gedicht lebendig.

spielen - womit?

suchen - was?

singen - wie?

B. **Partnerarbeit.**

1. Bilder machen das Gedicht anschaulich und geben eine tiefere Bedeutung.

   Sammeln Sie in der Gruppe viele Bilder und versuchen Sie gemeinsam, ihre besonderen Bedeutungen zu erraten. Was sind die wichtigsten Bilder?

Bild	Bedeutung
1. Schatten blühender Orangenbäume	spielt mit dunkel und hell, mit nicht Konkretem
2. Züge mündiger Gesichter	sucht sich in anderen, liest Gesichter
3. Bleibe ohne Schlüssel	Heimat, ein Zuhause, Sicherheit
4. ein Zuhause ohne Aber	...
5. ein Daheim ohne Angst	...
6. usw.	...

2. Durch was für Bilder zeigt uns dieser Dichter, dass er in zwei verschiedenen Welten aufwächst? Ist der Norden eine dieser Welten? Ist der Süden die andere Welt? Oder ist die Sache komplizierter?

C. **Interpretation.**

1. Wie wichtig ist das Meer für sein „Singen"?
2. Was könnte es in Vers 30–33 bedeuten, dass er ein Kind ohne Vater war und dennoch eine Mutter hatte (und umgekehrt)? Denken Sie an

das Individuelle und das Allgemeine. Spricht der Dichter nur für sich, oder auch für eine Generation?

3. Wo fühlt sich dieses Kind zu Hause?

🔊 Diskussion

A. **Umfrage.** Ist der Dichter in diesem Gedicht noch ein Kind? Warum oder warum nicht? Fragen Sie mindestens vier Personen nach deren Meinungen.

B. **Allerlei Fragen.**

1. Ist die Kindheit für den Dichter das Paradies oder Leiden? Wählen Sie Beispiele aus, wie etwa die Hütte in der Natur, und entscheiden Sie, ob sie zum Licht oder zur Dunkelheit führte. Was bedeutet das Helle? Was bedeutet das Dunkel?

2. Welcher Teil vom Leben des Kindes gehört zum typischen Privatleben, welcher Teil zum Dichterleben? Was ist der Unterschied zwischen beiden?

3. Was bedeuten die drei Verse in der Folge (*sequence*) für die Existenz und die Identität des Dichters?

> Ich war ein Kind
>
> Ich war
>
> Ich

4. Mit welchem Bild fängt das Gedicht an? Mit welchem hört es auf? Was ist die Bedeutung davon?

📖 Wortschatzaufgaben

A. **Dictogloss als Partnerarbeit.** Spielen Sie die CD nochmals ab und schreiben Sie mit, so gut und schnell Sie können. Vergleichen Sie Ihren Text mit dem Ihres Partners/Ihrer Partnerin. Gibt es Unterschiede? Besprechen Sie diese Unterschiede und versuchen Sie, sich auf einen Text zu einigen. Schauen Sie sich danach den Originaltext an.

Geschichten erzählt man im Präteritum
  (the simple past tense, or preterite)
Als... + Präteritum
am Anfang: anfangs – in the beginning, initially
         damals – back then

eines Morgens/Tages/Abends – one morning, day, evening
einmal – once, one time
einst – once, once upon a time
neulich/vor kurzem – recently

später: auf einmal/plötzlich – suddenly
bald darauf – soon thereafter
kurz darauf – shortly thereafter
da/dann – then
danach – after that
inzwischen/unterdessen – in the meantime
später – later
daraufhin – thereupon

am Ende: seitdem/seither – ever since
am Ende – finally, in/at the end
zum/am Schluss – at the end, in conclusion
schließlich – in conclusion

B.   **Nacherzählung.** Erzählen Sie die Geschichte dieses Dichters nach. Gebrauchen Sie dabei so viele Verben im Präteritum und so viele Adverbien wie möglich.

C.   **Stichwörterliste.** Erweitern Sie Ihre Stichwörterliste.

Aufsatzthemen

USING COLORFUL EXPRESSIONS

Dichter wie Oliver gebrauchen lebendige Ausdrücke. Aus der Infinitivform des Verbs können Sie im Deutschen Substantive bilden, die viel lebendiger sind als Hauptwörter mit abstrakten Suffixen.

Beispiel:
   zum Verb **beobachten**
   bildet man die Infinitivform: **das Beobachten**
   oder die mehr abstrakte Form: **die Beobachtung**

Ähnliches gilt für viele andere Verben (das Tätigkeitswort):
   beschreiben, das Beschreiben, die Beschreibung
   erzählen, das Erzählen, die Erzählung
   interpretieren, das Interpretieren, die Interpretation

denken, das Denken, der Gedanke
singen, das Singen, der Gesang (vom Präteritum: sang)
sprechen, das Sprechen, das Gespräch (vom Präteritum: sprach)
dichten, das Dichten, die Dichtung
tun, das Tun, die Tätigkeit (vom Präteritum: tat)
sehen, das Sehen, die Sicht, die Aussicht, das Gesicht
usw.

Versuchen Sie, die Grade von Abstrahierung und Lebendigkeit beim Schreiben zu beachten.

1. Übersetzen Sie Lyrik in Prosa. Fangen Sie den Aufsatz an mit: *Als …* und erzählen Sie im Präteritum (*preterite*).

   Beispiel:

   Als das Kind in Andalusien lebte, spielte es Schattenspiele mit blühenden Orangenbäumen. Als das Kind noch klein war, gab ihm scheinbar jeder einen anderen Kosenamen. Im Gesicht der Erwachsenen bemerkte es besonders den Mund, weil es immer auf Wörter achtete...

2. Beschreiben Sie die verschiedenen Welten, in denen dieses Kind aufwuchs. (Der Dichter José F. A. Oliver wuchs im Dorf Hausach im Schwarzwald auf, besuchte aber oft Andalusien in Spanien, die Heimat seiner Eltern.)

   a. das Dorf Hausach im Schwarzwald – eine Idylle, in der er als Ausländerkind aufwächst und sich als Deutscher und Spanier fühlt.

   b. Andalusien – mit Sonne, Musik und Meer

   c. die Natur – sein eigenes Paradies

3. Trotz der Ablehnung (*rejection*), die dieses Kind erlebt hat (Vers 12–25), ist es zur Sprache, zur Musik, zur Dichtung, zum Singen gekommen. Beschreiben Sie Olivers Weg zur Dichtung und seine Bejahung des Lebens (*his "yes" to life*).

Wenn Sie Dichtung lieben, sollten Sie sich zwei der tiefsinnigsten (*profound*) Gedichte über die Entwicklung des Kindes zum Dichter anhören:

   Friedrich Hölderlin, *Da ich ein Knabe war…*
   Friedrich Nietzsche, *Venedig*

Die sprachliche Musik von beiden Gedichten hören Sie wieder in José F. A. Olivers Gedicht und auch das Bewusstsein des Dichters Sänger, Seher und Priester zu sein.

Kontexte

Gastarbeiter und die Entwicklung Deutschlands zu einem multikulturellen Land

Nach dem Krieg fand in Deutschland der **Wiederaufbau** des Landes, der Industrie und der Wirtschaft statt. Es gab Vollbeschäftigung, es fehlten sogar Arbeitskräfte. Zwar gingen viele Flüchtlinge aus der DDR bis zum Bau der Mauer 1961 nach Westdeutschland, doch vorher schon, im Jahre 1955, hatte die BRD angefangen, Arbeitskräfte in andern Ländern anzuwerben: aus Italien, Griechenland, Spanien, der Türkei, Portugal, Jugoslawien. Gesucht wurden Arbeiter zur Schwerarbeit in der Industrie und Landwirtschaft, die helfen sollten, die Wirtschaft wieder auf Hochtouren zu bringen.

Arbeiter aus dem Ausland bekamen gewöhnlich Arbeitserlaubnis für ein Jahr in der BRD, eine Stelle, von der keine Vorkenntnisse erwartet wurden, und einen Wohnplatz zusammen mit anderen Gastarbeitern. Sie arbeiteten schwer, zahlten ihre Steuern an den Staat, bekamen aber nur geringe Unterstützung vom Staat und hatten wenig Kontakt zu Deutschen. Sprachprobleme waren natürlich nur ein Grund. Durch ihre harte Arbeit und ihren Beitrag an Steuern trugen sie dazu bei, die BRD zum Wohlstandsland zu machen, in dem der Lebensstandard andauernd stieg.

> 1960 gab es 330.000 Gastarbeiter
> 1964 gab es 1 Million Gastarbeiter
> 1969 gab es 1.500.000 Gastarbeiter
> 1973 gab es 2.600.000 Gastarbeiter
> 1998 gab es 7.300.000 Ausländer, inkl. Asylanten = 8.9% der Bevölkerung

Im Jahre 1973 kam es zu einer Wirtschaftskrise mit hoher Arbeitslosigkeit in der BRD, die sofort zu einem Anwerbestopp für Arbeiter aus Nicht-EG- (European Community) Ländern führte. Es wurde der Versuch gemacht, Gastarbeiter, die dazu bereit waren, in ihre Heimat zurückzukehren, finanziell zu unterstützen. Für viele wurde die Arbeitserlaubnis rückgängig gemacht. Arbeitslosenunterstützung wurde gestrichen. Die CDU sagte damals: „Deutschland ist **kein** Einwanderungsland."

Heutzutage weiß man, „Deutschland **ist** ein Einwanderungsland". Es ist sogar ein multikulturelles Land mit Bewohnern aus anderen Ländern, die die BRD durch viele Sprachen und Kulturen bereichern. Ohne den Fleiß der Gastarbeiter hätte die BRD niemals ihren hohen Lebensstandard erreicht. Ohne die Steuern der Gastarbeiter hätte die BRD nicht soziale Unterstützung an alle Bürger zahlen können. Nur langsam verstanden die Deutschen, was die Gastarbeiter geleistet hatten und wie unfair sie von Regierung und der Gesellschaft behandelt worden waren. Die BRD ist nicht mehr das Wirtschaftswunderland von damals: trotz hoher Arbeitslosigkeit muss es soziale Gerechtigkeit für Menschen aus allen Kulturen geben.

Seit dem Jahr 2000 ist es den Einwanderern und ihren in Deutschland geborenen Kindern möglich, die deutsche Staatsangehörigkeit zu erwerben. Die rotgrüne Koalitionsregierung (*coalition of the SPD and the Green Party*) und die Gesellschaft sind bemüht, die Integration der ausländischen Bevölkerung zu unterstützen. Es soll eine Gesellschaft geben, die fair, gerecht und tolerant ist. Man diskutiert erneut, was und wer „deutsch" ist. Die zweite und dritte Generation von Kindern früherer Gastarbeiter gehört heute zu den führenden Intellektuellen in Deutschland. Die Gefahr einer Zweiklassengesellschaft besteht, doch man erkennt, dass Deutschland eine multikulturelle Demokratie ist, in der es gleiche Chancen für alle Menschen geben muss.

Aufgabe: Diskussion in Gruppen und im Plenum. Falten Sie ein Blatt zusammen. Auf die Oberseite schreiben Sie, was Sie schon über Gastarbeiter wissen, und auf die Unterseite schreiben Sie Fragen. Reißen/Schneiden Sie die Blätter in der Mitte auseinander und organisieren Sie sie nach Themen. Zu Thema 1 erzählt der Gruppensprecher, was Sie schon wissen. Dann liest ein anderer die Fragen vor. In Gruppen werden die Fragen beantwortet. Dann fahren Sie fort mit Thema 2, bis alle beantwortet sind.

Glossar

[1] **mündig** responsible, of age, in Germany the age is 18; the word comes from a tradition of orality, where one is of age, when one can legally "use one's voice."

[2] die **Bleibe** refuge, place to stay.

[3] **ohne Aber** without a "but" . . . A home without restrictions, without "buts" and "don'ts"

[4] die **Angst** anxiety

[5] die **Bitte** the request

[6] das **Schweigen** silence

[7] die **Flucht** the escape

[8] der **Abschied** departure (from *scheiden**, *schied*, *geschieden*—to separate, leave) verbal stem noun

[9] **unbekannte Klänge** unknown sounds

[10] **taub** deaf

[11] **dennoch** nonetheless

[12] der **Himbeerstrauch** raspberry bush

[13] die **Hütte** the hut

[14] **ortskundig** knowing one's way around

[15] **schneeverweht** covered by snow drifts

[16] **seicht** shallow

[17] **the sea** (moved the bow)

[18] die **Saite** the string

Kapitel

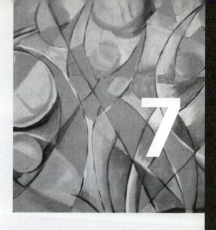

7

Wolfgang Borchert
was born in Hamburg in 1921. He died in 1947, his early death the result of illness contracted during his military service and aggravated through long periods of incarceration by the Nazis during World War II. "Die Küchenuhr" belongs to the *Trümmerliteratur* ("literature of the ruins") in which Borchert and other authors depicted in stark yet symbolic language the physical and spiritual devastation of Germany at the end of the war. Although Borchert's text is linguistically simple, its metaphoric and symbolic dimensions should not be overlooked.

⊕ Vor dem Lesen

Überfliegen des Textes

A.   **Mitlesen, mitteilen.**

1. Wir drücken diese Geschichte in Teilen ab, damit Sie leichter einen Überblick gewinnen. Lesen Sie die ersten und die letzten zwei bis drei Zeilen *(lines)* von jedem Teil schnell durch. Diskutieren Sie mit anderen Personen, warum die Geschichte wohl „Die Küchenuhr" heißt.

2. Alternative Gruppenaufgabe. Arbeiten Sie in Gruppen von drei bis fünf Personen. Jede/r liest einen Abschnitt, notiert einige wichtige Informationen über diesen Abschnitt und berichtet den anderen in der Gruppe davon.

B.   **Stichwörterliste.** Fangen Sie Ihre **Stichwörterliste** von Vokabeln und wichtigen Ausdrücken an.

C.   **Zweites Lesen.** Lesen Sie die ganze Geschichte genau, nachdem Sie einen Überblick gewonnen haben. Achten Sie besonders darauf, welche Teile der Erzählung vor dem Krieg spielen und welche nachher.

Die Küchenuhr

A

Sie sahen ihn schon von weitem[1] auf sich zukommen[2], denn er fiel auf[3]. Er hatte ein ganz altes Gesicht, aber wie er ging, daran sah man[4], dass er erst zwanzig war. Er setzte sich mit seinem alten Gesicht zu ihnen auf die Bank[5]. Und dann zeigte er ihnen, was er in der Hand trug.

5   Das war unsere Küchenuhr, sagte er und sah sie alle der Reihe nach an, die auf der Bank in der Sonne saßen. Ja, ich habe sie noch gefunden. Sie ist übriggeblieben[7].

B

Er hielt eine runde tellerweiße Küchenuhr vor sich hin[8] und tupfte mit dem Finger die blaugemalten Zahlen ab[9].

10   Sie hat weiter keinen Wert, meinte er entschuldigend, das weiß ich auch. Und sie ist auch nicht so besonders schön. Sie ist nur wie ein Teller, so mit weißem Lack[10]. Aber die blauen Zahlen sehen doch ganz hübsch

aus, finde ich. Die Zeiger sind natürlich nur aus Blech[11]. Und nun gehen
sie auch nicht mehr. Nein. Innerlich ist sie kaputt, das steht fest[12]. Aber
15 sie sieht noch aus wie immer. Auch wenn[13] sie jetzt nicht mehr geht.

Er machte mit der Fingerspitze einen vorsichtigen[14] Kreis auf dem
Rand[15] der Telleruhr entlang. Und er sagte leise[16]: Und sie ist übriggeblieben.

C

Die auf der Bank in der Sonne saßen, sahen ihn nicht an. Einer sah
20 auf seine Schuhe, und die Frau sah in ihren Kinderwagen. Dann sagte
jemand:

Sie haben wohl alles verloren?

Ja, ja, sagte er freudig[17], denken Sie, aber auch alles! Nur sie hier,
sie ist übrig. Und er hob die Uhr wieder hoch, als ob die anderen sie
25 noch nicht kannten.

Aber sie geht doch[18] nicht mehr, sagte die Frau.

Nein, nein, das nicht. Kaputt ist sie, das weiß ich wohl. Aber sonst
ist sie doch noch ganz wie immer: weiß und blau. Und wieder zeigte er
ihnen seine Uhr. Und was das Schönste ist, fuhr er aufgeregt[19] fort[20],
30 das habe ich ihnen ja[21] noch überhaupt nicht[22] erzählt. Das Schönste
kommt nämlich noch: Denken Sie mal[23], sie ist um halb drei stehengeblieben. Ausgerechnet[24] um halb drei, denken Sie mal.

D

Dann wurde ihr Haus sicher um halb drei getroffen, sagte der Mann
und schob wichtig die Unterlippe vor. Das habe ich schon oft gehört.
35 Wenn die Bombe runtergeht, bleiben die Uhren stehen. Das kommt von
dem Druck[25].

Er sah seine Uhr an und schüttelte[26] überlegen[27] den Kopf. Nein,
lieber Herr, nein, da irren Sie sich[28]. Das hat mit den Bomben nichts zu
tun. Sie müssen nicht immer von den Bomben reden. Nein. Um halb drei
40 war ganz etwas anderes, das wissen Sie nur nicht. Das ist nämlich der
Witz[29], daß sie gerade[30] um halb drei stehengeblieben ist. Und nicht um
Viertel nach vier oder um sieben. Um halb drei kam ich nämlich immer
nach Hause. Nachts, meine ich. Fast immer um half drei. Das ist ja gerade der Witz.

E

45 Er sah die anderen an, aber die hatten ihre Augen von ihm
weggenommen. Er fand sie nicht. Da nickte er seiner Uhr zu[31]: Dann
hatte ich natürlich Hunger, nicht wahr? Und ich ging immer gleich in die
Küche. Da war es dann fast immer halb drei. Und dann, dann kam nämlich meine Mutter. Ich konnte noch so leise die Tür aufmachen, sie hat

50 mich immer gehört. Und wenn ich in der dunklen Küche etwas zu essen
suchte, ging plötzlich das Licht an. Dann stand sie da in ihrer Wolljacke
und mit einem roten Schal um. Und barfuß. Immer barfuß. Und dabei[32]
war unsere Küche gekachelt[33]. Und sie machte ihre Augen ganz klein,
weil ihr das Licht so hell war. Denn sie hatte ja schon geschlafen. Es war
55 ja Nacht.

F

So spät wieder, sagte sie dann. Mehr sagte sie nie. Nur: So spät
wieder. Und dann machte sie mir das Abendbrot warm und sah zu[34], wie
ich aß. Dabei[35] scheuerte[36] sie immer die Füße aneinander, weil die
Kacheln so kalt waren. Schuhe zog sie nachts nie an. Und sie saß so lange
60 bei mir, bis ich satt[37] war. Und dann hörte ich sie noch die Teller wegset-
zen, wenn ich in meinem Zimmer schon das Licht ausgemacht hatte.
Jede Nacht war es so. Und meistens immer um halb drei. Das war ganz
selbstverständlich[38], fand ich, dass sie mir nachts um halb drei in der
Küche das Essen machte. Ich fand das ganz selbstverständlich. Sie tat das
65 ja immer. Und sie hat nie mehr gesagt als: So spät wieder. Aber das sagte
sie jedesmal. Und ich dachte, das könnte nie aufhören[39]. Es war mir so
selbstverständlich. Das alles. Es war doch[40] immer so gewesen.

G

Einen Atemzug[41] lang war es ganz still auf der Bank. Dann sagte er
leise: Und jetzt? Er sah die anderen an. Aber er fand sie nicht. Da sagte
70 er der Uhr leise ins weißblaue runde Gesicht: Jetzt, jetzt weiß ich, dass
es das Paradies war. Das richtige Paradies.
Auf der Bank war es ganz still. Dann fragte die Frau: Und Ihre
Familie?
Er lächelte sie verlegen[42] an[43]: Ach, Sie meinen meine Eltern? Ja, die
75 sind auch mit weg[44]. Alles ist weg. Alles, stellen Sie sich vor[45]. Alles weg.
Er lächelte verlegen von einem zum anderen. Aber sie sahen ihn
nicht an.
Da hob er wieder die Uhr hoch, und er lachte. Er lachte: Nur sie hier.
Sie ist übrig. Und das Schönste ist ja, dass sie ausgerechnet um halb drei
80 stehengeblieben ist. Ausgerechnet um half drei.
Dann sagte er nichts mehr. Aber er hatte ein ganz altes Gesicht. Und
der Mann, der neben ihm saß, sah auf seine Schuhe. Aber er sah seine
Schuhe nicht. Er dachte immerzu[46] an das Wort Paradies. ◤

📖 Leseverständnis

A. **Zum Text.** Sind die folgenden Aussagen **richtig (R), falsch (F)** oder **nicht im Text (N)**?

	R	F	N
1. Der Mann mit der Küchenuhr ist ein junger Mann, der nicht an der Front war, weil er schwer krank war.	❑	❑	❑
2. Er hat die Küchenuhr mitgebracht, weil er sie besonders schön findet.	❑	❑	❑
3. Er hat die Küchenuhr mitgebracht, obwohl er sie nicht besonders schön findet, weil er alles außer der Uhr verloren hat.	❑	❑	❑
4. Er weint, weil seine Eltern tot sind und seine Wohnung zerstört ist.	❑	❑	❑
5. Die Küchenuhr ist in Wirklichkeit die Freundin des jungen Mannes.	❑	❑	❑
6. Der junge Mann ist durch den Bombenangriff verrückt geworden.	❑	❑	❑
7. Der Mann behandelt die Küchenuhr, als ob sie seine Freundin wäre.	❑	❑	❑
8. Der Mann hatte ein leichtes Leben vor dem Bombenangriff, deshalb nennt er das Leben vor dem Bombenangriff „das Paradies".	❑	❑	❑
9. Der junge Mann hatte ein schweres Leben vor dem Bombenangriff; trotzdem nennt er das Zusammensein nachts mit seiner Mutter in der kalten Küche um 2.30 Uhr morgens „das Paradies".	❑	❑	❑
10. Die Uhr als Symbol hat mit der kaputten Zeit zu tun.	❑	❑	❑

B. **Aussagen.** Machen Sie allein oder mit anderen Personen zusammen viele kurze Aussagen über diese Erzählung, bis Sie möglichst viel über die Geschichte gesagt haben. Eine chronologische Folge ist hier nicht wichtig. Nehmen Sie den Text nicht zu Hilfe.

C. **Im Plenum.** Mit welchen Erwartungen haben Sie die Erzählung gelesen? Welche Erwartungen hat das genaue Lesen bestätigt? Welche Erwartungen waren falsch? Haben Sie Information gefunden über Themen, die Sie in der Erzählung erwarteten?

D. **Stichwörterliste.** Schreiben Sie auf Ihre Stichwörterliste Ausdrücke, die Sie sich zu folgenden Themen merken wollen.

Arbeiten Sie bei den verschiedenen Aufgaben mit Ihrer Stichwörterliste.

1. Gibt es andere Themen, die Sie wichtig finden? Vielleicht könnten Sie zu jedem Thema einen Wortigel machen. Während Sie mit der Erzählung arbeiten, können Sie weitere Wörter und Ausdrücke auf diese Liste schreiben, die Ihnen wichtig werden.

   Beispiel:

	Überlebende, die „übrig geblieben sind"
	Zeit
	in der Sonne sein
Bank	der Kinderwagen, die Zukunft
	öffentlicher Platz
	an das Paradies denken – die Vergangenheit

   2.30 Uhr morgens
   Küchenuhr
   Krieg
   Frieden
   Kinderwagen
   nicht normal sein
   öffentlicher/privater Kontakt

2. Kontraste sind für diese Erzählung sehr wichtig. Was für Kontraste oder Gegensätze könnten Sie auf Ihre Liste setzen?

E. **Suche nach Textmarkierern.** Partnerarbeit oder Arbeit im Plenum. Wie werden folgende Konnektoren als Markierer im Text benutzt? Was sind ihre Funktionen? Stellen Sie die richtigen Verbindungen her zwischen den Konnektoren in 1–10 und ihren Bedeutungen in a–g.

1. Leute, die auf einer öffentlichen Bank sitzen, sehen einen jungen Mann an, anstatt an ihren eigenen Verlust zu denken, ***denn*** er fiel auf.

2. Er hatte ein ganz altes Gesicht, ***aber*** wie er ging, daran sah man, dass er erst zwanzig war.

3. Die Uhr ist nur wie ein Teller, so mit weißem Lack. ***Aber*** die blauen Zahlen sehen doch ganz hübsch aus.

4. Er machte mit der Fingerspitze einen vorsichtigen Kreis auf dem Rand der Telleruhr entlang. ***Und*** er sagte leise: ***Und*** sie ist übriggeblieben.

5. Und er hob die Uhr wieder hoch**,** ***als ob*** die anderen sie noch nicht kannten.

6. … dann bleiben die Uhren stehen. Das **kommt von** dem Druck.

7. Um halb drei war ganz etwas anderes, das wissen Sie nur nicht. Das ist **nämlich** der Witz, dass sie gerade um halb drei stehengeblieben ist.

8. Und nicht um Viertel nach vier oder um sieben. Um halb drei kam ich **nämlich** immer nach Hause.

9. So spät wieder, sagte sie dann (…). Nur so spät wieder. **Und dann** machte sie mir das Abendbrot warm (…).

10. (…) und sie sah zu, wie ich aß. **Dabei** scheuerte sie immer die Füße aneinander, **weil** die Kacheln so kalt waren.

   a. um Ungewöhnliches zu erklären

   b. um eine genauere Erklärung zu geben, etwas genauer zu sagen

   c. um Kontraste einzuführen

   d. um zu verbinden, was eng zusammengehört und gleich wichtig ist

   e. um das Gegenteil von dem zu zeigen oder zu behaupten, was man schon weiß

   f. um eine Folge zu bestimmen (*sequence*)

   g. um Gleichzeitigkeit (*simultaneity*) auszudrücken, d. h. um zu zeigen, dass zwei Dinge zur gleichen Zeit passieren

Diskussion

> **NOTE: Leerstellen oder offene Stellen.** *In any literary text there are many things that are left unsaid, things about which readers can only conjecture. We can call them* **offene Stellen** *or* **Leerstellen.** *Some of these things are unimportant and would only detract from the tightness of the text. For example, in this story the color of the young man's hair, his height, and his weight are not significant. There are, however, other pieces of information that might indeed be useful and about which we should conjecture—for example, why the young man always came home at 2:30 in the morning and what he was doing the night the bomb fell. Such withheld information prompts us to fill in gaps in the text the way we see them and thus become partners in the creative encounter of text and reader. When "filling in the gaps," we find no absolutely right or wrong solution, although some may be more plausible than others, given the specific context of the story.*

A. Umfrage.

1. Versuchen Sie, durch drei Fragen über jede der folgenden Personen Informationen zu erhalten, die nicht im Text stehen.

   a. der Mann, der an das Wort „Paradies" dachte

   b. die Frau mit dem Kinderwagen

   c. der junge Mann mit der Küchenuhr

   d. die Mutter

2. Antworten Sie auf die Fragen anderer Studenten.

> **NOTE: *Symbol.*** *Scholars will not always agree on how to define a symbol in a literary text. At the least, a symbol in a text, be it an object, a person, or an event, points to meanigs or significance that the author wishes to convey but not in so many words. Symbols are usually filled with potential associations, but the reader has to tap them.*

3. Der junge Mann erzählt, was „halb drei" für ihn symbolisch bedeutet. Nämlich was? Was bedeutet es, dass eine Uhr kaputt ist und nicht ein Spiegel (*mirror*) oder ein Radio?

4. Überlegen (*ponder*) Sie, was in der Geschichte Symbolcharakter haben könnte. Nennen Sie mindestens drei Beispiele. Was will der Autor durch solche Symbole zum Ausdruck bringen?

Dieses Symbol   **bringt zum Ausdruck, dass....**

a._____

1._____   b._____

c._____

a._____

2. _____   b. _____

c._____

a._____

3. _____   b._____

c._____

5. Suchen Sie Wörter und Wendungen (*expressions*), die sich im Text wiederholen. Diskutieren Sie, was Borchert durch solche Wiederholungen ausdrücken will.

6. Zeigen Sie am Verhalten (*behavior*) des jungen Mannes, dass er nicht mehr ganz normal ist.

a. Was ist noch „normal" an diesen Zeilen?

b. Ist sein Durchdrehen (*madness*) hier als Überlebensstrategie (*survival strategy*) zu betrachten?

c. Ist es eine Flucht aus der Wirklichkeit?

7. Diskutieren Sie, was das „Paradies" für den jungen Mann und für den anderen Mann auf der Bank war.

⊕ Wortschatzaufgaben

A.   **Partnerarbeit.** Im Gespräch verwendet man oft Modalpartikeln (*flavoring particles*) (siehe Tipps zum Schreiben, Kapitel 17) und gewisse Adverbien, um einer Aussage oder einer Meinung besonderen Ausdruck zu verleihen (*give*). Solche Wörter intensivieren oder nuancieren eine Aussage. Unterstreichen Sie in Borcherts Text die folgenden Wörter:

ausgerechnet	mal
doch	nämlich
ganz	nur
gerade	überhaupt (nicht)
ja	wohl

Lesen Sie diese Stellen mit einem Partner/einer Partnerin einmal mit diesen Wörtern und einmal ohne sie. Hören Sie und Ihr Partner/Ihre Partnerin den Unterschied? Beschreiben Sie ihn.

B.   **Formulierungen.** Was sagen oder fragen Sie in diesen Situationen? Verwenden Sie Vokabeln und Ausdrücke aus der Liste.

aufhören (zu tun)	sich irren
auffallen*	satt sein*
feststehen*	vorsichtig sein*
fortfahren *(zu tun)	

   a. Sie haben viel gegessen und wollen nichts mehr.
   b. Was Sie gesagt haben, stimmt nicht.
   c. Ihre Mutter will spazieren gehen, aber Sie wissen, dass die Wege vereist und deswegen sehr gefährlich sind.
   d. In der Universitätsbibliothek reden die Leute neben Ihnen andauernd, während Sie zu lesen versuchen.
   e. Sie möchten wissen, ob die Professorin den Termin für die nächste Deutschprüfung schon festgelegt hat.

C.   **Ein drittes Lesen.** Wenn Sie die Erzählung jetzt noch einmal lesen, lesen Sie sie mit sehr gutem Verständnis. Falten Sie ein Blatt zusammen und notieren Sie auf der Oberseite, was Sie jetzt zum ersten Mal verstehen, und auf der Unterseite, was Sie erfragen möchten. Besprechen Sie die Fragen in Gruppen.

Aufsatzthemen

> **USING ADJECTIVES**
>
> *Adjectives can help you convey how you view or react to the persons, things, or occurrences about which you write. First, compile a list of adjectives you find important for the topic and your reactions to it. Next, write your first draft without adjectives, checking to see that all articles and nouns are in the proper cases. Finally, write a second draft, inserting adjectives where they enhance your narrative. Remember to use the simple past tense in narratives and to avoid repeated use of the verbs **haben** and **sein**.*

1. Fassen Sie die Handlung (*plot*) der Geschichte in einem Abschnitt kurz zusammen. Schreiben Sie dann einen weiteren Abschnitt über die Bedeutung der Geschichte.

2. Beschreiben Sie einen Gegenstand (*object*) und erklären Sie, warum dieser Gegenstand für Sie eine besondere Bedeutung hat. Beschreiben Sie ihn erst objektiv (Aussehen, Material) und dann subjektiv (Bedeutung, Symbol).

3. In dieser Erzählung wird über eine Vergangenheit vor der Bombe, über eine Gegenwart von Trümmern und einer Zukunft mit einem Kinderwagen geschrieben. Wie werden die drei verschiedenen Zeitabschnitte (Vergangenheit, Gegenwart und Zukunft in der erzählten Zeit) in der Geschichte beschrieben? Wenn Sie etwas über den Zweiten Weltkrieg wissen, können Sie die Geschichte mit der deutschen Geschichte verbinden.

4. Haben Sie ein „Passwort" oder ein Wort, das Ihnen besonders viel bedeutet? Erklären Sie Ihre persönliche Bedeutung dieses Wortes.

5. Der Kritiker W.G. Sebald, der viel über die Zerstörung Deutschlands während des Zweiten Weltkrieges geschrieben hat, fand, dass die Deutschen die Wirklichkeit nicht wahr haben wollten, weder, dass ihr Land aus Trümmern bestand, noch, dass Deutschland andere Städte wie London, Stalingrad und Warschau zerstört hatte. Nach dem Krieg sprachen die Deutschen vom Wiederaufbau, von ihrer Energie, der Arbeit und Disziplin, mit denen sie die kaputten Städte wieder aufbauten. Aber niemand wollte von den Bomben, der Zerstörung und den Trümmern sprechen. Sebald sagt, dass die Deutschen die Geschichte verdrängten (*suppressed*) oder leugneten (*to deny*). Hier, in *Der Küchenuhr*, ist es der Verrückte, der die Zerstörung leugnet. Warum ist das so wichtig? Wie sprechen die anderen über die Zerstörung?

Kontexte

Trümmerliteratur

Diese Erzählung von Borchert gehört in die Zeit unmittelbar (*directly*) nach dem Zweiten Weltkrieg, nach dem Zusammenbruch des Dritten Reiches. Am 8. Mai 1945 hatte Deutschland bedingungslos kapituliert. Für Borchert und viele andere Autoren bedeutete dies die Befreiung von der Naziregierung, gegen die sie protestiert hatten und die sie zur Strafe ins Gefängnis oder an die Front geschickt hatte. Borchert war unheilbar krank zurückgekommen; im Alter von 26 Jahren starb er an den Folgen seiner Krankheit.

Für Borchert bedeutete der Zusammenbruch Deutschlands einen Neuanfang der Literatur, die wieder internationale intellektuelle Kontakte pflegen (haben) durfte. In der Literaturgeschichte wird diese Zeit oft als „Stunde Null" oder auch als „Kahlschlag" bezeichnet. Alles Alte, Bekannte war weg oder sollte verschwinden. Die Sprache der Nazis, oder „Nazideutsch", das die Sprache vergiftet hatte, war den Nachkriegsdichtern verhasst. Eine neue Sprache musste geschaffen werden. Doch was war vorher zur Nazizeit geschehen? Vieles hiervon ist Ihnen sicher schon bekannt.

Im Jahre 1933, als die Nazis an die Macht kamen, wurden Kultur und Propaganda „gleichgeschaltet". Sie kamen ins gleiche Ministerium und die Nazi-Regierung forderte eine Literatur, die Propaganda war. Bücher von jüdischen Autoren oder antifaschistischen Autoren wurden öffentlich verbrannt. Die Zensur verbot jedes freie Denken und Schreiben. Etwa 2500 Autoren emigrierten ins Ausland, z.B. Thomas Mann und Bert Brecht. Aber nicht jeder hatte das Geld oder die Möglichkeit auszuwandern. Manche blieben in Deutschland, obwohl sie gegen die Nazis waren. Manche hörten auf zu schreiben. Manche verübten sogar Selbstmord.

Es gab aber auch Dichter, die die Nazipropaganda und -ideologie unterstützten. Sie verherrlichten den Helden, der sich für das Vaterland opferte, die Frau, die ihm zu Hause Kinder gebar und diese für das Vaterland erzog. Themen wie das Volk, Heldentum, Vaterland, Heimat, die Erde, „Blut und Boden", Mutter und Kind, Kraft, Glaube, Treue, Ehre und Gemeinschaft wurden zu deutschen Werten erhoben und mit Nazisymbolik umgeben. Diese Literatur wurde als offizielle, „gesunde" Volksliteratur angesehen. Die deutsche Sprache wurde in Deutschland zur Sprache der Nazis, zum Nazideutsch.

Erst nach der Kapitulation im Jahre 1945 kamen die Autoren zu Wort, die von 1933 bis 1945 Schreibverbot gehabt hatten. Sie mussten eine ganz neue Sprache schaffen, die mit der Nazi-Ideologie und dem Nazideutsch nichts mehr zu tun hatte. Wolfdietrich Schnurre sagte: „Die neue Sprache, die so entstand, war nicht schön. Sie wirkte keuchend und kahl." Große Worte, die die Nazis schön gefunden und ideologisch geformt hatten, waren jetzt verhasst. Aus dem Nazideutsch wurde Kahlschlag. Nachkriegsdichter wollten den einfachen Ausdruck, sie wollten nichts Künstliches, keine Euphemismen, keine Superlative, keinen Schmuck durch Adjektive, sondern sie wollten die sachliche Beschreibung, sodass sich der Leser mit der Wirklichkeit der kaputten Dinge konfron-

(weiter)

(weiter)

tieren musste. Viele Erzählungen handeln von Soldaten, die zurückkehren und die Gesellschaft anklagen, die den Krieg gewollt hatte. Viele Heimkehrer wurden auch depressiv durch ihre Kriegserfahrungen.

Die neue Sprache von Borchert kennt keine „großen" Wörter. Wir wissen, dass der junge Mann seine Heimat, sein Vaterhaus und seine Eltern verloren hat. All das wird nicht erwähnt, vielleicht nicht, weil die Nazis diese Wörter kaputtgeredet hatten? Die Uhrzeit 2.30 Uhr morgens wird erwähnt, so wie auch die schwere Zeit des Leidens und der Schwerstarbeit während des Krieges, die ganz einfach „das Paradies" heißt. Was diese Nachkriegsgeneration verlorenen hat, wird symbolisiert durch eine billige, kaputte Küchenuhr, die aus dem Schutt gerettet wurde. Kulturelle Gewohnheiten werden durchbrochen. Deutsche, die sich nicht kennen, reden einander bekanntlich nicht an, außer bei informellen Gelegenheiten wie dem Oktoberfest und im Fasching. Hier durchbricht der junge Mann mit der Küchenuhr alle Konventionen der Höflichkeit, die die Gesellschaft sonst benutzt.

In dieser Geschichte sind die neuen Wörter, die benutzt werden, genau so wichtig, wie die, die ausgelassen werden. Welcher Begriff wird durch die Wörter „das Paradies", die Mutter, die warme Küche, Geborgenheit, die Stadt, wo man hingehörte, ein Zuhause wo alles „selbstverständlich war", ersetzt? In dieser Erzählung wird gezeigt, wie Dichter an und mit der neuen Sprache arbeiteten, um etwas Neues zu schaffen, das zur Nachkriegsrealität gehörte.

Privater/öffentlicher Diskurs

Wer sich in Deutschland auf eine öffentliche Bank im Park, auf einen Hof, oder an eine Bushaltestelle setzt, wählt einen öffentlichen Platz, wo man gewöhnlich nicht mit anderen Leuten spricht. Wenn es zu einem Gespräch kommt, so ist es gewöhnlich über das Wetter oder über den Fahrplan, d.h. über etwas Unpersönliches.

In dieser Erzählung treffen sich die Leute auf der Bank in der Sonne. Wie erwartet, vermeidet jeder Augenkontakt. Jeder hat sein eigenes Unglück. Jeder hat Haus, Familie, und/oder Freunde verloren. Jeder ist in Trauer und Schweigen versunken.

Aber dieser junge Mann fängt an von seiner Uhr, seinem Zuhause und von der Selbstverständlichkeit des einfachen Lebens vor den Bomben zu erzählen. Sein Leid ist so groß und sein Benehmen so unkonventionell, dass fremde Leute anfangen, mit ihm über sein privates Leben sprechen, wie sie es mit einem Kind täten, das sich – ohne es zu wollen – falsch benimmt.

In seinem Lächeln sieht man sein Verrücktsein – dass er nicht normal ist –, aber man sieht es auch darin, dass er über private Dinge in aller Öffentlichkeit spricht. Zwar siezt er alle höflich, doch indem er zu allen spricht, ohne zuerst „Verzeihung" zu sagen, und dann sogar noch ausschließlich über seine Uhr und sein privates Leben redet, benimmt er sich falsch.

Bei ihm, wie die Leute es bald feststellen, ist alles kaputt. Sein Leid zwingt alle dazu, menschlich zu sein und die Regeln des öffentlichen bzw. privaten Diskurses eine Zeit lang zu ignorieren. Doch wie lange bleibt man auf der menschlichen Ebene?

⊙ Zum Hören

Vor dem Hören

A. **Zum Thema.** Nachdem das Dritte Reich den Krieg 1945 verloren hatte, gingen Tausende von Soldaten in Kriegsgefangenschaft. Günter Eich war so ein Soldat, der in amerikanische Kriegsgefangenschaft kam. Als Gefangener macht er Inventur, d.h. er gibt an, was er noch alles hat.

1. Was, glauben Sie, ist so einem Soldaten wichtig?
2. Warum ist es ihm wichtig?
3. Was ist ihm nicht mehr wichtig?

B. **Stichwörterliste.** Unten sind ein paar wichtige Wörter, die Sie sich vor dem Hören merken sollten. Schreiben Sie diese Wörter und andere, die Sie sich merken wollen, auf eine Stichwörterliste.

die Konservenbüchse	*eine Dose aus Blech, die er als Teller und Becher gebraucht*
ritzen	*schreiben mit scharfer, harter Spitze*
begehren	*etwas verlangen, etwas haben wollen*
bergen*	*verstecken, geheim halten*
verraten*	*ein Geheimnis erzählen*
die Pappe	*cardboard*
die Bleistiftmine	*lead from pencil*
das Zelt	*tent*
Zeltbahn	*strip of canvas on which a tent is to be placed*
der Zwirn	*yarn*

⊙ Beim Hören

„Inventur"
Günter Eich

A. **Beim ersten Hören.** Hören Sie sich jetzt das Gedicht an. Was haben Sie verstanden? Notieren Sie sich während des Hörens Stichwörter.

B. **Beim zweiten Hören.** „Inventur" ist ein Gedicht. Gedichte haben meistens einen besonderen Rhythmus und Reim; sie haben Gehalt (Inhalt) und Gestalt (eine Form). Was gehört hier zur Gestalt? Könnten Sie eine Aufzählung oder Inventur von den angegebenen Dingen in Prosa machen? Wie unterscheidet sich das Gedicht von der Prosa-Fassung?

Nach dem Hören

A. Zuordnung.

1. Wozu benutzt er diese Dinge unten?
   Was bedeuten sie ihm? Warum sind sie ihm wichtig?

   Beispiele:

Die Mütze *zum Anziehen*	Wärme
Den Mantel *zum Anziehen*	Wärme
Das Rasierzeug *zum Rasieren*	Hygiene, Körperpflege, Zivilisation

   der Beutel…

   die Konservenbüchse…

   der Nagel

   der Brotbeutel

   die Socken (das Paar Socken)

   die Pappe

   die Bleistiftmine

   das Notizbuch

   die Zeltbahn

   das Handtuch

   der Zwirn

2. Welche Dinge gehören zu den folgenden Wortfeldern?
   Kleidung
   Nahrung
   Unterkunft
   Behälter *(container)*
   Hygiene
   Schreiben

B. Partnerarbeit.

1. Ratespiel. Was ist es? Wie schnell können Sie antworten?

   Beispiel: Damit kann man Gedichte schreiben.

   Antwort: Das ist eine Bleistiftmine.

   a. Damit rasiert man sich.

   b. Damit schützt man die Augen vor der Sonne.

   c. Daraus kann man trinken.

   d. Damit hält man sich warm.

   e. Damit kann man seinen Namen auf Dinge ritzen, die einem gehören.

f. Darauf kann man schlafen.

g. Darauf legt man nachts seinen Kopf.

h. Damit trocknet man sich ab.

i. Darein kann man seine Verse schreiben.

j. Darin kann man verstecken, was man von allen geheim halten will.

2. Geben Sie eine nähere Beschreibung der Dinge in Teil A mit Hilfe von Relativpronomen und Relativsätzen.

   Beispiel: die Mütze

   Dies ist die Mütze, die mir die Selbstachtung (*self respect*) erhalten hat.

3. Hören Sie sich das Gedicht noch einmal an und schreiben Sie so gut und so schnell Sie können mit. Nach dem Hören vergleichen Sie Ihren Text mit dem des Partners/der Partnerin. Lücken können Sie zusammen erraten. Besprechen Sie Änderungen, die Sie beide vorschlagen, besonders was Endungen betrifft. Können Sie sich zu zweit auf einen Text einigen? Ihr/e Lehrer/in kann Ihnen den Eich-Text zum Vergleich zeigen.

C. Diskussion.

1. Was haben Sie bei der Inventur von einem deutschen Soldaten in Gefangenschaft erwartet? Haben sich Ihre Erwartungen erfüllt? Worüber spricht dieser Soldat nicht?

2. Was ist diesem Ich hier wichtig? Wie viel gehört zum Leben? Was ist seine Wirklichkeit?

3. Was könnte im Brotbeutel sein, das er niemandem verrät?

4. Was für andere Titel fallen Ihnen zum Gedicht ein?

5. Was für große Leerstellen finden Sie hier? Was für Fragen möchten Sie stellen?

6. Günter Eich und Wolfgang Borchert gehören zu den Dichtern der „Kahlschlag-" und Trümmer-Dichtung. Was bedeutet es, dass dieser Soldat keine schönen Worte macht, dass er nichts über Deutschland sagt und dass er weder von abstrakten Werten, z.B. Pflichten (*duties*), noch von seiner „Heimat" spricht?

7. Wie vermittelt dieses Gedicht die Wirklichkeit der Nachkriegserfahrung?

D. Drittes Hören. Hören Sie sich das Gedicht noch einmal an.

Glossar

1 **von weitem** from afar; **von weit weg**

2 **auf jmdn. zukommen*** to come toward s.o.

3 **auffallen*** to be noticeable, be conspicuous

4 **wie er ging, daran sah man** they could tell by how he walked

5 die **Bank, ¨e** bench

6 der **Reihe nach** one after the other

7 **übrigbleiben*** to be left over, remain

8 **vor sich hin** in front of oneself

9 **abtupfen** to wipe or dab off

10 der **Lack** enamel paint; die **Farbe**

11 das **Blech** tin

12 **feststehen*** to be certain, be for sure

13 **auch wenn** (*or* **wenn auch**) even if, even though

14 **vorsichtig** careful

15 der **Rand, ¨er** edge, border

16 **leise** soft; low-voiced

17 **freudig** joyous, happy; **froh**

18 **doch** but, however

19 **aufgeregt** excited

20 **fortfahren*** to continue (to do s.th.)

21 **ja** indeed; of course

22 **überhaupt nicht** not at all; **gar nicht**

23 **denken Sie mal!** just think!

24 **ausgerechnet** precisely, of all times

25 der **Druck** pressure

26 **schütteln** to shake

27 **überlegen** (*adj.*) with a superior air

28 **sich irren** to err, be mistaken

29 der **Witz, -e** joke

30 **gerade** (*adv.*) just, at that very moment

31 **jmdm. zunicken** to nod to s.o.

32 **und dabei . . .** and moreover

33 **gekachelt** tiled

34 **jmdm. zusehen*** to watch s.o., look at s.o.

35 **dabei** while doing so

36 **scheuern** to scrape, rub

37 **satt** full, satiated

38 **selbstverständlich** taken for granted, as it should be

39 **aufhören** to cease, stop (doing)

40 **doch** after all; of course

41 der **Atemzug, ¨e** breath (of air)

42 **verlegen** embarrassed

43 **anlächeln** to smile at

44 **auch mit weg** gone like the others (i.e., dead)

45 **sich** (*dat.*) **vorstellen** to imagine

46 **immerzu** continually; **dauernd**

Kapitel

8

Wolf Biermann

was born in Hamburg in 1936 and moved to the German Democratic Republic (East Germany) in 1953. He gained fame and notoriety as a *Liedermacher* and singer critical of the East German regime. While he was on tour in West Germany in 1976, the East German government revoked his citizenship, compelling him to stay in the West. Since then, Biermann has maintained visibility as a songwriter, singer, and freelance journalist. The "Märchen vom kleinen Herrn Moritz" was written when there were two Germanys and two Berlins. Which "Berlin" Biermann refers to should become clear as you read.

🔲 Vor dem Lesen

Überfliegen des Textes

A. Mitlesen, mitteilen.

1. Bilden Sie Dreiergruppen (*groups of three*). Lesen Sie *einen Teil* dieses Märchens (entweder A, B oder C) rasch durch. Benutzen Sie die Glossen. Die anderen in Ihrer Gruppe lesen je (*each*) einen anderen Teil des Textes. Schreiben Sie dabei Stichwörter und Notizen zum Nacherzählen Ihres Teils auf. (15 Minuten)

2. Erzählen Sie den anderen in Ihrer Dreiergruppe kurz den Inhalt Ihres Teils. Für drei Berichte hat Ihre Gruppe etwa fünfzehn Minuten.

   Note: *Keep in mind that your partners may not have understood some of the glossed words that you would like to use. In such instances you will have to explain in German what these words mean.*

3. Erzählen Sie in einer größeren Gruppe das ganze Märchen noch einmal nach.

---

❶ USING TITLES AS MEANING CLUES

Titles can provide important clues about the story. For example, what do you know already about Märchen *as a literary genre? What elements do you expect to find in a* Märchen?

The 'small man' described in the title is a reference to a novel by Hans Fallada called Kleiner Mann, was nun?, *about a man during the Great Depression who is constantly in fear of losing his job.*

The Moritz *of the title is also a literary reference. Max and Moritz were two characters created by Wilhelm Busch in his childrens' stories. They were constantly playing tricks on people until they finally suffered the consequences of their deceptions.*

Eine Glatze kriegen *means 'to grow bald'; a frequent occurence as one gets older.*

B. Stichwörterliste. Machen Sie sich eine Erzählkarte oder eine Stichwörterliste.

C. Zweites Lesen. Versuchen Sie beim zweiten und genaueren Lesen Ihre Stichwörterliste nach Themen zu organisieren. Bilden Sie Wortigel (*concept maps*) mit diesen Themen und fügen Sie bei der Bearbeitung des Textes weitere wichtige Ausdrücke hinzu.

Das Märchen vom kleinen Herrn Moritz, der eine Glatze[1] kriegte[2]

A

Es war einmal ein kleiner älterer Herr, der hieß Herr Moritz, und hatte sehr große Schuhe und einen schwarzen Mantel dazu[3] und einen langen schwarzen Regenschirmstock[4], und damit ging er oft spazieren.

Als nun der lange Winter kam, der längste Winter auf der Welt in
5 Berlin, da wurden die Menschen allmählich[5] böse.

Die Autofahrer *schimpften*[6], weil die Straßen so glatt[7] waren, daß die Autos ausrutschten[8]. Die Verkehrspolizisten *schimpften*, weil sie immer auf der kalten Straße rumstehen mußten. Die Verkäuferinnen *schimpften*, weil ihre Verkaufsläden[9] so kalt waren. Die Männer von der
10 Müllabfuhr[10] *schimpften*, weil der Schnee gar nicht alle[11] wurde. Der Milchmann *schimpfte*, weil ihm die Milch in den Milchkannen zu Eis gefror. Die Kinder *schimpften*, weil ihnen die Ohren ganz rot gefroren waren, und die Hunde *bellten*[12] vor Wut[13] über die Kälte schon gar nicht mehr, sondern zitterten[14] nur noch und klapperten mit den Zäh-
15 nen[15] vor Kälte, und das sah auch sehr böse aus.

An einem solchen kalten Schneetag ging Herr Moritz mit seinem blauen Hut spazieren, und er dachte: „Wie böse die Menschen alle sind, es wird höchste Zeit, daß wieder Sommer wird und Blumen wachsen."

B

Und als er so durch die schimpfenden Leute in der Markthalle ging,
20 wuchsen ganz schnell und ganz viel Krokusse, Tulpen und Maiglöckchen[16] und Rosen und Nelken[16], auch Löwenzahn[16] und Margeriten[16]. Er merkte es aber erst gar nicht, und dabei[17] war schon längst[18] sein Hut vom Kopf hochgegangen, weil die Blumen immer mehr wurden und auch immer länger.

25 Da blieb vor ihm eine Frau stehn und sagte: „Oh, Ihnen wachsen aber schöne Blumen auf dem Kopf!" „Mir Blumen auf dem Kopf!" sagte Herr Moritz, „so was[19] gibt es gar nicht!"

„Doch[20]! Schauen Sie hier in das Schaufenster[21], Sie können sich darin spiegeln. Darf ich eine Blume abpflücken?"

30 Und Herr Moritz sah im Schaufensterspiegelbild, daß wirklich Blumen auf seinem Kopf wuchsen, bunte[22] und große, vielerlei Art[23], und er sagte: „Aber bitte, wenn Sie eine wollen . . . "

„Ich möchte gerne eine kleine Rose", sagte die Frau und pflückte sich eine.

35 „Und ich eine Nelke für meinen Bruder", sagte ein kleines Mädchen, und Herr Moritz bückte sich[24], damit das Madchen ihm auf den

Kopf langen[25] konnte. Er brauchte sich aber nicht sehr tief zu bücken, denn er war etwas kleiner als andere Männer. Und viele Leute kamen und brachen sich Blumen vom Kopf des kleinen Herrn Moritz, und es tat

40 ihm nicht weh, und die Blumen wuchsen immer gleich nach[26], und es kribbelte[27] so schön am Kopf, als ob ihn jemand freundlich streichelte[28], und Herr Moritz war froh, dass er den Leuten mitten im kalten Winter Blumen geben konnte. Immer mehr Menschen kamen zusammen und lachten und wunderten sich[29] und brachen sich Blumen vom Kopf des

45 kleinen Herrn Moritz, und keiner, der eine Blume erwischt[30] hatte, sagte an diesem Tag noch ein böses Wort.

    C
    Aber da kam auf einmal[31] auch der Polizist Max Kunkel. Max Kunkel war schon seit zehn Jahren in der Markthalle als Markthallen-polizist tätig[32], aber so was hatte er noch nicht gesehn! Mann mit Blu-

50 men auf dem Kopf! Er drängelte sich[33] durch die vielen lauten Menschen, und als er vor dem kleinem Herrn Moritz stand, schrie er: „Wo gibt's denn so was! Blumen auf dem Kopf, mein Herr! Zeigen Sie doch[34] mal bitte sofort ihren Personalausweis[35]."
    Und der kleine Herr Moritz suchte und suchte und sagte

55 verzweifelt[36]: „Ich habe ihn doch immer bei mir gehabt, ich habe ihn doch in der Tasche gehabt!"
    Und je mehr er suchte, um so mehr[37] verschwanden[38] die Blumen auf seinem Kopf.
    „Aha", sagte der Polizist Max Kunkel, „Blumen auf dem Kopf

60 haben Sie, aber keinen Ausweis in der Tasche!"
    Und Herr Moritz suchte immer ängstlicher seinen Ausweis und war ganz rot vor Verlegenheit[39], und je mehr er suchte – auch im Jacken-futter[40] – , um so mehr schrumpften die Blumen zusammen[41], und der Hut ging allmählich wieder runter auf den Kopf! In seiner Verzweiflung

65 nahm Herr Moritz seinen Hut ab, und siehe da[42], unter dem Hut lag in der abgegriffenen[43] Gummihülle[44] der Personalausweis. Aber was noch!? Die Haare waren alle weg! Kein Haar mehr auf dem Kopf hatte der kleine Herr Moritz. Er strich[45] sich verlegen über den kahlen[46] Kopf und setzte dann schnell den Hut drauf.

70 „Na[47], da ist ja der Ausweis", sagte der Polizist Max Kunkel freund-lich, „und Blumen haben Sie ja wohl[48] auch nicht mehr auf dem Kopf, wie[49]?!"
    „Nein . . . ", sagte Herr Moritz und steckte schnell seinen Ausweis ein[50] und lief, so schnell man auf den glatten Straßen laufen konnte,

75 nach Hause. Dort stand er lange vor dem Spiegel und sagte zu sich: „Jetzt hast du eine Glatze, Herr Moritz!" ◥

⊕ Leseverständnis

A. **Zum Text.** Partneraufgabe. Sind die folgenden Aussagen **richtig (R)** oder **falsch (F)**?

	R	F
1. Der kleine Herr Moritz machte einen Spaziergang im Winter zu einer Zeit, wo alle anderen arbeiteten.	❐	❐
2. Er war von den Schuhen bis zum Hut (von Kopf bis Fuss) wie ein typischer Berliner angezogen.	❐	❐
3. Herr Moritz fand, dass der Sommer die bösen Menschen wieder nett machen würde.	❐	❐
4. Sein Kopf war voller neuer Ideen.	❐	❐
5. Alle Menschen, die mit Herrn Moritz in Kontakt kamen, wurden durch die Blumen froh.	❐	❐
6. Der Polizist fand es richtig, dass die Menschen zu fluchen aufhörten.	❐	❐
7. Der Polizist hielt es für seine Aufgabe, alle Menschen und Ideen zu kontrollieren.	❐	❐
8. Er wollte Herrn Moritz' Ausweis sehen, um ihn dafür zu belohnen (*to reward*), dass er alle Menschen kostenlos froh gemacht hat.	❐	❐
9. Der Polizist wurde erst freundlich, als die Blumen verschwanden und der Ausweis vorgezeigt wurde.	❐	❐
10. Das Märchen erklärt, warum der kleine Herr Moritz auf einmal eine Glatze bekam.	❐	❐

B. **Partnerarbeit.**

1. Schreiben Sie für jeden Teil der Geschichte vier Sätze, die Sie zum Zusammenfassen der Handlung (*plot*) für notwendig halten (insgesamt nicht mehr als zwölf Sätze).

2. Vergleichen Sie Ihre Sätze mit denen Ihrer Mitstudenten. Wenn Sie mit einigen Ihrer Sätze dann nicht zufrieden sind, können Sie sie durch deren (*their*) Sätze ersetzen (*replace*).

C. **Erklären Sie den Kontext** (*wer, was, mit wem, wo, warum usw.*).

1. Er merkte es aber erst gar nicht, und dabei war schon längst sein Hut vom Kopf hochgegangen, weil die Blumen immer mehr wurden und auch immer länger.

2. Max Kunkel war schon seit zehn Jahren in der Markthalle als Markthallenpolizist tätig, aber so was hatte er noch nicht gesehen.

3. Wie böse die Menschen alle sind, es wird höchste Zeit, dass es wieder Sommer wird und Blumen wachsen.

4. Und der kleine Herr Moritz suchte und suchte und sagte verzweifelt: „Ich habe ihn doch immer bei mir gehabt, ich habe ihn doch in der Tasche gehabt!"

5. Dort stand er lange vor dem Spiegel und sagte zu sich: „Jetzt hast du eine Glatze, Herr Moritz."

🎧 Diskussion

Oft beginnt ein Märchen mit einer bekannten, alltäglichen, aber oft unglücklichen Situation, z. B. arme Familie oder böse Stiefmutter. Dann kommt die Hauptperson in eine unbekannte, nicht alltägliche oder „wunderbare" Situation: z. B. man trifft eine Hexe (*witch*) im Wald oder kommt in einen Wald, in dem man die Sprache der Tiere versteht. Am Ende kehrt diese Person in die bekannte Welt oder Situation zurück und bringt dabei aus der wunderbaren Welt oft etwas Besonderes (Gold, Juwelen, Weisheit usw.) mit, wodurch die schlechte Ausgangssituation behoben (*eliminated*) wird.

A.   **Partnerarbeit.** Diskutieren Sie, inwiefern (*to what extent*) das Märchen vom kleinen Herrn Moritz eine solche Struktur hat.

1. Was ist in diesem Märchen anders?
2. Was bedeutet das?

B.   **Fragen zur Diskussion.**

1. In diesem Märchen steckt (*is, lies hidden*) wohl auch Politisches. Besprechen Sie, was die folgenden Personen, Dinge und Situationen eigentlich bedeuten und was Biermann damit andeuten (*suggest*) will.

   Herr Moritz
   der längste Winter auf der Welt (in Berlin!)
   Blumen im Winter
   Max Kunkel
   der Personalausweis
   die Glatze

2. Leben Herr Moritz und Max Kunkel in West-Berlin oder Ost-Berlin? Ist die Geschichte mit dem Behördenstaat (*bureaucracy*) typisch für beide Teile? Begründen Sie Ihre Antwort.

C. **Interview.** Eine/r spielt Max Kunkel, eine/r den kleinen Herrn Moritz, eine/r ein kleines Mädchen. In der Gruppe bereiten Sie Fragen für die drei vor, die sie dann beantworten müssen.

Beispiel: Herr Moritz, warum ziehen Sie sich wie Charlie Chaplin an?

Warum gehen Sie spazieren, wenn alle andern arbeiten?

⊕ Wortschatzaufgaben

Sie dürfen Ihre Stichwörterliste bei allen Aufgaben benützen.

A. **Zuordnung.** Welche Substantive aus dem Text passen zu den folgenden Sätzen? Vergessen Sie den Artikel nicht.

Beispiel: Der Müll wird weggebracht.

Das ist die **Müllabfuhr.**

1. Man wird im Regen nicht nass.
2. Das sieht man im Spiegel.
3. Dort stellen Geschäfte ihre Waren aus.
4. Du kannst damit beweisen, wer du bist.
5. Die Gastgeberin wird sich bestimmt darüber freuen.

B. **Partnerarbeit.** Erzählen Sie Ihrem Partner/Ihrer Partnerin, wann Sie Folgendes tun.

1. schimpfen
2. zittern
3. sich wundern
4. spazieren gehen
5. vor Verlegenheit rot werden

C. **Gruppenarbeit.** Machen Sie Aussagen über den Text. Die Klasse muss bestimmen, ob diese Aussagen richtig/falsch/oder nicht im Text sind.

Beispiel: Herr Moritz suchte nach seiner Kreditkarte.

D. **Ein drittes Lesen.** Wenn Sie die Erzählung jetzt noch einmal lesen, lesen Sie sie mit sehr gutem Verständnis. Falten Sie ein Blatt zusammen und notieren Sie auf der Oberseite, was Sie jetzt zum ersten Mal verstehen, und auf der Unterseite, was Sie erfragen möchten. Besprechen Sie die Fragen in Gruppen.

🎤 Sprechakte

A.   **Zuordnung.** Zu welchem Sprechakt gehören die Aussagen?

1. über etwas schimpfen
2. über etwas fluchen
3. um etwas bitten
4. einen Vorschlag machen
5. sich über etwas wundern
6. seine Verzweiflung über etwas ausdrücken
7. etwas erklären
8. eine Frage stellen

    a. Ich finde diese Kälte widerlich, schrecklich!

    b. Dieses verdammte Wetter!

    c. Ich hätte gern eine Tulpe. Bitte, könnten Sie mir eine geben?

    d. Wäre es nicht möglich, Folgendes zu tun? Ich schlage vor, dass wir...

    e. Ich bin überrascht, dass Tulpen auf dem Kopf wachsen. Wie kommen Blumen auf den Kopf?

    f. Ich möchte wissen, ob du deinen Ausweis bei dir hast!

    g. Haarausfall (*hair loss*) kann viele Gründe haben.

    h. Ich weiß weder aus noch ein. Ich bin ganz unglücklich und weiß mir nicht zu helfen.

B.   **Rollenspiel.** Führen Sie Folgendes mit einer Partnerin/einem Partner aus.

1. **Schimpfen** Sie darüber, dass die Leute zu Ihnen unfreundlich sind; Ihre Partnerin **verteidigt** oder **entschuldigt** das Benehmen dieser Leute.
2. **Bitten** Sie Ihren Partner Ihnen etwas zu zeigen, was dieser lieber **verheimlichen** (*keep secret*) möchte.
3. Sie sind **verzweifelt** (*desperate*), dass Sie etwas nicht finden können; Ihr Partner **tröstet** (*to console*) Sie.
4. **Schenken** Sie Ihrem Partner eine Rose. Er **bedankt** sich dafür.
5. **Zeigen Sie** Ihr **Erstaunen** über eine Blume, die Ihr/e Partner/in im Haar trägt. Sie/er weiß von keiner Blume.
6. **Machen Sie** Ihrer Partnerin **ein Kompliment** (Charakter, Freundlichkeit, usw.). Ihre Partnerin **nimmt es an.**

7. **Stellen Sie** Ihrem Partner eine dumme **Frage**: ich möchte wissen, ob…, wie…, wieso…

   Ihr Partner **antwortet.**

8. **Drängeln** Sie sich **vor** in einer Schlange. Ihre Partnerin **weist** Sie von vorne **nach hinten.**

9. **Bitten** Sie Ihre Partnerin **um Erlaubnis**, etwas zun tun. Sie **verweigert** (*denies permission*) die Erlaubnis.

10. **Befehlen** Sie Ihrer Partnerin Ihnen ihren **Studentenausweis zu zeigen**. Sie **lehnt es ab** (*refuse*) zu gehorchen. Sie **entschuldigen** sich für Ihre Unhöflichkeit.

C.   **Weitere Rollenspiele.** Jetzt spielen Sie Ihren Dialog der Klasse vor.

Aufsatzthemen

USING CONJUNCTIONS

Conjunctions prove useful when structuring narratives, since they make it possible to link or combine two or more ideas or actions in a single sentence. Coordinating conjunctions (indicated in the following list by the letter c) link two clauses, they do not affect word order: **Sie ging nach Hause, <u>denn</u> es war sehr spät geworden**. *Subordinating conjunctions (indicated by the letter s in the list) introduce subordinate clauses; conjugated verbs are placed at the end of the clause:* **Sie ging nach Hause, <u>da</u> es sehr spät geworden war.**

aber *(c)*	*but, however*
als *(s)*	*when, as (single occurrence in past or present time)*
da *(s)*	*since (indicating why)*
denn *(c)*	*for (indicting why)*
obwohl *(s)*	*although*
und *(c)*	*and*
während *(s)*	*while*
weil *(s)*	*because*
wenn *(s)*	*whenever (repeated occurrence in past or present time)*

Try to use several different conjunctions when writing on the following topics.

1. Bilden Sie aus Ihren zwölf Sätzen im **Leseverständnis** eine Zusammenfassung der Geschichte. Verbinden Sie diese Sätze mit Hilfe von Konnektoren.

2. Erzählen Sie, wie die Haare des Herrn Moritz wieder auf seinem Kopf zu wachsen beginnen.

3. Weil die Frau von Herrn Moritz gegen Blumen stark allergisch ist, möchte er ihr nicht erzählen, was wirklich passiert ist. Welche andere Erklärung für den Verlust seiner Haare gibt es, die seine Frau ihm vielleicht glauben wird?

Kontexte

Der Kalte Krieg und sein Symbol – die Mauer in Berlin

Biermanns Erzählung wurde 1972 veröffentlicht, zur Zeit des Kalten Krieges. Um die Erzählung zu verstehen, benötigen Sie Informationen über die Geschichte des Kalten Krieges, der für Deutschland besonders tragisch war, da der eiserne Vorhang direkt durch Deutschland ging.

Im Zweiten Weltkrieg waren die Sowjetunion und die USA Alliierte im Krieg gegen das Deutsche Reich. Nach dem Krieg wuchs das Misstrauen zwischen den beiden Weltmächten unter Truman und Stalin. Die UdSSR stärkte mit Gewalt ihre Stellung in Mittel- und Osteuropa durch die Rote Armee. Die USA boten allen Ländern in Europa den Marshall-Plan an, doch die UdSSR lehnte die Hilfe ab, weil sie ihren Einfluss in Ost- und Mitteleuropa behalten wollte. Die Welt wurde zwischen den Supermächten geteilt. Churchill beschrieb diese Situation schon 1945 mit der Metapher „der Eiserne Vorhang", ein Schlagwort, das zum Symbol dafür wurde.

Der Kalte Krieg wurde durch Aktion und Reaktion geführt. Auf jede Aktion der westlichen Nationen antwortete die UdSSR mit einer Gegenaktion. Wichtig hierbei war die Gründung der NATO aus Furcht vor einem Angriff der UdSSR auf Deutschland. Die UdSSR antwortete mit der Gründung der DDR und des Warschauer Paktes. Die beiden Weltmächte versuchten ein relatives, doch stabiles Gleichgewicht zu erhalten. Als Westdeutschland durch den Wiederaufbau Wohlstand erreichte, das Leben in Ostdeutschland aber immer schwieriger wurde, verließen immer mehr Leute Ostdeutschland, bis Walter Ulbricht 1961 die Mauer direkt durch Berlin bauen ließ, um den Flüchtlingsstrom zu stoppen. Die Mauer stoppte jeglichen Kontakt zwischen dem Osten und Westen. In den Achtzigern entspannte sich der Kalte Krieg durch den neuen Gorbatschow-Kurs und die Détente (*Entspannungspolitik*); endlich wurde er durch Globalisierung, Perestroika, Glasnost und den Fall der Mauer 1989 beseitigt.

Warum nannte man diesen Konflikt *„den Kalten Krieg"*?

⊙ Zum Hören

Vor dem Hören

A. **Zum Thema.**

1. Was verbinden Sie mit dem Sommer? Fertigen Sie ein Assoziogramm in der Gruppe an.

2. Was machen Sie im Sommer? Was ist ein perfekter Sommertag für Sie?

B. **Zuordnung.**

1. Was macht man gewöhnlich im Sommer? Was macht man nicht im Sommer?

Das macht man im Sommer	Das macht man nicht im Sommer
_____	_____
_____	_____
_____	_____
_____	_____

2. Was macht Sie sauer? Wann sind Sie sauer? Was macht Sie froh?

Ich bin sauer, wenn…	Ich bin froh, wenn…
_____	_____
_____	_____
_____	_____
_____	_____

C. **Stichwörterliste**. Vokabeln, die Sie sich ansehen sollten, bevor Sie sich das Lied anhören.

die Caipirinha	*ein kaltes alkoholisches Getränk*
das Cabrio	*ein Auto mit Sonnendach*
Gewaltfantasien	*Fantasien der Aggression*
das Opfer	*victim*
die Fresse	*mouth (slang)*
der Zocker	*gambler*
das Gummiboot	*rubber boat*
das Hausverbot	*to be forbidden to enter, to be persona non grata*

◉ Beim Hören

„Jetzt ist Sommer"
Die Wise Guys

„Jetzt ist Sommer" war der Sommerhit des Jahres 2001 in Deutschland. In einem Land, das nicht für seinen Sonnenschein bekannt ist, muss man seinen eigenen Sommer produzieren können. Was wäre für Sie das schönste Wetter? Ist Sommer Ihre Lieblingsjahreszeit? Warum? Warum nicht?

A. **Beim ersten Hören.** Hören Sie sich auf der CD das Lied „*Jetzt ist Sommer"* von den Wise Guys an.

„Jetzt ist Sommer! Egal, ob man schwitzt oder friert:
Sommer ist, was in deinem Kopf passiert.
Es ist Sommer! Ich hab, das klar gemacht:
Sommer ist, wenn man trotzdem lacht."

B. **Beim zweiten Hören.** Hören Sie nochmal zu und schreiben Sie mit, was Sie verstehen. Sie und Ihr Partner/Ihre Partnerin vergleichen dann Ihre Texte und besprechen, warum die eine oder die andere Version richtig sein könnte.

Nach dem Hören

A. **Assoziation.** Was ist Sommer? An wie viele Assoziationen aus dem Lied erinnern Sie sich?

B. **Gruppenarbeit.** Was ist Sommer?

1. Wie viele Aussagen bringt Ihre Gruppe über den Sommer zusammen?

   Im Sommer …
   Wenn es aber kalt ist auf sieben Grad, …
   Sommer ist, wenn…
   Sommer ist, was…

2. Nach dem zweiten Hören können Sie die Liste erweitern.

C. **Zuordnung.** Wiederholen Sie die Zuordnungsübung in Bezug auf das Lied. Suchen Sie die Beispiele/Belege im Text.

Was macht man, wenn es warm ist?

Was macht man, wenn man sich den Sommer wünscht, obwohl es noch kalt ist?

_____

_____

_____

_____

_____

_____

_____

_____

D. **Diskussion in Gruppen.** Einigen Sie sich auf die wichtigste Aussage über den Sommer, die im Lied gemacht wird.

Glossar

1 **die Glatze, -n** bald head

2 **kriegen** (*coll.*) to get; **bekommen*, erhalten***

3 **dazu** besides; **auch, außerdem**

4 der **Regenschirmstock, ⁻e** umbrella cane

5 **allmählich** gradually; **nach und nach**

6 **schimpfen** to express anger, curse; **fluchen**

7 **glatt** slippery

8 **ausrutschen** to slip, lose one's traction or footing

9 der **Verkaufsladen, ⁻** stand, booth

10 die **Müllabfuhr, -en** garbage pickup

11 **alle** (*coll.*) at an end, over

12 **bellen** to bark

13 **vor Wut** with rage; **stark verärgert**

14 **zittern** to tremble, shake

15 **mit den Zähnen klappern** with teeth chattering

16 das **Maiglöckchen, -** lily of the valley; die **Nelke, -n** carnation; der **Löwenzahn** dandelion(s); die **Margerite, -n** daisy

17 **dabei** yet (at the same time)

18 **längst** long since; **schon lange**

19 **so was** (*coll.*) = **so etwas** such a thing

20 **doch!** (*contradicts negative statement*) yes, there is!

21 das **Schaufenster, -** display window

22 **bunt** colorful

23 **vielerlei Art** (of) many different varieties

24 **sich bücken** to stoop, bend over

25 **langen (nach)** to reach (for); **greifen* nach**

26 **nachwachsen*** to grow back (in)

27 **es kribbelte** there was a tingling feeling

28 **streicheln** to caress, stroke softly; **liebkosen**

29 **sich wundern** to be amazed; **erstaunt sein***

30 **erwischen** to catch, catch a hold of

31 **auf einmal** all of a sudden; **plötzlich**

32 **tätig** active, employed

33 **sich drängeln** to push, jostle; **sich vorschieben***

34 **zeigen Sie doch** come on, show

35 der **Personalausweis, -e** personal identification

36 **verzweifelt** in despair

37 **je mehr . . . um so mehr** the more . . . the more

38 **verschwinden*** to disappear

39 **vor Verlegenheit** with embarrassment

40 das **Futter, -** lining

41 **zusammenschrumpfen** to shrivel up, shrink

42 **siehe da** lo and behold!

43 **abgegriffen** worn (out) from being handled

44 die **Gummihülle, -n** rubber holder

45 **streichen*** to rub gently, stroke; **streicheln**

46 **kahl** bald; **ohne Haare**

47 **na** well, what did I tell you

48 **wohl** (*expresses probability*) I daresay, indeed

49 **wie?** right? do you?

50 **einstecken** to put away; **in die Tasche stecken**

Kapitel

9

Lese- und Hörtext

„Middle Class Blues"
Hans Magnus Enzensberger

Aufsatzthemen

Using linking adverbs

Hans Magnus Enzensberger

is a major contemporary poet, critic, and essayist. Although still a boy, he experienced the Second World War firsthand. After the war he studied at several universities, including the Sorbonne, receiving his doctorate in 1955. His first volume of poetry in 1957 was entitled *verteidigung der wölfe (defense of the wolves),* in which he proved highly critical of what he perceived as a smug, self-satisfied post-war German society. Noteworthy in all his poetry are satire, irony, critical distance, paradox, puns, intentional ambiguity, distorting quotations, and juxtapositions that make use of montage techniques. He published many volumes of poetry. "Middle Class Blues" comes from *Blindenschrift,* published in 1964. You might enjoy one of his volumes of poetry, such as *Leichter als Luft: Moralische Gedichte* (1999), which are linguistically very accessible.

⊕ Vor dem Lesen

Überfliegen des Textes

A. Mitlesen, mitteilen.

1. Was verbinden Sie mit dem Titel „Middle Class Blues"?
2. Wann singt man *the blues?*
3. Wer singt gewöhnlich *the blues?* Deutsche?
4. Was stellen Sie sich unter „middle class" oder Mittelschicht vor?
5. Was für Werte verbinden Sie mit der deutschen Mittelschicht?

B. Zweites Lesen. Lesen Sie sich jetzt die Geschichte genau durch und versuchen Sie die folgenden Fragen zu beantworten.

1. Wer gibt dem Gedicht den Titel, der Dichter oder die Mittelschicht?
2. Leute antworten auf die Frage: „Wie geht es Ihnen?"
   a. Was für Antworten geben sie?
   b. Passen die Antworten zum Titel?
3. Wer sind die Leute? Wer sind „Wir"?

C. Stichwörterliste. Bevor Sie sich das Gedicht anhören, sehen Sie sich die Glossen mit den neuen Vokabeln an.

◉ „Middle Class Blues"
Hans Magnus Enzensberger

Middle Class Blues

Wir können nicht klagen[1].
Wir haben zu tun.
Wir sind satt.
Wir essen.

5 Das Gras wächst.
Das Sozialprodukt[2],
Der Fingernagel,
Die Vergangenheit.

Die Straßen sind leer.

10 Die Abschlüsse[3] sind perfekt.
Die Sirenen[4] schweigen.
Das geht vorüber[5].

Die Toten haben ihr Testament[6] gemacht.
Der Regen hat nachgelassen[7].
15 Der Krieg ist noch nicht erklärt[8].
Das hat keine Eile.

Wir essen das Gras.
Wir essen das Sozialprodukt.
Wir essen die Fingernägel.
20 Wir essen die Vergangenheit.

Wir haben nichts zu verheimlichen[9].
Wir haben nichts zu versäumen[10].
Wir haben nichts zu sagen.
Wir haben.

25 Die Uhr ist aufgezogen[11].
Die Verhältnisse[12] sind geordnet.

Die Teller sind abgespült[13].
Der letzte Autobus fährt vorbei.

Er ist leer.

30 Wir können nicht klagen.

Worauf warten wir noch? ➤

⊕ Lese- und Hörverständnis

A. Gruppenarbeit.

1. Wie antworten die Leute auf die Frage: „Wie geht es Ihnen"?
Machen Sie so viele Aussagen wie möglich und gebrauchen Sie dabei
die Verben:

| haben | essen | wachsen | sein |

und **die Substantive**:

das Gras	das Sozialprodukt	die Fingernägel
die Vergangenheit	die Uhr, die Toten	die Abschlüsse
die Verhältnisse	die Teller, die Straßen	der Autobus

2. Welche Substantive verbindet das Gedicht mit *essen, haben* oder *sein*?

B. **Wie heißt es im Text?** Finden Sie Belege im Gedicht für Folgendes.

1. Die Leute haben keine eigene Sprache, um ihre Lage zu erklären; sie benützen die Sprache der Unterdrückten (*oppressed*) in den USA. Warum wohl?

2. Es fällt diesen Leuten schwer mit ihrer Vergangenheit fertig zu werden.

3. Die Leute sind so nervös, dass sie bis vor kurzem die Fingernägel gekaut (*to chew*) haben.

4. Sicherheit und Essen sind für diese Leute die wichtigen Themen.

5. Die Leute finden ihr Verhältnis zu den Toten (zu welchen Toten?) problematisch.

6. Auf der einen Seite glauben die Leute an den Fortschritt (*progress*).

7. Auf der anderen Seite sind sie unsicher und fürchten sich schon vor dem nächsten Krieg.

8. Sie finden es problematisch eine unwichtige Rolle in der Welt einzunehmen.

9. Sie lieben die Ordnung.

10. Die Leute verteidigen sich, als ob sie erwarteten angegriffen zu werden.

C. **Sprachebene.** Beurteilen Sie die Sprachebene (*language level*)

Benutzt Enzensberger die alltägliche Umgangssprache oder die hohe Literatursprache?

Finden Sie die Sprache sehr kompliziert oder einfach? Illustrieren Sie Ihre Antwort mit Belegen.

D. **Konnektoren.** Was für Sätze benutzt Enzensberger in diesem Gedicht?

1. Finden Sie Konnektoren zwischen Haupt- und Nebensätzen? Konnektoren zeigen Verbindungen zwischen Menschen, Dingen und Ideen durch Verbindungen zwischen Sätzen. Konnektoren, so wie *als, da, und, aber, wenn, obwohl, je mehr … desto, damit* setzen Kontexte, Geschichte, Beziehungen, Werte, Erklärungen, Intentionen und Gründe.

2. Was bedeutet die Wahl der Satzart im Gedicht?

🎙 Diskussion

A. **Partnerarbeit.** Diskutieren Sie erst in Plenum, dann mit einem Partner/einer Partnerin. Die Partner besprechen die restlichen Fragen und teilen ihre Resultate der Gruppe mit.

1. Jeder stellt eine Frage über das Gedicht. Wenn alle Fragen aufgeschrieben und gesammelt sind, nimmt jeder einen Zettel mit einer Frage und versucht sie zu beantworten. Der Partner/die Partnerin hilft.

2. Jeder Satz im Gedicht hat eine leichte oder positive Seite, aber auch eine Kehrseite (oft eine negative oder problematische Seite). Oberflächlich gesehen (in der Umgangssprache) bedeutet der Satz nicht viel; schaut man aber tiefer, so bedeutet der Satz viel mehr.

   Die Partner nehmen einen Satz und versuchen zu bestimmen, was die beiden Seiten – die einfache und die problematische, mehrdeutige – sein könnten.

   Beispiel: *Die Sirenen schweigen.*

   Positive Bedeutung: Es gibt keine Krisen mehr. Die Leute haben endlich ihre Ruhe.

   Negative Bedeutung: Die Sirenen aus der Mythologie singen diesen Leuten nicht mehr. Ihnen fehlt Mythologie, Gesang, Versuchung.

   Beispiel: *„wir können nicht klagen."*

   Positive, umgangssprachliche Bedeutung: Alles ist in Ordnung. (Aber warum dann „blues"?)

   Negative, tiefere Bedeutung: „Wir können nicht trauern." (*We've lost the ability to grieve*), usw.

B. **Interpretation des Gedichtes.**

1. Das Gedicht stammt aus den sechziger Jahren, aus einer Zeit, in der Deutschland der Wiederaufbau (*reconstruction*) nach dem Krieg gelungen war (*had succeeded*). Als die Leute Wohlstand erreicht hatten, dachten sie an Probleme, über die man bisher geschwiegen hatte. „Wir können nicht klagen" ist einerseits Umgangssprache, aber andererseits zeigt es, dass die Leute nicht trauern (*grieve*) können. Das wiederum heißt, dass sie ihre Vergangenheit nicht bewältigen können (*to cope with*), weil sie die Vergangenheit nicht beweinen, sondern vergessen haben. Die Vergangenheit war „verdrängt" (*repressed*) worden, anstatt verarbeitet (*to work through*) zu werden. Gibt es weitere Probleme im Gedicht, die in der Umgangssprache einfach so hergesagt werden, aber tiefere Bedeutung haben?

2. Viele Gedichte sind gereimt (*use rhyme*) und der Reim verbindet oft Gefühl mit Sein (*being*).

    a. Gibt es Reim in diesem Gedicht?

    b. Gibt es beschreibende Adjektive?

    c. Gibt es einen Kommentar vom Dichter?

    d. Wie kann man die Sprache beschreiben?

3. Die Leute im Gedicht glauben, dass alles in Ordnung ist und dass alles besser geworden ist.

    a. Stimmt das?

    b. Was ist nicht in Ordnung?

    c. Was wird über ihre Lebensqualität ausgesagt?

4. Das Gedicht fängt im Titel auf Englisch an und führt typisch amerikanischen Diskurs weiter: *How are you? Can't complain. We've got work. We're not hungry. We're OK.*

    Der Rahmen (*rhetorical frame*) ist ein internationaler Rahmen.

    a. Wozu wird dieser Rahmen gebraucht?

    b. Warum ist er so wichtig?

    c. Denken Sie auch daran, dass die Afro-Amerikaner in den USA, die nicht protestieren durften, Lieder sangen. Der Blues wurde ihre Klage.

5. Das Gedicht wird besonders mit der „middle class", der Mittelschicht der deutschen Gesellschaft, im Titel verbunden.

    a. Was ist im Gedicht typisch für die Mentalität der Mittelschicht in Deutschland?

    b. Wer gehört dazu?

⊞ Wortschatzaufgaben

A. Wortfelder.

1. Ordnen Sie die Ausdrücke unten zu den Wortfeldern, zu denen sie gehören. Manche gehören zu mehreren: Vielleicht können Sie Wortigel zu Themen machen und deren Beziehungen durch Pfeile (*arrows*) andeuten.

    Beispiel: **Krieg** *Gras wächst wieder, schweigende Sirenen, ein noch nicht erklärter Krieg, klagen*

1. Krieg	2. Wohlstand	3. Angst
4. Sicherheit	5. Ordnung	6. Leere
7. Minderwertigkeitsgefühl (*feeling of inferiority*)	8. Fortschritt	

    klagen

    Tote, die ein Testament gemacht haben

Fingernägel kauen
perfekte Abschlüsse
satt sein
ein wachsendes Sozialprodukt
leere Straßen
leere Busse
Gras wächst wieder
schweigende Sirenen
ein Regen, der nachlässt
nichts zu versäumen haben
aufgezogene Uhren
abgespülte Teller
geordnete Verhältnisse
die Vergangenheit essen
ein noch nicht erklärter Krieg
nichts zu sagen haben

An welche Ereignisse in der deutschen Geschichte erinnern (*remind*) Sie die sachlichen (*objective*) Ausdrücke?

2. Erklären Sie die Wortfeldverbindung.

Beispiel: Krieg: klagen

Diese Leute leiden, denn sie können nicht klagen. Wer weint und trauert, bewältigt (*cope with*) die Vergangenheit. Diese Leute können das nicht, denn sie sind arm an Gefühl.

B. **Die Stichwörterliste.** Erweitern Sie die Stichwörterliste.

C. **Ein drittes Lesen.** Wenn Sie das Gedicht nun nochmals lesen und es sich auf der CD anhören, verstehen Sie es schon viel besser.

⊸ Aufsatzthemen

USING LINKING ADVERBS

Effective writers link important statements and explanations with conjunctions. One can also use certain adverbs as connectors. Such adverbs often occupy first position in the explanatory clause, followed by the verb in regular second position.

> **Wir sind satt. <u>Deswegen</u> können wir nicht klagen.**

They may, however, also occupy a position later in an explanation.

> **Der letzte Autobus fährt vorbei. Er ist leer. Wir können <u>dennoch</u> nicht klagen.**

Try to use several such words in your composition. Here is a list of frequently used adverbial connectors:

außerdem	*moreover, furthermore*
daher	*" "*
darum	*therefore, for this/that reason*
deshalb	*" "*
deswegen	*" "*
dennoch	*nevertheless*
stattdessen	*instead*
trotzdem	*in spite of this/that*

1. Beschreiben Sie die Funktion des Dichters in diesem Gedicht. Warum nennt er sein Gedicht „Middle Class Blues"? Denken Sie an die Bedeutung von „Blues", wo er herkommt, und die Gefühle, die man damit ausdrückt – Klagen, Trauer, Schmerz usw.

2. Ein großes Problem für die Deutschen nach dem Zweiten Weltkrieg war die deutsche Vergangenheit: die Nazizeit und die Kriegsverbrechen (*war crime*s), zum Beispiel. Gleich nach dem Krieg versuchte man, über diese Zeit zu schweigen und sie zu verdrängen (*repress*). Aber in den Sechzigern (*the 1960s*) wurde die Vergangenheitsbewältigung (*coping with the past*) zum wichtigen Thema, und Hans Magnus Enzensberger spielte hier eine sehr wichtige Rolle als Gesellschaftskritiker (*society*). Warum ist die Kriegszeit zu einem so großen Problem für die Deutschen geworden?

3. Was heißt es, dass das Gras wieder wächst?

4. Worauf warten diese Leute? Wen erwarten sie? Wie würden Sie das Gedicht fortsetzen?

Kontexte

Vergangenheitsbewältigung und Vergangenheitsverdrängung

Nach dem deutschen Zusammenbruch im Jahre 1945 wurde Deutschland von den Alliierten „entnazifiziert". Das heißt, Nazis, die schuldig an Verbrechen gewesen waren, sollten öffentlich bestraft werden. Und Leute, die behaupteten, nichts von den Grauen der Nazis gewusst zu haben, wurden über den Holocaust informiert und durch Konzentrationslager geführt. Die Nürnberger Prozesse informierten ganz Deutschland über die Massenmorde der Nazis, ihre Ideologie und ihre Methoden. Schweigen über die Nazizeit sollte in Deutschland unmöglich werden. Nie wieder durften solche Verbrechen geschehen.

Die Vergangenheit (besonders die Zeit von 1933–45) war Deutschlands Problem. Viele Deutsche wollten den Schutt aufräumen, Städte wiederaufbauen und die schreckliche Vergangenheit so schnell wie möglich vergessen. Über die Nazizeit und deren Verbrechen wollten sie schweigen. Bei diesen Leuten spricht man von **Vergangenheitsverdrängung**.

Andere fanden, dass es wichtig war nicht zu vergessen, was geschehen war. Es wurde diesen Menschen wichtig zu versuchen, die Nazizeit historisch, ideologisch, menschlich (Rassismus) zu verstehen, Schuld an Verbrechen zu gestehen und Vergebung zu suchen, über die Opfer zu trauern und sie nie zu vergessen. Bei diesen spricht man von **Vergangenheitsbewältigung**. In verschiedenen Texten in diesem Buch werden beide Begriffe thematisiert.

Ideologie des Fortschritts (*progress*)

Im 19. Jahrhundert, im Zeitalter der Industrialisierung, glaubten die deutschen Bürger immer mehr an den **Fortschritt.** Sie glaubten, dass durch höhere Bildung und Produktion ihr eigenes Leben besser würde, das heisst dass sich die Qualität ihres Lebens verbessern würde. Diese Ideen waren schon seit Adam Smith (*Wealth of Nations)* mit dem Kapitalismus verbunden gewesen, und in Deutschland wurden sie überall verbreitet. Durch schwere Arbeit, Weiterbildung der Arbeiter, durch Anwendung von neuer Technologie und Wissenschaft wollte man die Produktion und Qualität erhöhen. Quantität und Qualität, immer mehr und immer besser, wurden die Parolen. Gleichzeitig gab es aber auch einen **Kulturpessimismus** als Gegenbewegung, der Modernisierung als Verlust wichtiger Werte ansah.

Nach dem Zweiten Weltkrieg, zur Zeit des **Wiederaufbaus,** ging man zurück zu dieser Ideologie des Fortschritts. Alles sollte wieder besser werden. Man wollte „Gras über die Nazizeit wachsen lassen" (die Deutschen kennen nicht die amerikanischen kurz gemähten Grasflächen vor Häusern in allen Vororten der Städte). Gras über eine Sache wachsen zu lassen, heißt, nach einem Skandal genügend Zeit vergehen zu lassen, bis niemand mehr an den Skandal denkt und man alles genauso lassen kann, wie es vorher war. Die Zeit sollte alle Wunden heilen, riss sie aber wieder von Neuem auf.

Wo und wie werden diese Ideen in Enzensbergers Gedicht thematisiert?

Wie antwortet Enzensberger darauf?

Glossar

[1] **klagen** complain

[2] das **Sozialprodukt, -e** GNP (gross national product), income

[3] der **Abschluss, ̈e** final examination leading to degree, settling of accounts

[4] die **Sirene, -n** siren (emergency), mythological temptress

[5] **vorübergehen** pass by, pass away

[6] das **Testament, -e** last will

[7] **nachlassen** to become weaker, less

[8] **Krieg erklären** to declare war

[9] **verheimlichen** to hide

[10] **versäumen** to miss

[11] **aufziehen** to wind up

[12] das **Verhältnis, -se** relationship, circumstance

[13] **abspülen** to clean, rinse

Kapitel  10

Lese- und Hörtext

„Zeitsätze"
Rudolf Otto Wiemer

Aufsatzthemen

Writing in groups

Rudolf Otto Wiemer is a poet who works with grammar and structure, manipulating language often playfully in such a way that we discover links between language, history and consciousness. To write poetry in such a way that the reader makes and enjoys surprising discoveries about the relationship of language and the world has been the goal of many poets who have written what is known as *konkrete Poesie*. Poets writing such poetry start with the conventional language of everyday, but show that reality can be discovered in and through language.

⊕ Vor dem Lesen

Überfliegen des Textes

A.   **Mitlesen, mitteilen.** Was für Sätze/Sprüche (*sayings*) über die Zeit kennen Sie?

1. Wer ist das „wir" in dieser Gruppe von Menschen, die um 1900 geboren wurden?
2. Über welche Gruppe von Menschen wird hier gesprochen?
3. Woher wissen wir das?
4. Was ist die Perspektive, aus der hier Sätze gebildet (*to form*) werden?
5. Welcher Krieg hat mit der Jahreszahl vierzehn zu tun?
6. Welchen Adolf hatten die Leute, als sie dreiunddreißig waren?
7. Wer hatte Schutt?
8. Und wer hatte später im Jahre 1959 Wohlstand?

B.   **Stichwörterliste.** Folgende Vokabeln sollten zum besseren Verständnis des Gedichtes in Ihrer Liste aufgeführt werden.

Masern	*measles*
Schutt	*rubble*
Kopfgeld	*bounty*
Oberwasser haben	*im Vorteil sein*
Wohlstand	*prosperity*

◉ „Zeitsätze"
Rudolf Otto Wiemer

Zeitsätze

Als wir sechs waren, hatten wir
Masern[1].
Als wir vierzehn waren, hatten wir
Krieg.
5 Als wir zwanzig waren, hatten wir
Liebeskummer[2].
Als wir dreißig waren, hatten wir
Kinder.
Als wir dreiunddreißig waren, hatten wir

10 Adolf.
 Als wir vierzig waren, hatten wir
 Feindeinflüge[3].
 Als wir fünfundvierzig waren, hatten wir
 Schutt[4].
15 Als wir achtundvierzig waren, hatten wir
 Kopfgeld[5].
 Als wir fünfzig waren, hatten wir
 Oberwasser[6].
 Als wir neunundfünfzig waren, hatten wir
20 Wohlstand[7].
 Als wir sechzig waren, hatten wir
 Gallensteine[8].
 Als wir siebzig waren, hatten wir
 gelebt. ☛

📖 Lese- und Hörverständnis

A. **Stichwörterliste.** Stellen Sie eine Stichwörterliste für „Zeitsätze"
zusammen und zeichnen Sie Bilder dazu, so dass Sie die Ausdrücke nicht
vergessen. Mit Hilfe der Stichwörterliste können Sie über das Gedicht und
seinen Kontext sprechen.

B. **Aussagen.** Machen Sie im Plenum Aussagen über das Gedicht mit
diesen Stichwörtern.

C. **Partnerarbeit.**

1. Hören Sie sich das Gedicht auf der CD an und schreiben Sie mit, so
 gut und so schnell Sie können. Nach dem Hören vergleichen Sie
 Ihren Text mit dem Ihres Partners. Lücken können Sie zusammen
 erraten. Besprechen Sie Änderungen, die Sie beide vorschlagen. Können Sie sich zu zweit auf einen Text einigen?
2. Aus was für Sätzen besteht dieses Gedicht? Mit dem Leuchtstift (*high-
 lighter*) markieren Sie die Nebensätze in einer Farbe und die Hauptsätze in einer anderen. Es gibt die zwei Arten von Sätzen, doch
 bedeutet dies, dass die Deutschen eine komplexe Beziehung (*relationship*) zur Welt haben?
 a. Wie viele Konnektoren gibt es?
 b. Was für eine Beziehung zur Welt stellt der Konnektor *als* her?

🎙 Diskussion

A. **Ihr Gedicht.** Diskutieren Sie mit anderen in Ihrem Kurs.

1. Welche Bilder symbolisieren in Ihrem Gedicht wichtige Stufen (*steps*) in Ihrem persönlichen Leben? Vergleichen Sie Ihre Zeitsätze mit denen von anderen im Kurs.

2. Welche Bilder in Ihrem Gedicht sind wichtig für die Geschichte der Gruppe, zu der Sie gehören? Lassen sich daraus Zeitsätze bilden?

B. **Allerlei Fragen.**

1. Welche Bilder in Wiemers Gedicht sind persönlich, welche allgemein historisch?

2. Warum gibt es hier nur das Verb **haben/hatten**?

   Das Verb ist das Tätigkeitswort; was bedeutet es, wenn Verben fehlen?

   Wer ist verantwortlich (*responsible*) für die deutsche Geschichte?

   Warum gebraucht das Gedicht nicht die Konjunktion **weil**, sondern die Konjunktion **als**?

   Was ist der Unterschied zwischen den beiden?

   Warum ist das wichtig?

3. Man würde die Formulierung erwarten: „Als wir dreiunddreißig waren, hatten wir Adolf Hitler." Es heißt aber: „...hatten wir Adolf." Was bedeutet dieses Weglassen vom Nachnamen „Hitler"?

🔁 Wortschatzaufgaben

A. **Perspektive.** Finden Sie Ihre eigene Perspektive für die Ereignisse der deutschen Geschichte und die Erfahrungen und Erlebnisse, die die meisten Deutschen hatten.

Beispiel:

Als wir eins waren, erhielt der Physiker Wilhelm Röntgen, der Entdecker der Röntgen-Strahlen, den ersten Nobelpreis.

Als wir fünf waren, erhielt die erste Frau, nämlich die österreichische Schriftstellerin Bertha von Suttner, den Friedensnobelpreis.

Als wir sechs waren, kamen wir in die Schule.

Als wir achtzehn waren, hatten wir Frieden.

Als wir einundzwanzig waren, erhielt Albert Einstein den Nobelpreis für Physik.

Als wir vierundzwanzig waren, kam Adolf Hitler ins Gefängnis. usw.

B. **Gedichtschreibung.** Schreiben Sie Ihre eigene Version des Gedichtes „Zeitsätze" oder drücken Sie eine andere Biographie, als Zeitsätze aus. Wenn Sie mit der subordinierenden Konjunktion **als** anfangen, steht das konjugierte Verb am Ende vom Nebensatz.

I. Nebensatz (*dependent clause*)   II. Hauptsatz (*main clause, starts with conjugated verb*)

Als _____ *conjugated verb* (1), *conjugated verb* (2) *subj.* (3) *object* (4)

In terms of the overall sentence structure, the dependent clause can be viewed as the introductory element standing in the front field of the sentence, which causes an inversion of subject and verb in the main clause.

Beispiel:

Als wir fünf _____waren, wurden wir Pfadfinder (*Boy/ Girl Scouts*).

Als wir sechs_____waren, kamen wir zur Schule.

C. **Arbeit in Gruppen.** In diesem Gedicht finden wir zwei Verben, nämlich **haben** (hatten) und **sein** (waren). Was bedeutet der Gebrauch vom Verb **haben?** *Wir hatten die Masern* ist idiomatisch und – wenn man kein Mediziner ist – natürlich. *Krieg haben* ist aber nicht idiomatisch. Als wir vierzehn waren, *kam der Krieg* **oder** *erklärten wir den Krieg* **oder** *begann der Krieg* wäre idiomatisch.

Nehmen Sie jeden von diesen Zeitsätzen und versuchen Sie ihn in andere Worte zu setzen.

Als wir sechs waren, hatten wir die gewöhnlichen Kinderkrankheiten.
Als wir vierzehn waren, fing der erste Weltkrieg an.
Als wir vierzehn waren, brach der erste Weltkrieg aus.
Als wir zwanzig waren, liebten und stritten wir uns. Usw.

1. Was hat sich verändert in Ihrer Interpretation?
2. Läuft alles im Gedicht noch genauso automatisch und selbstverständlich weiter?

D. **Ein drittes Lesen und Hören.** Wenn Sie das Gedicht nun nochmals lesen und es sich auf der CD anhören, verstehen Sie es schon · viel besser.

Aufsatzthemen

WRITING IN GROUPS

In small groups, use the questions below to build "associograms," collections of related ideas to help structure your writing. In the form of lists and clusters, gather together such useful tools as vocabulary words, sentences, citations from the text, and short lists of verbs with their objects.

The next step is to write simple main sentences, and determine the organization of the essay. It could be in a linear form, a compare-contrast, organized by parallels, or a collection of various points.

Then, build the essay, using connecting words such as the ones below.

da, als, weil, denn, damit

obwohl, obgleich

zwar…, doch

zugleich, währenddessen, indem…

abschließend…, schließlich…

The next step is revision: proof, rework, and improve your essay. You can work on the essay from the top down (structure, organization, themes), or from the bottom up (vocabulary, connecting words, and other language elements).

1. Die letzte Zeile heißt: „Als wir siebzig waren, hatten wir gelebt."

   Welchen Schwerpunkt im Leben der Deutschen finden Sie wichtig?
   War es ein erfülltes Leben oder ein sinnloses (*meaningless*) Leben?
   Was sagt Wiemer über das Leben der Deutschen?
   Hätten Sie das Leben der Deutschen anders beschrieben?
   Fangen Sie an Stichwörter und Verben zu verbinden und zusammen-
   zusetzen. Danach können Sie Sätze und Abschnitte daraus bilden.

2. Welche Vergleiche könnte man zwischen den Menschen in Wiemers
   Gedicht und denen im Enzensbergers Gedicht „Middle Class Blues"
   machen? Was für Ähnlichkeiten gibt es? Was für Unterschiede?

Kontexte

Die Mentalität der Deutschen

Wiemer thematisiert in diesem Gedicht die Mentalität der Deutschen, besonders die Mentalität der von 1968 Generation, als die Studenten selbst politisch aktiv wurden, gegen die Machtstrukturen der Gesellschaft protestierten und Veränderungen der politischen und gesellschaftlichen Zustände forderten.

Thematisiert wird im Gedicht die passsive Haltung der Deutschen, die alles hinnehmen, als hätten sie nichts damit zu tun. „Wir hatten schlechtes Wetter" und „wir hatten Adolf" sind gleich formuliert. So wenig wie wir das Wetter kontrollieren konnten, konnten wir die Politik kontrollieren. Daraus könnte man schließen: „So wenig wie wir am Wetter Schuld sind, so wenig sind wir Schuld an Adolf Hitler."

Thematisiert wird die passive Haltung des unpolitischen Menschen, des einfachen Bürgers, der die Politik den großen Menschen überlässt, erkennt, dass Politik ein schmutziges Geschäft ist, sich aber nicht die Finger schmutzig machen will, und nichts dagegen macht, wenn Politiker wie Hitler die Macht ergreifen. Ist der kleine Mann passiv, so „hat die Masse Adolf". Und am Ende seines Lebens erkennt man, dass man nicht einmal sein eigenes Leben gelebt hatte – dass man alles als „natürlich" oder als „Schicksal" hingenommen hat, ohne etwas Eigenes zu finden.

Glossar

1 die **Masern** measles

2 **Liebeskummer haben** to be
lovesick

3 **Feindeinflug , ⁼e** attack of enemy
airplanes

4 der **Schutt** the rubble

5 das **Kopfgeld** bounty, reward

6 **Oberwasser haben** to have a
reserve of water; to be on top
of things

7 der **Wohlstand** prosperity

8 der **Gallenstein, -e** gallstone

Kapitel  11

Ruth Klüger

born 1931 in Vienna, is a professor of German Literature, Holocaust Studies and Feminist Studies. She came to Holocaust studies not as an academic discipline, but as one who had lived through seven years of fascist repression. From the time of Austria's *Anschluss* to Nazi Germany in 1938, she experienced National Socialism as a force that was to transform her life in an upper middle class physician's family in Vienna. At the age of seven she was forbidden the use of any park bench; at the age of eleven, she was forced to enter the Theresienstadt concentration camp. The excerpt below comes from her book, *Weiterleben* (1994), in which she describes how her world in Vienna collapsed with the arrival of the Nazis, how she survived several concentration camps, and how it was possible for her to find the strength to go on.

"Wien 1938" is a longer text that, though divided into short sections, will give you the opportunity to practice more extended reading in German.

⊕ Vor dem Lesen

Überfliegen des Textes

A. **Mitlesen, mitteilen.** In sieben Gruppen unterteilt sollte die Klasse den Text zuerst überfliegen; jede Gruppe berichtet kurz über Hauptideen in ihrem Teil; im Plenum versucht die Klasse dann

1. Antworten auf die obigen Fragen zu geben und Textstellen dafür zu finden.
2. einen passenden Titel für jeden Abschnitt zu finden.
3. eine thematische Gliederung für jeden Teil zu notieren.
4. Stichwörter zusammenzustellen, mit deren Hilfe man dem Text und der Besprechung folgen kann.

B. **Zweites Lesen.** Danach liest jeder den ganzen Text. Versuchen Sie nicht jedes Wort zu verstehen, sondern konzentrieren Sie sich auf den Sinn des Ganzen.

C. **Stichwörterliste.** Vergessen Sie nicht beim Lesen Hauptideen und wichtige Ausdrücke auf Ihre **Stichwörterliste** zu setzen.

D. **Fragen an die Geschichte.** Was wissen Sie schon über den Anschluss? Wie veränderte sich das Leben für alle Menschen? Wie besonders für die Juden? Als Kind schon litt (*suffer*) Ruth Klüger unter der Rolle der Frau im traditionellen Leben. Was versteht sie unter der doppelten Diskriminierung? Wie wird sie mit einer doppelten Diskriminierung fertig (*manage to deal with*)?

Wien 1938

I

Im März 1938 lag ich mit einer Halsentzündung[1] und einem nassen Halsumschlag[2] im Bett. Unten auf der Straße schrien Chöre von Männerstimmen. Was geschrien wurde, lässt sich in den Geschichtsbüchern nachlesen[3]. Mein Kindermädchen murrte: „Wenn die da unten heiser
5 wer'n[4], so kriegen's von mir keinen Kamillentee"[5], als sie mir welchen brachte. In den nächsten Tagen tauchten die ersten deutschen Uniformen auf den Straßen auf. Die sie trugen, sprachen Deutsch, aber nicht wie wir, und anfänglich glaubte ich noch, die gehören nicht so hierher wie ich. Mein Vater brachte vergnügt das neue Geld nach Hause und
10 zeigte es mir. Also von jetzt ab[6] keine Schillinge und Groschen[7], sondern Mark und Pfennige. „Die können es nicht einmal richtig aussprechen,

die sagen *Fennig*[8], und wenn sie Groschen sagen, so meinen sie zehn *Fennige*." Letzteres wollte ich nicht glauben, denn wie konnte jemand zwischen eins und zehn nicht unterscheiden? Wir hatten Spaß an[9] den
15 neuen Münzen[10], er und ich, er am Erklären, ich, weil sie glänzten und anders waren. Das war, wie wenn mein Bruder, frisch von Prag, seine Taschen leerte[11] und dann ratlos[12] vor seinem tschechischen Kleingeld[13] stand, nicht recht im klaren darüber[14], wie viel es in Wien wert war. Meine Mutter fand, es sei ein Skandal, sich in solchen Zeiten so
20 kindisch[15] zu vergnügen[16]. Ich verstand das nicht genau und fragte mich, ob sie Recht hatte [ihre Besorgnis[17] schien echt][18] oder ob sie uns nur den Spaß verderben[19] wollte. Denn das tat sie manchmal.

II

Mein Vater hatte diese Art[20]. Er ließ sich die gute Laune[21] nicht so leicht austreiben[22]. Anfänglich kamen noch arische Frauen[23] an die Tür
25 zur Behandlung. Denen mussten wir sagen, er dürfe von nun an nur noch Jüdinnen[24] behandeln. Dann wurde es Mode unter den Juden, die ins Ausland wollten, ein neues Gewerbe[25] zu lernen. Mein Vater lernte Würste[26] machen. Wir aßen seine Lehrlingswürste[27] und machten schnöde Bemerkungen[28] über ihre Asymmetrie. Er erläuterte am Mit-
30 tagstisch, wie man die Füllung in die Därme[29] stopft, und ich ver-schluckte mich vor Lachen. Kein Mensch war so witzig wie mein Vater.

Er muss sich die ganze Welt so vorgestellt[30] haben wie Wien, wie sein Wien. Er dachte, es gebe überall zu viele Ärzte, zu viele Spezialis-ten. Nach Indien hätte er auswandern können, dort gab es einwand-
35 frei[31] nicht zu viele Ärzte. Doch dort sei das Klima unerträglich[32], „Indien ist mir zu heiß". Wahrscheinlich war es ihm einfach zu fremd, eingefleischter[33] Wiener, der er war. Denn was die Hitze betrifft[34], so hatte er schon Jahre vor dem Anschluss[35] verkündet: „Wir sitzen mit dem Toches [Hintern] auf einem Pulverfass"[36]. Einen seiner ange-
40 heirateten Cousins hat er auf Umwegen[37] nach Palästina geschickt. Kurz bevor der in Haifa starb, war er meinem Vater immer noch dankbar für den guten Rat, die gute Laune und die Hilfe.

III

Nicht los werde ich den Impuls, ihn zu feiern[38], eine Zeremonie, eine Totenfeier[39] für ihn zu finden oder zu erfinden. Doch Feier-
45 lichkeiten[40] sind mir suspekt, lächerlich, und ich wusste auch nicht, wie ich es anstellen[41] sollte. Bei uns Juden sagen nur die Männer den Kad-disch, das Totengebet[42]. Mein immer freundlicher Großvater, den ich mir nur mit ausgestreckten[43] Armen und Taschen voller Geschenke[44] denken kann, soll mit gespielter[45] Trauermiene zu seinem Hund
50 gesagt haben: „Du bist der Einzige hier, der Kaddisch für mich sagen kann." Vor seinen Töchtern hat er so mit seinem Hund gesprochen, und meine Mutter hat mir das unkritisch erzählt, hat die Herabsetzung[46]

hingenommen, wie es sich für jüdische Töchter schickte[47]. Es war ja humorvoll gemeint[48]. Wär's anders und ich könnte sozusagen offiziell
55 um meine Gespenster[49] trauern[50], zum Beispiel für meinen Vater Kaddisch sagen, dann könnte ich mich eventuell mit dieser Religion anfreunden, die die Gottesliebe ihrer Töchter zur Hilfsfunktion[51] der Männer erniedrigt[52] und ihre geistlichen Bedürfnisse[53] im Häuslichen eindämmt[54], sie zum Beispiel mit Kochrezepten für gefilte fish
60 abspeist.[55]

Du unterschätzt[56] die Rolle der Frau im Judentum, sagen mir die Leute. Sie darf die Sabbatkerzen anzünden[57] am gedeckten Tisch[58], eine wichtige Funktion. Ich will keine Tische decken und Sabbatkerzen anzünden, Kaddisch möchte ich sagen. Sonst bleib ich bei meinen
65 Gedichten.

Und warum willst du Kaddisch sagen? fragen mich dann die Leute erstaunt. Bist doch sonst nicht aufs Beten versessen[59] und raufst dir auch die Haare[60] nicht in der Öffentlichkeit[61]. Ja, aber die Toten stellen uns Aufgaben[62], oder? Wollen gefeiert und bewältigt[63] sein. Gerade die
70 Deutschen wissen das, denn sie sind doch ein Volk von Bewältigern[64] geworden, denen sogar ein Wort für diese Sache einfiel, das von der Vergangenheitsbewältigung.[65]

IV

Also wie soll ich ihn feiern? Beim Namen kann ich ihn nennen, das ist schon alles. Viktor hieß er. Auf dem kleinen Schild[66] unten am Haus
75 stand „Frauen- und Kinderarzt" und darüber Doktor Viktor Klüger, und ich fand die Verdoppelung der Silbe „tor" lustig, als ich sie zum ersten Mal richtig lesen konnte. Die Erwachsenen fanden das nicht komisch, was mich erstaunte[67], wie so oft, diese Diskrepanz der Wahrnehmungen[68].
80 Mein Vater hat immer Geld hergegeben, sagt meine Mutter. Wem hat er Geld gegeben? Manchmal sogar seinen Patienten, behauptet[69] sie, aber vor allem[70] seiner Familie. Die waren ja alle arm. Meine deutschen Bekannten sagen: Die Juden haben alle Geld gehabt, die waren wohlhabend[71]. Außer den Armen. Wie meine Freundinnen in
85 New York. Wie die Geschwister meines Vaters. Wie meine Klassenkameraden, nachdem die wohlhabenden Juden ausgewandert[72] waren, in Länder, wo der Sozialdarwinismus seine Spuren hinterlassen[73] hatte und wo der reiche Jude stets der bessere Jude war. (Seit wann kenn ich eigentlich den „Nathan"[74]? Schon damals?) Warum hab ich mein Leb-
90 tag lang so viele arme Juden gekannt, wenn es so viele reiche geben soll?

Mein ältester Sohn hätte so heißen sollen wie mein Vater, nach jüdischem Brauch[75] heißen die Kinder nach den Toten. Aber im neunten Schwangerschaftsmonat[76], und ich war noch sehr jung, da war es mir

95 unheimlich[77] ein Kind nach dem so elend Ermordeten[78] zu nennen, und
der Name selbst war wie ein Spott: der ein Sieger[79]? Und so gaben wir
dem Neugeborenen[80] einen für uns unbedeutenden englischen Namen.
Manchmal kommt[81] mir das wie ein Verrat[82] vor. Und vielleicht wollte
ich ihm tatsächlich den an mir begangenen Verrat[83] heimzahlen[84], näm-
100 lich dass er wegfuhr und mich nicht mitnahm und nicht zurückgekommen ist, indem ich ihm ein Weiterleben in den Enkeln verweigerte.
Denn auch mein zweiter heißt[85] nicht nach ihm.

V

Die Generation meines Vaters hat sich traditionsgemäß nicht viel
mit kleinen Kindern beschäftigt. Meine Mutter behauptet zwar, er sei
105 von Anfang an vernarrt[86] in mich gewesen, aber ein solches Bild gehört
auch zur Konvention. Ich weiß es besser. Als ich lesen gelernt hatte,
begann ich, ihn ein wenig zu interessieren. Er brachte mir ein paar
Bücher aus der städtischen Bibliothek, und einmal nahm er mich in eine
Buchhandlung mit, wo ich mir etwas aussuchen durfte. Ich wählte[87] das
110 dickste Buch unter denjenigen[88], die zur Wahl standen, ein Auswahlkri-
terium, das er anerkennenswert fand. Jüdische Sagen[89], es wurde mein
Lieblingsbuch. Beim Turmbau zu Babel[90] warf Gott verschiedenfarbige
Konfetti unter die Menschen, um sie zu den verschiedenen Sprachen
und den Missverständnissen zu verurteilen[91]. Gottes Zorn[92] als ein
115 bunter Karneval des Zufalls[93].
Schachspielen[94] kann ich von ihm. Er war ein guter oder zumindest
ein begeisterter[95] Schachspieler, und als ich sechs war, hat er mir die
Regeln[96] dieser völlig zweckfreien und vielleicht daher so befriedigen-
den geistigen Betätigung[97] beigebracht. Ich war sehr aufgeregt[98], mit
120 ihm im „Herrenzimmer"[99] vor dem Brett[100] sitzen zu dürfen, und gab
mir alle erdenkliche Mühe[101], mir die Züge[102] zu merken und das Ge-
lernte richtig anzuwenden. Nach den ersten paar Sitzungen[103] hat er es
gelangweilt aufgegeben[104], weil ich ihm nicht genügend talentiert war,
was er auch offen kundgab[105]. Ich war enttäuscht[106], und was ärger[107]
125 war, mich quälte[108] der Gedanke, ihn enttäuscht zu haben. Und doch
hat mir das Spiel, in dem ich es tatsächlich nie weit gebracht hatte, im
Lauf der Jahre viel Vergnügen[109] gebracht. Es gab sogar Wochen
(Monate doch wohl nicht), in denen ich ein wenig (doch nicht völlig)
besessen[110] davon war, mir auch Schachbücher anschaffte[111] und Meis-
130 terspiele studierte. Dahinter stand dieses[112] an den Vater gerichtete:
„Siehst du, du hast deine Zeit doch nicht verschwendet[113]. Nichts hab
ich vergessen, sogar noch dazu gelernt hab ich, wenn ich's auch halt
nicht so gut kann, wie du es erwartet hast." Dieses „Siehst du". Neulich
hab ich sogar versucht, gegen einen Computer zu spielen, und dachte
135 wieder einmal an ihn: diese Computerspiele, das hätte er unter Umständen[114] noch erleben können.

VI

Aber ich hab ihn auch gefürchtet, meinen Vater. Da war die Geschichte mit der Schreibmaschine. Sie stand auf seinem Schreibtisch, und einmal hatten meine Cousine und ich die Idee, dass wir sie zu irgend-
140 einem Spiel gut verwenden[115] könnten. Die Cousine war etwa vierzehn, ich wohl sieben. Er war nicht zu Hause, wir holten sie uns einfach, die Cousine in voller Zuversicht[116], der joviale Onkel werde schon nichts dagegen haben. Doch als der Onkel nach Hause kam, war er böse auf uns und sehr schroff[117]. So eine Maschine sei nichts für Kinder. Ich hab
145 seine üble Stimmung[118] ernst genommen, wie alles von ihm, und dachte, wir hätten uns schwer vergangen[119]. Den ganzen Abend hab ich gezittert und den verärgerten Ausdruck[120] in seinem Gesicht ein halbes Jahrhundert nicht vergessen. Meine Mutter hab ich einmal gefragt, warum ihm wohl so viel daran lag[121], dass wir das Ding nicht berührten,
150 wo man doch weiß Gott an einer mechanischen Schreibmaschine (es war Jahre vor der *Zeit* der elektrischen) nichts kaputt machen kann. „Er kam eben aus kleinen Verhältnissen[122], und solche Anschaffungen[123] waren wertvoll für ihn" war ihre hochnäsige[124] Erklärung. Es war nach dem Anschluss, kurz bevor mein Vater verhaftet[125] wurde, und er war
155 sicher dünnhäutiger[126] als sonst, ich vielleicht auch. Und doch nehm ich ihm seine kleinliche Haltung übel[127]. Das war nicht nötig, denke ich, wie ich jetzt, in diesem Moment, in unserer ihm sternenfernen elektroni-schen Welt, an meinem Computer sitze, und ertappe[128] mich dabei, „siehst du" zu ihm zu sagen. Siehst du, ich pfeif[129] auf deine alte
160 Schreibmaschine, ich hab was Besseres. Und lass dir gesagt sein, auch Kinder dürfen da ran, wenn da eins kommt und sehen will, wie so ein Computer funktioniert. Dreht [130] sich mein Leben im Kreis? Leb ich trotz aller Umzüge[131] noch immer im 7. Bezirk[132]?

VII

Ich erzähle diese Kindereien[133], weil sie alles sind, was ich von ihm
165 habe, und obwohl ich sie beim besten Willen nicht zusammenbringe mit seinem Ende; weil ich mich, ohne in ein falsches Pathos zu ge-raten[134], nicht umstellen[135] kann auf das, was ihm geschehen ist. Aber auch nicht loslösen[136] kann. Für mich war mein Vater der und der. Dass er schließlich nackt im Giftgas[137] krampfhaft nach einem Ausgang[138]
170 suchte, macht alle diese Erinnerungen belanglos[139] bis zur Ungültigkeit[140]. Bleibt das Problem, dass ich sie nicht durch andere ersetzen und auch nicht löschen kann[141]. Ich bring's nicht zusammen, da klafft[142] etwas.

Ja, sagen die Leute, wir sehen[143] ein, dass das ein Schlag[144] für dich
175 gewesen ist, und bedauern[145] dich auch, wenn du das wünschst. Nur das kognitive Problem sehen wir nicht. Dein Vater hat ein normales Leben geführt und ist leider eines unnatürlichen Todes gestorben. Traurig – aber wo liegt die Schwierigkeit?

Von Menschen, die wir lieben und kennen, haben wir doch ein Bild,
180 das in einen geistigen Rahmen passt und nicht in ein Dutzend Moment-
aufnahmen zersplittert.[146] Ich sehe meinen Vater in der Erinnerung
höflich den Hut auf der Straße ziehen, und in der Phantasie sehe ich ihn
elend verrecken[147], ermordet von den Leuten, die er in der Neubau-
gasse begrüßte, oder doch von ihresgleichen[148]. Nichts dazwischen.

185 Keine Notwendigkeit[149] hält diese disparaten Vaterfragmente
zusammen, und so ergibt[150] sich keine Tragödie daraus, nur hilflose
Verbindungen[151], die ins Leere stoßen oder sich in Rührseligkeit[152]
erschöpfen[153].

Ich kann's nicht besser machen und versuche vor allem, dieses, wie
190 mir scheint, unlösbare Dilemma am Beispiel meiner eigenen Unzulänglichkeit[154] zu demonstrieren. Mein Vater ist zum Gespenst[155]
geworden. Unerlöst[156] geistert[157] er. Gespenstergeschichten[158] sollte
man schreiben können. ➤

❑ Leseverständnis

A. **Zum Text.** Partnerarbeit. Mit einem Partner/einer Partnerin
bestimmen Sie, ob die folgenden Aussagen **richtig (R), falsch (F)** oder
nicht im Text (N) sind. Der Teil, auf den sich die Aussage bezieht, ist
angegeben. Fragen werden im Plenum besprochen.

	R	F	N
1. Nach dem Anschluss von Österreich an das Deutsche Reich gab es in Österreich eine neue Währung (*currency*). **I**	❑	❑	❑
2. Der Vater war Frauen- und Kinderarzt, der nur jüdische Frauen behandeln wollte. **II**	❑	❑	❑
3. Der Vater hatte vor, mit der Familie auszuwandern (emigrieren). **II**	❑	❑	❑
4. Weil der Großvater nur Töchter hatte, aber nur Männer in der jüdischen Tradition den Kaddisch beten dürfen, gab es niemanden, der für ihn den Kaddisch beten konnte. **III**	❑	❑	❑
5. Ruth erzählt ihre Geschichte, weil sie den Kaddisch für ihre Mutter sagen will. **III**	❑	❑	❑
6. Ruth mochte *gefilte fish* nicht. **III**	❑	❑	❑
7. Obwohl der Vater Arzt war, war er nicht reich, weil er nicht sparen (*save*) konnte. **IV**	❑	❑	❑
8. Ruths Sohn heißt nach jüdischem Brauch (*custom*) Viktor, so wie sein Großvater. **IV**	❑	❑	❑

	R	F	N

9. Der Vater hat Ruth das Schachspielen beigebracht
   (*teach*). **V**   ☐ ☐ ☐

10. Ruths Mutter war nicht nur stolz, sondern auch
    hochnäsig (*stuck up*), weil sie wie ihr Mann aus einer
    wohlhabenden (*prosperous*) Familie kam. **VI**   ☐ ☐ ☐

11. Der Vater hatte Ruth eine Schreibmaschine
    geschenkt. **VI**   ☐ ☐ ☐

12. Ruths Dilemma ist Folgendes: In ihrer Erinnerung an
    den Vater sieht sie einen freundlichen, höflichen
    Mann, den alle respektieren; doch in ihrer Fantasie
    sieht sie ihn elend im Gas sterben. Es ist ihr
    unmöglich, diese Bilder zusammen zu verstehen. **VI**   ☐ ☐ ☐

B.   **Gruppenarbeit: Die Bedeutung erklären.** Kreuzen Sie fünf
Stellen im Text an, bei denen Sie sprachlich oder inhaltlich etwas nicht
verstehen. Lesen Sie diese Stellen vor. Andere Studenten sollen versuchen, diese Stellen im Kontext zu erklären.

Diskussion

A.   **Kettenerzählung.** Machen Sie mit anderen Personen im Kurs
zusammen eine Liste von wichtigen Substantiven aus „Wien l938". Was
passierte damals? Alle Substantive werden an die Tafel geschrieben. Jetzt
kommt es zu einer chronologischen Nacherzählung von Ruths Geschichte
bis zum Ende des Krieges.

Alle sitzen im Kreis, und einer nach dem anderen bildet Sätze. Dabei
muss das letzte Substantiv im Satz der ersten Person das erste Substantiv
im Satz der nächsten Person sein, usw.

Beispiel: Student 1: In Wien lebte in 1938 ein kleines **Mädchen.**

Studentin 2: Das **Mädchen** gehörte zu einer jüdischen **Familie.**

Student 3: **Die Familie** erlebte…

B.   **Interviews.** Die Klasse versucht durch Interviews Dr. Viktor
Klüger, Frau Klüger, den Großvater und Ruth besser kennen zu lernen.

Vier von Ihnen übernehmen diese Rollen. Die Klasse stellt Fragen an sie.

In kleinen Gruppen sollten Sie besprechen, was Sie gern wissen möchten. Schreiben Sie Ihre Fragen auf und gebrauchen Sie dabei so viele Fragewörter (*interrogatives*) wie möglich.

wer/wem/wen/wessen?

welcher/welche/welches?

wo? wohin? woher?

woran? worauf? wofür? womit? wovon? wozu? (*for what purpose*)

wann?

wie? wieso (*how is it that?*)

warum? weshalb?

Beispiele:

> **Fragen an Herrn Dr. Klüger**: „Warum haben Sie Österreich nicht gleich verlassen, als die Nazis kamen?" Oder „Warum haben Sie Ruth das Gefühl gegeben, dass sie sie nicht ins Ausland mitnehmen wollten, als Sie mit dem Zug fortfuhren?"

> **Fragen an Frau Klüger**: „Warum haben Sie nicht widersprochen, als Ihr Vater Sie so herabsetzte? Warum haben Sie geschwiegen?"

> **Fragen an Ruth**: „Warum war es dir so wichtig, den Kaddisch zu sagen?" „Warum erzählst Du Geschichten?"

C. Allerlei Fragen.

1. Wie finden Sie die doppelte Perspektive von damals und jetzt, aus der hier erzählt wird? Zeigen Sie an einem Beispiel, warum das für unser Verständnis des Problems wichtig ist.

2. Warum ist es Ruth so wichtig, innerlich „Siehst du" zum Vater zu sagen und ihm zu zeigen, was sie erreicht hat? Hat es mit seinem Verständnis von der Rolle der Frau zu tun?

3. Wie hat Frau Klüger die Hitlerzeit in Österreich erlebt? Was war ihr am wichtigsten? Was würde sie von dieser Zeit besonders erzählen wollen?

Wortschatzaufgaben

A. Ausdrücke sammeln, sortieren und Kategorien richtig zuordnen. Suchen Sie je fünf wichtige Ausdrücke zu den folgenden Wortfeldern.

Geld	Nazis
Rolle der Frau im Judentum	Totengebet
Gefühle	Erinnerung
Wien	

B.   **Partnerarbeit.** Mit einem Partner/einer Partnerin verbinden Sie abwechselnd (*taking turns*) die folgenden Adjektive mit Substantiven:

Beispiel: verärgert: Der Vater war **verärgert**, (dass Ruth und ihre Cousine mit der Schreibmaschine gespielt hatten).

verärgert

erträglich

wohlhabend

übel

unheimlich

begeistert

aufgeregt

enttäuscht

gültig

hochnäsig

dünnhäutig

elend

belanglos

C.   **Gruppenarbeit.**

1. Mit Ihrem Partner/Ihrer Partnerin oder in einer kleinen Gruppe bilden Sie abwechselnd Sätze mit den Verben unten, indem Sie zu den Verben passende Objekt, Präpositional-, oder Infinitivergänzungen schreiben.

   Beispiel: **verderben**

   den Spaß verderben (am Spiel mit dem neuen Geld) **(Objektergänzung)**

   beten

   zu Gott beten **(Präpositionalergänzung)**

   sich Mühe geben besser zu spielen **(Infinitivergänzung)**

unterscheiden

sich anfreunden

hinnehmen

erniedrigen

herabsetzen

bedauern

auswandern

sich erinnern an

verurteilen

aufgeben

sich behaupten

bewältigen

erstaunen

mitnehmen

zurückkommen

aussuchen

verurteilen

2. Welche Verben haben trennbare Präfixe? Welche sind untrennbar?

D. **Ein drittes Lesen.** Wenn Sie die Erzählung jetzt noch einmal lesen, lesen Sie sie mit sehr gutem Verständnis. Wenn möglich, lesen Sie den ganzen Text noch einmal. Fehlt Ihnen die Zeit dazu, so lesen Sie wenigstens den Teil noch einmal, mit dem Sie anfingen. Wie viel besser verstehen Sie jetzt den Text?

Falten Sie ein Blatt zusammen und notieren Sie auf der Oberseite, was Sie jetzt zum ersten Mal verstehen, und auf der Unterseite, was Sie erfragen möchten. Besprechen Sie die Fragen in Gruppen.

Sprechakte

A. Zuordnung.

1. zu Gott sprechen

2. ausdrücken, dass es weh tut, ohne jemanden zu sein; weinen; um einen Verlust klagen

3. sich um jemanden Sorgen machen

4. ausdrücken, dass man sich nicht zu helfen weiß

5. eine Meinung ausdrücken und sie verteidigen

6. ausdrücken, dass man sich über ein Resultat wundert

7. ausdrücken, dass jemand einem Leid tut

8. die Vergangenheit bewältigen (*to cope with*); um die Toten trauern (*grieve*); als Frau den Kaddisch sagen

9. Traurigkeit ausdrücken, dass Menschen so gemein (*mean spirited*) sein können

10. den Lieblingsspruch der Wiener sagen: „Es wird schon werden"

11. den andern so ansprechen, als ob er minderwertig wäre

a. sich behaupten

b. Geschichten erzählen

c. beten

d. um jmdn. trauern

e. jmdn. bedauern

f. Besorgnis zeigen

g. Ratlosigkeit zeigen

h. Enttäuschung zeigen

i. Zuversicht zeigen

j. Erstaunen zeigen

k. jmdn. herabsetzen

B.   **Partnerübung mit Sprechakten.** Spezifische Assoziationen zum Text.

Einer liest einen Sprechakt vor, der andere sagt, was er damit im Text verbindet.

Aufsatzthemen

USING THE CONDITIONAL SUBJUNCTIVE

Facts are presented in the indicative, hypotheses in the subjunctive. When conjecturing, use the conditional subjunctive (often called subjunctive II, since it is formed from the past tense, i.e., the second principal part of a verb). In modern German there is a strong tendency to use **würde(n)** *plus main verb infinitive instead of a subjunctive II form of the main verb.* **Ich würde in Amerika vielleicht keine Arbeit finden, weil ich nicht Englisch spreche. Meine Familie würde es in einem neuen Land schwer finden, neu anzufangen.** *However, with common verbs, such as* **sein (wäre), haben (hätte), geben (es gäbe), bekommen (bekämen),** *and the modals* **müssten, dürften,** *it is customary to use the subjunctive II forms of these verbs themselves.* **Es wäre doch schade, die Heimat zu verlassen, wenn die Österreicher Hitler bald wieder los würden und der ganze Spuk (racket) vorüber wäre.**

Gebrauchen Sie die Ausdrücke auf Ihrer Stichwörterliste in Ihrem Aufsatz.

1. Herr Dr. Viktor Klüger schreibt einen Brief an seinen Bruder in New York City, dem er sein Dilemma erklärt.
   a. Was sollte er tun?
   b. Soll er auswandern?
   c. Soll er bleiben?

2. Ein Vergleich: Vor dem Anschluss sah sich Ruth Klügers Familie als eine emanzipierte österreichische Familie jüdischer Abstammung. Nach dem Anschluss machte sie die Ablehnung (*rejection*) der Österreicher zu einer jüdischen Familie. Beschreiben Sie diesen Vorgang durch verschiedene Themen und Beispiele.

   Vor dem Anschluss war Herr Dr. Klüger beruflich hochgestellt. Als Arzt behandelte er sowohl „arische" als auch jüdische Kinder und Frauen.

   Nach dem Anschluss ...

Expressing views. To let readers know that you are expressing views rather than indisputable facts, consider using some of the following qualifiers:

> Ich glaube, [dass] …
>
> Ich bin der Meinung, [dass] …
>
> Meiner Meinung/meiner Ansicht nach + konjugiertes Verb
>
> Vielleicht…
>
> Ich finde, [dass] …
>
> Ich halte sie/ihn für …

To add persuasive emphasis to your convictions, consider some of the following adverbs or adjectives:

recht	very, rather
gewiss	for sure, certain(ly),
natürlich	of course, natural(ly)
selbstverständlich	of course, obvious(ly)
sicher	positive(ly), definite(ly)
unbedingt	absolute(ly), without fail,
vor allem	above all
zweifellos/ohne Zweifel	doubtlessly, without doubt

3. Wird Ruth Klügers Erzählung zum Kaddisch einer Tochter für ihren Vater? Erklären Sie Ihre Antwort und belegen Sie sie.

4. In dieser Erzählung überschneidet sich die persönliche Geschichte mit der Weltgeschichte und der Weltpolitik.

    a. Wo finden Sie solche Überschneidungen?

    b. Wie wichtig sind sie? Warum?

Kontexte

Wien 1938

Bücher über österreichische Geschichte berichten gewöhnlich, dass die deutschen Truppen am 11. März 1938 in Österreich einmarschierten, dass der „Anschluss" am 13. März vollzogen wurde und dass Österreich damit das erste Opfer der Nazis wurde. Das Bild vom Heldenplatz zeigt, wie Hitler in Österreich empfangen wurde. Die Volksabstimmung am 10. April beweist, dass die Österreicher fast einstimmig für den Anschluss stimmten.

(weiter)

(weiter)

Weil sich Österreich als Opfer bezeichnete, hat es nicht den Versuch gemacht, seine Geschichte „aufzuarbeiten", d.h. die Vergangenheit zu bewältigen (*to come to terms with the past*). Stattdessen hat es sich einen Opfer-Mythos geschaffen, der erst hinterfragt (*interrogated*) wurde, als Kurt Waldheim 1986 Präsident von Österreich wurde. Kurt Waldheim, der zweimal UN-Generalsekretär gewesen war, kandidierte mit dem Slogan: „der Mann, dem die Welt vertraut"; aber in seiner Autobiographie hatte er verschwiegen, dass er während des Zweiten Weltkrieges Offizier in der deutschen Wehrmacht in Jugoslawien und Griechenland gewesen war, wo Tausende von Partisanen (*partisans*) und Juden getötet worden waren.

⊙ Zum Hören

Vor dem Hören

A.   **Zum Thema.** Der erste Teil dieses Hörtextes erzählt von einem „guten" Mann, der für die anderen Bewohner im Haus viel Gutes tat und sehr beliebt war.

1. Hören Sie sich die erste Hälfte (bis zur Pause auf der CD) an.
2. Sehen Sie sich dann den Wortschatz für die zweite Hälfte der Geschichte an und besprechen Sie mit einem Partner/einer Partnerin, wie die Geschichte wahrscheinlich zu Ende geht.
3. Hören Sie sich nachher das Ende der Geschichte an.

B.   **Stichwörterliste.** Unten sind ein paar wichtige Wörter, die Sie sich vor dem Hören merken sollten. Schreiben Sie diese Wörter und andere, die Sie sich merken wollen, auf eine Stichwörterliste.

1. Erste Hälfte. *Er war ein guter Mann...*

einziehen	*to move in*
der Teppich	*carpet*
die Teppichstange	*bar over which a carpet is draped for cleaning*
renovieren	*to renovate, remodel*
keinen Sinn haben	*to not make any sense*
wetteifern um	*to compete, vie (with one another) for*
die Vergangenheit	*past, past history*

2. zweite Hälfte. *Eines Tages starb...*

sich eingewöhnen	*to become used to new surroundings*
sich mit jmdm. anfreunden	*to become friends with s.o.*
beim Teppichklopfen	*(Many people still clean carpets by hanging them on a line and beating them.)*
die Verfolgung, -en	*persecution*
erfahren	*to discover, learn, find out*
die Führung	*command, leadership*
vernichten	*to exterminate*
das Begräbnis, -se	*burial, funeral*
die Grube, -n	*pit, hole*
zuschütten	*to fill in (a hole)*
die Sau	*(derogatory) pig, swine (slang)*
zu schade für	*too good for*
die Trauergemeinde	*mourners*
sich einfinden	*to show up*
der Friedhof, -e	*cemetery*
die Erlaubnis	*permission*
der Totengräber	*grave digger*

◉ Beim Hören

Barbara Gappmaier wurde 1968 geboren. Sie starb 1984 nach einem schlimmen Fall, kurz bevor ihr der erste Preis in einem nationalen Wettbewerb überreicht werden sollte, der von dem Österreichischen Bundesverlag organisiert worden war. „Der gute Mann" war einer unter den dreiundzwanzig Texten, die von 800 Einsendungen gewählt und in der Sammlung *Junge Literatur aus Österreich 83/84* veröffentlicht wurden.

„Der gute Mann"
Barbara Gappmaier

Machen Sie eine Liste der Dinge, die der gute Mann für die anderen Hausbewohner tat.

Nach dem Hören

A. Hörverständnis.

1. Was erfuhr man nach dem Tod des guten Mannes von seiner Vergangenheit?
2. Wie reagierten die Hausbewohner, als sie von der Vergangenheit des Mannes erfuhren?

B. **Dictagloss in Gruppen.** Hören Sie sich einen Teil der Geschichte nochmal vom Anfang an, bis Sie den Satz hören: „Seine Stärke war die Mathematik, meine leider nicht." Schreiben Sie so gut und so schnell mit wie Sie können. Beim zweiten Vorlesen verbessern Sie Fehler, die Sie bemerken. Danach arbeiten Sie mit einem Partner/einer Partnerin und besprechen Formen, Endungen, grammatische Fälle, damit Sie durch dieses Besprechen von der Form zusammen den Text rekonstruieren. Schließlich zeigt Ihnen Ihr/e Lehrer/in den Text, damit Sie ihn mit Ihrem Diktat vergleichen können. Besprechen Sie Unterschiede.

C. **Diskussion.**

1. Was halten Sie von dem Urteil der anderen Hausbewohner über den guten Mann? Wie hätten Sie reagiert?

2. Warum ging das jüdische Ehepaar zum Begräbnis? Wären Sie zum Begräbnis des guten Mannes gegangen?

3. Was wissen wir oder die anderen Hausbewohner *nicht* über die Nazi-Vergangenheit des Mannes?

4. Ist dieses Thema heute noch aktuell? Welche Filme und Bücher kennen Sie, die dieses Thema behandeln? Erzählen Sie davon.

5. Warum ist die Erzählperspektive die eines Kindes?

6. Was halten Sie von dem Titel dieser Erzählung? Wie interpretieren Sie ihn?

Glossar

[1] die **Halsentzündung, -en** laryngitis
der **Hals, ̈e** throat
die **Entzündung, -en** infection

[2] der **Halsumschlag, ̈e** a wet compress
umschlagen to turn over

[3] **sich nachlesen lassen*** can be read

[4] **heiser wer'n** to become hoarse

[5] *(local Viennese dialect)* they'll get no camomile tea from me

[6] **von jetzt ab** from now on

[7] der **Schilling** = Austrian currency
1 Sch = 100 Groschen
$1 = 15 Schilling (now~ 1 Euro)

[8] **Pfennig, -e** penny (replaced the Austrian Groschen)

[9] **Spaß haben an** to enjoy

[10] die **Münze** coin

[11] **leeren** to empty

[12] **ratlos** advice, clueless

[13] das **Kleingeld** change, small money

[14] **sich im Klaren über etwas sein** to understand

[15] **kindisch** childish

[16] **sich vergnügen** to enjoy

[17] die **Besorgnis, -se** concern

[18] **echt scheinen*** to seem genuine

[19] **den Spaß verderben*** to spoil the fun

[20] die **Art, -en** a special kind, knack, style

[21] die **Laune, -en** humor, spirit

[22] **sich austreiben* lassen** get rid of, expel, cast out

[23] **arische Frauen** Arian women

[24] **Jüdinnen** (*pl.*) Jewish women

[25] das **Gewerbe, -** trade, occupation

[26] die **Wurst, ̈e** sausage

[27] **Lehrlingswürste** (*pl.*) the sausages of an apprentice

[28] die **schnöde Bemerkung** the snide comment

[29] der **Darm, ̈e** the intestine, skin of a sausage

[30] **sich etwas vorstellen** to imagine

[31] **einwandfrei** without objection

[32] **erträglich** tolerable, endurable

[33] **eingefleischter Wiener** a Viennese down to the bone

[34] **betreffen*** to concern

[35] der **Anschluss, ̈e** the Nazi annexation of Austria in 1938

[36] das **Pulverfass, ̈er** powderkeg

[37] der **Umweg, -e** detour

[38] **feiern** to celebrate

[39] die **Totenfeier, -n** celebration memorializing the dead

[40] die **Feierlichkeit, -en** ceremonies of any kind

[41] **anstellen** to start something

[42] das **Totengebet, -e** prayer for the dead

[43] **ausgestreckten Armen** extended arms

[44] das **Geschenk, -e** the present

[45] die **Trauermiene, -n** mien of mourning

[46] die **Herabsetzung, -en** degradation, disparagement

47 **sich schicken** to be seemly, appropriate, right

48 **es war gemeint** it was meant to be

49 das **Gespenst, -er** ghost

50 **trauern** to grieve

51 die **Hilfsfunktion, -en** function of assisting

52 **erniedrigen** to make low, to degrade

53 **geistliches Bedürfnis, -e** spiritual need

54 **eindämmen** to contain, limit

55 **abspeisen** to feed by substituting lower quality

56 **unterschätzen** to undervalue

57 **anzünden** to light

58 **gedeckter Tisch, -e** table that has been set

59 **versessen sein auf** to be intent on

60 **sich die Haare raufen** to pull out one's hair because of grief

61 die **Öffentlichkeit, -en** public

62 die **Toten stellen uns Aufgaben** the dead leave special tasks to us

63 **bewältigt sein** to have come to terms with

64 der **Bewältiger, -** conqueror

65 die **Vergangenheitsbewältigung, -en** coming to terms with the past

66 das **Schild, -er** sign

67 **erstaunen** to surprise

68 die **Wahrnehmung, -en** the perception

69 **behaupten** to assert

70 **vor allem** above all

71 **wohlhabend** prosperous

72 **auswandern** to emigrate

73 **hinterlassen*** to leave

74 **Nathan der Weise** *Nathan the Wise*, a drama by Lessing. Nathan, the protagonist, is a Jew who embodies the ideals of the Enlightenment. The sultan Salahedin is attracted to Nathan not by the latter's wisdom, but by his great wealth.

75 **nach jüdischem Brauch** according to Jewish custom

76 der **Schwangerschaftsmonat, -e** month of pregnancy

77 **unheimlich** uncanny

78 der **Ermordete, -n** murdered (person)

79 der **Sieger, -** the victor

80 der **Neugeborene, -n** newborn

81 **vorkommen* wie** to seem like

82 der **Verrat** betrayal

83 **den an mir begangenen Verrat** Read „den Verrat, der an mir begangen wurde".

84 **heimzahlen** to pay back

85 **heißen* nach** to be named after someone

86 **vernarren** to become infatuated with

87 **wählen** to pick, select

88 **denjenigen** among those

89 **Jüdische Sagen** (*pl.*) Jewish legends

90 der **Turmbau zu Babel** tower of Babel

91 **verurteilen zu** to condemn people to

92 **Gottes Zorn** God's anger

93 der **Zufall, ¨e** chance; coincidence

94 das **Schachspielen** playing chess

95 **begeistert** enthusiastic

96 die **Regel, -n** rule

97 **geistige Beschäftigung** intellectual activity

98 **aufgeregt sein** to be excited

99 das **Herrenzimmer, -** *institution in patriarchal German upper class homes, where men talked, smoked, played card games, and drank; women were excluded from this room*

100 das **Brett, -er** (chess) board

101 **sich Mühe geben** to try hard

102 der **Zug, ¨e** the move

103 die **Sitzung, -en** event with formal seating

104 **aufgeben*** to give something up, to stop

105 **kundgeben*** to announce

106 **enttäuscht sein** to be disappointed

107 **arg – ärger – am ärgsten** bad, worse, worst

108 **quälen** to torture

109 das **Vergnügen, -** pleasure

110 **besessen darauf sein** to be crazy about, to be preoccupied with

111 **sich etwas anschaffen** to purchase something

112 **...dieses** *This directed to my father, that he had not wasted his time...*

113 **siehst* du** do you see now

114 **unter Umständen** possibly

115 **verwenden** to use

116 die **Zuversicht** confidence

117 **schroff** rough, blunt, gruff

118 die **üble Stimmung** bad mood

119 **sich vergehen*** to commit a great wrong

120 den **verärgerten Ausdruck** the angry expression

121 **daran liegen** to be important to

122 **aus bleinen Verhaltnissen** to come from poverty

123 die **Anschaffung, -en** acquisition, purchase

124 **hochnäsig** stuck-up, arrogant

125 **verhaften** to arrest

126 **dünnhäutiger** more sensitive

127 **übelnehmen*** to be angry, to take offense

128 **sich dabei ertappen** to catch oneself in the act

129 **pfeifen* auf** (+ *acc*) not to care a straw about, not give a hoot

130 **sich im Kreis drehen** to turn full circle

131 der **Umzug, ¨e** move from one home to another

132 der **Bezirk, -e** district

133 die **Kinderei, -en** childish trifles

134 **geraten in** to come into

135 **sich umstellen können** to be able to change oneself

136 **sich loslösen** to cut oneself free

137 das **Giftgas, -e** poison gas

138 **suchen nach Ausgang** to look for an exit

139 **belanglos** of no consequence

140 die **Ungültigkeit, -en** invalidity

141 **...kann** *The problem remains that I can neither replace these memories nor get rid of them.*

142 **klaffen** there's an irreconcilable conflict

143 **einsehen*** to understand

144 der **Schlag, ¨e** blow

145 **jemanden bedauern** to pity s.o.

[146] **...zersplittert** *Of people we love, we have an image that fits into one larger spiritual frame and that does not disintegrate into a dozen snapshots.*

[147] **verrecken** die a wretched death

[148] **ihresgleichen** people just like them

[149] die **Notwendigkeit, -en** necessity

[150] **es ergibt* sich daraus** it follows therefrom

[151] **hilflose Verbindungen** (*pl.*) weak connections

[152] die **Rührseligkeit, -en** emotionalism, sentimentality

[153] **sich erschöpfen** to exhaust oneself

[154] die **Unzulänglichkeit, -en** inadequacy

[155] das **Gespenst, -er** ghost

[156] **unerlöst** unredeemed

[157] **geistern** to exist as a ghost

[158] die **Geistergeschichte, -n** ghost story

Kapitel  12

Hans Joachim Schädlich

a well-known East German author, was forced to leave the DDR for West Germany in 1976 after showing his opposition to all repressive regimes. In his novels and short stories he does not preach, but focuses on the past that continues to live in the present—be this National Socialism, or the Stasi (*Staatssicherheitsdienst*), the vast surveillance apparatus of East Germany, with which many important authors cooperated. His last major work was a novel (1992), *Über Dreck, Politik und Literatur*, in which he deals with the past of many intellectuals in the DDR and the relationship between literature and politics. Schädlich believes that without coming to terms with the past, National Socialist or Stasi, there is no chance for the democratic culture of the new Germany to succeed.

⊞ Vor dem Lesen

A. **Mitlesen, mitteilen.** Überfliegen Sie den kurzen Text. Was lernen Sie beim Lesen über Fritz?

als Kind
als Jugendlicher (*teenager*)
als Mann
als nicht „normaler" Mensch

B. **Zweites Lesen.** Jetzt lesen Sie den Text nochmals, aber genauer, und machen sich dabei eine Stichwörterliste von Themen und wichtigen Ausdrücken. Haben Sich Ihre Erwartungen über den Text erfüllt? Welche ja, welche nicht?

C. **Stichwörterliste.** Fangen Sie eine Stichwörterliste an.

❗ *Bekanntlich zerstörten die Nazis (1933-45) die jüdische Kultur und ermordeten Juden in allen Ländern, wo sie an die Macht kamen. Juden waren aber nicht die einzigen Opfer. Ihre Ideen von Rassenreinheit, Gesundheit und Stärke führten die Nazis dazu, die Schwachen zu vernichten (destroy), nämlich Leute, die ihrer Meinung nach behindert, geisteskrank, alt oder „lebensunwert" waren. Euthanasie (euthanasia), oder „den Gnadentod" wie diese Art von Mord genannt wurde, gab es in verschiedenen Anstalten (institutions). Schädlich erzählt die Geschichte eines deutschen Jungen, der ein Opfer der Nazis wurde in einem kleinen Ort, der nicht genannt wird. Nur Fritz hat in dieser Geschichte einen Namen.*

Fritz

Fritz, den Jungen aus dem vogtländischen[1] Dorf, der still war, aber fröhlich, der lieber allein spielte, der nicht gelitten[2] war von seinem Vater, der traurig war, der Klavier spielen konnte und es nicht gelernt hatte, der an seiner Mutter hing[3], der keinen Freund hatte, Fritz, den
5 Jüngling[4], der Klavierspieler werden wollte, aber nicht durfte, der, weil der Vater es befahl[5], Handlungsgehilfe[6] wurde, der in dem Laden[7] des Vaters zu arbeiten hatte, der für den Vater mit einem Motorrad Ware[8] über Land fuhr, der vom Motorrad stürzte[9], der seinen Vater nicht liebte, weil der ein Trinker war und die Mutter schlug, Fritz, der sich
10 nicht mehr anziehen[10] wollte wie ein Handlungsgehilfe, der sich nicht mehr glattrasieren[11] mochte, der nicht mehr ins Kontor[12] des Vaters

gehen mochte, der einfach übers Feld lief, in den Wald, der erst in der
Dunkelheit zurückkam und nichts sagte, der mitten im Winter fortfuhr
ohne Mantel und Geld, der von der Polizei aufgegriffen[13] wurde in der
15 Stadt München, der von seinem Vater für verrückt erklärt[14] wurde, der
von seinem Vater in eine Irrenanstalt[15] gebracht wurde, Neunzehnhun-
dertdreißig, Fritz, den Mann, der zwei verschiedene Augen hatte, ein
helles und ein dunkles, ein graues und ein braunes, ein misstrauisches[16]
und ein argloses[17], der in der Irrenanstalt an allen irre[18] wurde, der in
20 der Irrenanstalt ausgewählt[19] wurde als ein Leben von Unwert[20], der
fortgefahren wurde auf das Schloss Hartheim bei Linz an der Donau,
der in dem Schloss mit Gas geduscht[21] wurde, der im Backofen verbrannt wurde[22], Neunzehnhundertvierzig, der nach Hause geschickt
wurde in einer Urne[23] zu der Mutter und zu dem Vater,
25   Fritz, den habe ich nicht mehr kennengelernt; die anderen haben
mir von ihm erzählt. ✒

◫ Leseverständnis

A.   **Zum Text.** Sind die folgenden Aussagen **richtig (R), falsch (F)**
oder **nicht im Text (N)**?

Entscheiden Sie mit einem Partner/einer Partnerin, was zutrifft.

	R	F	N
1. Weil Fritz künstlerisch sehr talentiert war, ließen ihm seine Eltern Klavierunterricht geben.	❐	❐	❐
2. Bei einem Motorradunfall verletzte sich Fritz schwer.	❐	❐	❐
3. Er hasste den Vater, weil dieser die Mutter misshandelte.	❐	❐	❐
4. Fritz trug einen Bart, was als antisozial angesehen wurde.	❐	❐	❐
5. Fritz lief von zu Hause fort.	❐	❐	❐
6. In München wurde er von der Polizei verhaftet.	❐	❐	❐
7. Sein Vater setzte sich für ihn ein, damit er sich wieder einlebte.	❐	❐	❐
8. Fritz sah verdächtig aus, weil seine Augen zwei verschiedene Farben hatten.	❐	❐	❐
9. Weil er nicht wie andere Bürger sein wollte, wurde er in die Irrenanstalt gebracht.	❐	❐	❐
10. Im Euthanasie-Programm der Nazis wurde er umgebracht.	❐	❐	❐

B.   **Aussagen.** Machen Sie möglichst viele kurze Aussagen über Fritz und gebrauchen Sie dabei die Liste der unteren Wörter.

1. der Junge (das Kind)
2. der junge Mann (der Jüngling)
3. der Mann (der Erwachsene)

>   still
>   fröhlich
>   musikalisch talentiert
>   im Geschäft arbeiten
>   sich anders anziehen
>   anders aussehen – Bart
>   Natur lieben
>   München besuchen
>   Polizei
>   verrückt
>   Irrenanstalt
>   verschiedene Augen
>   arglos und misstrauisch
>   anders sein
>   töten

C.   **Wie steht es im Text?** Finden Sie einen anderen Titel für diese Erzählung, der zeigt, was aus Fritz hätte werden können.

D.   **Partnerarbeit: Relativ- und Demonstrativpronomen.**

1. Unterstreichen Sie und Ihr Partner/Ihre Partnerin mit dem Leuchtstift in einer Farbe alle Relativpronomen; in einer anderen alle Demonstrativpronomen.
    a. Was ist der Unterschied zwischen den beiden?
    b. Wie zeigt sich der Unterschied in der Wortstellung im Satz?
    c. Warum hat der Autor Schädlich so viele Relativpronomen benützt?
2. Verben: Aktiv- und Passivform
    a. Unterstreichen Sie alle Verben im Aktiv mit rot.
    b. Unterstreichen Sie alle Verben im Passiv (wird/wurde + Partizip) mit grüner Farbe.
    c. Unterstreichen Sie Passivkonstruktionen mit der Präposition von + handelndes Objekt mit gelber Farbe.

    d. In welchem Teil der Erzählung wird hauptsächlich die aktive Verbform gebraucht? In welchem Teil das Passiv? Das Aktiv hängt mit Fritz zusammen, der versucht „zu wollen, zu mögen [mochte]." Womit hängt das Passiv zusammen? Womit endet das Passiv? Zeigen Sie den Konflikt und den Ausgang (*ending*) des Konflikts durch die verbalen Formen.

Wenn wir an die aktive Stimme denken („der spielte, der Klavier spielen nicht gelernt hatte"), denken wir an jemanden, der sein Leben bestimmt, d.h. wir denken an ein aktives Subjekt. Wenn wir an das Passiv denken, denken wir an jemanden, der passiv leidet und zum Objekt der Handlung wird (*the subject undergoes, or is subjected to action*). Warum ist das Passiv hier wichtig für die Interpretation der Erzählung?

Erklären Sie die Resultate Ihrer Beobachtungen in Gruppen.

🎙 Diskussion

A. Interview.

1. Drei in der Klasse übernehmen die Rollen von Fritz, der Mutter und dem Vater. Die Klasse stellt Fragen an die drei.

    a. Was für Fragen finden Sie besonders wichtig?

    b. Was wird nicht im Text gesagt?

    c. Was sind wichtige Leerstellen?

    Beispiel: Warum widerspricht die Mutter nicht?

                Was denkt sie über Fritz?

                Warum übergibt der Vater seinen Sohn den Nazis?

                Was möchten Sie von Fritz wissen?

2. Es sind die Nazis, die Fritz töten, nicht der Vater.

    a. Aber was für Ähnlichkeiten gibt es zwischen dem Vater und den Nazis?

    b. Was ist hier die Schuld des Vaters?

    c. Was ist die Schuld der Nazis?

3. Oft wird gesagt, dass die kleinen Leute die Nazis unterstützten, weil viele durch die Nazis eine höhere Stellung und Macht bekamen. Im Text steht nicht, ob der Vater etwas dadurch gewinnt, dass er seinen Sohn für verrückt erklärt. Das heißt, es ist eine leere Stelle (*a textual indeterminate*).

    a. Wie erklären Sie die sonderbare Handlung des Vaters?

    b. Was bedeutet es, dass die Nazis es natürlich finden, dass ein Vater seinen Sohn in den Tod schickt?

B. Gruppenarbeit.

1. **Wer bin ich?** Ein Sprachspiel mit zehn möglichen Relativsätzen. Zu fünft suchen Sie sich eine bekannte Person aus, die Sie mit Relativsätzen beschreiben wollen. Abe Lincoln, Aschenputtel, Madonna, Arnold Schwarzenegger usw. Bilden Sie eine Kette von Relativsätzen, fangen Sie mit einer allgemeinen Beschreibung an (*the most general description*), werden Sie immer spezifischer in Ihren Aussagen und lassen Sie die Klasse am Ende raten, um wen es sich handelt.

Beispiel:

Sie war eine **Frau**, **die** nie heiratete.

die mutterlos aufwuchs.

deren Vater die Mutter köpfen ließ (*decapitate*)

deren Halbschwester sie töten lassen wollte.

nach **der** ein Zeitalter benannt wurde.

die Shakespeare inspirierte.

die zur Zeit eines Religionsstreits regierte.

die viele Entdeckungsreisen unterstützte.

die alle Engländer verehrten, als sie im Jahre 1588 einen Sieg über die spanische Armada errang.

die als Königin von England das Land zu höchster Blüte brachte.

2. **Wer bin ich?** Jede/r ist eine bekannte Persönlichkeit. Erzählen Sie von sich mit Hilfe von Relativsätzen. Nach fünf Sätzen darf die Klasse raten, wer Sie sind. Für jeden zusätzlichen (*extra*) Satz, der nicht zum Erkennen der Persönlichkeit führt, erhalten Sie eine Belohnung.

Beispiel: Indira Gandhi, Woody Allen, Ingrid Bergman, Greta Garbo, Kevin Spacey usw.

⊞ Wortschatzaufgaben

A. **Zuordnung**: Zu wem passen die Ausdrücke? Wen beschreiben Sie?

1. Fritz	2. den Vater	3. die Nazis
die Musik lieben	die Mutter schlagen	Klavier spielen
trinken	voller Gefühl sein	brutal sein
glatt rasiert sein	einen Bart tragen	laut sein
still sein	befehlen wollen	weglaufen

Talent haben	praktisch sein	traurig sein
kleinbürgerlich		Schwächere
(*petty bourgeois*) sein		unterdrücken
jemanden für verrückt		andere misshandeln
erklären		Arbeitskittel (Uniform)
sich nach eigenem		tragen
Geschmack anziehen		
in die Stadt fahren		

B. **Faschistische Sprache.**

Um Unterstützung der Masse zu gewinnen, schufen (*to create*) die Nazis eine Propaganda- und Tarnsprache (*language of camouflage*). Harmlose Ausdrücke und Symbole aus dem täglichen Leben und der Volkskunde tarnten (*camouflaged*) die Sprache des Mordes und der Vernichtung. Schädlich gibt uns Beispiele davon, die er vorsichtig auf die Sprache von 1933 bezieht.

Wenn Sie die Phrasen: „auf ein Schloss bringen", „duschen", „ausgewählt werden", „Backofen", „nach Hause geschickt werden zu der Mutter und zu dem Vater" hören, denken Sie dann an Verbrechen? Oder denken Sie an ein Märchen, an Belohnung (*rewards*), an Sauberkeit, an Brot backen, an Heimat und Zuhause? Harmlose Worte sollten den Schrecken tarnen.

Unten sind Beispiele von dieser neuen Fremdsprache „Nazideutsch" in Schädlichs Erzählung aufgelistet.

1. Fritz wurde in eine **Irrenanstalt** gebracht = ein Gefängnis, in das Menschen eingesperrt wurden, die als nicht „Normale" definiert wurden. Politisch Andersdenkende und Widerstandskämpfer (*resisters*) waren auch darunter.
2. Fritz, der **zwei verschiedene Augen** hatte = er war missgestaltet (*misshapen, deformed*)
3. Der in der Irrenanstalt **ausgewählt** wurde = *selected to be murdered*
4. Ein **Leben von Unwert** = *parasitic existence*
5. **fortgefahren** wurde **auf das Schloss** Hartheim = *sent to a death camp*
6. im Schloss **mit Gas geduscht** wurde = *to be murdered*
7. im **Backofen verbrannt** wurde = *cremated*
8. **nach Hause geschickt wurde** in einer Urne zu der Mutter und dem Vater = *his ashes were returned to his family*

Warum benutzte Schädlich diese Nazisprache im Jahre 1985, als er diese Erzählung schrieb?

C. **Die Stichwörterliste.** In Ihrer Arbeit mit dem Text können Sie Ihre **Stichwörterliste** mit Ausdrücken erweitern, die Sie gebrauchen wollen, um diese Erzählung nachzuerzählen und zu besprechen.

D. **Ein drittes Lesen.** Wenn Sie den Text zum dritten Mal durchlesen, verstehen Sie ihn gewiss ohne Glossar und erinnern sich besser an die Vokabeln, die Sie jetzt im Kontext verstehen.

🎙 Sprechakte

A. **Was passt zusammen?**

1. Wünsche ausdrücken
2. jmdm. etwas verbieten
3. befehlen
4. jmdn. für verrückt erklären
5. Misstrauen zeigen
6. an allen irre werden

a. niemanden einer schlechten Tat verdächtigen, an das Gute im Menschen glauben

b. der Meinung sein, dass jemand nicht bei Verstand ist

c. alle Leute verdächtigen *(to be suspicious of all)*

d. glauben, dass niemand fair ist und handelt, dass alle Menschen niederträchtig *(mean)* sind

e. jmdm. einen Auftrag in einem gebieterischen *(commanding)* Ton geben

f. ausdrücken, was man gern oder am liebsten hätte

B. **Mit einem Partner/einer Partnerin üben Sie abwechselnd (*taking turns*) Sprechakte A. 1 - 6**

1. Drücken Sie einen Wunsch aus für die Welt, einen für Ihre Familie, einen für sich. Ihr Partner/Ihre Partnerin äußert sich zu den Wünschen (ich finde sie realistisch/unrealistisch, möglich/unmöglich, fantastisch! usw.)

2. Bekannte wollen Ihr Auto, Ihr Fahrrad und Ihr Zimmer benutzen. Verbieten Sie etwas? Oder ist alles erlaubt? usw.

⊙ **Aufsatzthemen**

❗
GENERALIZING / USING IMPERSONAL CONSTRUCTIONS

Notice the difference between the following formulations:

Ich bin nicht schuldig. Es ist nicht meine Schuld.
Ich kann es nicht verstehen. Es ist schwer zu verstehen.

The impersonal formulation es, *which suggests the indefinite and unknown, allows discussion of occurrences of activities without any specific doers being mentioned. (In Text 12 you have already learned to use the indefinite pronoun* man *for similar functions.)*

The expression Es tut mir Leid *is translated as Sorry, or I´m sorry, but it is an impersonal equivalent at best.* Es *is regularly used with impersonal verbs, such as* Es klopft *(There is a knocking),* Es brennt *(Something is burning). When* es *is used with the passive voice,* Es wird gesagt, Es wird verlangt *(the authorities demand),* Es ist verboten *(the statal passive), this bureaucratic, official language that is devoid of any personal spark, has found its stylistic expression.*

Add abstract nouns, write long sentences, mix in acronyms and you have the recipe for inscrutable bureaucratese at its worst, where institutions speak but people are absent or eliminated. In contrasting the father´s and the mother´s account, you may wish to show differences in their mentality through their stylistic preferences.

Es gab...
Es wurde verlangt,...
Es wurde befohlen,...
Es kam ein Brief...
Es geschah...

Attempt to use some es *constructions, including the introductory* es *in main clauses, where* es *introduces a sentence in which the true subject follows the inflected verb. (*Es kam ein Befehl *instead of* Ein Befehl kam, Es kam ein Polizeiwagen *instead of* Ein Polizeiwagen kam, *etc.)*

1. Bericht. Der Vater spricht über seine Vergangenheit. Spricht er über seine Schuld (*guilt*), seine Verantwortung (*responsibility*), seinen Verrat (*betrayal*), oder erzählt er uns, dass alle so waren, dass er einfach ein „Mitläufer" war? Was denken Sie?

2. Die Mutter schreibt in ihr Tagebuch am Tag der Beerdigung (*the interment*) „Fritz."

   How might you render her feelings and her attitude stylistically? Is she a perpetrator or a victim? Is she personally involved with her son?

3. Das Euthanasie-Programm der Nazi sehen zivilisierte Nationen als Verbrechen (*crime*) an. Nazi-Ärzte sollten Leute mit unheilbaren Krankheiten aussuchen, insbesondere Behinderte, Geisteskranke, alte kranke Leute, und andere Gruppen, um diesen einen „Gnadentod" (*a merciful death*) zu geben. Diese Ärzte entschieden, wer es wert war zu leben und wer es nicht war.

   a. War Fritz verrückt?

   b. Wie kam es dazu, dass er für verrückt gehalten wurde?

   c. Warum wurde sein Leben als ein Unwert erklärt?

   d. Wie kam es dazu, dass er ermordet wurde?

Kontexte

Die deutsche Sprache im Dritten Reich

Die Nazis in Deutschland brauchten die Unterstützung der Massen; daher benutzten sie vielseitige Mittel, um sich vor der Masse zu legitimieren. Propaganda, Euphemismus, Versprechen, Befehle, Schreien, Steigerungen von Begriffen wie Heimat, Treue, Volk; der Gebrauch von Wörtern wie „unvorstellbar", „zahllos", „total", „ewig", usw.; biblische Sprache, Abstraktionen, Superlative, Doppeldeutigkeit, Symbole und Sprichwörter machten nur einen Teil ihrer Sprachmittel aus. Insbesondere benutzten sie einen euphemistischen Tarnjargon, um ihre Vernichtungsstrategien zu verstecken. Von der Vernichtung der Juden sprach man als „Endlösung". Der Philologe Victor Klemperer hat die Veränderungen in der deutschen Sprache von 1933 an beobachtet und 1947 veröffentlicht in seinem Buch *Lingua Tertii Imperii (Die Sprache des dritten Reiches)*. Er nennt die Nazisprache ein Gift, das die ganze deutsche Sprache vergiftete. Kritisches Denken, d.h. Widerstand, wurde mit dem Tod bestraft. Wer einen politisch Andersdenkenden denunzierte, wurde belohnt. Was gedruckt wurde, durfte der Nazi-Ideologie nicht widersprechen. Die Nazi-Ideologie wurde zur Religion mit Hitler an oberster Stelle als Führer, an den das Volk glauben musste.

Zum „Nazideutsch" gehörten Kombinationen mit den Worten Volk- und Reich-; die religiöse Sprache war in vielen Redewendungen zu bemerken. Sogar die Vorsehung war auf der Seite der Nazis; Befehlen durfte niemand widersprechen; Menschen wurden als Dinge oder Objekte behandelt; sie wurden liquidiert, nicht getötet; sie wurden geholt, nicht eingesperrt; desinfiziert statt ermordet; usw. Niemand hat diese Sprache besser verstanden und satirisch beschrieben als Karl Kraus in seinem Buch *Die dritte Walpurgisnacht* (1933). Die vielen Euphemismen beschreibt Kraus als „politische Phrasenvernebelung".

Die Rolle des Vaters in der traditionellen Familie

Die traditionelle autoritäre Stellung des Vaters in der deutschen Familie war so stark, dass auch die Industrielle Revolution und die Modernisierung bis 1968 nicht daran rütteln konnten. Freuds Begriff des Über-Ich zeigt die bourgeoise Vorstellung des Vaters im 19. Jahrhundert. Religion, das Kaiserreich und die Industrialisierung, die die Familie von der Arbeitsstelle entfernten, machten den Vater zum Herrscher seiner Familie.

Zur Zeit der Weimarer Republik von 1918-1933 sprach man auch viel von der wichtigen erzieherischen Aufgabe der Kinder durch die Mutter, doch keine politische Gruppe trat für eine liberalere Erziehung ein. Als Hitler zur höchsten Autoritätsfigur unter den Deutschen als Führer erklärt wurde, entwickelte sich der Vater zur höchsten Autoritätsfigur in der Familie, zugleich als Richter und Ankläger. Jede Handlung, die von seinem Willen abwich, konnte er bestrafen. Seine Frau und seine Kinder standen in seiner Macht. Autoritäre Familienstrukturen wurden die Basis für autoritäre Gesellschaftsstrukturen (Polizei, Gerichte, Medizin, Politik, Bildung, Arbeit, Religion).

Die Studentenproteste von 1968 richteten sich gegen autoritäre gesellschaftliche Strukturen in der Familie, der Schule, im öffentlichen Leben und in der Regierung. Auf die Proteste und die Emanzipierung der Frau durch die Frauenbewegung folgte langsam eine Veränderung in der deutschen Familie, die die Macht des Vaters beschränkte, indem sie der Mutter und den Kindern gesellschaftliche Rechte zusicherte.

⊙ Zum Hören

Vor dem Hören

A. Zum Thema

1. Wie sollten Kinder behandelt werden?
2. Was wird aus Kindern, die misshandelt (*to abuse*) werden?

B. Stichwörterliste. Schreiben Sie sich diese Wörter auf Ihre Stichwörterliste.

Neuer Wortschatz im Hörtext

erst recht	*especially*
winzig	*sehr klein*
scharf	*keen*

zerbrüllen	*destroy through yelling*
taub	*deaf*
sonst	*else, otherwise*
verbinden*	*blindfold*
die Seele	*soul*
quälen	*torture*
das Rückgrat	*spine*
beugen	*to subdue, bend*
grad	*straight*

● Beim Hören

„Kinder"
Bettina Wegner

Bettina Wegner wurde 1947 in Berlin geboren. Sie gehörte zu den bekanntesten Liedermachern der DDR, die sangen, um die Gesellschaft für alle gerechter zu machen. Weil sie nicht nur über die Missstände im Kapitalismus, sondern auch über die Missstände im DDR-Regime sang, das alle überwachte (*held under surveillance*) und aus Menschen „Mitläufer" (*conformists*) machte, wurde sie 1968 wegen ihrer Lieder eingesperrt (*incarcerated*). Im Jahre 1978, als sie mit Erlaubnis des DDR-Regimes in den Westen reiste, wurde sie auch in Westdeutschland durch ihre Lieder bekannt.

Das Lied „Kinder" eroberte die Herzen aller Deutschen im Sturm. 1983 wurde sie aus der DDR ausgewiesen. Von ihrer Gitarre begleitet sang sie daraufhin in der BRD ihre Lieder, in denen sie sich für die sozial Schwächeren (*disadvantaged*) engagierte. Viele ihrer Lieder sind „Sprechgesänge", d.h. zum Teil gesprochene Lieder mit instrumentaler Begleitung (*accompaniment*).

Heutzutage ist sie als Jazzsängerin bekannt, die mit ihren Liedern viele Menschen berührt. In ihren Konzerten tritt sie weiterhin für Personen ein, deren Menschenrechte verletzt wurden. *Wege* ist ihr letztes Album, das Sie sich anhören sollten.

A.   **Beim ersten Hören.** Hören Sie sich jetzt das Lied an. Was haben Sie verstanden? Es macht nichts aus, wenn Sie nicht jedes Wort verstehen.

B.   **Beim zweiten Hören.** Hören Sie nochmal zu und schreiben Sie mit, was Sie verstehen.

1. Was für ein Ziel setzt sich das Lied?
2. Was für ein Appell ist es?

Nach dem Hören

A. **Zuordnung.** Was sagt das Lied über die Behandlung von Kindern?

Wie darf man Kinder nicht behandeln?	Wie sollte man Kinder behandeln?
_____	_____
_____	_____
_____	_____
_____	_____
_____	_____
_____	_____

B. **Was sind die Folgen**? Wie geht der Satz weiter?

Was passiert wenn: dann
Wenn man auf die Finger von Kindern schlägt, _____
Wenn man Kindern auf die Füße tritt,   _____
Wenn man Kindern in die Ohren brüllt,   _____
Wenn man Kindern zu sprechen verbietet,   _____
Wenn man Kindern die Augen verbindet,   _____
Wenn man Kinder quält,   _____
Wenn man Kinder erniedrigt,   _____

C. **Diskussion**

1. Schützt Kinder gegen elterliche Gewalt. Was für Rechte sollten Kinder haben? Argumentieren Sie für den Kinderschutz.

   (Die modale Hilfsverben sollen, dürfen, nicht dürfen, müssen und können werden Ihnen helfen, Ihre Diskussion zu führen.)

2. Sie organisieren einen Kindergarten. Wie sollten Ihre Schützlinge (*those under your protection*) behandelt werden? In Gruppen sollten Sie Vorschriften (*regulations*) überlegen, diskutieren und aufschreiben. Vielleicht könnten Sie Ihre kleinen Geschwister (*siblings*) zu Rate ziehen (*to turn to someone for advice*).

3. Was wissen Sie schon aus den Texten, die Sie gelesen haben (insbesondere in denen von Klüger, Schädlich und Alexander) über die traditionelle Kindererziehung?

Glossar

1 **Vogtland** region in eastern Germany around the river Saale

2 **leiden*, litt, gelitten** to be liked

3 **hängen an*** to be attached to

4 **der Jüngling, -e** young man

5 **befehlen*** to order

6 der **Handlungsgehilfe, -n** assistant clerk in a store

7 der **Laden, ∻** the store

8 die **Ware, -n** goods

9 **stürzen von** fall from, to be in an accident

10 **sich anziehen* wie** to dress like

11 **sich glattrasieren** to get a close shave

12 das **Kontor, -e** office

13 **aufgreifen*** to pick up

14 **erklären für** to declare

15 die **Irrenanstalt, -en** mental hospital, looney bin (*pejorative for mental hospital*)

16 **misstrauisch** distrustful

17 **arglos** innocent, trustful

18 **an allen irre werden** to lose one's faith in all

19 **auswählen** to choose, who was picked out as an example

20 **unwert** to be without value

21 **mit Gas duschen** be killed with nerve gas

22 **verbrennen** to burn, cremate

23 die **Urne, -n** the funeral urn

Kapitel

13

Alfred Polgar

was born in Vienna in 1873 and died in Zürich in 1955. A perceptive observer and critic of social mores, he wrote short stories, journalistic sketches, essays, and some comedies. The gentle satire, humor, and unmasking of questionable attitudes in "Geschichte ohne Moral" characterize much of his prose. This is taken from his collection *Begegnung im Zwielicht* (1951). Polgar's *oeuvre* includes a vast number of very short sketches and vignettes (often less than one page) that make for enjoyable reading.

Vor dem Lesen

Überfliegen des Textes

A. **Mitlesen, mitteilen.** Beim ersten, schnellen Lesen vom Text sollten Sie sich wichtige Wörter auf Ihrer **Stichwörterliste** notieren. Der Text ist in fünf Abschnitte geteilt, damit Sie leichter einen groben Überblick bekommen. Schreiben Sie den Hauptgedanken von jedem Abschnitt in einem Satz auf. Teilen Sie Ihre ersten Eindrücke einem Partner oder einer Gruppe mit und vergleichen Sie Ihre Sätze mit denen anderer Studenten.

AUSSAGEN

Dieser Text enthält einige Verben mündlicher Äußerung. Versuchen Sie, Verben aus dem Text herauszulesen, die Folgendes ausdrücken:

a. nicht die Wahrheit sagen
b. sich die Schuld geben
c. zu Gott sprechen
d. über etwas diskutieren
e. jemandem eine Warnung geben
f. heftig über etwas schimpfen
g. eine Meinung äußern

Verwenden Sie diese Verben, wenn sie Aussagen machen, oder über den Lesetext diskutieren.

B. **Zweites Lesen.** Lesen Sie jetzt die Erzählung genau durch. Verbinden Sie einen wichtigen Ausdruck oder eine Aussage mit jeder Person und dem Hund.

die Mutter

der Vater

Tante Alwine

Tante Alwines Mann

die Großmutter

das Mädchen für alles

die Portiersfrau

Emma von der Konditorei

der Hund Bobby

C. **Stichwörterliste.** Notieren Sie sich folgende Verben, die für die Erzählung wichtig sind. Einige davon zeigen, wie man Gefühle sprachlich ausdrückt.

1. sich anklagen   *to blame oneself*
2. bereden   *to talk about, discuss*
3. beten   *to pray*
4. ermahnen   *to admonish, warn*
5. lügen,* log, gelogen   *to tell a lie*
6. meinen   *to be of the opinion*
7. schreien*   *to scream*
8. verfluchen   *to curse*
9. büßen   *to atone*
10. fluchen   *to curse*

Geschichte ohne Moral

A

Sonntag, drei Uhr nachmittags, sagte der Gymnasiast[1] Leopold, jetzt müsse er fort, denn der Autobus zum Fußballmatch fahre Punkt drei Uhr fünfzehn von seinem Standplatz[2] ab.

„Und deine Schularbeiten für morgen?" fragte die Mutter.

5 „Die mache ich am Abend."

Tante Alwine meinte, es sei schade ums Geld für die Autofahrt, so ein junger Mensch könne auch zu Fuß gehen.

B

Es wurde Abend, und Leopold war noch nicht zu Hause. Und dann kam die Nachricht[3], daß der fahrplanmäßig[4] um drei Uhr fünfzehn von 10 seinem Standplatz abgegangene[5] Autobus in einen Graben[6] gestürzt[7] und sämtliche[8] Insassen[9] schwer verletzt[10] seien.

C

Die Mutter, aus der Ohnmacht[11] erwacht, klagte sich immerzu[12] an, sie hätte Leopold nie und nimmer[13] erlauben dürfen, seine Schularbeiten erst am Abend zu machen. Jetzt büße[14] sie für ihre elterliche 15 Schwäche.

Der Vater verfluchte das Fußballspiel und den Götzen[15] Sport überhaupt[16].

Tante Alwine schrie: „Hätte er nicht zu Fuß gehen können wie tausend andere Jungen?"

20   Ihr Mann schüttelte[17] bedeutsam[18] den Kopf: „Heute ist der dritte August, der Sterbetag unseres seligen[19] Großvaters. Daran hätte man denken müssen."

    Die Großmutter mütterlicherseits[20] sprach zu sich selbst: „Kürzlich[21] bin ich ihm auf eine Lüge gekommen. Ich ermahnte ihn: ,Wer lügt, 25 sündigt[22], und wer sündigt, wird bestraft[23].' Da hat er mir ins Gesicht gelacht!"

    Das Mädchen für alles[24] sagte dem Kohlenmann[25]: „Na[26], sehen Sie? Wie ich Ihnen erzählt habe, daß mir heute früh zwei Nonnen begegnet[27] sind, da haben Sie sich über mich lustig gemacht!"

30   Hernach[28] ging das Mädchen für alles hinunter zu den Portiersleuten[29], um mit ihnen den traurigen Fall[30] zu bereden. „Ja", sagte sie, „am Ersten wollten sie aufs Land fahren. Aber weil die Schneiderin mit den Kleidern der Gnädigen[31] nicht fertig war, sind sie noch dageblieben. Wegen der dummen Fetzen[32]."

35   Die Portiersfrau meinte: „Am Sonntag sollten die Kinder und Eltern zusammenbleiben . . . Aber bei den besseren Leuten gibt's ja kein Familienleben mehr."

    Emma, das eine der beiden Fräulein vom Konditor[33] im Nebenhaus, machte sich bittere Vorwürfe[34] wegen ihrer Prüderie. Hätte sie dem 40 armen jungen Mann nicht nein gesagt, dann wäre er heute nachmittag mit ihr gewesen und nicht bein Fußball.

    Bobby, der Dobermann, dachte: „Gestern hat er mir einen Tritt[35] gegeben. In der ersten Wut[36] wollte ich ihn ins Bein beißen. Leider, leider hab ich es nicht getan. Sonst wäre es ihm heute kaum möglich 45 gewesen, zum Fußballmatch zu gehen."

D

    Spätabends kam, vergnügt[37], Leopold nach Hause. Das mit dem Fußballmatch hatte er nur vorgeschwindelt[38]. In Wirklichkeit war er mit Rosa, dem anderen Fräulein vom Konditor nebenan[39], auf einer Landpartie[40] gewesen, die, schien es, einen zufriedenstellenden[41] Verlauf[42] 50 genommen hatte.

E

    Die Mutter umarmte ihren Sohn in hemmungsloser[43] Rührung[44].

    Der Vater gab ihm ein paar Ohrfeigen[45].

    Die Großmutter mütterlicherseits faltete die Hände und betete stumm[46]: „Lieber Gott, ich danke Dir, daß er wieder gelogen hat." ◄

🔲 Leseverständnis

A. **Zum Text.** Machen Sie mindestens dreißig kurze Aussagen zum Text. Je kürzer die Aussage, desto besser. Es ist wichtig, dass Sie viele Aussagen produzieren. Eine chronologische Reihenfolge ist nicht wichtig.

Beispiele: *Leopold ist Gymnasiast.*

Er will zum Fußballspiel gehen.

Rosa arbeitet im Nebenhaus.

Der Dobermann heißt Bobby.

B. **Brainstorming.** Im Text sind viele Ausdrücke zu den folgenden Themen oder Wortfeldern: **Unfall, Erziehung** (*raising children*), **Religion**.

1. Teilen Sie die Klasse in drei Gruppen auf; jede Gruppe sucht möglichst viele Ausdrücke zu einem der folgenden Themen. Gehen Sie erst zum Text, wenn Ihnen nichts mehr einfällt. Setzen Sie die Ausdrücke auf Ihre **Stichwörterliste**.

   Unfall   Religion   Erziehung

2. Bilden Sie kurze Aussagen mit diesen Ausdrücken.

C. **Gruppenarbeit.**

1. Bilden Sie kleine Gruppen und markieren Sie mit einem Leuchtstift Verbformen im Konjunktiv (*subjunctive*) im Text. Besprechen Sie die möglichen Funktionen von diesen Verbformen.

2. Arbeit in kleinen Gruppen.

   a. Jeder übernimmt eine Perspektive, z.B. Emmas oder Bobbys, und erzählt die Geschichte aus der Perspektive dieser Figur.

   b. Wie hätte diese Person/dieses Tier Leopold davon abhalten können, bei der Fahrt mitzumachen?

   Beispiel: Bobby: „Ich hätte Leopold ins Bein beißen sollen."

   Großmutter: „Ich hätte ihn zur Kirche mitnehmen sollen."

   Mutter:

   Vater:

   Tante Alwine:

   Der Onkel:

   Emma:

   Das Mädchen für alles:

Note: to express all contrary-to-fact conditions (*wenn ich jetzt in München beim Oktoberfest wäre*), German uses the past time subjunctive (the so-called Subjunctive II). However, to indicate that we are dealing with events that should have taken place in the* **past but did not, *German uses the* **subjunctive form** *of the* **past perfect (das Plusquamperfekt).**

On hearing of the accident, each person and animal thinks of what he/she could/should have done to prevent his departure from home.

a. Bobby: Wenn ich Leopold **gebissen hätte**, hätte er nicht Fussball spielen können (*the perfect subjunctive double infinitive*).

b. Bobby: Ich **hätte** Leopold **beißen sollen.**

In sentence **a** *in the* **wenn** *clause, the helping verbs* **haben/sein** *are in the past perfect past subjunctive form. In sentence* **b** *there is a double infinitive construction because a modal has been added. Whenever a modal verb is added, the past participle is dropped and replaced with the double infinitive. Modals always take the auxiliary* **haben.**

D. **Aussagen.** Betreffendes bitte in den Gruppen besprechen, ankreuzen und notieren:

Welche Aussage von Großmutter, Mutter, Tante Alwine usw. oben in C.2. ist Ihrer Meinung nach

1. am lustigsten _____
2. am unwahrscheinlichsten (wahrscheinlich – *probable*) _____
3. am wahrscheinlichsten _____
4. am verrücktesten _____
5. am belanglosesten (belanglos – *irrelevant*) _____
6. am überzeugendsten (überzeugen – *to convince*) _____

Diskussion

A. Wie steht es im Text?

1. Wie viele Großmütter, kennt sich Leopolds Großmutter gut in Sprichwörtern aus. (sich auskennen – *to be knowledgeable about*)

   a. Was für Sprichwörter kennt sie? Was bedeuten diese Sprichwörter? Wenn Sie Lust haben, schauen Sie in Kapitel 14 Sprichwörter nach.

   b. Gibt es noch andere Sprichwörter, die für dieses Thema sinnvoll (*relevant*) sind?

   c. Kennen Sie andere Sprichwörter über Lügen auf Englisch oder auf Deutsch?

2. Welche „moralischen" Probleme werden in dieser Geschichte aufgezeigt? Für wen sind sie „moralische" Probleme?

3. Leopolds Familie lebt in einer anderen Gesellschaftsschicht (*social level*) als die anderen Menschen in der Geschichte. Suchen Sie mindestens fünf Stellen im Text, die das zeigen. Diskutieren Sie, inwiefern Klassenunterschiede in dieser Geschichte eine Rolle spielen.

B.   **Interpretation.** *Mit den Worten „ohne Moral" meint der Autor:*

1. _____, 2. _____, 3. _____.

Stimmen Sie über die verschiedenen Deutungen (*interpretation*) ab. Können Sie sich auf eine Deutung einigen?

C.   Umfrage.

1. Sagen Sie, was Ihrer Meinung nach die folgenden Personen sagen werden, wenn sie von Leopolds Lüge erfahren (*find out*).

   Tante Alwine

   Die Portiersfrau

   Bobby

   Emma vom Konditor

   Tante Alwines Mann (der Onkel)

2. Gibt es Situationen, wo man lügen darf? Fragen Sie fünf Kursteilnehmer, ob sie, wann sie und unter welchen Umständen sie in der letzten Woche gelogen haben. Berichten Sie in Gruppen, worüber gelogen wurde. Vergleichen Sie die verschiedenen Resultate.

D.   **Diskussion in Gruppen.** In dieser Erzählung gibt es einen traditionellen Aufbau (*structure*) der Kurzgeschichte (*short story*): Einleitung des Problems, eine negative Entwicklung bis zu einem Höhepunkt (*narrative peak*), einen Wendepunkt (*turning point*) und das Ende. Mehr zur Kurzgeschichte finden Sie in Kapitel 17.

Besprechen Sie im Plenum, wie die Erwartungen (*expectations*) des Lesers erweckt werden und wie diese Erwartungen manipuliert werden.

1. Was ist Ihre Meinung über die Manipulierung dieser Erwartungen?

2. Ist diese Manipulierung in dem Aufbau der Erzählung zu entdecken?

⊕ Wortschatzaufgaben

A. Finden Sie das treffende Verb für *sprechen oder sagen.*

1. Veronikas Tante **spricht** jeden Tag **mit Gott.**

2. Man hat den Kindern öfters **gesagt,** dass sie nicht allein in die Berge wandern sollten.

3. Die Leute von der Müllabfuhr **sagten viel Schlimmes** über das schlechte Wetter.

4. Wir müssen **über den Vorschlag sprechen**.

5. Manche Menschen **sagen nicht** immer die **Wahrheit.**

6. Der Busfahrer **sagte**, er selbst sei Schuld am Unfall gewesen.

7. Im Bus **sprachen** die Studenten sehr laut, als der Unfall passierte.

B. Dictogloss. Arbeiten zu Dritt.

Einer in Ihrer Gruppe liest die ersten beiden Abschnitte vom Text (Teil A und B) vor. Sie und Ihr Partner/Ihre Partnerin schreiben mit, so gut und so schnell Sie können. Nach dem Hören vergleichen Sie Ihren Text mit dem des Partners/der Partnerin. Lücken können Sie zusammen erraten. Besprechen Sie Änderungen, die Sie beide vorschlagen. Mit Hilfe des Vorlesers (*the reader*) versuchen Sie sich zu Dritt auf einen Text zu einigen.

*You will encounter a special subjunctive form of verbs that is conventionally used to indicate indirect speech (**indirekte Rede**). It is used when one repeats what someone said without putting that remark in quotation marks ("......"). In English one renders such speech 1) by introducing it with an appropriate verb <u>he said that, she claimed that</u> and 2) through the use of a past tense form. In German it is based on the infinitive of the verb, where subjunctive endings are simply added to the stem. Expect to see it after such expressions as **Sie meinte, es <u>sei</u> schade....** **Er sagte, er <u>habe</u> genug.... Sie erzählten, sie <u>hätten</u> nicht kommen können** (in cases where the form of the present subjunctive and the indicative present tense are identical, the verb will be put into the past subjunctive to make it distinguishable from the indicative) **...Sie antwortete, sie könne** (remember, the infinitive is **können**) **leider nicht kommen**.*

C. Stichwörterliste. Schreiben Sie zehn Wörter aus dem Text auf,
die Sie noch nicht gut kennen. Lernen Sie diese Wörter auswendig (*by heart*) und lesen Sie einer Partnerin/einem Partner Ihre Wörter vor. Sie/Er soll versuchen die Bedeutungen Ihrer Wörter auf Deutsch zu erklären.

D. Ein drittes Lesen. Wenn Sie die Erzählung jetzt noch einmal
lesen, lesen Sie sie mit besserem Verständnis. Falten Sie ein Blatt zusammen und notieren Sie auf der Oberseite, was Sie jetzt zum ersten Mal verstehen, und auf der Unterseite, was Sie erfragen möchten. Besprechen Sie die Fragen in Gruppen.

🎙 Sprechakte

A. **Zuordnung.** Ordnen Sie die Aussage dem richtigen Sprechakt zu.

1. sich anklagen
2. beten
3. fluchen
4. etwas bedauern
5. meinen
6. lügen
7. jmdn. warnen
8. übereinstimmen mit
9. für etwas sein
10. gegen etwas sein

a. Ich stimme für die goldene Mitte.

b. Ich bin Schuld am Unfall. Wie konnte ich nur so etwas tun!

c. Ich bin dagegen, dass man aus irgendeinem Grund lügt.

d. Ich finde, dass eine Lüge manchmal in Ordnung ist.

e. Vater unser, der Du bist im Himmel.

f. Mein Hund hat meine Post gelesen.

g. Ich bin auch der Meinung, dass Lügen eine Sünde ist.

h. Verdammt noch mal!

i. Wer sündigt, wird bestraft.

j. Wenn ich doch nur nicht so spät gekommen wäre!

B. **Partnerarbeit.** Bilden Sie Ihren eigenen Satz für jeden Sprechakt. Ihr Partner/Ihre Partnerin soll den Sprechakt bezeichnen (*designate*), mit dem Ihre Aussage zu tun hat.

⇆ Aufsatzthemen

ORGANIZING AN ESSAY

In writing an essay you need to know something about your **subject.** *Brainstorm and focus on certain questions. The first question is* **Was für…? Was für Lügen erzählen die Leute?** *The next question is* **Warum?** *Why do they tell lies? Then comes* **Wozu?** *What's the purpose? And finally, what are the pro's and con's on the issue.* **Was ist das Für und Wider?**

Now that you have listed the points you will mention in **Stichpunkte,** *go to the disposition, the* **Gliederung.**

> *Einführung: introduction*
>
> > *Ein brennendes Problem: a burning question – raise interest in issue*
> >
> > *using a proverb or anecdote dealing with people (stories about people are always interesting ——)*
> >
> > *statement of issue: Sollte man………*

(weiter)

(weiter)

> *Hauptteil: main text*
>> ***Abschnitt I: Pro – Für, ja:***
>> *now go to the answers you gave to your questions*
>>> *Gründe dafür (reasons in favor of thesis)*
>> ***Abschnitt II Contra – Wider, nein:***
>>> *Gründe dagegen*
>
> *Schluss/Vorschläge: ending*
>> *Zusammenfassung*
>> ***Ausblick – wie langweilig, wenn jeder die Wahrheit sagte***
>> *Beschränkung – restrict lying to special conditions*
>> *Abwägung – weighing issues*
>> *Entscheidung – decision*
>> *Offenes Ende*

1. **Aufsatz.** Lügen oder nicht?
2. **Tagebucheintrag.** Sie sind Rosa (oder Leopold) und schreiben in Ihr Tagebuch über die Landpartie: (10-12 Sätze). (*Note: Avoid the "dead" verbs* **gehen**, **kommen**, **sagen**, *and* **fragen**).
3. **Um die Wette lügen.** Dichtung und Wahrheit (*fiction and fact*) Erzählen Sie eine Geschichte, in der Sie Lügen und die Wahrheit vermischen. Tragen Sie dick auf (*do not hesitate to tell tall tales or to best others*). Lesen Sie der Klasse Ihre Geschichte vor. Die Klasse stimmt ab, was wahr und was gelogen war, und sagt, warum. Darauf folgt die gleiche Abstimmung wie in Leseverständnis D.

Kontexte

„Herrschaften" und „Dienstleute"

Diese Geschichte ist modern, doch zeigt sie noch Spuren vom **Ständesystem** der Kaiserzeit in Deutschland, der Habsburgerzeit (1273–1918) in Österreich. Früher sprach man von Ständen: von Bauern, Bürgern, vom Adel und der Geistlichkeit. Arbeiter kamen erst nach der französischen Revolution hinzu. In dieser Geschichte geht es um Adel und Dienstleute, d.h. Arbeiter. Finden Sie Spuren von dem Ständesystem in der Erzählung? Wer spricht offen mit wem? Wie sprechen die Personen übereinander? Wie beschreibt das Personal die Herrschaften? Wer arbeitet? Wer hat es nicht nötig zu arbeiten? Wer profitiert davon?

Heute spricht man von **Schichten: von den Oberschicht, Mittelschicht und Unterschicht**. Die obere Schicht, d.h. die gehobene Gesellschaft (die „feinen Leute" oder die „Herrschaften") hat Reichtum, Macht, Muße (*leisure time*) und eine Moral, die recht liberal sein kann. Früher sprach man von den „oberen Zehntausend", von einer Elite. Für sie ist es tabu über Geld und Arbeit zu sprechen; Macht und Reichtum zeigt man diskret. Dass man auch arbeitet, zeigt man nicht öffentlich. Zu dem Lebensstil gehört das Leben in der Stadt und oft ein Haus auf dem Land. Man betont „feine Unterschiede", Luxus, Bildung, die nicht übertrieben werden, ein stilvolles, harmonisches Wohnen und Leben, Freiheit im Denken, Handeln und in der Bewegung (Reisen). Diese Schicht hat oft sehr viel Personal, das die Herrschaften bedient.

Die Dienstleute, die zur unteren sozialen Schicht gehören, haben ihre eigenen moralischen Vorstellungen, die oft sehr konservativ und streng sind. Zu der unteren Schicht gehören Arbeiter und typisch proletarische Berufe, z.B. Schlosser, Eisengießer, Schmied. Traditionell unterscheiden sie sich selbst „von denen da oben". Sie üben Kritik an der oberen Schicht; Familien z.B. sollten zusammenbleiben, besonders an Feiertagen. Was wird in der Erzählung sonst kritisiert? Wo zeigt diese Schicht eine andere Mentalität als die obere Schicht?

Die Mittelschichten

Zur sozialen „Mitte" gehören in deutschsprachigen Ländern Beamte, Lehrer, usw. Es gibt eine große Binnendifferenzierung. Leitwerte hier sind das Gediegene, Reelle, Verlässliche, Beständigkeit, Sicherheit und ein Vermeiden der Extreme. Diese Werte beeinflussen auch die Angestellten in der öffentlichen und privaten Wirtschaft.

Überblickt man alle Schichten der Gesellschaft, so zeigen sich in Deutschland „feine", jedoch nicht die krassen Unterschiede, die man in den USA zwischen Arm und Reich, zwischen Slums und Millionärsvillen, kennt. Die sozialen Einrichtungen in Deutschland sollen für soziale Gerechtigkeit sorgen und dafür, dass jeder, der Unterstützung braucht, die nötige Hilfe bekommt.

⊙ Zum Hören

⊙ Beim Hören

„Der Mann, der nie zu spät kam"
Paul Maar

Paul Maar wurde 1937 in Schweinfurt, in der Nähe von Würzburg, geboren. Am bekanntesten ist er für seine Kinder- und Jugendbücher, die er selbst illustrierte. Unter seinen Büchern, die mit Preisen ausgezeichnet wurden, sind *Der tätowierte Hund (1968)* und *Eine Woche voller Samstage.* Leicht zu lesen ist auch die Sammmlung *Summelsarium oder 13 Lügengeschichten.*

A. **Beim ersten Hören.** Sie hören diese Geschichte zunächst ohne Ende. Obwohl es wohl Wörter gibt, die Sie nicht kennen, hören Sie sich die Geschichte zuerst **ohne** *den angegebenen Wortschatz* an. Sie können jetzt schon viel verstehen und manche Wörter leicht aus dem Kontext erraten (*guess*).

B. **Beim zweiten Hören.** Hören Sie sich die Geschichte dann zum zweiten Mal, diesmal **mit** *dem Wortschatz* an.

C. **Wortschatz im Hörtext**

Schon als Kind...

pünktlich	*punctual*
regelmäßig	*regular(ly)*
das Weckerklingeln	*ringing of the alarm clock*
angezogen	*dressed*
sich beeilen	*to hurry, make haste*
der Hausmeister, -	*building caretaker*
gähnend	*yawning*
der Schulhof, ⸚e	*school yard*
schlurfen	*to shuffle*
aufschließen*	*to unlock, open up*
sich (*dat.*) etwas anschauen	*to look at something*

Später arbeitete Wilfried...

trotzdem	*despite this*
der Bahnsteig, -e	*train platform*
jmdn. als ein Beispiel hinstellen	*to hold s.o. up as an example*
die lobe ich mir	*I like that; (lit.) I praise it*
sich von etwas (dat.) eine	*(colloq.) to learn from s.o.'s example; (lit.) to cut off a slice for oneself*

Scheibe abschneiden*

deswegen	*for this reason*
der Vorteil, -e	*advantage*
sich verabreden mit	*to make an appointment, arrange to get together*

die Versammlung, -en	*gathering, meeting*
die Gelegenheit, -en	*occasion, opportunity*
die Gefahr, -en	*danger*
meiden*	*to avoid*

Einmal glaubte ein Arbeitskollege...

ertappen	*to catch (in the act)*
die Vorstellung, -en	*show*
sich tasten	*to feel one's way, grope*
die Reihe, -n	*row*
der Unsinn	*nonsense*
rechtzeitig	*on time*
auswendig	*from memory, by heart*
eine Feier veranstalten	*to organize a ceremony, celebration*
ihm zu Ehren	*in his honor*
nach Dienstschluss	*after closing*
die Urkunde, -n	*certificate*
schwanken	*to totter, wobble*

Am nächsten Morgen wachte er nicht...

üblich	*customary, usual*
läuten	*to ring*
erwachen	*to awake*
entsetzt	*horrified*

Das Ende der Geschichte...

stolpern	*to stumble, trip*
abstellen	*to set down*
die Bahnsteigkante, -n	*edge of a train platform*
ins Leere treten*	*to step into empty space*
stürzen	*to plunge, fall*
die Schiene, -n	*track, rail*
folglich	*thus, accordingly*
planmäßig	*scheduled*
offensichtlich	*obvious(ly), apparent(ly)*
verdattert	*flabbergasted, confused and surprised*

D.   **Hörprotokoll.** Erzählen Sie auf Deutsch oder auf Englisch, was Sie gerade gehört haben.

E.   Wie endet die Geschichte?

1. Wie endet die Geschichte wohl? (Benützen Sie den angegebenen Wortschatz für diesen Teil der Geschichte!)
2. Hören Sie sich das Ende der Geschichte erst an, *nachdem* Sie sich ein Ende ausgedacht haben.

Nach dem Hören

A.   Dictogloss als Partnerarbeit. Hören Sie sich das Ende der Geschichte noch einmal an von

„Kopflos rannte er…" bis *„Ich bin tot."*…. Schreiben Sie dabei mit, so gut und so schnell Sie können. Vergleichen Sie dann Ihr Diktat mit dem Ihrer Partnerin/Ihres Partners und besprechen Sie alle Unterschiede, indem Sie grammatische Aspekte (Endungen, Fälle, Artikel, usw.) betonen. Können Sie sich auf einen gemeinsamen Text einigen?

B.   Diskussion.

1. Kennen Sie einen Menschen, der wie Herr Kalk irgendeine fixe Idee hat? Erzählen Sie davon.
2. Sind Sie immer pünktlich? Warum? Warum nicht?
3. Sollte man nie zu spät kommen?
4. Umfrage von Gruppen: Was sollte jedes Kind/jeder junge Mensch auswendig lernen? Fragen Sie fünf Kursteilnehmer, was sie für wichtig halten, und vergleichen Sie im Plenum die Resultate Ihrer Umfrage. Können Sie sich in beiden Fällen auf das Wichtigste einigen?

Was Kinder auswendig lernen sollten	Was junge Menschen auswendig lernen sollten
1. _____	1. _____
2. _____	2. _____
3. _____	3. _____
4. _____	4. _____
5. _____	5. _____

C.   Wortschatzaufgabe.

Die folgenden recht oft gebrauchten Verben aus dem Text beschreiben menschliche Tätigkeiten. Bilden Sie Sätze mit diesen Verben.

sich beeilen

sich etwas anschauen

sich verabreden mit

meiden*

sich erinnern (an)

sich tasten

veranstalten

stolpern über *(acc.)*

feststellen, (dass/ob)

Glossar

1 der **Gymnasiast, -(en), -en:**
Schüler in einem Gymnasium
(The **Gymnasium** is a German
secondary school that pre-
pares students for the **Abitur,**
the certificate needed to
enter a university.)

2 der **Standplatz, ¨e** bus or taxi
stand; **die Haltestelle, -n**

3 die **Nachricht, -en** news; **die Mel-**
dung, -en

4 **fahrplanmäßig** according to
schedule; **wie es im Fahrplan**
steht

5 **abgegangen: abgefahren**

6 der **Graben, ¨** ditch

7 **stürzen** plunge

8 **sämtliche: alle**

9 der **Insasse, -n** occupant; der **Pas-**
sagier, -e, der **Fahrgast, ¨e**

10 **verletzen** injure

11 die **Ohnmacht, -en** faint, unconsciousness

12 **immerzu** continuously; **dauernd**

13 **nie und nimmer** never at any
time

14 **büßen (für)** pay for, suffer for

15 der **Götze, -(n), -n** idol, false
deity

16 **überhaupt** in general

17 **schütteln** shake

18 **bedeutsam** meaningful

19 **selig** deceased; **verstorben**

20 **mütterlicherseits** on the mother's
side, maternal

21 **kürzlich** recently; **vor kurzem,**
neulich

22 **sündigen** sin; **eine Sünde bege-**
hen*

23 **bestrafen** punish

24 das **Mädchen für alles:** die **Haus-**
angestellte, -n

25 der **Kohlenmann:** der **Mann, der**
die Kohle bringt

26 **na: nun**

27 **jmdm. begegnen** run across s.o.,
meet up with s.o.

28 **hernach** after this; **danach**

29 die **Portiersleute** building caretakers

30 der **Fall, ¨e** case, instance

31 **gnädige Frau** (*very polite and*
antiquated form of address)
madam

32 der **Fetzen, -** rag: **schäbiges Klei-**
dungsstück

33 der **Konditor, -en** confectioner,
baker of fancy pastry

34 **sich** *or* **jmdm. Vorwürfe machen**
reproach oneself *or* s.o.

35 der **Tritt, -e** kick

36 die **Wut** rage, anger; **starker**
Ärger

37 **vergnügt** delighted; **sehr**
zufrieden

38 **vorschwindeln** make up a story

39 **nebenan** next door

40 die **Landpartie, -n** country outing; der **Ausflug aufs Land**

41 **zufriedenstellen** satisfy

42 der **Verlauf** course

43 **hemmungslos** unrestrained

44 die **Rührung** emotion; **innere**
Bewegung

45 die **Ohrfeige, -n** slap in the face,
box on the ear

46 **stumm** mute; **schweigend**

Kapitel

14

📖 Vor dem Lesen

A.   Mitlesen, mitteilen.

1. Sprichwörter werden gewöhnlich nach Schlüsselbegriffen (*key words*)
   organisiert.
   a. Machen Sie sich eine Kopie von diesen Sprichwörtern, kleben
      (*glue*) Sie jedes auf ein Kärtchen und lernen Sie einige auswendig
      (*by heart*).
   b. Wenn Sie ein Bild zu wichtigen Sprichwörtern malen, lernen Sie
      sie schneller und behalten Sie sie besser.
   c. Versuchen Sie in jedem Aufsatz, den Sie schreiben, ein Sprichwort
      zu benutzen.
2. Diese konservativen Weisheiten gibt es in allen Sprachen. Wie viele
   Sprichwörter kennen Sie schon?

B.   Stichwörterliste. Machen Sie sich eine Stichwörterliste.

PROVERBS

You have already tapped into folk wisdom by studying fairy tales (Märchen).
Another way of becoming aware of this traditional resource is by exploring proverbs
(Sprichwörter). *Start by becoming aware of these sayings in your readings and
make them part of your passive vocabulary. Before you know it, you will find your-
self using some of them. By all means, do start to parody them—it is fun and not too
difficult; do not be surprised if you encounter parodies in the media, songs, rap, etc.
On the one hand, proverbs transmit typical cultural preferences (*"langsam aber
sicher"*) and traditional wisdom, even if in contradictory ways. On the other, the wisdom of proverbs seems to wear so thin in time, that the only way to infuse life into
these conservative, tradition-bound adages is to give them a new twist, so that new
discoveries in meaning are possible. The Austrian satirist Karl Kraus excelled at this,
as you can see from some of the proverbs he turned into aphorisms (maxim, short,
pithy sentences conveying a general truth.)*

   *Typical of proverbs is that they use the formulation if/then. If the shoe fits, wear
it. Whoever does x, receives y. (Wer…, (der)…) is another typical variant. Other typical marks are rhyme (both end rhyme, interior rhyme and alliteration), contrasts,
parallelisms, structural pairings, triplets, brevity, etc.*

Fünfzig Sprichwörter

1. Wer A sagt, muss auch B sagen.
2. Der Apfel fällt nicht weit vom Stamm[1].
3. Erst die Arbeit, dann das Vergnügen[2].
4. Aus den Augen, aus dem Sinn.
5. Es ist alles in Butter. (Es ist alles in Ordnung)
6. Ich denke, also bin ich.

   denk spiel
   von Rudolf Otto Wiemer

   ich denke, also bin ich.
   ich bin, also denke ich.
   ich bin also, denke ich.
   ich denke also: bin ich?

7. Einmal ist kein Mal, zweimal ist immer.
8. Ende gut, alles gut.
9. Zuerst kommt das Fressen, und kommt dann die Moral. (Brecht)
10. Ohne Fleiss[3], kein Preis.
11. Sage mir, wer deine Freunde sind, und ich sage dir, wer du bist.
12. Die Gedanken sind frei.

    Die Gedanken sind zollfrei[4].
    Die Gedanken sind frei. Aber man hat doch Scherereien[5].
    (Karl Kraus)

13. Wer sich in Gefahr begibt, kommt dabei um[6].
14. Gegensätze[7] ziehen sich an[8].
15. Gleich[9] und gleich gesellt sich gern.
16. Es ist nicht alles Gold, was glänzt[10].
17. Wer anderen eine Grube[11] gräbt, fällt selbst hinein[12].

    Wer andern keine Grube gräbt, fällt selbst hinein. (Karl Kraus)

18. Es wird nicht so heiß gegessen, wie gekocht wird.
19. Wer nicht hören will, muss fühlen.
20. Hunger ist der beste Koch.

    Neugier[13] ist der beste Koch.

21. Kleider machen Leute.
22. In der Kürze[14] liegt die Würze[15].
23. Liebe geht durch den Magen[16].
24. Keine Liebe ohne Leiden[17].
25. Alte Liebe rostet[18] nicht.
26. Was sich liebt, das neckt sich[19].
27. Liebe deinen Nächsten[20] wie dich selbst.

    Denn jeder ist sich selbst der Nächste. (Karl Kraus)

28. Lügen haben kurze Beine.

    Lügen haben schöne lange Beine

29. Wer lügt, sündigt[21], und wer sündigt, wird bestraft.

    Wer schläft, sündigt nicht.

30. Wer einmal lügt, dem glaubt man nicht, und wenn er gleich die Wahrheit spricht.
31. Wie die Mutter, so die Tochter.
32. Jedem Tierchen sein Pläsierchen[22].
33. Der Mensch denkt, Gott lenkt[23].

    Der Mensch denkt, der Nebenmensch lenkt. (Karl Kraus)

34. Morgen, morgen, nur nicht heute, sagen alle faulen Leute.
35. Nichts sehen, nichts hören, nichts sagen.
36. Not[24] lehrt beten.

    Not lehrt nicht einmal bremsen[25].
    Not macht erfinderisch[26].

37. Probieren[27] geht über[28] Studieren.
38. Reden ist Silber; Schweigen ist Gold.
39. Besser spät als nie.
40. Sprich, was wahr ist; trink, was klar ist.
41. Sprich ja und nein und dreh'[29] und deute[30] nicht.

    Was du gelobest sei dir höchste Pflicht[31].
    Dein Wort sei heilig, drum verschwend'[32] es nicht.

42. Früh übt sich[33], wer ein Meister werden will.

    Früh übt sich, wer als Held[34] sterben will. (Klaus Staeck)

43. Übung macht den Meister.
44. Verbotene Früchte schmecken am besten.

45. Viele Wege führen nach Rom.
46. Wer die Wahl[35] hat, hat die Qual[36].
47. Im Wein liegt die Wahrheit.
48. Wo ein Wille ist, ist auch ein Weg.
49. Zeit teilt[37], eilt[38], heilt[39].
50. Wer zuerst kommt, mahlt[40] zuerst.

🕮 Leseverständnis

Zum Text. Sprichwörter werden oft als **Binsenwahrheiten** (*platitudes*) bezeichnet, d. h. als selbstverständliche, unbestrittene Behauptungen (*commonly accepted, unchallenged assertion*) allgemein bekannter Wahrheiten. [Es gibt eine griechische Sage über den König Midas, der alles, was er berührte, zu Gold verwandelte, und dem der Gott Apoll wegen einer Beleidigung Eselsohren anzauberte, was niemand wissen durfte. Der einzige, der davon wusste, war der Barbier des König Midas. Der hatte dem König sein Schweigen versprochen, doch gab er das Geheimnis weiter an **die Binsen** (*rushes, sea grass*), die es natürlich sofort in alle Winde flüsterten (*to whisper*).]

1. Jeder schreibt ein Sprichwort auf, das er/sie nicht versteht, und legt es auf den Tisch.
2. Jeder wählt ein Sprichwort aus der Sammlung und versucht es zu erklären.

🎙 Diskussion

A. Gruppenbesprechung.

1. Was für Wortfelder und Themen fallen Ihnen dadurch auf, dass sie häufig wiederkehren? Aus welchen Bereichen des Lebens kommen sie?
2. Machen Sie eine Liste von Themen und lassen Sie jeden ein Sprichwort dazu nennen.
3. Jeder nimmt ein Sprichwort, zu dem sie/er eine Parodie oder eine Neuformulierung findet oder schreibt. Was gefällt/missfällt Ihnen an der Parodie?
4. Haben Sprichwörter mehr mit bürgerlichen Werten der Mittelschicht oder mit Werten der Oberschicht zu tun? Argumentieren Sie mit Beispielen.

B. **Partnerarbeit.** Sind Sprichwörter heute bedeutungslos? Wie die Kristallkugel, worin die Zukunft manchmal klar und manchmal dunkel ist? Binsenweisheiten sind natürlich keine echten Weisheiten. Argumentieren Sie mit Ihrem Partner/Ihrer Partnerin anhand von Beispielen. Einer vertritt (*argues for*) die These: Sprichwörter sind überflüssige Floskeln (leere Formel – *superfluous, empty phrases*). Der andere argumentiert: In Sprichwörtern steckt traditionelle, tiefe Weisheit. Geben Sie Beispiele.

C. **Reden halten.** Ihre Freundin heiratet und Sie sind Zeremonienmeister/in. Leider stellen Sie fest, dass Sie Ihre Festrede (*speech*) vergessen haben. Sprichwörter könnten Sie retten. Mit Partnern sollte es Ihnen möglich sein, schnell eine Rede zusammenzubasteln (*craft, construct your speech*). Wenn Sie dieses Projekt in ein paar Gruppen ausführen, können Sie lustige Resultate erzielen. Viel Spaß!

Verehrtes Paar (bridal couple), verehrte Gäste!

Es ist mir ein besonderes Vergnügen...

🏵 Wortschatzaufgaben

A. **Hauptmerkmale von Sprichwörtern.** Reim, Parallelismus, Gegensätze und Kürze.

1. Welche von diesen Sprichwörtern reimen sich?

   Kennen Sie die Form des Stabreimes (*alliteration*)? Das ist der Reim von Anfangskonsonanten.

   Gleich und **g**leich **g**esellt sich **g**ern.

   Welche Sprichwörter machen vom Stabreim Gebrauch?

2. Welche Sprichwörter bestehen aus zwei Teilen (d. h., sie sind zweigliedrig) und zeigen einen Parallelismus, in dem Gegensätze einander kreuzweise gegenüber gestellt sind (*opposites are placed diametrically across from each other*)?

3. Welche Sprichwörter spitzen (*point*) Gegensätze gegeneinander?

4. Viele Sprichwörter fangen mit einem allgemeinen Relativsatz an. Das erste Wort ist oft ein Relativpronomen, und zwar ein unbestimmtes (*indefinite relative pronouns, e.g.,* **whoever**... *or* **whatever**).

   a. Markieren Sie alle unbestimmten Relativpronomen mit einem Farbstift.

   Was ich nicht weiß, macht mich nicht heiß.

In the relative clause, the conjugated verb stands at the end of the clause. The entire dependent clause is subordinated in meaning to the main clause that follows.

Nebensatz	**Hauptsatz**
Was ich nicht weiß,	macht mich nicht heiß.

In terms of the complete complex sentence that is composed of both the dependent clause and the independent clause, the word order becomes the following:

Element: (1) Subject,   (2) Verb, (3) Objects

Was ich (1) nicht weiß, macht (2) mich (3) nicht heiß.

Wer die Wahl hat, hat die Qual.

Whoever = he, who is given a choice, has to go through the pain (of choosing).

Nebensatz	**Hauptsatz**
Wer die Wahl hat,	hat die Qual.
Wes Brot ich esse,	des Lied ich singe.

(*Wes* is an abbreviation of *Wessen*, an indefinite relative pronoun in the genitive case.)

b. Wie viele Sprichwörter, die aus Relativsätzen bestehen, können Sie finden?

c. Markieren Sie den **Nebensatz**, der die **Bedingung** (*condition*) oder den **Umstand** (*scenario*) nennt, und den **Hauptsatz**, der die **Folgen** oder das **Resultat** beschreibt, in zwei verschiedenen Farben.

B.   Allerlei Fragen.

1. Drücken Sie zwei Sprichwörter in Ihren eigenen Worten aus.

2. Welche Sprichwörter möchten Sie in Ihrem aktiven Wortschatz benutzen? Wählen Sie sich wenigstens fünf aus und schreiben sie jedes auf ein Kärtchen.

3. Auf der Hinterseite der Karte illustrieren Sie bitte Ihre fünf Sprichwörter mit Zeichnungen, oder bitten Sie eine/n talentierte/n Studenten/in Ihnen Zeichnungen anzufertigen. Aus der Zeichnung sollen Kursteilnehmer dann erraten, um welches Sprichwort es sich handelt.

4. Finden Sie mehrere amerikanische Sprichwörter mit ähnlicher Bedeutung. Was für Unterschiede gibt es?

5. Wie vielen Sprichwörtern fehlt das Verb? Ist das wichtig? (**Ellipse** bezeichnet einen Satz, wo nur die Hauptsache ausgedrückt und alles andere ausgelassen wird.)

   Beispiel: Ende gut, alles gut.

6. Welche Zeitform der Verben benutzen Sprichwörter? Bedeutung?

C. Wie geht es weiter?

Nebensatz	Hauptsatz
Wer eine Sache anfängt,	_____
Wenn ich dich nicht mehr sehe,	_____
Wenn etwas nur einmal passiert,	_____
Wenn das Ende gut ist,	_____
Wenn du einen leeren Magen hast,	_____
Wer nicht fleißig arbeitet,	_____
Wenn du mir sagst, wer deine Freunde sind,	_____
Wenn du dir ein Motorrad kaufst,	_____
Wenn etwas glänzt,	_____

🔊 Sprechakte

A. In Kategorien ordnen.

1. Viele Sprichwörter fallen in mehrere Kategorien.

   ein schlimmes Ende vorraussagen (*foretell*): Wer A sagt, muss auch B sagen.

   jmdn. warnen: Wer sich in Gefahr begibt, kommt darin um.

   etwas bestätigen – Es ist alles in Butter.

   logische Schlüsse ziehen – *to draw logical conclusions:* Ich denke, also bin ich.

   widersprechen – Gegensätze ziehen sich an.

   verschiedene Lösungen einer Aufgabe annehmen – Viele Wege führen nach Rom.

   etwas Allgemeines behaupten – Die Gedanken sind frei.

   Unterschiede/Variationen feststellen – Es ist nicht alles Gold, was glänzt.

   jmdn. loben – Reden ist Silber, schweigen ist Gold

jmdn. tadeln – Der Apfel fällt nicht weit vom Stamm.

jmdn. trösten – Zeit teilt, eilt, heilt.

zeigen, dass man konsequent handeln muss: Wer A sagt, muss auch B sagen.

2. Finden Sie andere Sprichwörter, die ähnliche Funktionen haben wie die oberen.

B. **Zuordnung.** Welche anderen Sprichwörter können Sie diesen Sprechakten zuordnen? Finden Sie auch Sprichwörter, die zwei entge-gengesetzten Sprechakten zugeordnet sein können?

 Aufsatzthemen

> **USING PROVERBS OR RELEVANT QUOTATIONS IN YOUR ESSAY**
>
> *An attention grabber—an exciting, provocative statement that challenges writers to prove or disprove it—should appear in the body of the essay. Using a proverb works especially well, if in attempting to disprove or discredit it, the writer actually comes to uphold it more strongly at the end than the beginning.*

1. Reizsätze. Nehmen Sie ein Sprichwort als den ersten und letzten Satz Ihrer Erzählung.

Titel: Wie der Vater, so der Sohn. (Wie die Mutter, so die Tochter)

Erster Satz: Der Apfel fällt nicht weit vom Stamm.

Schluss: der Apfel fällt nicht weit vom Stamm

(*Your story should turn the concluding proverb into witty and pointed ending.*)

Teilen Sie der Gruppe Ihre Geschichte mit.

2. Hauptredner (*motivational speaker*). Sie werden eingeladen, eine Rede zur Abschlussfeier (*graduation*) zu halten. Glänzen Sie (*sparkle*)!

Verehrte Damen und Herren! Es ist mir ein besonderes Vergnügen...

3. Kooperatives Schreiben. Sprichwörter als Träger (*carrier*) von Kul-tur. Gibt es Sprichwörter, die besonders „deutsch" sind? Die ganz anders als die amerikanischen Versionen sind? Oder sind Sprichwörter international und überall gleich zu Hause? Geben Sie Beispiele.

⊙ Zum Hören

Vor dem Hören

A. **Zum Thema**. Essen Sie gern Bananen? Wissen Sie, dass Bananen wichtig in der deutschen Geschichte waren? So wie die Wurst oft für die BRD steht, standen Bananen für die Sehnsucht nach Exotischem in der DDR. Bananen gab es ab und zu aus Kuba, aber für die meisten blieben sie ein Traum. Als die Mauer in 1989 fiel, kamen die „Ossis" (Leute aus Ostdeutschland im Unterschied zu „Wessis", d. h. Leute aus Westdeutschland) in den Westen. Jeder bekam 100 DM Begrüßungsgeld, und mit dem Geld kauften die Ossis im Westen Verschiedenes, doch ein Mitbringsel (ein Geschenk) für die Familie und die Verwandten im Osten war fast immer dabei, nämlich Bananen.

B. **Stichwörterliste.** Hier sind neue Vokabeln, die Sie sich merken sollten; einige sind gewiss schon Teil Ihres passiven Wortschatzes.

reif	*mature, ripe*
Weltrekorde schaffen	*to set world records*
klauen	*stehlen*
krumme Dinger	*crooked things*
zermatschen	*mush up*
nachprüfen	*to check up on*
völlig Banane sein	*völlig verrückt sein (to be crazy)*
sich gönnen	*to indulge in*
Poker und Skat	*German card games*
stattliches Format haben	*to cut an imposing figure*
beneiden	*to envy*
matschig	*mushy*
possierlich	*comical*

⊙ Beim Hören

„Alles Banane"
Die Wise Guys

Hier ist wieder die freche Gruppe aus Köln, zu der die folgenden fünf jungen Männer gehören:

Daniel Dickopf (Dän)

Edzard Hüneke (Eddi)

Ferenc Husta

Marc Sahr (Sari)

Clemens Tewinkel

Besuchen Sie die Webseite der Gruppe: **http://www.wiseguys.de.**

A.   **Beim ersten Hören.** Hören Sie sich jetzt das Lied an. Was haben Sie verstanden?

B.   **Beim zweiten Hören.** Hören Sie nochmal zu und schreiben Sie mit, was Sie verstehen. Was für interessante Informationen hören Sie über Bananen?

Nach dem Hören

A.   **Stichwörterliste.**

1. Genügen Ihnen die Vokabeln oben für Ihre Stichwörterliste? Schreiben Sie noch andere dazu?
2. Wozu sind Bananen gut? Mit Hilfe der Stichwörterliste machen Sie möglichst viele Aussagen über den Text.

B.   **Belege.** Finden Sie im Lied Belege für folgende Behauptungen (*assertions*).

Bananen führen zu sozialer Gleichheit. (*equality*)

Bananen geben Energie.

Bananen machen ehrlich. (*honest*)

Bananen sind umweltfreundlich. (*good for the environment*)

Bananen sind seniorenfreundlich. (*good for those with dentures*)

Bananen sind attraktiv.

Bananen sind so durchschnittlich wie die Menschen selbst.

Bananen sind verantwortlich für den Fall der Mauer.

Bananen sind billig.

Bananen sind Spielzeuge.

Bananen sind lecker.

Bananen halten uns normal.

Bananen sind schön.

Bananen sind wie die Menschen.

C.   Wortschatzaufgaben zum Hörtext

1. Welche von den obigen Behauptungen finden Sie am lustigsten?

    am dümmsten?

    am klügsten?

    am intelligentesten?

2. Verbinden Sie eine interessante Aussage mit jedem Thema:

    a. Liebe

    b. Politik

    c. Umwelt

    d. Sport

    e. Ernährung (*diet*, nähren – *to nourish*)

    f. Gesundheit (*health*, gesund<*soundness*>)

    g. Sparsamkeit (*thrift*, sparen – *to save*)

3. Machen Sie ein Poster mit Stichwörtern und Bildern.

4. Wie geht es weiter?

    a. Um schöner zu werden,...

    b. Mit Bananen kann man...

    c. Professoren und Affen essen Bananen, denn ...

    d. Bananen braucht man nicht zu stehlen, weil ...

    e. Zwar sind Bananen krumm, doch...

    f. Ohne Bananen hätte es die Einheit zwischen Ost- und West-
    deutschland nicht gegeben; deshalb...

    g. Ohne Bananen zu essen...

    h. Wenn man keine Bananen isst, ...

    i. Bananen sind wie Menschen, denn...

    j. Ich esse Bananen, also ...

D.   Dictogloss.

Jemand im Kurs liest eine Strophe vom Lied laut und klar vor. Alle schreiben mit, so gut und schnell sie können. Beim zweiten Vorlesen verbessern Sie, was Sie beim ersten Hören nicht klar gehört haben. Danach sollten Sie mit einem Partner/einer Partnerin Ihre Diktate vergleichen, indem Sie Formen, Endungen, Fälle (*cases*) usw. besprechen und sich zusammen auf einen Text einigen. Schließlich vergleichen Sie Ihren Text mit dem Original. Wenn es Unterschiede zwischen Ihrem Text und dem Originaltext geben sollte, lassen Sie sich letzteren noch einmal vorlesen.

E. Diskussion.

1. Jede Gruppe macht eine Bananen-Werbung. Warum ist es unmöglich, ohne Bananen zu leben? Dann führen Sie Ihre Werbung im Plenum vor. Können Sie Sprichwörter in Ihrer Werbung gebrauchen?

2. Rollenspiel: Spielen Sie den Ratgeber, indem Sie gute Vorschläge machen.

   Bitte raten Sie jemandem im Kurs, der zu Ihnen mit folgenden Problemen kommt.

   a. Mir fehlt die Energie. Nach einer halben Meile bin ich matt. Was kann ich machen?

   b. Ich bin arbeitslos und lebe von Arbeitslosenunterstützung. Wie kann ich mit wenig Geld gesund essen?

   c. Ich trage ein Gebiss und kann leider nur noch schlecht kauen. Wie kann ich frisches Obst essen?

   d. Meine Freundin ist Vegetarierin. Was kann ich für sie kochen?

   e. Ich brauche ein Mitbringsel (ein kleines Geschenk zum Mitbringen) für einen Besuch bei einem Fitnessfreak.

3. Beschreiben Sie das Leben in einer Bananenrepublik.

Glossar

¹ der **Stamm, ⸚e** trunk

² das **Vergnügen, -** pleasure

³ der **Fleiß, -e** diligence, hard work

⁴ **zollfrei** duty-free

⁵ die **Schererei, -en** trouble

⁶ **umkommen** to perish

⁷ der **Gegensatz, -e** opposite

⁸ **sich anziehen** to attract

⁹ **gleich** similar, alike

¹⁰ **glänzen** to shine

¹¹ die **Grube, -en** ditch

¹² **hineinfallen** to fall in

¹³ die **Neugier** curiosity

¹⁴ die **Kürze** brevity

¹⁵ die **Würze, -n** spice

¹⁶ der **Magen, -** stomach

¹⁷ das **Leid, -en** sorrow, suffering

¹⁸ **rosten** to rust

¹⁹ **sich necken** to tease, quarrel

²⁰ **der/die Nächste, -n** neighbor

²¹ **sündigen** to sin

²² das **Pläsierchen, -** small pleasure

²³ **lenken** to steer

²⁴ die **Not, ⸚e** emergency

²⁵ **bremsen** to brake

²⁶ **erfinderisch** creative, inventive

²⁷ **probieren** to experience, test

²⁸ **gehen über** to be better than

²⁹ **drehen** to turn, twist

³⁰ **deuten** to interpret

³¹ die **Pflicht, -en** duty

³² **verschwenden** to waste

³³ **sich üben** to practice

³⁴ der **Held, -en** hero

³⁵ die **Wahl, -en** choice

³⁶ die **Qual, -en** torture

³⁷ **teilen** to separate

³⁸ **eilen** to hurry

³⁹ **heilen** to heal

⁴⁰ **mahlen** to grind in a mill

Kapitel

15

Herman Hesse

was born in 1877 in Calw in southwest Germany and died in Switzerland in 1962. He was a neoromanticist whose novels blend fantasy, fairy tale, dream, and music with visionary experiences and Eastern mysticism. Even though he received the Nobel Prize for Literature in 1946, his novels might have disappeared into obscurity if not for their rediscovery by members of the 1960s counterculture movement, who found in Hesse's utopian visions a philosophy akin to their own. Taken from the collection *Fabulierbuch* (1911), "Ein Mensch mit Namen Ziegler" depicts the intrusion of the unexplainable into the comfortable and neatly regulated world of a modern man who reveres the power of science to the exclusion of any meaningful spiritual values.

⊕ Vor dem Lesen

Überfliegen des Textes

A.   **Mitlesen, mitteilen.** Bilden Sie drei Gruppen. Jede Gruppe liest einen Teil der Erzählung und stellt ein **Erzählschema** zusammen mit Hilfe einer thematisch und chronologisch organisierten **Stichwörterliste**. Dann berichtet jede Gruppe über ihren Teil des Textes (etwa eine Unterrichtsstunde).

B.   **Zweites Lesen.** Lesen Sie die Geschichte genau, nachdem Sie die Gruppenaufgabe gemacht haben.

C.   **Stichwörterliste.** Erweitern Sie dabei Ihre Stichwörterliste.

Ein Mensch mit Namen Ziegler

A

Einst wohnte in der Brauergasse[1] ein junger Herr mit Namen Ziegler. Er gehörte zu denen, die uns jeden Tag und immer wieder auf der Straße begegnen und deren Gesicht wir uns nie recht merken können, weil sie alle miteinander dasselbe Gesicht haben: ein Kollektiv-
5 gesicht.

Ziegler war alles und tat alles, was solche Leute immer sind und tun. Er war nicht unbegabt[2], aber auch nicht begabt, er liebte Geld und Vergnügen, zog sich gern hübsch an und war ebenso feige[3] wie die meisten Menschen: sein Leben und Tun wurde weniger durch Triebe[4]
10 und Bestrebungen[5] regiert als durch Verbote, durch die Furcht vor Strafen[6]. Dabei hatte er manche honette Züge[7] und war überhaupt alles in allem ein erfreulich normaler Mensch, dem seine eigene Person sehr lieb und wichtig war. Er hielt sich, wie jeder Mensch, für eine Persönlichkeit, während er nur ein Exemplar[8] war, und sah in sich, in seinem
15 Schicksal[9] den Mittelpunkt der Welt, wie jeder Mensch es tut. Zweifel lagen ihm fern, und wenn Tatsachen seiner Weltanschauung widersprachen, schloß er mißbilligend[10] die Augen.

Als moderner Mensch hatte er außer vor dem Geld noch vor einer zweiten Macht unbergrenzte Hochachtung: vor der Wissenschaft[11]. Er
20 hätte nicht zu sagen gewußt, was eigentlich Wissenschaft sei, er dachte dabei an etwas wie Statistik und auch ein wenig an Bakteriologie, und es war ihm wohl bekannt, wieviel Geld und Ehre der Staat für die Wissenschaft übrig habe. Besonders respektierte er die Krebsforschung[12],

denn sein Vater war an Krebs gestorben, und Ziegler nahm an[13], die
25 inzwischen so hoch entwickelte Wissenschaft werde nicht zulassen[14],
daß ihm einst dasselbe geschähe.

Äußerlich zeichnete sich Ziegler durch das Bestreben[15] aus[16], sich
etwas über seine Mittel zu kleiden, stets[17] im Einklang[18] mit der Mode
des Jahres. Denn die Moden des Quartals und des Monats, welche seine
30 Mittel allzu sehr überstiegen hätten, verachtete er als dumme Afferei[19].
Er hielt viel auf[20] Charakter und trug keine Scheu, unter seinesgleichen
und an sichern Orten über Vorgesetzte[21] und Regierungen zu
schimpfen. Ich verweile wohl zu lange bei dieser Schilderung[22]. Aber
Ziegler was wirklich ein reizender[23] junger Mensch, und wir haben viel
35 an ihm verloren. Denn er fand ein frühes und seltsames Ende, allen
seinen Plänen und berechtigten[24] Hoffnungen zuwider[25].

Bald nachdem er in unsre Stadt gekommen war, beschloß er einst,
sich einen vergnügten Sonntag zu machen. Er hatte noch keinen
rechten Anschluß gefunden[26] und war aus Unentschiedenheit noch
40 keinem Verein beigetreten[27]. Vielleicht war dies sein Unglück[28]. Es ist
nicht gut, daß der Mensch allein sei.

So war er darauf angewiesen[29], sich um die Sehenswürdigkeiten der
Stadt zu kümmern[30], die er denn gewissenhaft[31] erfragte. Und nach
reiflicher Überlegung entschied er sich für das historische Museum und
45 den zoologischen Garten. Das Museum war an Sonntagvormittagen
unentgeltlich[32], der Zoologische nachmittags zu ermäßigten[33] Preisen
zu besichtigen.

B

In seinem neuen Straßenanzug mit Tuchknöpfen[34], den er sehr
liebte, ging Ziegler am Sonntag ins historische Museum. Er nahm seinen
50 dünnen, eleganten Spazierstock mit, einen vierkantigen[35], rotlackierten
Stock, der ihm Haltung[36] und Glanz verlieh, der ihm aber zu seinem tief-
sten Mißvergnügen vor dem Eintritt in die Säle[37] vom Türsteher
abgenommen wurde.

In den hohen Räumen war vielerlei zu sehen, und der fromme[38]
55 Besucher pries[39] im Herzen die allmächtige Wissenschaft, die auch hier
ihre verdienstvolle[40] Zuverlässigkeit[41] erwies[42], wie Ziegler aus den
sorgfältigen Aufschriften an den Schaukästen schloß[43]. Alter Kram[44],
wie rostige Torschlüssel, zerbrochene grünspanige[45] Halsketten und
dergleichen, gewann durch diese Aufschriften ein erstaunliches Inter-
60 esse. Es war wunderbar, um was alles diese Wissenschaft sich kümmerte,
wie sie alles beherrschte[46], alles zu bezeichnen[47] wußte – o nein, gewiß
würde sie schon bald den Krebs abschaffen[48] und vielleicht das Sterben
überhaupt.

Im zweiten Saale fand er einen Glasschrank, dessen Scheibe[49] so
65 vorzüglich[50] spiegelte, dass er in einer stillen Minute seinen Anzug, Frisur
und Kragen, Hosenfalte und Krawattensitz kontrollieren[51] konnte. Froh

aufatmend[52] schritt er weiter und würdigte[53] einige Erzeugnisse[54] alter Holzschnitzer[55] seiner Aufmerksamkeit. Tüchtige[56] Kerle[57], wenn auch reichlich naiv, dachte er wohlwollend. Und auch eine alte Standuhr[58]
70 mit elfenbeinernen[59], beim Stundenschlag Menuett tanzenden Figürchen betrachtete und billigte[60] er geduldig. Dann begann die Sache ihn etwas zu langweilen, er gähnte[61] und zog häufig seine Taschenuhr, die er wohl zeigen dürfte, sie war schwer golden und ein Erbstück[62] von seinem Vater.

75 Es blieb ihm, wie er bedauernd sah, noch viel Zeit bis zum Mittagessen übrig, und so trat er in einen andern Raum, der seine Neugierde wieder zu fesseln[63] vermochte. Er enthielt Gegenstände[64] des mittelalterlichen Aberglaubens[65], Zauberbücher[66], Amulette, Hexenstaat[67] und in einer Ecke eine ganze alchimistische Werkstatt mit
80 Esse[68], Mörsern[69], bauchigen[70] Gläsern, dürren[71] Schweinsblasen[72], Blasbälgen[73] und so weiter. Diese Ecke war durch ein wollenes Seil[74] abgetrennt, eine Tafel verbot das Berühren der Gegenstände. Man liest ja aber solche Tafeln nie sehr genau, und Ziegler war ganz allein im Raum.

So streckte er unbedenklich[75] den Arm über das Seil hinweg und
85 betastete[76] einige der komischen Sachen. Von diesem Mittelalter und seinem drolligen Aberglauben hatte er schon gehört und gelesen; es war ihm unbegreiflich, wie Leute sich damals mit so kindischem Zeug[77] befassen[78] konnten, und dass man den ganzen Hexenschwindel und all das Zeug nicht einfach verbot. Hingegen[79] die Alchimie mochte immer-
90 hin entschuldigt werden können, da aus ihr die so nützliche Chemie hervorgegangen war. Mein Gott, wenn man so daran dachte, dass diese Goldmachertiegel[80] und all der dumme Zauberkram vielleicht doch notwendig gewesen waren, weil es sonst heute kein Aspirin und keine Gasbomben gäbe!

95 Achtlos nahm er ein kleines dunkles Kügelchen, etwas wie eine Arzneipille, in die Hand, ein vertrocknetes Ding ohne Gewicht[81], drehte es zwischen den Fingern und wollte es eben wieder hinlegen, als er Schritte hinter sich hörte. Er wandte sich um, ein Besucher war eingetreten. Es genierte[82] Ziegler, dass er das Kügelchen in der Hand hatte,
100 denn er hatte die Verbotstafel natürlich doch gelesen. Darum[83] schloss er die Hand, steckte sie in die Tasche und ging hinaus.

Erst auf der Straße fiel ihm die Pille wieder ein. Er zog sie heraus und dachte sie wegzuwerfen, vorher aber führte er sie an die Nase und roch daran. Das Ding hatte einen, schwachen, harzartigen[84] Geruch, der
105 ihm Spaß machte, so dass er das Kügelchen wieder einsteckte.

Er ging nun ins Restaurant, bestellte sich Essen, schnüffelte in einigen Zeitungen, fingerte an seiner Krawatte und warf den Gästen teils hochmütige[85] Blicke zu, je nachdem[86] sie gekleidet waren. Als aber das Essen eine Weile auf sich warten ließ, zog Herr Ziegler seine aus Verse-
110 hen[87] gestohlene Alchimistenpille hervor und roch in ihr. Dann kratzte[88]

er sie mit dem Zeigefingernagel, und endlich folgte er naiv einem kindlichen Gelüste und führte das Ding zum Mund; es löste sich im Mund rasch auf, ohne unangenehm zu schmecken, so daß er es mit einem Schluck Bier hinabspülte[89]. Gleich darauf kam auch sein Essen.

C

115   Um zwei Uhr sprang der junge Mann vom Straßenbahnwagen, betrat den Vorhof des zoologischen Gartens und nahm eine Sonntagskarte.

    Freundlich lächelnd ging er ins Affenhaus und faßte vor dem großen Käfig[90] der Schimpansen Stand[91]. Der große Affe blinzelte ihn
120 an[92], nickte ihm gutmütig[93] zu[94] und sprach mit tiefer Stimme die Worte: „Wie gehts, Bruderherz?"

    Angewidert[95] und wunderlich erschrocken wandte sich der Besucher schnell hinweg und hörte im Fortgehen den Affen hinter sich her schimpfen: „Auch noch stolz ist der Kerl! Plattfuß, dummer!"

125   Rasch trat Ziegler zu den Meerkatzen[96] hinüber. Die tanzten ausgelassen[97] und schrien: „Gib Zucker her, Kamerad!" und als er keinen Zucker hatte, wurden sie bös, ahmten ihn nach[98], nannten ihn Hungerleider[99] und bleckten die Zähne[100] gegen ihn. Das ertrug[101] er nicht; bestürzt[102] und verwirrt floh er hinaus und lenkte[103] seine Schritte zu
130 den Hirschen[104] und Rehen[105], von denen er ein hübscheres Betragen erwartete.

    Ein großer herrlicher Elch stand nahe beim Gitter[106] und blickte den Besucher an. Da erschrak Ziegler bis ins Herz. Denn seit er die alte Zauberpille geschluckt hatte, verstand er die Sprache der Tiere. Und der
135 Elch sprach mit seinen Augen, zwei großen braunen Augen. Sein stiller Blick redete Hoheit, Ergebung[107] und Trauer, und gegen den Besucher drückte er eine überlegen[108] ernste Verachtung aus, eine furchtbare Verachtung. Für diesen stillen, majestätischen Blick, so las Ziegler, war er samt[109] Hut und Stock, Uhr und Sonntagsanzug nichts als ein
140 Geschmeiß[110], ein lächerliches[111] und widerliches[112] Vieh[113].

    Vom Elch entfloh ziegler zum Steinbock[114], von da zu den Gemsen[115], zum Lama, zum Gnu, zu den Wildsäuen und Bären. Insultiert wurde er von diesen allen nicht, aber er wurde von allen verachtet. Er hörte ihnen zu und erfuhr aus ihren Gesprächen, wie sie über die Men-
145 schen dachten. Es was schrecklich, wie sie über sie dachten. Namentlich wunderten sie sich darüber, daß ausgerechnet diese häßlichen, stinkenden, würdelosen[116] Zweibeiner in ihren geckenhaften[117] Verkleidungen[118] frei umherlaufen durften.

    Er hörte einen Puma mit seinem Jungen reden, ein Gespräch voll
150 Würde und sachlicher[119] Weisheit, wie man es unter Menschen selten hört. Er hörte einen schönen Panther sich kurz und gemessen[120] in aristokratischen Ausdrücken über das Pack der Sonntagsbesucher äußern[121].

Er sah dem blonden Löwen ins Auge und erfuhr, wie weit und wunderbar die wilde Welt ist, wo es keine Käfige und keine Menschen gibt. Er

155 sah einen Turmfalken trüb und stolz in erstarrter[122] Schwermut[123] auf
dem toten Ast[124] sitzen und sah die Häher[125] ihre Gefangenschaft mit
Anstand[126], Achselzucken[127] und Humor ertragen.

Benommen[128] und aus allen seinen Denkgewohnheiten gerissen,
wandte sich Ziegler in seiner Verzweiflung den Menschen wieder zu. Er

160 suchte ein Auge, das seine Not[129] und Angst verstünde, er lauschte[130]
auf Gespräche, um irgend etwas Tröstliches[131], Verständliches,
Wohltuendes zu hören, er beachtete die Gebärden[132] der vielen Gäste,
um auch bei ihnen irgendwo Würde, Natur, Adel, stille Überlegenheit
zu finden.

165 Aber er wurde enttäuscht[133]. Er hörte die Stimmen und Worte, sah
die Bewegungen, Gebärden und Blicke, und da er jetzt alles wie durch
ein Tierauge sah, fand er nichts als eine entartete[134], sich verstellende [135],
lügende, unschöne Gesellschaft tierähnlicher Wesen, die von allen Tierarten ein geckenhaftes Gemisch zu sein schienen.

170 Verzweifelt irrte Ziegler umher, sich seiner selbst unbändig[136] schä-
mend. Das vierkantige Stöcklein hatte er längst ins Gebüsch geworfen,
die Handschuhe hinterdrein. Aber als er jetzt seinen Hut von sich warf,
die Stiefel[137] auszog, die Krawatte abriss, und schluchzend[138] sich an das
Gitter des Elchstalls drückte, ward er unter großen Aufsehen[139]

175 festgenommen und in ein Irrenhaus gebracht. ➤

◉ Leseverständnis

A.   **Zum Text.** Sind die folgenden Aussagen **richtig (R)** oder **falsch
(F)**? Verbessern Sie mit Hilfe Ihres Partners/Ihrer Partnerin, was falsch ist.

	R	F
1. Ziegler war ein Durchschnittsmensch, der Geld und Wissenschaft sehr hoch schätzte.	❏	❏
2. Er tat, was er wollte, weil er es für richtig hielt, nicht, weil es erlaubt war.	❏	❏
3. Er zog sich gern modisch an und gefiel sich selbst.	❏	❏
4. Er war ein Mitläufer, der zu vielen Vereinen gehörte.	❏	❏
5. Die Welt der Alchimie hatte ihn schon interessiert, bevor er ins historische Museum ging.	❏	❏
6. Durch die Zauberpille erlernte er die Sprache der Tiere.	❏	❏
7. Er fand Affen, die die Mode der Menschen in der Kleidung nachahmen wollten.	❏	❏

8. Er stellte fest, dass Tiere die Menschen hochachten und lieben. ❏ ❏

9. Er stellte fest, dass Tiere die Menschen kennen und verachten. ❏ ❏

10. Er fand in den Ticren Würde, Weisheit, Hoheit, Humor und Ergebung in ihr trauriges Schicksal in der Gefangenschaft. ❏ ❏

11. Ziegler fand die gleiche Weisheit, Würde, Hoheit und Humor bei den Menschen. Als er versuchte, unnatürliche Kleidung loszuwerden, wurde er für verrückt erklärt und ins Irrenhaus gebracht. ❏ ❏

B. **Wie steht es im Text?** Finden Sie vier wichtige Sätze in der Geschichte, die Folgendes darstellen:

1. Zieglers Stellung (*position*) in der Gesellschaft als Bürger und Durchschnittsmensch, bevor er die Pille schluckt.

2. Zieglers Denken über den Rang der Tiere, nachdem er die Pille schluckt.

3. Die Bewertung (*evaluation*) der Menschen durch die Tiere.

4. Eine Beschreibung der Verzweiflung Zieglers.
   Erklären Sie Ihre Wahl.

C. **Zuordnungsübung.** Sortieren Sie die Ausdrücke unter den drei Rubriken. Zu welcher von den Rubriken gehören sie?

RUBRIKEN

1. Der Bürger und Durchschnittsmensch Ziegler
2. Das historische Museum
3. Die Welt der Tiere

AUSDRÜCKE

mittelmäßige Begabung	Glasschrank	Würde
Zauberpille	Adel	alchimistische Werkstatt
Kollektivgesicht	Aufschrift	Weisheit, Hoheit
Tafel	Trauer	modisch gekleidet sein
Hexenschwindel	Geld	Ergebung
feige	Zauberkram	Meerkatze
Aberglaube	eigenes Urteil	Verachtung
begabt	Wissenschaft	Anstand
Hungerleider	Krebsforschung	Humor
Furcht vor Verbot	Käfig	Überlegenheit
Strafe	Elch, Hirsch, Reh	Affe

🎙 Diskussion

A.   **Gruppenarbeit.** Diskussion.

1. Besprechen Sie die Vorteile/Nachteile der vegetarischen Lebensweise.
2. Diskutieren Sie die symbolische Bedeutung von Kleidung in dieser Erzählung.
3. Besprechen Sie das Für und Wider der modernen wissenschaftlichen Forschung, z. B. das Klonen (*cloning*) in unserem Zeitalter (*era*). Achten Sie dabei auf die Stelle im Text: „weil es sonst heute kein Aspirin und keine Gasbomben gäbe."

B.   **Allerlei Fragen.**

1. Entwickeln Sie **Anleitungen** für den Umgang mit Tieren. Haben Sie ein Haustier? Was verstehen Sie unter einer tiergerechten Behandlung (*fair treatment*)?
2. Inwiefern kann man diese Erzählung als Märchen bezeichnen? Denken Sie dabei auch an das „Märchen vom kleinen Herrn Moritz" (Kapitel 8).
3. Geben Sie Beispiele von Menschen, die entweder ein „Original" oder ein „Exemplar" sind. Begründen Sie Ihre Antwort.
4. Wir leben heutzutage in einem technischen Zeitalter großer wissenschaftlicher Entdeckungen und Erfindungen.
   a. Gibt es in einer solchen Welt noch das Übernatürliche (*the supernatural*) oder das Wunderbare?
   b. Glauben Sie an übernatürliche Phänomene?
   c. Lehnen Sie solche Phänomene grundsätzlich (*on principle*) ab? (ablehnen – *to reject*)

C.   **Interpretation.** Vergleichen Sie die Beschreibung der Tiere in dieser Geschichte mit der Situation des Panthers im folgenden Gedicht. Was will der Autor des Gedichtes durch den Panther zum Ausdruck bringen?

⊙ „Der Panther"
Rainer Maria Rilke
Im Jardin des Plantes, Paris

Sein Blick ist vom Vorübergehn der Stäbe
So müd geworden, dass er nichts mehr hält.
Ihm ist, als ob es tausend Stäbe gäbe
und hinter tausend Stäben keine Welt.

Der weiche Gang geschmeidig starker Schritte,
der sich im allerkleinsten Kreise dreht,
ist wie ein Tanz von Kraft um eine Mitte,
in der betäubt ein großer Wille steht.

Nur manchmal schiebt der Vorhang der Pupille
sich lautlos auf —. Dann geht ein Bild hinein,
geht durch der Glieder angepannte Stille —
und hört im Herzen auf zu sein.

⊕ Wortschatzaufgaben

A.   Partnerarbeit.

1. Schreiben Sie die Artikel für diese Wörter. Welche dieser Dinge spielen in Ihrem Leben eine wichtige Rolle? Erklären Sie, warum.

Beispeil: Verbot

das Verbot, die Verbote

Verbote spielen in meinem Leben eine wichtige Rolle. Es gibt vieles, was ich tun möchte, aber nicht darf.

____ Furcht	____ Charakter	____ Spaß
____ Verbot	____ Glanz	____ Herz
____ Schicksal	____ Verzweiflung	____ Würde
____ Weltanschauung	____ Gesellschaft	____ Krawatte
____ Macht	____ Vorgesetzte (*pl. adj. noun*)	____ Zauber
____ Wissenschaft	____ Verein	____ Aufmerksamkeit
____ Mode	____ Humor	____ Pille
____ Aufschrift	____ Plattfuß	____ Aberglauben
____ Affe	____ Katze	____ Löwe

2. Besprechen Sie mit jemandem im Kurs, warum diese Hauptwörter männlich, weiblich oder sächlich sind: Der Grund ist oft nicht ersichtlich. Versuchen Sie Regeln oder Strategien zu finden, die Ihnen helfen, den richten Artikel zu bestimmen.

B. **Wie steht es im Text?** Lernen Sie die Namen (mit Artikel und Plural) aller Tiere in dieser Erzählung.

1. Versuchen Sie, sie den richtigen Tierarten zuzuordnen. Wodurch unterscheiden sich die Tierarten?

Wirbellose Tiere	*invertebrate*s
Kriechtiere	*reptile*
Wirbeltiere	*vertebrates*
Vögel	*birds*
Säugetiere	*mammals*
Nagetiere	*rodents*
Huftiere	*ungulates (animals with hooves)*
Raubtiere	*predators*
Primaten	*primates*

2. Schreiben Sie einen Satz über jedes Tier.

C. **Gruppenspiel.** Stellen Sie ein Quartettspiel mit Tieren her. Sie finden alle Arten von Tieren in einem Bilderduden (*picture dictionary*).

> Je vier verschiedene Tiere gehören zu einer Tierart. Schreiben Sie die Tierart oben auf eine Karte. Zeichnen oder kleben Sie das Bild von einem Tier auf die Karte und listen Sie die vier Tiere, die zu einem Quartett gehören, unten auf der Karte auf.

Beispiel: **Fische:** der Hai, der Karpfen (*carp*), die Forelle (*trout*), der Aal (*eel*)

Kriechtiere: der Gecko, die Schlange (*snake*), die Kröte (*toad*), die Echse (*lizard*)

Nagetiere: die Maus, die Ratte, das Meerschweinchen (*guinea pig*), das Eichhörnchen (*squirrel*)

> Karten werden an alle Spieler verteilt. Wer vier Karten mit Tieren hat, die zu derselben Tierart gehören, hat ein Quartett zusammen. Hat die Person das Quartett beschrieben, so bekommt sie einen Punkt. Ziehen Sie eine Karte von der Person rechts von Ihnen, bis alle gezogen sind. Wer die meisten Quartette hat, hat gewonnen. Erfinden Sie weitere Regeln für das Spiel.

D. **Ratespiel.**

In Gruppen schreiben Sie Informationen über verschiedene Tiere auf eine Seite eines Kärtchens und zeichnen das Tier auf der Rückseite. Dann tauschen Sie Ihre Karten mit denen einer anderen Gruppe. Eine/r liest die Beschreibung vor. Die anderen raten, um welches Tier es sich handelt.

Beispiele: Es hat Hörner, einen kurzen Schwanz, vier Beine, Fell und lebt in den Gebirgen.

Es hat ein Geweih, einen kurzen Schwanz, vier Beine, Fell, einen langen Hals und große Ohren.

Es hat vier Beine, Fell, ist mehr als einen Meter hoch und wiegt im Durchschnitt etwa 500 kg.

Es hat Federn, Flügel, einen Schnabel, zwei Beine und eine Geschwindigkeit von etwa 200 km/h.

Es hat sechs Beine, Flügel, Fühler, einen Rüssel, einen Stachel, ist behaart, sucht Blüten und produziert Honig.

E. Drittes Lesen.

Wenn Sie die Erzählung jetzt noch einmal lesen, lesen Sie sie mit sehr gutem Verständnis. Falten Sie ein Blatt zusammen und notieren Sie auf der Oberseite, was Sie erst jetzt verstehen, und auf der Unterseite, was Sie noch erfragen möchten. Besprechen Sie die Fragen in Gruppen.

🎧 Sprechakte

A. Sprechakte. Lesen Sie die folgenden Definitionen.

1. eine Ansicht vertreten – ich bin der Meinung, dass…
2. argumentieren – das Für und Wider (*pro and con*) besprechen, argumentieren dafür, dass…
3. eine Meinung begründen – erklären, warum man einer Meinung ist
4. Verachtung ausdrücken – Missfallen zeigen, jmdn. für nichts wert halten
5. schimpfen – Zorn auf jmdn/etwas zeigen, negative Aussagen über etwas machen
6. sich äußern über – Aussagen über etwas machen, seine Meinung ausdrücken
7. etwas ablehnen – etwas, z. B. sozialen Kontakt vermeiden; gegen etwas sein
8. etwas fordern – für eine Sache argumentieren
9. übereinstimmen mit etwas, doch Bedenken haben – im Prinzip gleicher Meinung sein, doch seine Zweifel haben
10. dagegen sein – einer Sache widersprechen, etwas ablehnen

B. **Gruppenarbeit.**

Die Klasse wird in zwei Gruppen geteilt. Jemand in Gruppe A macht eine Aussage zu einem der auf Seite 193 aufgeführten Sprechakte. Jemand in Gruppe B muss diese Aussage einem Sprechakt zuordnen!

Gruppe A:

Beispiel: „Mein Kollege ist ein Dreckspatz! Immer muss ich seinen Arbeitsplatz aufräumen!"

Gruppe B: Sprechakt: schimpfen

⊕ Aufsatzthemen

❶ EINEN APPELL SCHREIBEN

In einem Appell versuchen Sie jemanden zu überzeugen, direkt zu beeinflussen oder zu einer Handlung aufzufordern (to demand). Wenn Sie einen Appell schreiben, ist es wichtig, Folgendes zu bestimmen:

a. *An wen richten Sie sich? Wer ist Ihr Adressat?*
b. *Wie reden Sie den Adressaten an? Der Adressat soll sich persönlich ange-sprochen fühlen.*
c. *Welche Stilmittel wollen Sie benutzen? Wie machen Sie den Adressaten aufmerksam auf das Thema/Problem?*

Superlative	*Beispiel: der vernünftigste Mensch ist der Vegetarier.*
Vergleiche	*Beispiel: Ein Tier fühlt den gleichen Schmerz wie wir.*
Metaphern	*Beispiel: der Vorhang der Pupille (der Panther)*
Fragen	*Beispiel: Was soll oder soll nicht getan werden?*
Befehle	*Beispiel: Iss vegetarisch!*
Schlagzeilen, Ausrufe	*Beispiel: Robbenmord!*
Aufforderung zur Handlung	*Beispiel: Rettet die Robben!*

Schreiben Sie so, dass Sie starke Emotionen erwecken, die zu der Aktion führen, die Sie beabsichtigen (intend). Im Ton muss der Appell den Hörern oder Lesern angepasst sein, d. h. bei einem ernsten Thema dürfen Sie nichts Komisches erwähnen oder umgekehrt. Was nicht zur Sache gehört, wird nicht erwähnt, damit Sie nicht vom Appell ablenken (divert attention).

Gliedern Sie den Aufbau so, dass die Einführung, der Hauptteil und der Schluss klar markiert sind. Der Schlusssatz sollte zur Aktion auffordern, die in der Ein-führung schon angedeutet ist (indicated, suggested).

1. Schreiben Sie einen Appell, in dem Sie Tierschutz fordern.

   Beispiel: *Verbietet der Kosmetik-Industrie Tierexperimente im Labor durchzuführen.*

2. Sie gründen einen Verein für Tierrechte. Was ist Ihr Programm? Begründen Sie Ihre Punkte (weil..., denn..., damit...). Wie wird man Vereinsmitglied? Was für Engagement erwarten Sie von Ihren Vereinsmitgliedern? Schreiben Sie nicht mehr als zwanzig Sätze.

3. Fassen Sie die Geschichte in höchstens zwanzig Sätzen zusammen.

4. Schreiben Sie über die Bedeutung der Geschichte. Was will Hesse durch den Menschen Ziegler und das ungewöhnliche (*uncommon*) Geschehen zum Ausdruck bringen?

5. Schreiben Sie über die wichtigsten Aufgaben und Gefahren der Wissenschaft in unserer Zeit. Erläutern (*illustrate*) Sie Ihre Argumente mit Beispielen.

6. Was für Zauberdinge (*magic objects*) wünschen Sie sich? Eine Pille, mit der man Sprachen lernt? Ein Brot, mit dem man Hunger abschafft? Eine Pille, die Krebs heilt? Solche Dinge fand man früher im Märchen.

   Schreiben Sie so ein Märchen.

   Vor vielen vielen Jahren, als das Wünschen noch geholfen hat..., lebte...

Kontexte

Tierschutz und Tierrechte

In Deutschland gibt es viele Vereine zum Schutz der Tiere. Durch ihren Appell an die Öffentlichkeit erreichten sie, dass Tierschutz im Grundgesetz garantiert wird. Tiere sind Lebewesen, sagen sie, und jeder Mensch sollte verpflichtet sein, durch sein Verhalten (*conduct*) zum Schutz der Tiere beizutragen.

Die Tierschutzvereine fordern:

1. Anleitungen für den richtigen Umgang mit Tieren
2. einen Wochentag ohne Fleisch
3. einen Stopp der Tiertransporte
4. falsche Pelze („Echte Damen tragen falsche Pelze"! „Lieber nackt als Pelz tragen!")
5. den Kampf gegen Tierexperimente

A.   Was meinen Sie? Welche von diesen Forderungen finden Sie vernünftig? Welche unvernünftig oder widersinnig (*irrational*)?

vernünftig   unvernünftig

_____   _____

_____   _____

_____   _____

_____   _____

B.   Pro und Contra. Sind Sie für oder gegen die folgenden Parolen (*slogans*)? Warum oder warum nicht? Führen Sie eine Diskussion in kleinen Gruppen, die danach über die Schwerpunkte ihrer Diskussion berichten.

1. Echte Damen tragen falsche Pelze!
2. Wähle einen fleischlosen Tag pro Woche!
3. Iss vegetarisch!
4. Tierquälerei sollte stärker bestraft werden!
5. Stoppt die Tierexperimente im Labor!
6. Lebt ohne Tierprodukte!
7. Führt einen Welttierschutztag ein!
8. Mindert die Schmerzen der leidenden Tiere!
9. Befreit Legehennen aus ihren Käfigen!
10. Behandelt Tiere auf humane Weise!

⊙ Zum Hören

Vor dem Hören

A.   Stichwörterliste. Neue Vokabeln, die Sie sich vor dem Hören ansehen sollten.

Stab	*bar*
geschmeidig	*supple*
Mitte	*central point*
betäubt	*paralyzed*
der Vorhang	*curtain*
das Glied	*limb*
angespannt	*tense*
die Spannung	*tension*

⊙ Beim Hören

„Der Panther"
Rainer Maria Rilke

Beim Hören. Hören Sie sich das Gedicht wenigstens zweimal an. Gedichte genießt *(appreciate)* man erst, wenn einem ihre Musik hörbar *(audible)* wird.

Sein Blick ist vom Vorübergehn der Stäbe
So müd geworden, dass er nichts mehr hält.
Ihm ist, als ob es tausend Stäbe gäbe
Und hinter tausend Stäben keine Welt.

Der weiche Gang geschmeidig starker Schritte,
Der sich im allerkleinsten Kreise dreht,
Ist wie ein Tanz von Kraft um eine Mitte,
In der betäubt ein großer Wille steht.

Nur manchmal schiebt der Vorhang der Pupille
Sich lautlos auf. — Dann geht ein Bild hinein,
Geht durch der Glieder angespannte Stille –
Und hört im Herzen auf zu sein.

Nach dem Hören

A. Wie steht es im Text?

1. Machen Sie Aussagen über das Gedicht. Was haben Sie über diesen Panther erfahren? Der Dichter spricht nicht von den **Gefühlen** des gefangenen Tieres, doch wird uns das Wesen *(the essential being)* des Panthers durch Bilder **fühlbar**. Was das Tier nicht sagen kann, wird dem Zuhörer/Leser fühlbar.

   Was wird über Folgendes gesagt?
   seinen Blick
   seinen Gang
   seine Schritte
   seinen Willen
   sein Auge
   seine Glieder
   sein Herz

2. Welche Bilder, die das Panther-im-Käfig-Sein ausdrücken, finden Sie am wichtigsten?

B. **Nacherzählung.** Übersetzen Sie (*translate*) Dichtung in Prosa, indem Sie jede Strophe (d. h. jeden Vierzeiler – *quatrain*) nacherzählen.

C. **Interpretation**

1. In welchen Versen wird ausgedrückt, dass sich nicht nur die Perspektive für den Panther umgedreht hat, sondern auch, dass die Welt im Käfig eine verkehrte Welt (*a topsy-turvy world*) für den Panther ist? Wie wird diese Verdrehung durch Bilder gezeigt?
2. Durch welche Laute (*sounds*) wird die Dissonanz und Monotonie ausgedrückt, die der Panther fühlt? Schauen Sie sich die **au**-und wiederholten **ä**-Laute an. Welchen Klang haben die Vokale?
3. Rilke schreibt Gedichte über Dinge, die aus einer Mitte heraus für sich sprechen. Wo ist die Mitte dieses Gedichtes? Auf der einen Seite der Mitte ist Betäubung (*paralysis*), auf der anderen Drehung (*turning*). Was sagen Ihnen diese Bilder?
4. Gegensätze im Gedicht: Was für Bewegungen (*movements*) gibt es im Gedicht? Wo finden Sie die Stille?

D. **Diskussion**

1. Beschreiben Sie den Panther im Käfig. Aus welcher Perspektive gehen die Stäbe an seinem Blick vorüber?
2. Wie zeigt uns der Dichter das Leiden dieses Tieres?
3. Erklären Sie die Mitte des Gedichts: „ein Tanz von Kraft um eine Mitte".
4. Das Auge des Tigers wird hier mit einer Bühne verglichen. Was bedeutet es, wenn das Bild dem Panther ins Herz geht?
5. Vergleichen Sie Hesses Beschreibung von der Hoheit, der Trauer und der Gefühle der Tiere mit Rilkes Beschreibung von dem Bild, das dem Panthers ins Herz geht.

Glossar

1 die **Gasse, -n** lane (narrow) street, alley

2 **unbegabt: ohne Talent**

3 **feige** cowardly

4 der **Trieb, -e** drive, urge

5 die **Bestrebung, -en** endeavor

6 die **Strafe, -n** punishment

7 der **Zug, ̈e** trait

8 das **Exemplar, -e** copy

9 das **Schicksal, -e** destiny, fate

10 **mißbilligen** to disapprove

11 die **Wissenschaft, -en** science

12 die **Krebsforschung** cancer research

13 **annehmen*** to assume

14 **zulassen*** to permit, allow

15 das **Bestreben** striving

16 **sich auszeichnen** to distinguish o.s.

17 **stets** contstantly, continously; **immer, jeder Zeit**

18 **im Einklang** in harmony

19 die **Afferei, -en** mimicry

20 **viel auf etwas halten*** to regard. s.th. highly

21 der **Vorgesetzte, -en, -en** superior

22 die **Schilderung, -en** description, portrayal; die **Beschreibung, -en**

23 **reizend** charming

24 **berechtigt** justified

25 **zuwider** (*dat.*) contrary to

26 **Anschluß finden*** to make some acquaintances, find contact

27 **einem Verein beitreten*** to join a club

28 das **Unglück** misfortune

29 **darauf angewiesen sein** to have to rely on

30 **sich um etwas kümmern** to concern o.s. with s.th.

31 **gewissenhaft** conscientious

32 **unentgeltlich** gratis; **kostenlos**

33 **ermäßigen** to lower, reduce (prices)

34 der **Tuchknopf, ̈e** cloth button

35 **kantig** edged

36 die **Haltung, -en** posture, bearing

37 der **Saal,** (*pl.*) **Säle** hall, large room

38 **fromm** pious, well-behaved

39 **preisen*** to praise; **loben**

40 **verdienstvoll** meritorious

41 die **Zuverlässigkeit** reliability

42 **erweisen*** to prove

43 **schließen*** *here:* to deduce

44 der **Kram** junk, trash

45 **grünspanig** covered with copper acetate

46 **beherrschen** to have command of, be master of

47 **bezeichnen** to label, mark

48 **abschaffen** to abolish; **beseitigen**

49 die **Scheibe, -n** pane of glass

50 **vorzüglich** excellent, first-rate; very well

51 **kontrollieren** to check, adjust

52 **aufatmen** to breathe a sigh of relief

53 **würdigen** to deem worthy (of)

54 das **Erzeugnis, -se** product

55 der **Holzschnitzer, -** woodcarver

56 **tüchtig** able, capable

57 der **Kerl, -e** fellow

58 die **Standuhr, -en** grandfather clock

59 **elfenbeinern** ivory

60 **billigen** to approve of, countenance

61 **gähnen** to yawn

62 das **Erbstück, -e** heirloom

63 **fesseln** to hold, capture (*curiosity*)

64 der **Gegenstand, ̈e** object

65 der **Aberglaube, (-ns)** superstition

66 das **Zauberbuch, ̈er** book of magic

67 der **Hexenstaat** witchcraft trappings

68 die **Esse, -n** forge

69 der **Mörser, -** mortar

70 **bauchig** bulgy, bellied

71 **dürr** withered

72 die **Schweinsblase, -n** pig's bladder

73 der **Blas(e)balg, ̈e** bellows

74 das **Seil, -e** rope

75 **unbedenklich** unhesitating

76 **betasten** to finger, feel

77 das **Zeug** stuff

78 **sich mit etwas befassen** to concern o.s. with, deal with

79 **hingegen** on the other hand

80 der **Goldmachertiegel, -** smelting pot for making gold

81 das **Gewicht, -e** weight

82 **genieren** (*French*) embarrass

83 **darum** for that reason; **deswegen, deshalb**

84 **harzartig** resinous

85 **hochmütig** haughty, arrogant

86 **je nachdem (wie)** depending on (how)

87 **aus Versehen** inadvertently, by mistake

88 **kratzen** to scratch

89 **hinabspülen** to wash down

90 der **Käfig, -e** cage

91 **Stand fassen** to stop, take up a position

92 **jmdn. anblinzeln** to wink at s.o.

93 **gutmütig** good-natured

94 **jmdm. zunicken** to nod to s.o.

95 **angewidert** disgusted, nauseated

96 die **Meerkatze, -n** long-tailed money

97 **ausgelassen** boisterous

98 **jmdn. nachahmen** to imitate s.o.

99 der **Hungerleider, -** needy wretch

100 die **Zähne blecken** to bare one's teeth

101 **ertragen*** to bear, stand

102 **bestürzt** dismayed, aghast

103 **lenken** to steer, direct

104 der **Hirsch, -e** stag, deer

105 das **Reh, -e** deer

106 das **Gitter, -** bars (*of a cage*)

107 die **Ergebung:** die **Resignation**

108 **überlegen** superior

109 **samt** (*dat.*) together with

110 das **Geschmeiß** vermin

111 **lächerlich** ridiculous

112 **widerlich** loathsome, repulsive

113 das **Vieh** beast, dumb animal

114 der **Steinbock ̈e** Alpine ibex

115 die **Gemse, -n** chamois, Alpine goat

116 **würdelos** undignified

117 **geckenhaft** dandyish, foolish

118 die **Verkleidung, -en** disguise

119 **sachlich** factual; **objektiv**

120 **gemessen** precise, in measured words

121 **sich äußern** to express o.s.

122 **erstarrt** paralyzed, stiff, rigid

123 die **Schwermut** melancholy

124 der **Ast, ⸚e** branch

125 der **Häher, -** jay

126 der **Anstand** decorum, proper demeanor

127 das **Achselzucken** shrug of the shoulders

128 **benommen** benumbed, confused

129 die **Not, ⸚e** need, want

130 **lauschen** to listen for, eavesdrop

131 **tröstlich** consoling

132 die **Gebärde, -n** gesture, bearing, appearance

133 **enttäuschen** to disappoint

134 **entartet** degenerate, debased

135 **sich verstellen** to dissemble, pretend, sham

136 **unbändig** tremendous, mighty

137 der **Stiefel, -** boot, shoe

138 **schluchzen** to sob

139 das **Aufsehen** commotion, sensation

Kapitel 16

📖 **Lesetext**

„Neapel sehen"
Kurt Marti

🔗 **Aufsatzthemen**

Using the simple past tense in narratives
Avoiding unnecessary tense shifts
Varying the beginning of sentences
Using *man* in order to generalize

💿 **Zum Hören**

„Supermarkt"
Jiří Král

Kurt Marti
was born in 1921 in Bern, Switzerland, and was a pastor there for many years. His short stories, essays, and poetry have earned him several literary awards in his homeland and in Germany. "Neapel sehen" (*to see Naples*) appeared in his first collection of short stories, *Dorfgeschichten* (1960). In terse style, Marti offers a poignant portrait of a man locked into his own false perceptions and misspent life. Central to the story is the significance of its title.

⬠ Vor dem Lesen

Überfliegen des Textes

A. **Mitlesen, mitteilen.** Was sind Ihre Erwartungen vom Titel? Die Stadt Neapel in Süditalien ist für ihre Schönheit bekannt. Von dieser Stadt sagen die Italiener: *„Vedi Napoli e poi muori!"* („Neapel sehen und sterben.") Diskutieren Sie mit anderen Personen im Kurs darüber, was Sie von dem Titel „Neapel sehen" erwarten.

B. **Erstes Lesen.** Lesen Sie die ersten drei Zeilen der Geschichte. Was für Erwartungen haben Sie jetzt, die Sie vorher nicht hatten? Denken Sie weiterhin daran, was der Titel mit der Welt dieses Arbeiters zu tun hat. Besprechen Sie Ihre veränderten Erwartungen kurz mit anderen im Kurs. Überfliegen Sie den Text und notieren Sie Hauptideen.

C. **Zweites Lesen.** Lesen Sie die Geschichte genau, nachdem Sie den Titel mit jemandem im Kurs besprochen haben. Achten Sie darauf, was der Titel mit der Geschichte zu tun hat.

D. **Stichwörterliste.** Fangen Sie eine Stichwörterliste an. Organisieren Sie die Ausdrücke und deuten Sie Beziehungen mit Pfeilen (*arrows*) an.

Neapel sehen

Er hatte eine Bretterwand[1] gebaut. Die Bretterwand entfernte[2] die Fabrik aus seinem häuslichen Blickkreis[3]. Er haßte[4] die Fabrik. Er haßte seine Arbeit in der Fabrik. Er haßte die Maschine, an der er arbeitete. Er haßte das Tempo der Maschine, das er selber beschleunigte[5]. Er haßte
5 die Hetze nach[6] Akkordprämien[7], durch welche er es zu einigem Wohlstand[8], zu Haus und Gärtchen gebracht[9] hatte. Er haßte seine Frau, so oft sie ihm sagte, heut nacht hast du wieder gezuckt[10]. Er haßte sie, bis sie es nicht mehr erwähnte[11]. Aber die Hände zuckten weiter im Schlaf, zuckten im schnellen Stakkato der Arbeit. Er haßte den Arzt, der ihm
10 sagte, Sie müssen sich schonen[12], Akkord ist nichts mehr für Sie. Er haßte den Meister, der ihm sagte, ich gebe dir eine andere Arbeit, Akkord ist nichts mehr für dich. Er haßte so viele verlogene[13] Rücksicht[14], er wollte kein Greis[15] sein, er wollte keinen kleineren Zahltag, denn immer war das die Hinterseite[16] von so viel Rücksicht, ein kleinerer
15 Zahltag. Dann wurde er krank, nach vierzig Jahren Arbeit und Haß zum

ersten Mal krank. Er lag im Bett und blickte zum Fenster hinaus. Er sah sein Gärtchen. Er sah den Abschluss[1] des Gärtchens, die Bretterwand. Weiter sah er nicht. Die Fabrik sah er nicht, nur den Frühling im Gärtchen und eine Wand aus gebeizten[18] Brettern. Bald kannst du
20 wieder hinaus, sagte die Frau, es steht alles in Blust[19]. Er glaubte ihr nicht. Geduld[20], nur Geduld, sagte der Arzt, das kommt schon wieder[21]. Er glaubte ihm nicht. Es ist ein Elend[22], sagte er nach drei Wochen zu seiner Frau, ich sehe immer das Gärtchen, sonst nichts, nur das Gärtchen, das ist mir zu langweilig[23], immer dasselbe Gärtchen, nehmt
25 doch einmal zwei Bretter aus der verdammten Wand, damit[24] ich was anderes sehe. Die Frau erschrak[25]. Sie lief zum Nachbarn. Der Nachbar kam und löste[26] zwei Bretter aus der Wand. Der Kranke sah durch die Lücke[27] hindurch, sah einen Teil der Fabrik. Nach einer Woche beklagte er sich[28], ich sehe immer das gleiche Stück der Fabrik, das lenkt mich zu
30 wenig ab[29]. Der Nachbar kam und legte die Bretterwand zur Hälfte nieder. Zärtlich[30] ruhte der Blick des Kranken auf seiner Fabrik, verfolgte das Spiel des Rauches über dem Schlot[31], das Ein und Aus der Autos im Hof, das Ein des Menschenstromes am Morgen, das Aus am Abend. Nach vierzehn Tagen befahl[32] er, die stehengebliebene Hälfte der Wand
35 zu entfernen. Ich sehe unsere Büros nie und auch die Kantine nicht, beklagte er sich. Der Nachbar kam und tat, wie er wünschte. Als er die Büros sah, die Kantine und so das gesamte[33] Fabrikareal[34], entspannte[35] ein Lächeln die Züge[36] des Kranken. Er starb nach einigen Tagen. ◢

🔲 Leseverständnis

A. Partnerarbeit.

1. Gruppieren Sie um die Wörter in ihrer Stichwörterliste möglichst viele andere wichtige Wörter oder Informationen aus dem Text, ohne den Text selbst zur Hilfe zu nehmen. Arbeiten Sie dabei allein oder mit anderen zusammen. Wenn Sie sich die Ausdrücke bildlich vorstellen (*visualize the expressions*), indem Sie etwas dazu zeichnen, lernen Sie sie schneller auswendig (*by heart*).

2. Erzählen Sie allein oder mit anderen Personen zusammen die Geschichte ausführlich (*in detail*) mit Hilfe dieser Wortassoziationen.
   Wortigel:
   Bretterwand
   hassen
   Fabrik
   krank

EXPANDING A NARRATIVE

You could probably summarize the story in four or five sentences, but here you should try to expand the narrative as much as possible. When working in groups, every time another student makes a statement to which you can add more details or information, attempt to gain the floor to provide additional commentary. Note the following openers for adding comments.

Redemittel:

Bitte, wir sollten noch etwas erwähnen (mention) *…*
Man hat nicht erwähnt, dass …
Wir wollen aber auch nicht vergessen, dass …
Es steht aber auch im Text, dass …
Das stimmt schon, aber /doch …
Jein. (colloq.) Ich finde nämlich/aber …

B.   Wie und wo steht es im Text? Aufmerksam werden auf den Text: Wie werden Aussagen im Text formuliert?

Beispiel: Wo steht im Text etwas darüber, dass …

… er seine Arbeit von seinem Privatleben trennen wollte?

„Er hatte eine Bretterwand gebaut. Die Bretterwand entfernte die Fabrik aus seinem häuslichen Blickkreis."

1. … ihm seine Arbeit nicht gefiel?
2. … er ein guter Arbeiter war?
3. … er gut verdiente?
4. … die Arbeit ihn krank machte?
5. … es einen guten Grund gab, dass er böse auf den Meister war?
6. … er mehr als vorher sehen wollte?
7. … er vom Bett aus alles anders sah als vorher?
8. … er sich veränderte?
9. … er am Ende nicht mehr böse auf andere war?
10. … die Erzählung das Wirtschaftssystem, d. h. den Kapitalismus, kritisiert?

Diskussion

> **MOTIFS**
>
> *A motif is a simple element, usually a familiar situation, incident, or attitude that serves as the basis or central idea for a story or poem. The more literature we read, the more familiar we become with such motifs because they tend to recur within our literary tradition, although in many different guises. Just think, for example, how many stories, musicals, and films have been built around the Cinderella motif of the poor girl who marries the rich prince.*

A. Interpretation.

1. Welche Motive erkennen Sie in dieser Geschichte?
2. Warum heißt die Geschichte „Neapel sehen"?
3. Die Geschichte besteht aus *(consists of)* **einem** langen Abschnitt. Warum ist sie nicht aus zwei oder drei Abschnitten aufgebaut?
4. Warum ist der Arbeiter „glücklich", als er die vorher so verhasste Fabrik sieht?
5. Ist das „Neapel" des Mannes die Fabrik? Warum oder warum nicht?

B. Assoziation.
Erklären Sie, welche Aspekte oder Probleme im Leben dieses Mannes und vielleicht im Leben vieler Menschen in unserem Zeitalter *(age, era)* durch die folgenden Dinge zum Ausdruck gebracht werden:

die Bretterwand
das Gärtchen
das Stakkato der Arbeit
das Ein und Aus der Autos im Hof
Akkordprämien

C. Persönliche Fragen.

1. Machen Sie eine Liste von Dingen, die Sie hassen. Was hassen Sie am allermeisten?

   Beispiel: Ich hasse den Krieg.
   Ich hasse es, wenn…
   Ich hasse es, dass…

2. Gibt es ein Neapel in Ihren Träumen?

D. Partnerarbeit.

Ändern Sie die Erzählperspektive (*narrative point of view*) von der **Er**-Form zur **Ich**-Form, indem Sie den Arbeiter selbst in der **Ich**-Form über sich erzählen lassen.

1. Was berichtet (*reports*) er, was lässt er aus?
2. Was kann er als handelnde (*active*) Person (*protagonist*) und erzählende Person nicht wissen?

Vergleichen Sie mit einer Partnerin/einem Partner, was der Erzähler berichten kann, der in der **Er**-Form erzählt, mit dem, was der Arbeiter selbst in der **Ich-**Form erzählen kann.

⬡ Wortschatzaufgaben

A. Aussagen.
Suchen Sie etwa zehn Wörter aus dem Text (Verben, Substantive, Adjektive), welche Reaktionen, Gefühle, Meinungen und sprachliche Äußerungen der Figuren in der Geschichte ausdrücken. Schreiben Sie mit diesen Wörtern Aussagen über sich selbst oder andere Menschen, die Sie kennen.

Beispiel: **sich beklagen**
　　　　　Ich habe einen Freund, der sich **über** alles **beklagt.**

B. Stichwörterliste.
Machen Sie eine Liste mit den wichtigsten Substantiven im Text, die zur Welt der Arbeit und der Fabrik gehören. Lernen Sie diese Wörter mit Artikel und Pluralform.

C. Zuordnung.
Was ist das Gegenteil von den folgenden Ausdrücken?

____ 1. sich schonen		**a.** anmachen
____ 2. etwas entfernen		**b.** schwer arbeiten, sich anstrengen
____ 3. hassen		**c.** etwas zusammenstellen, ganz machen
____ 4. abdrehen		**d.** weitermachen
____ 5. krank werden		**e.** verlangsamen
____ 6. arbeiten		**f.** gesund sein
____ 7. sterben		**g.** leben
____ 8. beschleunigen		**h.** sich entspannen, sich erholen
____ 9. ablenken		**i.** sich konzentieren
____ 10. zucken		**j.** sich beruhigen
____ 11. innehalten		**k.** sich versöhnen

Wie viele von diesen Ausdrücken kennen Sie schon? Welche kommen auf Ihre Stichwörterliste?

D. *Tabu* **in Gruppen zu Dritt.** Partner A erhält eine Liste von Ausdrücken, die er schnell beschreiben soll, ohne das Wort selbst zu erwähnen. Um erfolgreich zu sein, muss Partnerin B das Wort von seiner Beschreibung her erraten können. Der Dritte (der zu einer anderen Gruppe gehört), ist Schiedsrichter; er bestimmt, ob das Wort richtig beschrieben und erraten wurde. Zu Dritt bestimmen Sie, wie viel Zeit Sie haben, das Wort zu erraten.

Beispiel: Partner A erhält das Wort *Wohlstand*

Er beschreibt, „Das ist, wenn Leute reich sind, einen Mercedes fahren, usw."

Partnerin B errät das Wort: „Das ist *Wohlstand.*"

Der Dritte entscheidet: *„richtig."*

(Wenn Partnerin B ein anderes Wort angibt, z. B., „Reichtum", muss der Dritte bestimmen, ob es angenommen wird.)

1. Erste Runde (*first round*): die Hetze, der Akkord, die Rücksicht, der Greis, der Zahltag, der Schlot,
2. Zweite Runde: die Hälfte, der Hass, das Tempo, die Arbeit, der Frühling, der Nachbar

E. **Ein drittes Lesen.** Lesen Sie den Text zum dritten Mal durch und stellen Sie fest, ob Sie die Geschichte mit besserem Verständnis lesen. Falten Sie ein Blatt zusammen und notieren Sie auf der Oberseite, was Sie jetzt zum ersten Mal verstehen, und auf der Unterseite, was Sie erfragen möchten. Besprechen Sie die Fragen in Gruppen.

🎧 Sprechakte

A. **Zuordnung.** Ordnen Sie die Sprechakte den drei verschiedenen Wortfeldern zu.

1. **Gefühle ausdrücken 2. Meinungen äußern 3. Missfallen zeigen**
   a. **Mitleid zeigen** – etwas oder jemand tut einem Leid
   b. **Sorge zeigen** – sich sorgen um jemanden
   c. **etwas hassen** – etwas schrecklich finden
   d. **jmdn trösten** – jemandem gut zusprechen, von guten Zeiten reden
   e. **Enttäuschung ausdrücken** – unerwartete negative Folgen bedauern (*regret*)

f. **Erstaunen zeigen** – eine positive Änderung bemerken, die man nicht erwartet hat

g. **Freude zeigen** – lächeln, etwas verstehen

h. **übereinstimmen mit jmdm.** – der gleichen Meinung sein; finden, dass jemand Recht hat; der gleichen Ansicht sein

i. **ganz anderer Meinung sein** – nicht zustimmen, anderer Ansicht sein

j. **nicht ganz übereinstimmen** – jmdm. im Allgemeinen *(in general)* Recht geben, doch in gewissen Punkten widersprechen; **ja, aber…**

k. **über etwas klagen** – sich beschweren

l. **sich ärgern über etwas** – Missfallen zeigen

B.   **Partnerarbeit.** In der Zusammenarbeit mit einer Partnerin/einem Partner geben Sie Ihre eigenen Beispiele von Sprechakten. Ihre Partnerin/Ihr Partner soll dann bestimmen, um welchen Sprechakt es sich handelt.

⟳ Aufsatzthemen

> **WRITING TIPS**
>
> *Using the simple past tense in narratives*
> *Avoiding unnecessary tense shifts*
> *Varying the beginning of sentences*
> *Using **man** (the indefinite pronoun) in order to generalize*
>
> *When telling or retelling a story, you should use the simple past tense rather than the present perfect. Also, keep your tense usage consistent. Some writers slip back and forth between present and past tense for no apparent reason at all. If you begin in the past tense, remain in the past tense, unless the time of your narrative shifts to the present. In addition, vary your style by beginning some sentences with adverbs and prepositional phrases rather than subjects. (Example:* Im Frühling, von morgens bis abends, zuerst, später, zuletzt, im Alter von, nach vielen Jahren usw.)
>
> *If you write about the situation in more general terms, (see 4) you may wish to use the present tense, the indefinite relative pronoun **wer** (whoever) and the indefinite pronoun **man** (one); if you use **man**, be sure to use the forms of **ein** (einem, einen) or **kein** (keinem, keinen) with appropriate endings in all cases other than the nominative. Remember that the form **man** is reserved for the nominative case and is singular.*

1. Erzählen Sie die Geschichte nach. Verwenden Sie mindestens vier der folgenden Verben.

müssen	können	sollen
lassen	wollen	(nicht) dürfen

2. Haben sie einmal eine Arbeit gehabt, die Sie hassten? Erzählen Sie davon. Beschreiben Sie auch die Gefühle, die Sie dabei hatten.

3. Kooperatives Schreiben zu Dritt. Drei Mitarbeiter des alten Mannes sitzen nach dem Begräbnis in einem Gasthaus und reden über ihren verstorbenen Kollegen. Setzen Sie sich mit zwei anderen Personen im Kurs zusammen und diskutieren Sie darüber, was diese drei Arbeiter sagen könnten. Schreiben Sie dann eine dialogische Szene, in der jede(r) in Ihrer Gruppe für eine der drei Stimmen verantwortlich ist. Lesen Sie Ihre Szene im Kurs vor.

4. Generalsierung: Man muss sich nur zu helfen wissen.

   Der Arbeiter ist in der Fabrik krank geworden und einsam zu Hause gestorben. Ohne Anerkennung (*recognition*). Ohne, dass jemand etwas für ihn getan hatte. Wer in einer schlimmen Lage ist, hat aber verschiedene Möglichkeiten, die Situation zu ändern.

   Use *wer* (in relative clauses; the conjugated verb stands at the end.)

   Beispiel: Wer (*the indefinite relative pronoun*) in einer solchen Lage ist, kann ..., zur Gewerkschaft gehen (*to the trade union*), zur Kirche (*church*) oder zur Zeitung (*newspaper*), etc. Wenn man sich an die Öffentlichkeit wendet (*to turn to the public sphere*), …

   man braucht nicht …

   man kann immer …

   keiner muss …

Kontexte

Das Wirtschaftswunder

Diese Arbeitergeschichte kommt aus der Zeit des Wirtschaftswunders in den Fünfzigern, als Westdeutschland wieder materiellen Wohlstand und Vollbeschäftigung erreichte, aber viele Arbeiter vor Krisen standen. Es gab genug zu essen und fast jeder wollte ins Ausland reisen. Arbeit gab es genug; Arbeitnehmer in Westdeutschland wurden immer besser bezahlt, aber die Arbeitsbedingungen waren hart. Die Gewerkschaft kämpfte für Arbeiter und Angestellte. Sie forderte die 40-Stunden-Woche (Plakate zeigten ein Kind und die Worte: „Samstags gehört der Papi mir!"), sie forderte Urlaubsgeld, Krankengeld und Mitbestimmung in Betrieben.

In Ostdeutschland bestimmte die Regierung, dass die Arbeiter schwerer arbeiten sollten; als die Arbeitsnormen erhöht wurden, gab es am 17. Juni 1953 einen Aufstand gegen die SED (die Sozialistische Einheitspartei Deutschlands, d.h. die kom-

(weiter)

(weiter)

munistische, führende Partei in der DDR) und Unterdrückung dieses Aufstandes durch sowjetische Panzer. Enttäuscht flüchteten viele Menschen in den Westen, was im Jahre 1961 zum Bau der Mauer in Berlin führte. Im Jahre l959 änderte sich die SPD von einer Arbeiterpartei, die gegen die Übel des Kapitalismus gekämpft hatte, zur allgemeinen Volkspartei, die für eine neue politische Richtung war. Ihr Slogan war: „Wettbewerb soweit wie möglich, Planung soweit wie nötig."

Einem einfachen Arbeiter in der Fabrik ist es möglich, sich den Traum aller Deutschen, nämlich ein Haus mit einem kleinen Garten, zu leisten.

1. Gehört der Arbeiter zur Mittelschicht?
2. Oder ist er *ein Malocher*, ein Schwerarbeiter?
3. Welche Themen der Zeit spricht diese Geschichte an? Wie?

⊙ Zum Hören

Vor dem Hören

Stichwörterliste. Wortschatz im Hörtext.

Es ist 17 Uhr. Unsere Schicht fängt an …

die Schicht	*shift*
nach Stundenlohn	*paid by the hour*
kehren	*to sweep*
der Besen	*broom*
der Kassenraum	*cashier area*
überflüssig	*superfluous*
nicken	*to nod*
beim besten Willen	*try as I might*
fortfahren* (zu tun)	*to continue (to do)*
das Irrenhaus	*madhouse*
sorglos	*light-heartedly, without worry*
einstimmig	*unanimously*
erledigen	*to do, finish*

Wir gehen deshalb in die Zeitungsabteilung …

sich vertiefen in *(acc.)*	*to become engrossed in*
Der Spiegel	*(German weekly news magazine)*
der Leiter	*manager, director*
beleidigen	*to insult*

das Benehmen	*behavior*
dass es zu einem Krach kommt	*that there will be a scene*
toben	*to rage;* here: *to boil*
die Zähne zusammenbeißen*	*to clench one's teeth*
erwischen	*to catch (s.o. doing s.th.)*
jmdm. einfallen*	*to come to mind*
hinzufügen	*to add, make an additional remark*
zeigen auf	*to point to*
ganz zu schweigen	*not to mention*
die Überlegenheit	*superiority*

Jetzt sehe ich, dass er …

in eine Falle geraten*	*to fall into a trap*
tönen	*to make a sound*
blitzend	*flashing, sparkling*
hochgehoben	*raised*
anerkennend	*approvingly*
die Schultern heben*	*to shrug one's shoulders*
vollkommen	*completely*

⊙ Beim Hören

„Supermarkt"
Jiří Král

Jiří Král wurde 1952 in der Tschechoslowakei geboren. Als politischer Asylant kam er 1980 nach Deutschland, wo er in München als Ingenieur arbeitete. Seine Geschichte „Supermarkt" stammt aus der Anthologie *In zwei Sprachen leben. Berichte, Erzählungen, Gedichte von Ausländern.* Králs Geschichte zeigt wie Gastarbeiter, die oft niedrige Arbeit verübten, Vorurteilen von Deutschen begegneten.

Der Erzähler der folgenden Geschichte ist Ausländer und macht abends Reinigungsarbeiten im Supermarkt. Versuchen Sie beim Hören folgende Informationen zu bekommen:

1. Welche Arbeit machen der Erzähler und Hedvika zuerst?
2. Wann können der Erzähler und Hedvika die Wurst- und Obstabteilung putzen?
3. Was für Arbeit macht Frau Hoffmann im Geschäft?
4. Was halten alle Verkäuferinnen von der Arbeit des Erzählers und Hedvikas?

5. Was machen der Erzähler und Hedvika in der Viertelstunde, bevor sie die Wurst- und Obstabteilung putzen können?

6. Was für ein Mensch ist der Leiter des Geschäftes?

7. Wie erklärt der Erzähler dem Geschäftsleiter, warum er und Hedvika im Moment nichts tun?

8. Welche Sprachen spricht oder versteht Hedvika?

9. Wie heißt der Geschäftsleiter?

10. Wie reagiert der Lehrling auf das Gespräch zwischen dem Erzähler und dem Geschäftsleiter?

Nach dem Hören

A. Hörprotokoll

Fassen Sie, was Sie gehört haben, in acht bis zehn Sätzen zusammen. Vergleichen Sie Ihr Protokoll mit dem eines anderen Kursteilnehmers.

B. Gruppenarbeit

Arbeiten Sie allein oder in Gruppen und machen Sie möglichst viele Aussagen über jede der Figuren im Text. *Vorschlag:* Jede Gruppe sammelt Informationen über eine Person, dann berichten alle Gruppen.

C. Wortschatzaufgabe

Die folgenden Ausdrücke kommen im Text vor. Verwenden Sie diese Verben mit anderen Substantiven.

1. [den ganzen Tag] verbringen*

2. es kommt zum [Krach]

3. sich [in die Hefte] vertiefen

4. [Widerstand] erwarten

5. in [eine Falle] geraten*

D. Ratespiel. Was ist es? Um was handelt es sich?

1. Dort kauft man Lebensmittel, Papierwaren und Reinigungsmittel ein.

2. Dort wird ausgerechnet, wie hoch die Einkaufsrechnung ist.

3. Damit kehrt man Schmutz oder Staub vom Fußboden.

4. In dieser festen, oft achtstündigen Arbeitszeit hat man Dienst.

5. Dort liegen die Zeitschriften zum Verkauf aus.

6. Diese Bezahlung bekommt man für jede Stunde, die man arbeitet.

7. Fünfzehn Minuten.

8. In diesem Teil des Supermarktes findet man Äpfel, Bananen, Weintrauben, Erdbeeren und andere Früchte.

9. Eine Person, die im Geschäft einkauft.

10. Ein elektronisches Gerät, mit Hilfe dessen man jemanden irgendwo im Geschäft rufen lassen kann.

E. Diskussion

1. Besprechen Sie das Verhältnis Hedvikas und des Erzählers zu den anderen Arbeitern im Supermarkt.

2. Warum spricht der Geschäftsleiter so unfreundlich mit den ausländischen Arbeitern?

3. Haben Sie je bei einem Job Schwierigkeiten mit Ihrem Chef/Ihrer Chefin gehabt? Erzählen Sie davon.

Glossar

1 die **Bretterwand, ̈-e** board fence, der **Holzzaun, ̈-e**

2 **entfernen** to remove, take away; **wegnehmen***

3 der **Blickkreis** field of vision

4 **hassen** to hate

5 **beschleunigen** to accelerate, speed up; **etwas schneller gehen lassen***

6 die **Hetze nach** chase for, pursuit of

7 der **Akkord, -e** wage (*based on piece work rather than number of hours worked*); die **Akkordprämie, -n** bonus (*based on piece work*)

8 der **Wohlstand** prosperity; **hoher Lebensstandard**

9 **es zu etwas bringen*** to have some success, make s.th. of o.s.

10 **zucken** to convulse, twitch

11 **erwähnen** to mention; **von etwas spechen***

12 **sich schonen** to take it easy, take care of o.s.

13 **verlogen** deceitful, not truthful

14 die **Rücksicht** consideration, regard

15 der **Greis, -e** old man

16 die **Hinterseite, -n** drawback; die **Kehrseite, -n**

17 der **Abschluss, ̈-e** *here:* edge, border; das **Ende, -n**

18 **beizen** to stain wood

19 **in Blust** (*dialect*) in blossom; **in Blüte**

20 die **Geduld** patience

21 **das kommt schon wieder** you'll get better all right

22 **es ist ein Elend** it's so miserable

23 **langweilig** boring

24 **damit** so that; **um . . . zu**

25 **erschrecken*** to be started; to be frightened

26 **lösen** to loosen; to detach

27 die **Lücke, -n** gap

28 **sich beklagen** to complain; **lamentieren, sich beschweren**

29 **ablenken** to distract, divert one's attention

30 **zärtlich** tender; affectionate

31 der **Schlot, -e** smokestack; **der Fabrikschornstein, -e**

32 **jmdm. befehlen*** to order to *or* command s.o.

33 **gesamt** entire; **ganz**

34 das **Fabrikareal, -e** factory area

35 **entspannen** to relax

36 der **(Gesichts)zug, ̈-e** facial feature

Kapitel

17

Judith Hermann,
born in 1970, lives as a writer and radio journalist in Berlin. The story "Rote Korallen" (*red coral*) is taken from her collection of narratives, *Sommerhaus,* *später,* published in 2000. For this collection of tales she has already won several prestigious literary prizes in Germany and France, which have not stopped her from working in *Kneipen* in Berlin. Among young readers she has become a very popular figure.

⊕ Vor dem Lesen

Überfliegen des Textes

A. **Mitlesen, mitteilen.** In der Erzählung „Rote Korallen" geht es um ein Korallenarmband, das die Erzählerin von ihrer Urgroßmutter bekommen hat.

1. Worum geht es wahrscheinlich sonst noch in diesem Text?
2. Was wissen Sie schon über diese Themen?
3. Was für Fragen könnte man von dieser Geschichte erwarten?
4. Haben Sie ein Andenken (*memento, keepsake*) in Ihrer Familie, das von Ihren Großeltern oder sogar Urgroßeltern stammt? Gibt es eine Geschichte zu diesem Andenken?
5. Was wissen Sie über Korallen? Woher kommen sie? Wie benutzt man sie? Besitzen Sie Schmuck (*jewelry*) aus Korallen?

B. **Leseanweisung.** Bilden Sie drei Gruppen, damit jede Gruppe zuerst einen Teil der Erzählung liest. Versuchen Sie nicht jedes Wort zu verstehen, sondern konzentrieren Sie sich auf ein globales Lesen und die Hauptideen.

Nachdem Sie Ihren Teil gelesen haben, stellen Sie mit Hilfe der Gruppe ein Erzählschema zusammen und versuchen Sie dann zu erraten, was vorhergehangen ist oder wie die Erzählung fortgesetzt wird. (d. h. **Gruppe I** bespricht die Fortsetzung, **Gruppe II** bespricht, was vorhergegangen ist und was folgt, und **Gruppe III** bildet Hypothesen über Vorhergegangenes).

Im Plenum berichtet dann jede Gruppe über ihren Teil des Textes. Jede Gruppe vergleicht jetzt ihre Hypothesen über das Vorhergegangene und die Fortsetzung mit den Gruppenberichten von jedem Teil. Waren Ihre Erwartungen über den Text richtig? Welche waren falsch? Welche Textsignale fanden Sie besonders wichtig beim Erraten von der Handlung?

1. Lesen Sie den ersten Abschnitt. (Er besteht aus einem Satz.) Was wissen Sie danach bereits über den Verlauf (*turn of events*) der Geschichte? Was erwarten Sie?
2. Lesen Sie den zweiten kurzen Abschnitt. Womit hat das Korallenarmband zu tun? Warum ist es wichtig? Was sind Ihre Erwartungen über die Geschichte der Urgroßmutter?
3. Denken Sie an die 5 **W**-Fragen beim Lesen: **wer, wo, wann, wie, warum**. Machen Sie sich beim Lesen ein paar Notizen zu Ihren **W**-Fragen.

C. **Stichwörterliste.** Fangen Sie an, wichtige Ausdrücke auf Ihre Stichwörterliste zu setzen.

D. **Zweites Lesen.** Lesen Sie jetzt jeden Teil und machen Sie sich Notizen über jeden Teil [Themen, Handlung, Symbole, Motive, Charaktere, Stimmung, Milieu, Erzählperspektive (*point of view*)]. Wie sind wichtige Episoden markiert?

Rote Korallen

I

Mein erster und einziger Besuch bei einem Therapeuten[1] kostete mich das rote Korallenarmband und meinen Geliebten[2].

Das rote Korallenarmband[3] kam aus Russland. Es kam, genauer gesagt, aus Petersburg, es war über hundert Jahre alt, meine Urgroß-
5 mutter[4] hatte es ums linke Handgelenk[5] getragen, meinen Urgroßvater hatte es ums Leben gebracht[6]. Ist das die Geschichte, die ich erzählen will? Ich bin nicht sicher. Nicht wirklich sicher.

Meine Urgroßmutter war schön. Sie kam mit meinem Urgroßvater nach Russland, weil mein Urgroßvater dort Öfen baute für das russische
10 Volk. Mein Urgroßvater nahm eine große Wohnung für meine Urgroß-
mutter auf der Petersburger Insel Wassilij Ostrow[7]. Die Insel Wassilij Ostrow wird umspült von der kleinen und von der großen Newa[8], und wenn meine Urgroßmutter sich in der Wohnung auf dem Malyi Prospekt auf ihre Zehenspitzen gestellt und aus dem Fenster geschaut
15 hätte, so hätte sie den Fluss sehen können und die große Kronstädter Bucht[9]. Meine Urgroßmutter aber wollte den Fluss nicht sehen und nicht die Kronstädter Bucht und nicht die hohen, schönen Häuser des Malyi Prospekts. Meine Urgroßmutter wollte nicht aus dem Fenster hinaussehen in eine Fremde[10]. Sie zog die schweren, roten samtenen[11]
20 Vorhänge zu und schloss die Türen, die Teppiche verschluckten[12] jeden Laut, und meine Urgroßmutter saß auf den Sofas, den Sesseln, den Him-
melbetten herum und wiegte sich vor und zurück[13] und hatte Heimweh[14] nach Deutschland. Das Licht in der großen Wohnung auf dem Malyi Prospekt war ein Dämmerlicht[15], es war ein Licht wie auf
25 dem Grunde des Meeres, und meine Urgroßmutter mag gedacht haben, dass die Fremde, dass Petersburg, dass ganz Russland nichts sei als ein tiefer, dämmeriger Traum, aus dem sie bald erwachen werde.

Mein Urgroßvater aber reiste durchs Land und baute Öfen für das russische Volk. Er baute Schachtöfen und Rostöfen und Flammöfen und
30 Fortschaufelungsöfen und Livermoore Öfen[16]. Er blieb sehr lange fort.

Er schrieb Briefe an meine Urgroßmutter, und wenn diese Briefe kamen, zog meine Urgroßmutter die schweren, roten samtenen Vorhänge an den Fenstern ein wenig zurück und las in einem schmalen Spalt von Tageslicht:

35   *Ich will dir erklären, dass der Hasenclever-Ofen, den wir hier bauen, aus Muffeln besteht[17], die durch vertikale Kanäle miteinander verbunden sind und durch die Flamme einer Rostfeuerung[18] erhitzt werden[19] – du erinnerst dich an den Gefäßofen[20], den ich in der Blomeschen Wildnis[21] in Holstein baute und der dir doch damals ganz*
40   *besonders gefallen hat – nun, auch bei dem Hasenclever-Ofen wird das Erz[22] durch die Öffnungen in die oberste Muffel gebracht und …*

Meine Urgroßmutter machte das Lesen dieser Briefe sehr müde. Sie konnte sich nicht mehr an den Gefäßofen in der Blomeschen Wildnis erinnern, aber sie konnte sich an die Blomesche Wildnis erinnern, an die
45   Weiden[23] und an das flache Land, an die Heuballen[24] auf den Feldern und den Geschmack von süßem, kaltem Apfelmost[25] im Sommer. Sie ließ das Zimmer zurücktauchen[26] ins Dämmerlicht und legte sich müde auf eines der Sofas, sie sagte: „Blomesche Wildnis, Blomesche Wildnis", es klang wie ein Kinderlied, es klang wie ein Schlaflied, es klang schön.
50   Auf der Petersburger Insel Wassilij Ostrow lebten in diesen Jahren neben den ausländischen Kaufmännern und ihren Familien auch viele russische Künstler und Gelehrte[27]. Es blieb nicht aus[28], dass diese von der Deutschen hörten, der Schönen, Blassen mit dem hellen Haar, die dort oben im Malyi-Prospekt wohnen sollte, fast immer allein und in Zim-
55   mern, so dunkel, weich und kühl wie das Meer. Die Künstler und die Gelehrten wurden vorstellig[29]. Meine Urgroßmutter winkte sie mit müder, schmaler Hand herein, sie sprach wenig, sie verstand kaum etwas, sie schaute unter schweren Lidern[30] langsam und verträumt. Die Künstler und die Gelehrten nahmen Platz auf den tiefen, weichen Sofas
60   und Sesseln, sie sanken ein in die schweren und dunklen Stoffe[31], die Hausmädchen brachten schwarzen, zimtigen Tee[32] und Konfitüre aus Heidelbeeren[33] und Brombeeren. Meine Urgroßmutter wärmte sich die kalten Hände am Samowar und war viel zu müde, um die Künstler und die Gelehrten wieder hinauszubitten. Und so blieben sie. Und sie betrach-
65   teten meine Urgroßmutter, und meine Urgroßmutter verschmolz[34] mit dem Dämmerlicht zu etwas Traurigem, Schönem, Fremdem. Und da Traurigkeit und Schönheit und Fremdheit die Grundzüge[35] der russischen Seele sind, verliebten sich die Künstler und die Gelehrten in meine Urgroßmutter, und meine Urgroßmutter ließ sich von ihnen lieben.
70   Mein Urgroßvater blieb sehr lange fort. Meine Urgroßmutter ließ sich also lange lieben, sie tat das vorsichtig und umsichtig[36], sie beging kaum einen Fehler. Sie wärmte ihre kalten Hände am Samowar und ihre

fröstelnde[37] Seele an den glühenden Herzen ihrer Liebhaber[38], sie lernte aus der fremden, weichen Sprache die Worte heraushören: „Du zarteste aller Birken[39]." Sie las die Briefe über die Schmelzöfen, die Devillschen Öfen, die Röhrenöfen[40] im schmalen Spalt des Tageslichts und verbrannte sie allesamt im Kamin[41]. Sie ließ sich lieben, sie sang am Abend vor dem Einschlafen das Lied von der Blomeschen Wildnis vor sich hin[42], und wenn ihre Liebhaber sie fragend ansahen, dann lächelte sie und schwieg. Mein Urgroßvater versprach[43], bald zurückzukommen, bald mit ihr zurückzukehren nach Deutschland. Aber er kam nicht.

Der erste und der zweite und der dritte Petersburger Winter verging, und noch immer war mein Urgroßvater in der russischen Weite mit dem Bauen der Öfen beschäftigt[44], und noch immer wartete meine Urgroßmutter darauf, dass sie heimkehren[45] konnte, nach Deutschland. Sie schrieb ihm in die Taiga[46]. Er schrieb zurück, er käme bald, er müsste dann nur noch einmal fort, nur noch ein letztes Mal – aber dann, aber dann, er verspräche, könnten sie reisen.

Am Abend seiner Ankunft saß meine Urgroßmutter vor dem Spiegel in ihrem Schlafzimmer und kämmte sich ihr helles Haar. In einem Kästchen[47] vor dem Spiegel lagen die Geschenke ihrer Liebhaber, die Brosche[48] von Grigorij, der Ring von Nikita, die Perlen und Samtbänder von Alexej, die Locken[49] von Jemeljan, die Medaillons, die Amulette und Silberreife[50] von Michail und Ilja. In dem Kästchen lag auch das rote Korallenarmband von Nikolaij Sergejewitsch. Seine sechshundertfünfundsiebzig kleinen Korallen waren auf einem Seidenfaden aufgereiht[51], und sie leuchteten rot wie die Wut[52]. Meine Urgroßmutter legte die Haarbürste[53] in ihren Schoß[54]. Sie schloss[55] sehr lange die Augen. Sie machte die Augen wieder auf, nahm das rote Korallenarmband aus dem Kästchen heraus und band es sich um ihr linkes Handgelenk. Ihre Haut war sehr weiß.

An diesem Abend aß sie mit meinem Urgroßvater zum ersten Mal seit drei Jahren. Mein Urgroßvater redete russisch und lächelte meine Urgroßmutter an. Meine Urgroßmutter faltete[56] die Hände im Schoß und lächelte zurück. Mein Urgroßvater redete über die Steppe, über die Wildnis, über die hellen, russischen Nächte, er redete über die Öfen und nannte ihre deutschen Namen, und dann nickte meine Urgroßmutter, als hätte sie verstanden. Mein Urgroßvater sagte auf russisch, er müsse noch einmal nach Wladiwostok[57] fahren, er aß die Pelmeni[58] mit den Händen, während er das sagte, er wischte sich mit den Händen das Fett vom Mund, er sagte, Wladiwostok sei die letzte Station, dann wäre es Zeit, zurückzugehen, nach Deutschland. Oder wolle sie noch bleiben?

Meine Urgroßmutter verstand ihn nicht. Aber sie verstand das Wort Wladiwostok. Und sie legte ihre Hände auf den Tisch, und das Korallenarmband leuchtete[59] rot wie die Wut an ihrem linken, weißen Handgelenk.

Mein Urgroßvater starrte auf das Korallenarmband. Er legte den Rest seiner Pelmeni auf den Teller zurück, wischte sich die Hände an der Leinenserviette ab und winkte das Hausmädchen aus dem Zimmer. Er

120 sagte auf deutsch: Was ist das.

Meine Urgroßmutter sagte: „Ein Armband."

Mein Urgroßvater sagte: „Und woher hast du das, wenn ich fragen darf?"

Meine Urgroßmutter sagte sehr leise und weich: „Ich wünschte

125 überhaupt, du hättest je gefragt. Es ist ein Geschenk von Nikolaij Sergejewitsch[60]."

Mein Urgroßvater rief das Hausmädchen wieder herein und schickte es nach seinem Freund Isaak Baruw. Isaak Baruw kam, er war bucklig und krumm[61], er sah verschlafen und verwirrt[62] aus, es war

130 schon spät in der Nacht, und er strich sich immer wieder verlegen[63] durch das ungekämmte Haar. Mein Urgroßvater und Isaak Baruw liefen erregt[64] und diskutierend durchs Zimmer, Isaak Baruw sprach vergebens[65] beruhigende Worte, Worte, die meine Urgroßmutter an ihre Liebhaber erinnerten[66]. Meine Urgroßmutter sank erschöpft[67] in

135 einen der weichen Sessel[68] und legte die kalten Hände an den Samowar. Mein Urgroßvater und Isaak Baruw sprachen russisch, meine Urgroßmutter verstand nicht viel mehr als die Worte Sekundant[69] und Petrowskij-Park. Das Hausmädchen wurde mit einem Brief hinaus in die Dunkelheit geschickt. Als der Morgen graute, verließen mein Urgroß-

140 vater und Isaak Baruw das Haus. Meine Urgroßmutter auf dem weichen Sessel war eingeschlafen, ihre schmale Hand mit dem roten Korallenarmband am Handgelenk hing matt[70] von der Lehne[71] herunter; im Zimmer war es so dunkel und still wie auf dem Grund des Meeres.

Isaak Baruw kam gegen Mittag zurück und teilte meiner Urgroß-

145 mutter unter vielerlei Kratzfüßen[72] und Beileidsbezeugungen[73] mit, dass mein Urgroßvater um acht Uhr in der Frühe verstorben sei. Nikolaij Sergejewitsch hatte ihn auf der Anhöhe des Petrowskij-Parks mitten ins Herz geschossen.

Meine Urgroßmutter wartete sieben Monate lang. Dann brachte sie

150 am 20. Januar des Jahres 1905 in den ersten Tagen der Revolution[74], meine Großmutter zur Welt, packte ihre Koffer und kehrte nach Deutschland zurück. Ihr Zug nach Berlin sollte der letzte sein, der Petersburg verließ, bevor die Eisenbahner[75] in den Streik traten und der Verkehr[76] Russlands mit dem Ausland eingestellt[77] wurde. Als sich die

155 Türen schlossen und die Lokomotive ihren weißen Rauch in die Winterluft blies, erschien am fernen Ende des Perrons[78] die bucklige, krumme Gestalt Isaak Baruws. Meine Urgroßmutter sah ihn kommen, sie befahl dem Schaffner zu warten, und so erklomm[79] Isaak Baruw in letzter Sekunde den deutschen Zug. Er begleitete[80] meine Urgroßmutter auf

160 der langen Reise nach Berlin, er trug ihre Koffer und Hutschachteln und

Handtaschen, und er versäumte[81] nicht, ihr seine lebenslange Dankbarkeit immer und immer wieder zu versichern[82]. Meine Urgroß-mutter lächelte ihn beruhigend an und schwieg; sie trug das rote Koral-lenarmband an ihrem linken Handgelenk, und meine winzige
165 Großmutter im Weidenkorb[83] ähnelte[84] schon damals dem Nikolaij Sergejewitsch mehr als meinem Urgroßvater.

II

Mein erster und einziger Besuch bei einem Therapeuten kostete mich das rote Korallenarmband und meinen Geliebten.

Mein Geliebter war zehn Jahre älter als ich, und er war wie ein
170 Fisch. Er hatte fischgraue Augen und eine fischgraue Haut, er war wie ein toter Fisch, er lag den ganzen Tag auf seinem Bett, kalt und stumm, es ging ihm sehr schlecht, er lag auf dem Bett herum und sagte, wenn überhaupt[85], nur diesen einen Satz: „Ich interessiere mich nicht für mich selbst." Ist das die Geschichte, die ich erzählen will?
175 Ich weiß es nicht. Ich weiß es nicht wirklich.

Mein Geliebter war der Urenkel[86] von Isaak Baruw, und in seinen dünnen Adern[87] floss russisch-deutsches Blut. Isaak Baruw war meiner Urgroßmutter sein Leben lang treu[88] geblieben, aber geheiratet hatte er ihr pommersches[89] Zimmermädchen. Er zeugte[90] mit ihr sieben
180 Kinder, und diese sieben Kinder schenkten ihm sieben Enkelkinder, und eines dieser Enkelkinder schenkte ihm seinen einzigen Urenkel, meinen Geliebten. Die Eltern meines Geliebten ertranken[91] im Sommersturm auf einem See, und meine Urgroßmutter wies[92] mich an, auf ihre Beerdigung[93] zu gehen – die letzten Zeugen[94] der Petersburger Ver-
185 gangenheit[95] würden da in die brandenburgische Erde[96] gesenkt und mit ihnen die Geschichten, über die sie selbst nicht mehr sprechen wollte. Und also ging ich auf die Beerdigung von Isaak Baruws Enkel und seiner Frau, und an deren Grab stand mein Geliebter und weinte drei graue Tränen. Ich nahm seine kalte Hand in meine, und als er nach
190 Hause ging, ging ich mit ihm; ich dachte, ich könne ihn trösten[97] mit den Petersburger Geschichten, ich dachte, er könne sie mir erzählen, noch einmal neu.

Aber mein Geliebter sprach nicht. Und er wollte nichts hören, und er wusste auch gar nichts von dem Wintermorgen im Jahr 1905, an dem
195 meine Urgroßmutter den Zug angehalten[98] hatte, damit sein Urgroßvater fliehen konnte, in letzter Sekunde. Mein Geliebter lag also auf seinem Bett herum und sagte, wenn überhaupt, nur diesen einen Satz: „Ich inter-essiere mich nicht für mich selbst." Sein Zimmer war kalt und staubig[99], es ging auf den Friedhof hinaus[100], auf dem Friedhof läuteten[101] immerzu
200 die Totenglöckchen[102]. Wenn ich mich auf die Zehenspitzen[103] stellte und aus dem Fenster schaute, konnte ich die frisch ausgehobenen[104] Gräber sehen, die Nelkensträuße[105] und die Trauernden[106]. Ich saß, oft in einer

Ecke[107] des Zimmers auf dem Boden[108], ich hatte die Knie an den Körper
gezogen und pustete[109] sachte die Staubflocken[110] durch den Raum; ich
205 fand es erstaunlich[111], sich nicht für sich selbst zu interessieren. Ich inter-
essierte mich ausschließlich[112] für mich selbst. Ich betrachtete[113] meinen
Geliebten, mein Geliebter betrachtete seinen Körper, als wäre er schon
tot, manchmal liebten wir uns feindselig[114], und ich biss ihn in seinen
salzigen Mund. Ich hatte das Gefühl, als sei ich dünn und mager, obgle-
210 ich ich das nicht war, ich konnte so tun, als sei[115] ich nicht ich selbst. Das
Licht fiel grün durch die Bäume vor dem Fenster, es war ein wässeriges
Licht, ein Licht wie es an Seen ist, und die Staubflocken trieben durch das
Zimmer wie die Algen und der Tang[116].

Mein Geliebter war traurig. Ich fragte ihn teilnahmsvoll[117], ob ich
215 ihm nicht eine kleine, russische Geschichte erzählen sollte, und mein
Geliebter antwortete rätselhaft[118], die Geschichten seien vorbei[119], er
wolle sie nicht hören, und überhaupt[120] solle ich meine eigene
Geschichte nicht mit anderen Geschichten verwechseln[121]. Ich fragte:
„Hast du denn eine eigene[122] Geschichte?", und mein Geliebter sagte
220 nein, er habe keine. Aber er ging zweimal in der Woche zu einem Arzt,
einem Therapeuten. Er verbot mir, ihn zu begleiten[123], er weigerte[124]
sich, mir etwas über den Therapeuten zu erzählen, er sagte: „Ich
spreche über mich. Das ist alles", und als ich ihn fragte, ob er darüber
sprechen würde, dass er sich nicht für sich selbst interessiere, sah er
225 mich voll Verachtung[125] an und schwieg.

Mein Geliebter schwieg also oder sagte diesen Satz, ich schwieg auch
und begann über den Therapeuten nachzudenken, mein Gesicht war
immer ebenso staubig wie meine nackten Fußsohlen. Ich stellte[126] mir vor,
im Zimmer des Therapeuten zu sitzen und über mich zu sprechen. Ich
230 hatte keine Vorstellung[127] davon, worüber ich sprechen sollte. Ich hatte,
seitdem ich bei meinem Geliebten war, schon lange nicht mehr wirklich
gesprochen, ich sprach kaum mit ihm, und er sprach so gut wie nie mit
mir, immer nur sagte er diesen einen Satz, und es gab Augenblicke[128], in
denen ich dachte, die Sprache bestehe[129] einzig und allein aus diesen
235 sieben Worten: Ich interessiere mich nicht für mich selbst.

Ich begann, sehr viel über den Therapeuten nachzudenken. Ich
dachte nur an dieses Sprechen in seinem unbekannten Zimmer, und das
war angenehm[130]. Ich war zwanzig Jahre alt, ich hatte nichts zu tun, ich
trug das rote Korallenarmband an meinem linken Handgelenk. Ich
240 kannte die Geschichte meiner Urgroßmutter, ich konnte im Geist[131]
durch die dunkle, dämmerige Wohnung am Malyi-Prospekt gehen, ich
hatte den Nikolai Sergejewitsch in den Augen meiner Großmutter gesehen. Die Vergangenheit war so dicht mit mir verwoben[132], dass sie mir
manchmal wie mein eigenes Leben erschien. Die Geschichte meiner
245 Urgroßmutter war meine Geschichte. Aber wo war meine Geschichte
ohne meine Urgroßmutter? Ich wusste es nicht.

Die Tage waren still und wie unter dem Wasser. Ich saß im Zimmer meines Geliebten, und der Staub webte sich um meine Fußgelenke[133]
250 herum, ich saß, die Knie an den Körper gezogen, den Kopf auf den Knien, ich malte mit dem Zeigefinger[134] Zeichen auf den grauen Fußboden, ich war gedankenverloren[135] in ich weiß nicht was, so gingen Jahre, schien es, ich trieb so fort[136]. Konnte ich darüber sprechen? Von Zeit zu Zeit kam meine Urgroßmutter und klopfte mit knochiger[137]
255 Hand an die Wohnungstür, sie rief, ich solle herauskommen und mit ihr nach Hause gehen, ihre Stimme kam durch den Staub, der die Tür umsponnen[138] hatte, wie aus weiter Ferne. Ich bewegte mich nicht und antwortete ihr nicht, auch mein Geliebter lag auf seinem Bett und starrte mit toten Augen an die Decke, ohne sich zu rühren. Meine Urgroß-
260 mutter rief und lockte mich mit den Kosenamen meiner Kindheit – Liebherzelein[139], Nussbäumelein, Herzäugelein –, sie tickte[140] mit ihrer knochigen Hand beharrlich[141] und zäh an die Tür, und erst als ich triumphierend rief: „Du hast mich zu ihm geschickt, jetzt musst du warten, bis es zu Ende ist!", da ging sie wieder.

265 Ich hörte ihren Schritt auf den Treppen immer leiser werden, die Staubflocken an der Tür, die durch ihr Klopfen in Bewegung geraten[142] waren, beruhigten[143] sich und falteten sich zu einem dichten Flaum[144] zusammen. Ich sah meinen Geliebten an und sagte: „Möchtest du nicht doch die Geschichte vom roten Korallenarmband hören?"

270 Mein Geliebter wandte[145] sich auf dem Bett liegend mit zerquältem[146] Gesicht zu mir herum. Er streckte die fischgrauen Hände von sich und spreizte[147] langsam die Finger, seine fischgrauen Augen traten ein wenig aus ihren Höhlen[148] hervor. Die Stille des Zimmers zitterte wie die Oberfläche[149] eines Sees, in den man einen Stein geworfen hat. Ich
275 zeigte meinem Geliebten meinen Arm und die roten Korallen an meinem Handgelenk, mein Geliebter sagte: „Diese kommen aus der Familie der Rindenkorallen[150]. Sie bilden ein Stämmchen[151], das bis zu einem Meter hoch werden kann, und sie haben ein rotes Skelett aus Kalk.[152] Kalk."

280 Mein Geliebter stieß[153] beim Sprechen mit der Zunge an, er sprach schwerfällig und lallend[154], als sei er betrunken. Er sagte: „Sie wachsen an den Küsten von Sardinien und Sizilien. In Tripolis, Tunis und Algerien. Dort, wo das Meer so blau ist wie ein Türkis[155], sehr tief, man kann schwimmen und tauchen, und das Wasser ist warm..." Er drehte sich
285 wieder von mir weg und seufzte[156] tief, er trat mit den Füßen zweimal gegen die Wand, dann lag er still.

Ich sagte: „Ich will die Geschichten erzählen, hörst du! Die Petersburger Geschichten, die alten Geschichten, ich will sie erzählen, um aus ihnen hinaus und fortgehen zu können." Mein Geliebter sagte: „Ich will
290 sie nicht hören."

Ich sagte: „Dann werde ich sie deinem Therapeuten erzählen", und mein Geliebter richtete[157] sich auf, er atmete[158] so heftig ein, dass

einige Staubflocken in einem kleinen Strom in seinem aufgerissenen[159] Mund verschwanden[160], er sagte: „Du wirst meinem Therapeuten über-
295 haupt nichts erzählen, geh zu irgendwem[161], aber nicht zu meinem Therapeuten", er hustete und schlug sich auf die nackte, graue Brust, ich musste lachen, denn nie zuvor hatte mein Geliebter so viel hinter-einander gesprochen. Er sagte: „Du wirst nicht mit jemandem über mich sprechen, mit dem auch ich über mich spreche, das ist nicht
300 möglich", und ich sagte: „Ich will nicht über dich sprechen, ich will die Geschichte erzählen, und meine Geschichte ist auch deine Geschichte." Wirklich, wir kämpften[162] miteinander. Mein Geliebter drohte[163], mich zu verlassen, er hielt mich fest und zog an meinen Haaren, er biss mich in die Hand und kratzte[164], ein Wind ging durchs Zimmer, die Fenster
305 sprangen auf, die Totenglöckchen auf dem Friedhof läuteten wie rasend[165], und die Staubflocken trieben hinaus wie Seifenblasen[166]. Ich stieß[167] meinen Geliebten von mir und riss die Tür auf, ich fühlte mich wirklich so dünn und mager; als ich ging, konnte ich die Staubflocken sachte zu Boden sinken hören, stand mein Geliebter stumm an seinem
310 Bett, mit seinen fischgrauen Augen und seiner fischgrauen Haut.

III
Der Therapeut, wegen dem ich das rote Korallenarmband und meinen Geliebten verlor, saß in einem großen Zimmer hinter seinem Schreibtisch. Das Zimmer war wirklich sehr groß, es war fast leer, bis auf diesen Schreibtisch, den Therapeuten dahinter und einen kleinen Stuhl
315 davor. Auf dem Boden des Zimmers lag ein weicher, meerblauer, tief-blauer Teppich. Der Therapeut sah mich ernst[168] und gerade an, als ich sein Zimmer betrat. Ich lief[169] auf ihn zu, ich hatte das Gefühl, ich müsse sehr lange auf ihn zu laufen, bis ich endlich diesen Stuhl vor seinem Schreibtisch erreicht hatte. Ich dachte daran, dass auf diesem Stuhl
320 sonst immer mein Geliebter gesessen und über sich – über was? – gesprochen hatte, ich spürte[170] eine winzige Traurigkeit. Ich setzte mich. Der Therapeut nickte[171] mir zu, ich nickte auch und starrte ihn an, ich wartete auf den Anfang, auf den Beginn der Unterhaltung, auf seine erste Frage. Der Therapeut starrte zurück, bis ich meinen Blick[172]
325 senkte, aber er sagte nichts. Er schwieg. Sein Schweigen erinnerte mich an etwas. Es war sehr still. Irgendwo tickte eine Uhr, die ich nicht sehen konnte, ums hohe Haus webte der Wind, ich schaute auf den meerblauen, tiefblauen Teppich zwischen meinen Füßen und zog nervös und unsicher an dem Seidenfaden[173] des roten Korallenarmban-
330 des. Der Therapeut seufzte. Ich hob den Kopf, er tippte mit der nadel-spitzen[174] Mine seines Bleistiftes auf die glänzende Schreibtischplatte, ich lächelte verlegen, er sagte:
„Worum geht[175] es Ihnen denn?"

Ich atmete ein, ich hob die Hände und ließ sie wieder sinken, ich
335 wollte sagen, ich interessiere mich nicht für mich selbst, ich dachte, das
ist eine Lüge, ich interessiere mich ausschließlich für mich selbst, und ist
es das? dass da nämlich gar nichts ist? nur die Müdigkeit und die leeren,
stillen Tage, ein Leben wie das der Fische unter Wasser und ein Lachen
ohne Grund? ich wollte sagen, ich habe zu viele Geschichten in mir, die
340 machen mir das Leben schwer, ich dachte, da hätte ich ja auch bei
meinem Geliebten bleiben können, ich atmete ein, und der Therapeut
riss Mund und Augen auf, und ich zog am Seidenfaden des roten Koral-
lenarmbandes und der Seidenfaden riss[176] und die sechshundertfünfundsiebzig wutroten[177] kleinen Korallen platzten[178] in einer funkelnden
345 Pracht[179] von meinem dünnen und mageren Handgelenk.

Ich starrte mein Handgelenk an, fassungslos[180], das Handgelenk war
weiß und nackt. Ich starrte den Therapeuten an, der Therapeut hatte
sich in seinem Stuhl zurückgelehnt, der Bleistift lag jetzt parallel zur
Schreibtischkante[181] vor ihm, er hatte die Hände im Schoß gefaltet. Ich
350 schlug die Hände vor mein Gesicht. Ich rutschte[182] vom Stuhl hinunter
auf den meerblauen, tiefblauen Teppich, die sechshundertfünfundsiebzig Korallen lagen über das ganze Zimmer versprengt[183]. Sie
leuchteten[184] so wutrot wie nie, ich kroch[185] auf dem Boden umher und
sammelte[186] sie auf, sie lagen unter dem Schreibtisch, unter der
355 Fußspitze des Therapeuten, er zog den Fuß ein winzigbisschen zurück,
als ich ihn berührte, unter dem Schreibtisch war es dunkel, aber die
roten Korallen leuchteten.

Ich dachte an Nikolaij Sergejewitsch, ich dachte, hätte er meiner
Urgroßmutter die roten Korallen nicht geschenkt, hätte er meinen
360 Urgroßvater nicht mitten ins Herz geschossen. Ich dachte an den buck-
ligen, krummen Isaak Baruw, ich dachte, hätte er Russland nicht verlassen, hätte meine Urgroßmutter nicht seinetwegen den Zug
angehalten. Ich dachte an meinen Geliebten, den Fisch, ich dachte,
hätte er nicht immer geschwiegen, müsste ich jetzt nicht unter dem
365 Schreibtisch eines Therapeuten herumkriechen; ich sah die Hosen-
beine[187] des Therapeuten, seine gefalteten[188] Hände, ich konnte ihn
riechen, ich stieß mir den Kopf an der Schreibtischplatte. Ich sammelte
die roten Korallen unter dem Schreibtisch ein, ich kroch wieder ans
Licht und weiter durchs Zimmer, ich hob die Korallen mit der rechten
370 Hand auf und sammelte sie in der linken, ich begann zu weinen. Ich
kniete auf dem weichen, meerblauen, tiefblauen Teppich, ich sah den
Therapeuten an, der Therapeut sah mich an, von seinem Stuhl aus, mit
den gefalteten Händen. Meine linke Hand war voller Korallen, aber
noch immer leuchteten und blinkten[189] sie um mich herum, ich dachte,
375 ich bräuchte mein ganzes Leben, um all diese Korallen wieder
aufzuheben, ich dachte, es würde mir doch niemals gelingen[190], mein
Leben lang nicht. Ich stand auf. Der Therapeut beugte[191] sich vor, nahm

den Bleistift vom Schreibtisch und sagte: „Die Sitzung[192] ist für heute beendet[193]."

380   Ich schüttete[194] die roten Korallen von der linken in die rechte Hand, sie machten ein schönes, zärtliches[195] Geräusch[196], fast wie ein kleines Gelächter[197]. Ich hob die rechte Hand und schleuderte[198] die roten Korallen auf den Therapeuten. Der Therapeut duckte sich. Die roten Korallen prasselten[199] auf seinen Schreibtisch, und mit ihnen pras-

385 selte ganz Petersburg, die große und die kleine Newa, die Urgroßmutter, Isaak Baruw und Nikolaij Sergejewitsch, die Großmutter im Weidenkorb und der Geliebte der Fisch, die Wolga, die Luga, die Narowa, das Schwarze Meer und das Kaspische Meer und die Agäis, der Golf, der Atlantische Ozean.

390   Das Wasser der Weltmeere wogte[200] in einer großen, grünen Welle über den Schreibtisch des Therapeuten und riss ihn vom Stuhl, es stieg schnell höher und trug den Schreibtisch empor[201], aus seinen Wellenkäm- men[202] stieg noch einmal das Therapeutengesicht auf, dann verschwand es, das Wasser rauschte[203], brandete[204], sang und stieg und schwemmte[205]

395 die Geschichten mit sich fort, die Stille und die Korallen, schwemmte sie zurück in die Tangwälder, in die Muschelbänke[206], an den Meeresgrund. Ich holte Luft. Ich ging noch einmal nach meinem Geliebten sehen[207]. Der trieb[208], ich wusste das, mit dem bleichen Bauch[209] nach oben auf dem wassernassen Bett. Das Licht war so grau, wie es das Licht auf dem Grund

400 eines Sees ist, in seinem Haar hatten sich die Staubflocken verfangen[210], sie zitterten[211] sachte. Ich sagte: „Du weißt, dass die Korallen schwarz werden, wenn sie zu lange auf dem Meeresgrund liegen," ich sagte: „War das die Geschichte, die ich erzählen wollte," aber mein Geliebter konnte mich nicht mehr hören. ◣

◉ Leseverständnis

A.   **Zum Text.** Sind die folgenden Aussagen **richtig (R), falsch (F)** oder **nicht im Text (N)**? Verbessern Sie, was falsch ist. Arbeiten Sie allein oder mit einem Partner.

	R	F	N
1. Der Urgroßvater ist ein Facharbeiter oder Wissenschaftler, der in Russland Uhren baut.	❏	❏	❏
2. Die Urgroßmutter wohnt in einer Stadt östlich von Moskau.	❏	❏	❏
3. Der Urgroßvater ist wütend, dass seine Frau ein Geschenk von einem Verehrer bekommen hat.	❏	❏	❏
4. Die Urgroßmutter bleibt mit ihrem Kind in Russland.	❏	❏	❏

5. Die Urgroßmutter bekommt nach seinem Tod ein
   Kind von ihrem Mann. ❑ ❑ ❑

6. Der Geliebte der Erzählerin wohnt in einem Zimmer
   mit dem Blick auf das Meer. ❑ ❑ ❑

7. Der Geliebte ist ein Wissenschaftler, der genau weiß,
   woraus Korallen bestehen. ❑ ❑ ❑

8. Die Erzählerin erlöst den Fischmann mit ihren
   Geschichten aus St. Petersburg. ❑ ❑ ❑

9. Die Erzählerin findet ihre eigene Geschichte und
   Identität im Erzählen. ❑ ❑ ❑

10. Das Korallenarmband hilft der Erzählerin, ihre eigene
    Geschichte mit der Geschichte der Urgroßmutter zu
    verbinden. ❑ ❑ ❑

11. Die Erzählerin benutzt die roten Korallen, um gegen
    die graue Welt der Wissenschaft zu kämpfen. ❑ ❑ ❑

12. Die roten Korallen haben ihre eigene Macht, die die
    Erzählerin nicht versteht, aber kreativ gebraucht. ❑ ❑ ❑

13. Am Ende der Erzählung wird die Erzählerin mit dem
    Fischmann glücklich. ❑ ❑ ❑

B. Nach dem Lesen.

1. **Teil I.** Stellen Sie sich vor, die Urgroßmutter müsste ein Telegramm
   nach Deutschland schicken, in dem sie erklärt, warum sie mit Kind
   und Begleiter, aber ohne Ofenbauer, nach Berlin zurückkehrt. Fassen
   Sie das Wichtigste im Telegramm zusammen.

Punkte	Begründung
a.	a.
b.	b.

2. **Teil II.** Die Erzählerin droht ihrem Geliebten, zum Psychiater zu
   gehen, wenn er ihr nicht zuhört. Im Telegrammstil gibt sie Gründe an.

Punkte	Begründung
a.	a.
b.	b.

3. **Teil III.** Im Telegrammstil erklärt die Erzählerin ihrer Urgroßmutter,
   was mit dem Korallenarmband passiert ist und warum das wichtig ist.

Was ist passiert	Bedeutung
a.	a.
b.	b.

C. **Assoziationen.** Machen Sie möglichst viele Aussagen über den Text mit den folgenden Wörtern und Phrasen. Welche weiteren Ausdrücke sollten auf Ihrer Stichwörterliste stehen?

I

St. Petersburg

die Inselwohnung

die blasse, schöne Frau

Traurigkeit, Schönheit, Fremdheit

der Ofenbauer

die Sehnsucht nach Wärme

die Blomesche (Blumen/blühen) Wildnis

das rote Korallenarmband

das Duell

die Revolution

der letzte Zug aus Russland

II

die Beerdigung

das Zimmer des Geliebten

die russische Vergangenheit

der Fischmann

das Interesse des Geliebten

das Erscheinen der Urgroßmutter

der Friedhof

ihr Problem

die Drohung

III

der Therapeut

das Zimmer mit dem Schreibtisch

der Teppich

das Problem, um das es geht

die Zerstörung vom Armband

der Kampf

ihre Selbstbehauptung (*self assertion*)

die Flut (Sintflut – *deluge*)

das Ende

D. **Stichwörterliste.** Notizen zu jedem Thema oder Motiv: Wenn Sie viele von den obigen Ausdrücken auf Ihre Stichwörterliste schreiben, sollten

Sie versuchen, diese nach Kontexten zu organisieren, sie zu erweitern, Beziehungen durch Pfeile *(arrows)* klar zu machen und die Zeitfolge, Bilder und wichtige andere Assoziationen hinzuzufügen.

E. **Fragen zum Text.** Was für Fragen haben Sie zum Text? Was möchten Sie gern wissen? Schreiben Sie Ihre Fragen auf und stellen Sie sie an andere in Ihrer Gruppe, bis Sie eine Antwort darauf bekommen. Beispiel: „Warum wird nichts von der Generation der Mutter oder Groß- mutter der Erzählerin gesagt?"

F. **Zuordnungsübung.** Ordnen Sie mit Ihrer Partnerin/Ihrem Partner folgende Ausdrücke den Personen zu, für die sie von Wichtigkeit sind.

1. Öfen in Briefen fachmännisch beschreiben
2. sich einsam fühlen
3. einen Salon in St. Petersburg führen
4. russische Liebesdichtung schätzen
5. Russland heizen
6. unzivilisiert essen
7. in einem Duell kämpfen
8. mit dem Korallenarmband den Mann herausfordern

G. **Erzählfunktionen.** Besonders wichtig in der Erzählung sind Elemente, die dem Text Kohärenz und Gestalt geben.

1. Wie führt der Anfang der Erzählung die drei Episoden ein?
2. Wie weist der Text immer voraus und zurück? Notieren Sie die Gliederung *(disposition)* in Episoden.
3. Finden Sie andere Textstellen mit ähnlichen Funktionen im Text? Markieren Sie in einer Farbe Elemente, die voraus in die Zukunft weisen, und in einer anderen Farbe Elemente, die zurück in die Vergangenheit weisen.
4. Was halten Sie von dieser Erzählmethode, zurückweisend und vorausdeutend zu erzählen? Hat sie mit der Erzählung zu tun?

Mein erster und einziger Besuch bei einem Therapeuten kostete mich das rote Korallenarmband und meinen Geliebten.

Das rote Korallenarmband kam aus Russland.

Es kam, genauer gesagt, aus Petersburg, es war über hundert Jahre alt, meine Urgroßmutter hatte es ums linke Handgelenk getragen, meinen Urgroßvater hatte es ums Leben gebracht.

Ist das die Geschichte, die ich erzählen will?

Ich bin nicht sicher. Nicht wirklich sicher.

🗩 Diskussion

A.   Interview. Die Urgroßmutter kommt mit ihrem Baby im Januar 1905 bei den Verwandten ihres Mannes in Berlin an. Machen Sie ein Interview mit der Urgroßmutter.

1. Was wollen Sie von der Heimkehrerin wissen?
2. Etwas über St. Petersburg?
3. Über den Grund, warum sie nicht mit dem Ofenbauer, sondern einem fremden Mann ankommt?

B.   Interpretation. Was bedeutet es, dass das Armband als „wutrot" beschrieben wird? In der Literatur wird ein Symbol, das mit allen Teilen der Erzählung symbolisch verbunden ist, ein *Leitmotiv* genannt. Ist das Armband mit allen Teilen verbunden? Auf welche Weise?

C.   Rollenspiele. Schreiben Sie Rollenspiele und tragen Sie diese vor.

1. Urgroßmutter – Ofenbauer: Sie braucht Wärme, aber nicht die Wärme eines Ofens, Kamins oder Samowars. Er will Russland mit seinen Öfen beheizen. Sie hat Heimweh nach Deutschland. Ihn zieht es in die kältesten Gebiete Russlands.
2. Eine Person spielt die Erzählerin, einer den Fischmann, den Geliebten. Sie versucht ihn zu überreden, sich für ihre Phantasien zu interessieren und für ihre Geschichten. Er interessiert sich aber nur für Fakten und findet ihre Phantasien übertrieben. Sie findet Geschichte (*history*) wichtig; er will ohne Geschichte und Geschichten (*stories*) leben. Vergessen Sie nicht, über Identitätsprobleme aus beiden Perspektiven zu sprechen.
3. Eine Person spielt die Erzählerin, einer spielt den Fischmann. Sie sagt ihm, dass er für sie wie ein Fisch ist, dass sie ihn den Fischmann nennt, den sie durch ihre Erzählungen erlösen (*redeem*) will. Sie erzählt ihm das Märchen vom Geist im Glas (*Genie in the Bottle*). Wie reagiert er darauf?
4. Eine spielt die Erzählerin, einer spielt den Therapeuten. Sie will ihr *Ich* durch die Kunst des Erzählens finden. Er will die Macht der Männer und der Wissenschaft über hysterische Frauen beweisen (*to demonstrate*).

D.   Gruppenarbeit

1. In einer Gruppe von 3–5 Personen beschreiben Sie das offene Ende der Erzählung.
   a. Was bedeutet die Flut?

b. Hat sie mit dem Kampf der Frauen und deren Phantasie gegen die tote Welt der Männer und deren Wissenschaft zu tun?

c. Ist es die Macht des Erzählens, die ihr Macht über die Natur gibt?

d. Hat diese Macht mit dem Korallenarmband zu tun?

e. Wie viele verschiedene Interpretationen vom Ende gibt es in Ihrer Gruppe?

2. Offensichtlich ist das Ende offen.

   a. Können Sie Ihre Interpretation von dem Schluss malen und im Plenum der Klasse vortragen?

   b. Wenn verschiedene Gruppen ihre Interpretation vom Schluss zeichnen, können Sie die Zeichnungen vergleichen.

3. In einer Gruppe besprechen Sie die Funktion vom Erzählen von **Märchen** in dieser Geschichte. Die junge Frau erzählt Märchen, wie es einst Scheherazade in *Märchen aus den 1001 Nächten* tat. Durch ihre Märchen gelang es Scheherazade, den geisteskranken König Schehrijar zu heilen, der zum Monstrum geworden war und jeden Morgen nach der Liebesnacht die junge Frau ermordete, mit der er geschlafen hatte. Durch Märchenerzählen erhielt sich Scheherazade am Leben und änderte den Charakter des Königs sowie ihre eigene Rolle. Geschieht dasselbe in *Rote Korallen?*

4. Gruppenprojekt.

   a. Was für Wörter, Bilder, Symbole, Motive kommen häufig vor?

   b. Liegt ihre Bedeutung fest oder verändert sie sich?

   c. Jeder in der Gruppe nimmt eines von diesen Elementen, markiert es im Text und bespricht seine Bedeutung. In der Gruppe werden diese Elemente zusammengestellt und kommentiert.

E. Allerlei Fragen

1. Die Identität der Erzählerin.

   a. Wie wichtig ist die russische Vergangenheit für die Identität dieser Erzählerin?

   b. Warum ist für sie ihre russisch-deutsche Urgroßmutter wichtiger als ihre Großmutter und ihre Mutter?

   c. Besitzt sie nichts anderes von Wert als das rote Korallenarmband? In der Gegenwart des Fischmanns denkt sie scheinbar nur daran, ihm Geschichten aus Russland zu erzählen. Als sie anfängt, gegen den Therapeuten zu kämpfen, denkt sie an Nikolai Sergejewitsch, ihren Urgroßvater, der der Urgroßmutter das Korallenarmband geschenkt hatte. Als sie die Korallenperlen in die Hand nimmt, um sie auf den Therapeuten zu schleudern, prasseln St. Petersburg, die Newa, alle russischen Flüsse und sogar der Atlantische Ozean auf ihn. Wird sie in der Flut nicht nass?

   d. Ist sie am Ende eine starke oder schwache Erzählerin?

2. An welcher Stelle in der Erzählung gibt es einen Wendepunkt? Wo finden Sie den Höhepunkt? Lesen Sie sich die Informationen über die Kurzgeschichte in **Kontexte** durch, um etwas mehr über die Gattung (*genre*) der Kurzgeschichte zu lernen.

3. Vergleichen Sie die Einleitung und den Schluss. Was hat sich verändert?

4. Besprechen Sie die Erzählperspektive (*point of view*).

  a. Woher hat die Erzählerin ihr Wissen über die Urgroßmutter?

  b. Ist Verlass auf die Erzählerin?

  c. Finden Sie Ironie, die durch das Erzählen entsteht?

F.   **Arbeit im Plenum.** Welche Themen halten Sie für besonders wichtig? Notieren und beschreiben Sie sie im Plenum.

⬢ Wortschatzaufgaben

A.   **Wortfelder. Brainstorming im Plenum.** Was für wichtige, sinnverwandte Wörter aus der Erzählung verbinden Sie mit den verschiedenen Wortfeldern? Machen Sie Wortigel.

St. Petersburg	Öfen
das Meer	Liebe, Sexualität
Frauen	Männer
Erzählen	Korallen
die Wissenschaft	der Tod
Das Märchen: Die Schöne und das Tier/Biest	

B.   **Stichwörterliste.** Viele Adjektive und Adverbien werden in dieser Erzählung verwendet.

1. Wie viele davon kennen Sie schon? Welche neuen Adjektive und Adverbien stehen auf Ihrer Stichwörterliste?

2. Mit wem oder mit welcher Handlung verbinden Sie sie? Adverbien informieren uns über die Umstände (*conditions*).

  a. über die Art und Weise, *wie* etwas geschieht.

  b. über die Zeit, *wann* etwas geschieht.

  c. über den Ort, *wo* etwas geschieht.

3. Ordnen Sie folgende Adverbien und Adjektive nach Art und Weise, Zeit und Ort:

schließlich, heftig, fassungslos, teilnahmsvoll, angenehm, rätselhaft, da, dort, überall, nirgends, erstaunlich, vergebens, matt, verwirrt, sachte, überhaupt, genau, sicher, lange, damals, immer, allein, kaum, langsam, vorsichtig, bald, einmal, noch, schon, mitten

Art und Weise   **Zeit**   **Ort**

C. Was passt nicht? Unterstreichen Sie in jeder Gruppe die nicht dazugehörigen Wörter bzw. die nicht dazugehörigen Ausdrücke.

1. Öfen haben Flammen, Röhren, Schächte, Algen, Schaufeln, Muffeln, Kacheln, Feuerung, Gefäße.

2. Was macht das Licht? Es funkelt, leuchtet, raucht, blinkt, erhellt das Dunkle.

3. Was macht das Wasser? Es rauscht, fließt, umspült Inseln, wogt, brandet, steigt, schwemmt, brennt.

4. Was macht der Wind? Er macht Geräusche, webt, weht, spült, bläst.

5. Eine kluge Person ist: umsichtig, vorsichtig, verwirrt, gelehrt.

6. Wer böse ist, ist zornig, feindselig; er/sie kämpft, beißt, kratzt, zieht an den Haaren, schleudert Gegenstände, macht nette Komplimente.

7. Wasser fließt in Flüssen, Nebenflüssen, Meeren, Buchten, Zimmern, Friedhöfen.

8. Mit den Augen kann man starren, sehen, etwas bemerken, betrachten, riechen.

9. Im Meer findet man Korallen, Algen, Tang, Therapeuten, Inseln, Fischmänner.

10. Die Hände faltet man, gibt man sich, legt man in den Schoß, schlägt man vors Gesicht, steckt man in die Schuhe.

11. Mit den Händen schüttet man etwas von einer Hand in die andere, schleudert, betrachtet, greift an.

12. Korallen wachsen unter Wasser, bilden Stämmchen, sind wutrot, werden schwarz unter Wasser, glänzen am Arm, wärmen die Haut, treiben Männer zur Rache.

13. Staub treibt in Flocken, wird gepustet, bedeckt grau das Zimmer, webt, hält Türen umsponnen, wird zu Flaum, bringt Leben.

D. Was ist das Gegenteil von:

anfänglich   sachte

gefasst   angenehm

erfolgreich   matt

klar   blass

sauber

E.   **Farben und ihre Zusammensetzungen/Verbindungen im Text.** Was ist grau? Was für Zusammensetzungen/Kombinationen gibt es im Text mit der Farbe grau?

Was ist rot?

Was ist grün?

Was ist blau?

Was ist blond?

🎙 Sprechakte

A.   **Zuordnung.** Verbinden Sie, was zusammengehört.

1. beschreiben	a. Unerwartetes Geschehen in einer Gechichte kunstvoll verbinden.
2. berichten	b. Jemanden informieren, auf welche Weise ein Geschehen passiert ist.
3. erzählen	c. Eine sachliche, objektive Darstellung machen, so dass sich Leser ein Bild von einem Gegenstand oder einer Person machen kann.

B.   **Partnerarbeit.** Jetzt erzählen Sie und Ihre Partnerin/Ihr Partner sich gegenseitig, was Sie mit diesen Sprechakten verbinden. Bilden Sie Beispiele von jedem Sprechakt.

⊕ Aufsatzthemen

USING FLAVORING PARTICLES AND ADVERBS FOR EMPHASIS AND NUANCE

Several of the so-called "flavoring" particles can be used to lend emphasis, emotion, persuasion, urgency, or rhetorical flair to views about which you feel strongly. Place them within the sentence where you wish to add emphasis, but never before a verb in normal second position. Try to use two or three of the following flavoring particles when writing on the first, third, fourth, seventh, or eighth topic (particles do not have endings.)

1. **Denn** *emphasizes questions, at the same time making them less abrupt and less formal.*

    Worum geht es Ihnen denn?

    Well, what is your problem?

2. Doch *is used for emphasis in a variety of situations. Its range of meanings includes after all and really. It can be used to stress:*

   a. *the obviousness of a statement:*

      Es ist doch ganz klar, dass…
      After all, it is quite clear that…

   b. *surprise or disbelief:*

      Sie wollen mir doch nicht sagen, dass…
      You don't really want to tell me that…

   c. *a sense that something did not happen as expected or hoped for:*

      Sie hat ihren Geliebten doch nicht mit ihren Geschichten erlöst.
      She did not disenchant her lover with her tales after all.

3. Doch *intensifies the sense of impatience or urgency in imperatives. It is often followed by* **mal**.

   Hören Sie doch mal zu!
   Come on, (just) listen!

4. Ja *expresses the obviousness of a statement, or surprise. In this usage, it is slightly less emphatic than* **doch.**

   Das wissen Sie ja.
   You know that, of course/You know that, after all.
   Da bist du ja!
   Well, there you are!

5. Ja *adds a sense of urgency or warning to imperatives. It is often preceded by* **nur** *in this usage.*

   Tun Sie das (nur) ja nicht!
   Don't you dare do that!

6. Nun einmal *or* **nun mal** *implies somewhat resigned acceptance of the way things are in a particular situation.*

   Für eine deutsche Frau in St. Petersburg ist es nun einmal so.
   For a German woman in St. Petersburg, that's just the way it is.

7. Wohl *can suggest probability or likelihood.*

   Die Situation wird sich in Zukunft **wohl** nicht bessern.
   The situation will probably not get any better in the future.

8. Wohl, *when stressed, can indicate a sense of certainty.*

   Das weiß ich wohl. Das ist ja wohl klar.
   I know that full well. That should be clear.

1. Tagebuch. Durch ihr Tagebuch sehen wir, wie die Erzählerin in ihrem Leben die Rebellion der Urgroßmutter wiederholt, die ihr Korallenarmband, das wie die Wut leuchtete, vor ihrem Mann anlegte.

   a. Wogegen rebellierte die Urgroßmutter?

b. Hat es mit ihrer Sexualität zu tun?

c. Wogegen rebelliert die Urenkelin?

d. Hat es mit deren Sexualität zu tun?

e. Reflektieren beide darüber in ihren Tagebüchern?

Bevor Sie schreiben, sollten Sie sich die Rebellion lebhaft vorstellen (*visualize*). Beachten Sie auch die Rolle der Männer im Leben dieser Frauen.

2. Versuchen Sie diese Erzählung als modernes Märchen nachzuerzählen, vielleicht als Erlösungsmärchen (*redemptive tale*), z. B. wie „Die Schöne und das Biest".

Welches Erlösungsmärchen möchten Sie nacherzählen? Gelingt die Erlösung hier?

> Das Märchen von der Urgroßmutter und dem Ofenbauer
>
> Das Märchen von der Erzählerin (der neuen Scheherazade) und dem Fisch/Fischmann?
>
> Das Märchen von der Erzählerin und dem Wissenschaftler (dem Therapeuten)?

3. Bevor Sie erzählen, stellen Sie die typischen Elemente des Märchens zusammen:

> Es war einmal…
>
> der Kontrast zwischen Gut und Böse, Schön und Hässlich
>
> die Aufgabe
>
> die Gabe
>
> der Konflikt zwischen dem Helden/der Heldin und dem Bösewicht
>
> der Sieg des Guten über das Böse
>
> die Rückkehr nach Deutschland

4. Die Figur der Urgroßmutter ist eine Muttergestalt, eine Erdmutter-Figur, die in der Erzählung immer größer wird.

   a. Wie alt ist sie zur Zeit der Erzählerin?

   b. Was zeigt uns in ihrem Handeln und in ihrer Beschreibung, dass sie eine Erdmutter-Figur ist?

   c. Wie wird ihr Rufen, ihr Klopfen beschrieben?

   d. Erzählen Sie die Geschichte von dieser Mutterfigur. Erich Neumann spricht von der Großen Mutter, Terra, der Erdmutter. Ist die Erdmutter nur Erdmutter oder kann sie auch Seemutter sein? Muss sich die Erzählerin von ihr befreien?

5. Hat das Ende der Erzählung, wo die Männerwelt von der See über-schwemmt *(flooded)* wird, etwas mit der Seemutter zu tun?

   a. In einem Handbuch über Mythologie sollten Sie über Venus nach-lesen. Woher kommt Venus? Woher kommt die Schönheit?

   b. Schauen Sie sich auch gleich Botticellis *Geburt der Schaumgeborenen* an (*The birth of Venus*, showing Venus emerging from the foam of the sea). Hat das Ende etwas mit dem Sieg *(victory)* der See über die Männerwelt zu tun? Was ist die Beziehung in dieser Geschichte zwischen dem Mann, der Frau und dem Meer?

6. Möchten Sie die Rückkehr der Erzählerin zur Urgroßmutter als Märchen erzählen?

   a. Vielleicht ist die Erzählerin ein neues Rotkäppchen, das zur starken Urgroßmutter zurückkehrt?

   b. Was für eine Macht hat die Urgroßmutter über ihre Enkelin?

   c. Ist das rote Käppchen vergleichbar mit dem roten Armband als Symbol der Sexualität?

7. Ein Brief. Die Erzählerin macht das Korallenarmband kaputt. Dann weint sie, aber nachdem sie ihre Tränen getrocknet hat, hebt sie die Korallenperlen auf und schleudert sie gegen den Therapeuten.

   a. Findet sie ihr *Ich*?

   b. Findet sie im Schreiben ihre eigene Geschichte?

   c. Befreit sie sich von der Vergangenheit?

   d. Sagt sie sich so von Ihrer Urgroßmutter los?

   e. Vielleicht lassen Sie die Erzählerin in einem Brief an ihre Mutter ihre Wut auf den Therapeuten beschreiben, den Grund für ihre Zerstörung des Armbandes, ihr Verhältnis zur Vergangenheit und ihren Begriff (*concept*) von der eigenen Identität.

8. Schreiben Sie über ein Motiv in dieser Erzählung, das Ihnen beson-ders gefällt, oder über eine Entdeckung, die Sie selbst gemacht haben.

9. Welche Gegengewichte oder Gegenkräfte (*counterweights*) prallen (*col-lide*) in dieser Erzählung aufeinander?

   a. Ist es möglich, diese Gegenkräfte in allen drei Teilen des Konflikts zu bemerken?

   b. Was deutet darauf hin, dass der Konflikt von Teil I zu Teil III zunimmt?

10. Was ist die Bedeutung von dem roten Korallenarmband? Mit welchen Themen verbinden Sie es in der Geschichte?

Kontexte

Die Kurzgeschichte

Die Kurzgeschichte ist eine charakteristische moderne Kurzform des Erzählens, in der viele Autoren die Komplexität und die Problematik des modernen Lebens aufzeigen. In einem wichtigen Lebensausschnitt versteht man das Dasein besser. Die Erzählung gibt gewöhnlich keine Lösung, sondern tieferes Verstehen. Sie lässt das Ende offen. Egal, ob es sich um eine **Ich-Erzählung** (*first person narrative*) oder eine **Er-Erzählung** (*third person narrative*) handelt, der Erzähler ist nicht „allwissend". Der Erzähler/die Erzählerin ist natürlich nicht identisch mit dem Autor.

Handlung: eine überraschende Handlung, die knapp, konzentriert, spannend und kunstvoll erzählt wird, mit einem Wendepunkt und einem Höhepunkt; Hauptideen werden durch ein Zentralmotiv und/oder durch ein Dingsymbol dargestellt und verbunden. Dieses Symbol ist gewöhnlich konkret, hat aber eine vielseitige, tiefere Bedeutung. Äußeres deutet gewöhnlich auf Inneres.

Konflikt: Wie im Drama entsteht ein Konflikt durch den Zusammenprall von Gegenkräften. Handlungselemente alternieren oft positiv und negativ. Zur konzentrierten Erzählweise gehören auch die Rückblende und die Vorausdeutung. Spannung wird oft schon in der Einleitung erzeugt, die mit dem Schluss einen Rahmen für die Erzählung bildet. Die Einleitung ist oft nicht „einleitend", d. h. sie ist keine breite Einführung in die Charaktere und das Milieu (wie z. B. im Roman). Der Leser wird in das Geschehen „hineingeworfen". Das Milieu, die Stimmung und das Schicksal sind oft im Konflikt mit Charakteren. Der Schluss ist offen, unerwartet, vieldeutig und unbestimmt. Der Wortschatz ist sehr konkret, bildhaft und deutet tiefere Bedeutung an. Betont wird der Symbolcharakter der Sprache, wobei Vergleiche, Bilder, Leitwörter, Metaphern, Alliteration und Lautsymbolik wichtige Elemente sind.

Höhepunkt: Der Höhepunkt ist zugleich der Schluss der Geschichte. Der Schluss (zu dem die Erzählung überraschend und abrupt kommt) bleibt meistens offen. Kurzgeschichten beschreiben gewöhnlich nicht die Entwicklung von Charakteren, denn das geschieht im Roman. Oft wird Ironie, die Satire oder das Rätsel verwendet. Personen und Motive sind nicht typisch gezeichnet. Am Schluss begreift der Mensch oft seine Stellung in der Welt. Manchmal wird das, was man für Wirklichkeit hielt, als Illusion erkannt. Manche Charaktere erleben eine Erleuchtung oder ein tieferes Verstehen ihres Daseins. Andere verstehen nichts von dem, was mit ihnen geschieht. Hier ist es der Leser, der die tiefere Bedeutung versteht. Obwohl sich alles auf das Geschehen konzentriert, muss der Erzähler dem Leser alles notwendige Wissen über die Situation, die Personen, die Konflikte und Voraussetzungen mitteilen. So gibt die Erzählung dem Leser Einsicht in bestimmte Situationen, Ereignisse, Stimmungen, einen Mentalitätszustand oder die Wirklichkeit des menschlichen Daseins.

⊙ Zum Hören

Hildegard Knefs Weg als große Schauspielerin fing im ersten deutschen Film nach dem Zweiten Weltkrieg an: *Die Mörder sind unter uns* (1946). Sie gilt als eine der großen deutschen Schauspielerinnen der Nachkriegszeit, die nicht nur in Deutschland, sondern auch in den USA erfolgreich war.

Als Chansonsängerin machte sie sich schon früh einen Namen mit „Eins und eins das macht zwei" sowie mit dem Lied „Für mich soll´s rote Rosen regnen". Zu einer Zeit, wo Frauen sich um den Haushalt, die Kinder und den Mann kümmerten, machte Hildegard Knef als emanzipierte Frau im Film, als Sängerin und als Schriftstellerin große Karriere. Als Schriftstellerin wurde sie durch ihre Memoiren *Der geschenkte Gaul* (ein Pferd) bekannt.

Eins ihrer bekanntesten Lieder ist:

> *Eins und eins, das macht zwei,*
> *Drum küss und lächle dabei,*
> *Wenn dir auch manchmal zum Heulen ist. (*you feel like crying)
> *Glücklich, wer das Heute genießt (genießen – to enjoy)*
> *Und, was vorbei ist, vergisst.*
> *Es kommt, wie es kommen muss.*
> *Erst kommt der erste Kuss,*
> *dann kommt der letzte Kuss,*
> *dann der Schluss.*

Vor dem Hören

A. **Stichwörterliste.** Sehen Sie sich den Wortschatz unten an und schreiben Sie sie auf Ihre Stichwörterliste.

Wortschatz im Hörtext:

Mit sechzehn

siegen wollen	*to be victorious*
alles oder nichts wollen	*to demand all or nothing*
sämtlichen Wundern begegnen	*to encounter every miracle*
die Welt sollte sich umgestalten	*the world was to transform itself*

Später

erfahren*	*to experience*
bewahren	*to retain, preserve, remember, keep*

sich sanft verhalten*	to tread softly
des Schicksal	fate
verwalten	to govern, administer
Heute	
sich fügen	to comply, obey
sich begnügen	to be content with what one is given
sich neu entfalten	to embark (develop) in new ways

⊙ Beim Hören

„Für mich soll´s rote Rosen regnen"
Hildegard Knef

Beachten Sie beim Hören,

1. was dieses „Ich" alles will.
2. was dieses „Ich" nicht will.
3. was die Welt von diesem „Ich" will.
4. wie dieses „Ich" darauf reagiert.

Nach dem Hören

A. **Erzählen Sie nach, was diese Person in ihrem Leben alles wollte und nicht wollte.**

Beachten Sie dabei:
mit sechzehn
später
noch später
heute

B. **Diskussion**

1. Was bedeutet wohl „rote Rosen regnen"?
2. Ist dies das Lied einer emanzipierten oder einer traditionellen Frau? Was sind die Wünsche der traditionellen Frau? Was sind die Wünsche der Emanzipierten? Begründen Sie Ihre Meinung mit Belegen aus dem Text.
3. Hat sich das „Ich" im Lied seit der Jugend sehr verändert?
4. Was für ein Alter erhofft sich dieses „Ich"? Wie sollte die Zukunft aussehen?

Glossar

1 der **Therapeut, -en** psychotherapist

2 der **Geliebte, -en** lover, past part. is nominalized

3 das **Korallenarmband, ̈-er** coral bracelet

4 **Ur =** origininal; **Urgroßmutter** greatgrandmother

5 das **Handgelenk, -e** wrist

6 **um etwas bringen** to cause the loss of

7 die **Insel, -n** island (*on this island there lived 90,000 Germans in apartment buildings*)

8 die **Newa** river covers about 1/7th of city, which is called the Venice of the North with its many islands, bridges, and canals

9 die **Bucht, -en** bay

10 die **Fremde** (*no pl.*) **ein fremdes Land**

11 der **Samt** velvet

12 **verschlucken** to absorb, swallow

13 **sich wiegen vor und zurück** to rock back and forth

14 **Heimweh haben** homesickness

15 das **Dämmerlicht, -er** dawn (St. Petersburg is said to have 300 days of rain per year)

16 **Schachtöfen...** furnace with a shaft, chute or tunnel

17 die **Muffeln** chambers

18 die **Rostfeuerung, -en** grate firing

19 **erhitzt werden** to be heated

20 das **Gefäß, -e** container

21 die **Blomesche Wildnis** flowery meadow (*in Platt, the local dialect of Holstein in North Germany*)

22 das **Erz** iron ore

23 die **Weide, -en** meadow

24 der **Heuballen, -** roll of hay

25 der **Apfelmost** apple cider

26 **tauchen** to dive; **zurücktauchen** return to

27 der **Künstler, -** artist; der **Gelehrte** learned person; **gelehrt** past part. of **lehren**

28 **ausbleiben*** to fail to occur

29 **vorstellig werden** to apply, visit

30 das **Lid, -er** eye lid

31 der **Stoff, -e** material

32 **Tee mit Zimt** tea with cinnamon

33 **Heidelbeerenkonfitüre** blueberry or blackberry jam

34 **verschmelzen*** to melt, become part of

35 der **Grundzug, ̈-e** main feature

36 **umsichtig** with circumspection

37 **fröstelnd** shivering, feeling frost

38 der **Liebhaber, -** fan, lover, beaux

39 **zart** delicate, subtle; die **Birke** birch

40 **...Röhrenöfen** *melting furnaces, Deville's furnaces, tube furnaces*

41 der **Kamin, -e** fireplace

42 **vor sich hin singen*** to sing to o.s.

43 **versprechen*** to promise

44 **beschäftigt sein mit** to be busy with

⁴⁵ **heimkehren** to return home

⁴⁶ die **Taiga** forests of Siberia

⁴⁷ das **Kästchen, -** small chest, jewelry chest

⁴⁸ die **Brosche, -en** brooch

⁴⁹ die **Locke, -n** curl

⁵⁰ der **Reif, -en** bracelet

⁵¹ **aufreihen** arranged, strung up

⁵² die **Wut** rage

⁵³ die **Haarbürste, -n** hair brush

⁵⁴ der **Schoß, ⁼e** lap

⁵⁵ **schließen*** to close

⁵⁶ die **Hände falten** to fold one's hands

⁵⁷ **Wladiwostok** city on the eastern coast of Siberia

⁵⁸ **Pelmeni** Russian meat dumpling

⁵⁹ **leuchten** shine, glow

⁶⁰ das **Geschenk, -e** present *(it implies an intimate relationship for her to have accepted and worn such a present)*

⁶¹ der **Buckel, -** hunchback

⁶² **verwirrt aussehen*** to look confused

⁶³ **verlegen** with embarrassment

⁶⁴ **erregen** to excite

⁶⁵ **vergebens** in vain

⁶⁶ **erinnern an** to remind of

⁶⁷ **erschöpfen** exhaust

⁶⁸ der **Sessel, -** easy chair, upholstered chair

⁶⁹ der **Sekundant, -en** advisor in a duel

⁷⁰ **matt** feebly

⁷¹ die **Lehne, -n** armrest

⁷² der **Kratzfuß, ⁼e** polite bow

⁷³ die **Beileidsbezeugung, -en** expression of sympathy

⁷⁴ **Revolution** Russian Revolution *(Bloody Sunday when Czarist troops fired on peaceful demonstration by workers in St. Petersburg)*

⁷⁵ der **Eisenbahner, -** railway worker

⁷⁶ der **Verkehr** traffic

⁷⁷ **einstellen** to stop

⁷⁸ der **Perron** train platform

⁷⁹ **erklimmen*** to climb aboard

⁸⁰ **begleiten** to accompany

⁸¹ **versäumen** to fail to

⁸² **versichern** to assure

⁸³ der **Weidenkorb, ⁼e** basket made of willow branches

⁸⁴ **ähneln** to resemble

⁸⁵ **überhaupt** if anything at all...

⁸⁶ der **Urenkel, -** great grandchild

⁸⁷ die **Ader, -n** vein

⁸⁸ **treu** loyal

⁸⁹ das **pommersche Zimmermädchen** chamber maid from Pommerania, a former Prussian region

⁹⁰ **Kinder zeugen** to procreate, beget

⁹¹ **ertrinken*** to drown

⁹² **anweisen*** to direct

⁹³ die **Beerdigung, -en** funeral, interment

⁹⁴ der **Zeuge, -n** witness

⁹⁵ die **Vergangenheit, -en** past *(relating to St. Petersburg)*

⁹⁶ **in brandenburgsche Erde senken** to lower into the earth of Brandenburg *(region around Berlin)*

⁹⁷ **trösten** to console

⁹⁸ **anhalten*** to stop a vehicle

99 **staubig** dusty

100 **auf den Friedhof hinausgehen*** to have a view of the cemetery

101 **läuten** to sound a bell, ring

102 das **Totenglöckchen, -** death bells

103 die **Zehenspitze, -n** tip of a toe

104 **ausheben*** to dig out

105 der **Nelkenstrauß, ̈e** bouquet of carnations

106 **trauern** to grieve

107 die **Ecke, -n** corner

108 der **Boden, ̈** floor, ground

109 **sachte pusten** to blow softly

110 die **Staubflocke, -n** dust flake

111 **erstaunlich** amazing, surprising

112 **ausschließlich** exclusively, in nothing but

113 **betrachten** to view, consider, look at

114 **feindselig** in a hostile manner

115 **als sei ich nicht ich selbst** as if I were not myself

116 der **Tang** seaweed

117 **teilnahmsvoll** interestedly, sympathetically

118 **rätselhaft** puzzling

119 **vorbei sein** to be over with

120 **überhaupt** at any rate

121 **verwechseln mit** to be mistaken, take for something else

122 **eigen** own

123 **begleiten** to accompany

124 **sich weigern** to refuse

125 die **Verachtung** (*no pl.*) contempt

126 **sich etwas vorstellen** to imagine

127 die **Vorstellung, -en** idea, notion

128 der **Augenblick, -e** moment

129 **bestehen* aus** to consist of

130 **angenehm** pleasant

131 **im Geist** in my mind

132 **verwoben* sein mit** to be enmeshed with

133 das **Fußgelenk, -e** ankle

134 der **Zeigefinger, -** forefinger

135 **gedankenverloren** lost in thought

136 **so fort treiben*** to continue to drift

137 **knochig** bony

138 **umspinnen*** to enmesh; to surround with a web

139 das **Liebherzelein** sweetheart

140 **ticken** to knock rhythmically like a clock

141 **beharrlich und zäh** insistent and tough

142 **in Bewegung geraten** to start to move, get into motion

143 **sich beruhigen** to calm down

144 der **Flaum** (*no pl.*) fuzz

145 **sich wenden** to turn

146 **zerquält** tortured

147 **Finger spreizen** to spread his fingers

148 die **Höhle, -n** sockets; cave

149 die **Oberfläche, -n** surface

150 die **Rinde, -n** bark

151 der **Stamm, ̈e** the stem

152 der **Kalk** lime, chalk

153 **anstoßen*** to hit

154 **lallen** to babble

155 der **Turkis** turquoise

156 **seufzen** to moan

157 **sich aufrichten** to stand up straight

158 **heftig einatmen** to take a deep breath

159 **aufreißen*** torn, tear open

160 **verschwinden*** to disappear

161 **irgendwem** to whomever

162 **miteinander kämpfen** to wrestle, fight

163 **drohen** to threaten

164 **kratzen** to scratch

165 **rasend** mad, enraged

166 **Seifenblase, -n** soap bubble

167 **von sich stoßen*** to push, kick away

168 der **Ernst** seriousness

169 **auf ... zu laufen*** to run in a ... direction

170 **spüren** to feel

171 **jemand zunicken** to nod at, encourage

172 der **Blick, -e** gaze

173 der **Seidenfaden, ̈** silk string, thread

174 **nadelspitz** sharp as a needle

175 **gehen* um** concern, deal with

176 **reißen** to tear

177 **wutrot** red with anger

178 **platzen** to burst

179 **funkeln** to sparkle, die **Pracht** – the spendor

180 **fassungslos** stunned

181 die **Schreibtischkante, -en** edge of a desk

182 **hinunterrutschen** to slide down

183 **versprengt liegen*** to disperse

184 **leuchten** to gleam, shine

185 **umherkriechen*** to crawl around

186 **aufsammeln** to collect

187 das **Hosenbein, -e** pantleg

188 **gefaltet** folded

189 **blinken** to flash, blink, glint

190 **gelingen*** (+*dat.*) to be successful

191 **sich vorbeugen** to lean forward

192 die **Sitzung, -en** the session < **sitzen** to sit; event where people are formally seated

193 **beenden** to terminate

194 **schütten** to pour

195 **zärtlich** gentle

196 das **Geräusch, -e** noise

197 das **Gelächter** laughter

198 **schleudern auf** to throw at, toss, sling

199 **prasseln auf** to crackle, hit

200 **wogen** to surge, wave

201 **emportragen*** to move upward

202 der **Wellenkamm, ̈e** peak of a wave

203 **rauschen** to swoosh

204 **branden** to surge

205 **fortschwemmen** to flush

206 die **Muschelbank, -en** bank of mussels

207 **sehen* nach** look after, check up on

208 **treiben*** to drift

209 **bleicher Bauch, ̈e** pale, sallow belly turned up

210 **sich verfangen* haben** to be caught, entangled

211 **zittern** to shake

Kapitel

18

Thomas Brussig

was born in East Berlin in 1965. After passing his *Abitur*, instead of going to the university to study philosophy, he went to work as a gatekeeper in a museum.

In 1990 he began studying sociology and theater. His first novel, *Wasserfarben,* was published under a pseudonym. Appearing in 1995, "Helden wie wir" was

his first major novel. *Am kürzeren Ende der Sonnenallee* was seen in cinemas in 1999 before Brussig wrote the novel that is based on the film.

⊕ Vor dem Lesen

Überfliegen des Textes

A. Mitlesen, mitteilen.

1. Was verbinden Sie mit „der Wende"? Einer schreibt Wörter und Phrasen an die Tafel, die allen dazu einfallen. (Bilder, Daten, Menschen).

2. Wie war das Leben der Ostdeutschen vor der Wende? Wie wurden Kinder erzogen, um gute sozialistische Genossen (*comrades*) zu werden?

3. Erstes Lesen. Globales Lesen, um erste Eindrücke zu gewinnen. Beim Lesen versuchen Sie die folgenden Fragen zu beantworten:

   Wie will Klaus Uhltzscht ein großer Held werden?

   Was bedeutet ihm *Der Kleine Trompeter*

   Was bedeutet ihm Ernst Thälmann?

❗ **DIE WENDE**

After 1989, when the wall came down that had separated West and East Germany since 1961, reports, films, novels and poems began to appear in East and West Germany reflecting on what had brought about this miraculous historical event, to which Germans refer as **die Wende***. Erich Loest's* **Nikolaikirche** *was one of the first novels to appear (a film was based on the book with actual footage of the protests and of the Monday night vigils for peace in Leipzig). These protests had demonstrated the heroism and the civil courage of ordinary people and ministers of the Nikolaikirche in standing up to a repressive government.*

Ten years later, Thomas Brussig treats heroism in a different vein—in a comical vein. Identifying himself with a tradition of rogues, **Schelme***, who goes through the adventures of life in a rather unsentimental way, observing rather than directing the stage of life and satirizing the social institutions around them, he asks, how did heroes like us, or better put, a hero like me, achieve this extraordinary turn of events? Why does he think he deserves the Nobel prize? The novel presents the main protagonist Klaus Uhltzscht telling his life story to Mr. Kitzelstein, correspondent of the* New York Times, *from birth to his momentous exhibitionist act, which is said to have brought down the wall. The selection below deals with Klaus as the Young Pioneer, who determines to become a socialist hero, modeling himself on a revered hero.*

B. **Zweites Lesen.** Lesen Sie den Text jetzt noch einmal gründlich durch. Notieren Sie dabei wichtige Themen am Rand (*in the margin*) des Textes.

C. **Stichwörterliste.** In der Organisation Ihrer Stichwörterliste halten Sie sich an die Gliederung des Textes.

Helden wie wir

In meiner Klasse wurden alle Kinder Pioniere[1]. Vor dem Aufnah-meritual, bei dem uns die Pionierleiterin ein Pioniertuch[2] umband und einen Pionierausweis[3] überreichte – den ersten Ausweis meines Lebens, wenn man vom Impfausweis[4] absieht, aber der zählte nicht, denn er
5 hatte kein Passbild – also, vor dem Aufnahmeritual erzählte unsere Lehrerin über Ernst Thälmann. Sie begann mit dem Satz *Wer war Ernst Thälmann.* Mir ist davon nichts mehr in Erinnerung[5], außer, dass die Arbeiter ihn *Teddy*[6] nannten. Und der Satz, der – ich rekonstruiere ihn aus Erinnerungsfetzen[7] – gefallen sein muss, als *Teddy* im KZ[8] Buchen-
10 wald ermordet wurde und sich die Häftlinge[9] darüber informierten: *Die Faschisten haben unseren Teddy umgebracht*[10]. Wie gesagt, an diesen Satz erinnere ich mich. Er hat mich sehr bewegt. Ich war sieben Jahre und liebte meinen Teddy. Die Erwachsenen, also die fertigen Menschen, die alles durften und alles bestimmen konnten, hatten also auch einen
15 Teddy, *unseren Teddy*, den aber die Faschisten umgebracht haben. Ich wollte alles über diesen Teddy erfahren. Als ich lesen konnte, holte ich mir aus der Kinderbibliothek Bücher über Teddy. Die Bibliothekarin half mir bei der Suche. Ich war in der 1. Klasse und entlieh bereits Bücher, die für Kinder aus der 4. Klasse gedacht waren, was ich später als
20 wichtiges Indiz[11] meiner geistigen Frühreife[12] deutete. Ein nettes Detail für die Interviews nach der Nobelpreisverleihung: „Bereits in der ersten Klasse ging ich in die Bibliothek und entlieh Bücher, mit denen ich meinem Alter weit voraus war." Aber ich war bei meinem Interesse für Teddy. Eine unvergessliche Geschichte war die Episode über *Teddy beim*
25 *Hofgang*[13]: Er war ein Häftling in Moabit[14], jahrelange Einzelhaft, und als er das erste Mal Hofgang hatte – allein natürlich, er sollte von den anderen isoliert und dadurch gebrochen werden –, bemerkten die Häftlinge in all den Einzelzellen, *wer* da seine Runden auf dem Hof ging. Es war streng verboten, miteinander Kontakt aufzunehmen, und
30 gefährlich war es außerdem[15], mit den Faschisten war nicht zu spaßen[16], die haben andauernd Leute erschossen, wie es ihnen gepasst[17] hat. Und

trotzdem hat ein Häftling durch die Gitterstäbe[18] hindurch auf den Hof
gewispert *Rot Front, Teddy*[19]. Ein Lächeln huschte über Teddys Gesicht,
er hob unmerklich die Faust und grüßte flüsternd zurück *Rot Front,*
35 *Genosse*[20]. Doch da hörte er schon von einem anderen Zellenfenster *Rot*
Front, Teddy! Und auch diesen Häftling grüßte Teddy mit *Rot Front,*
Genosse! Und hob seine Faust leicht im Handgelenk. Und bei seiner letzten Runde wurde aus allen Fenstern *Rot Front, Teddy* geflüstert, und er
grüßte flüsternd zurück *Rot Front, Genossen!* Teddy saß hinter Ker-
40 kermauern, aber die Faschisten konnten ihn nicht brechen. Im Ferienlager[21] lernte ich das *Lied vom Kleinen Trompeter*[22]. Ein herzerweichend
trauriges Lied von einem kleinen lustigen Freund, der, als man in einer
friedlichen Nacht so fröhlich beisammensaß, von einer feindlichen
Kugel[23] getroffen wurde, die sein Herz durchbohrte[24]. Der kleine
45 Trompeter war – ich sage das zur Vermeidung[25] von Kitsch[26] mit heuti-
gen Worten – ein Leibwächter[27] Ernst Thälmanns, der sich bei einer
Saalschlacht[28] vor Thälmann stellte, als jemand mit der Pistole auf Thälmann zielte[29]. Der Schuss fiel, der Kleine Trompeter wurde getötet,
Thälmann passierte nichts. Danach wurde das Lied vom kleinen
50 Trompeter geschrieben, der ein *lustiges Rotgardistenblut*[30] war. Ich war
klein, ich war lustig, und das Wort Rotgardistenblut war für mich eins
der komplizierten Worte, die ich damals nicht verstand, ohne mir viel
daraus zu machen. Warum also sollte ich mir unter dem Kleinen
Trompeter nicht einen Knaben wie du und ich vorstellen? Ich mochte
55 den Kleinen Trompeter, zumal dieses Lied bei einem Abendappell[31]
gesungen wurde, am 16. August, dem Todestag von Teddy. Ein zehn-
jähriger Pionier spielte nach der letzten Strophe ein Solo auf seiner
Trompete, indem er die Melodie wiederholte, eine Melodie, die, im
Gegensatz[32] zu den meisten Kampfliedern[33], mal nicht kämpferisch
60 daherkam, sondern geradezu herzerweichend[34]. Sommernacht, weiche
Trompetenklänge, stilles Gedenken[35] an Teddy, das Klirren der Stahl-
seile an den Fahnenmasten[36]. Mein Gott, mir ist das alles noch so gegenwärtig[37]. Mr. Kitzelstein[38], ich rede vom Menschenbild des Totalitarismus.
Ich war acht Jahre und fand, dass es einen Menschen geben muss, der
65 sich in die Bahn der Kugel wirft, die auf einen wertvolleren[39] Menschen
abgefeuert ist. Wir singen ihm dafür ein Lied, damit ist er unsterblich[40]
und hinreichend entschädigt[41]. Die stecken das weg[42], traben[43] tapfer
wie eh und je über den Hof und grüßen jeden zurück. Es gab keine
Zusammenbrüche[44] und keine Zweifel. Ich habe von keiner Folter[45]
70 gelesen, bei der ein Kampfgefährte Teddys den Mund aufmachte und
Verrat[46] an den Genossen übte. Ich fragte mich ernsthaft, warum die
Faschisten überhaupt noch foltern, wenn sowieso alle Kommunisten
standhaft[47] bleiben. ◢

📖 Leseverständnis

A. **Aussagen.** Machen Sie möglichst viele Aussagen über den Text und schreiben Sie dabei wichtige Wörter und Ausdrücke an die Tafel und auf Ihre Stichwörterliste.

B. **Arbeit im Plenum.** Suchen Sie eine Überschrift für diesen Text. Vergleichen Sie Ihre Titel und begründen sie im Plenum.

C. **Gruppenarbeit**

1. Kreuzen Sie fünf Stellen im Text an, wo Sie sprachlich oder inhaltlich etwas nicht verstehen. Lesen Sie diese Stellen vor. Andere Personen im Kurs sollen versuchen, diese Stellen im Kontext zu erklären.
2. Lesen Sie Stellen vor, wo Klaus Uhltzscht sich eine Biographie zusammenstellt, die ihn schon als Kind heldenhaft *(heroically)* darstellen soll.

🎙 Diskussion

A. **Interpretation**

1. Warum findet Klaus es lustig, dass die Erwachsenen ihren Teddy haben? Kinder nennen ihren Kuscheltierbären *(a stuffed animal)* „Teddy". Was für einen Kommentar gibt der Erzähler hier über die Erwachsenen in der DDR?
2. Was bedeutet es Klaus, ein Held zu sein? Warum ist ihm der Kleine Trompeter als Vorbild wichtig?
3. Was sagt der Text über das Bild, das sich die DDR von den Nazis gemacht hat?
   a. Gab es in Ostdeutschland vor der Gründung der DDR auch Nazis?
   b. Denken Sie z. B. an die Konzentrationslager (KZ) in Buchenwald, Dachau, Lemberg und Nordhausen. Wie hat die Regierung der DDR die politische Vergangenheit interpretiert?
   c. Welche Rolle fiel Thälmann dabei zu?

B. **Vergleiche**

1. Inwiefern lassen sich die Boy Scouts in den USA mit den Pionieren der DDR vergleichen?

2. Schauen Sie sich noch einmal die Beschreibung der Pioniere an (Kontexte).

   a. Kennen Sie das Buch *1984* von **George Orwell**? Es war von der Zensur in der DDR strengstens verboten worden. Niemand durfte dieses Buch lesen. Warum war es wohl in der DDR so streng verboten?

   b. Wenn Sie es noch nicht gelesen haben, sollten Sie es unbedingt tun. Vergleichen Sie das Bildungssystem in der DDR mit dem Bildungssystem in Oceania, und das kommunistische Parteisystem mit dem System der Inner and Outer Party in Oceania.

3. Besprechen Sie die Erzählperspektive (*point of view*) des Erzählers. Was erreicht er durch die doppelte Perspektive von damals – aus der Sicht des Kindes – und jetzt aus der Sicht des „Helden"?

4. Erklären Sie die Parallelen von damals und jetzt (1989) in der Konfliktsituation. Damals waren es die Kommunisten, z. B. Ernst Thälmann, die gegen die Faschisten kämpften. Wie war die Situation 1989? Was für Mächte kämpften da gegeneinander?

C. **Interview.** Viele finden, dass man sich nicht über so ein ernstes Thema wie die Wende lustig machen sollte, wie Brussig es in seinem Roman tut, denn viele Menschen haben furchtbar vor und sogar noch nach der Wende unter dem DDR-Regime gelitten. Diese Leute glauben, dass man entrüstet sein sollte (*show moral indignation*) von den Leiden (*suffering*) vieler politischer Opfer. Sie finden, dass man nicht über die Geschichte lachen kann. Was denken Sie? Fragen Sie drei andere Studenten/innen in der Klasse, wie diese dazu stehen. Berichten Sie über die verschiedenen Meinungen.

> Gebrauchen Sie folgende Redemittel:
> Er findet, dass …
> Sie ist der Meinung, dass …
> Er hält es für richtig, dass …
> Sie glaubt, dass …
> Sie findet, dass …
> Das stimmt, aber …
> Man muss aber auch erwähnen, dass …

D. **Gruppenarbeit.** Was wissen Sie über die Geschichte der DDR? In Gruppen können Sie ein Plakat (*a poster*) mit verschiedenen wichtigen Bildern oder Zeichnungen anfertigen und anhand dieser Bilder die

Geschichte erklären. Auch könnten Sie die Geschichte der DDR chronologisch in Bildern und Daten zusammenstellen und vorstellen.

E.   Umfrage. Was meinen Sie: Warum ist das Motiv des „Kleinen Trompeters" so wichtig im Roman?

Redemittel:

Ich vermute (*conjecture*), dass …

Ich bin der Meinung/Ansicht, dass …

Ich finde, dass …

Ich denke, dass …

Aufgrund von (*based on*) …, stelle ich fest, dass …

F.   Aussagen. Gehen Sie zum Lied „Der kleine Trompeter" und fassen Sie jede Strophe in einer kurzen Aussage zusammen. Ein Satz genügt.

⊕ Wortschatzaufgaben

A.   Stichwörterliste. Welche neuen zehn Wörter sind auf Ihrer Stichwörterliste? Welche wollen Sie sich merken? Gibt es Wörter aus dem Lied, die unbedingt auf Ihre Liste sollten?

B.   Partnerarbeit. Suchen Sie Wörter, die zu folgenden Themen gehören:

Gruppenbewusstsein (*consciousness of being part of a group*)

Opferbereitschaft

Heldentum (*auch*: Typen von Helden)

C.   Aussagen. Der Text oben handelt von vielen Gegensätzen, die man mit Hilfe von den folgenden Wörtern beschreiben kann:

einerseits – andererseits, auf der einen Seite – auf der anderen Seite, aber, jedoch, doch, obwohl, obgleich, obschon

1. Machen Sie Aussagen über den Helden, den idealen Menschen in der DDR, in der Form von Gegensätzen. Gebrauchen Sie dabei die Wörter **aber, doch, jedoch** mit normaler Wortstellung.

   Beispiel: Klaus war in der ersten Klasse mit Altersgenossen, **aber** er las Bücher, die für die 4. Klasse bestimmt waren.

2. Versuchen Sie daraufhin zu bestimmen, was am wichtigsten ist oder welche Aussage am wichtigsten ist. Hier gilt die Regel: Hauptsachen gehören in Hauptsätze, Nebensachen in Nebensätze.

Nebensätze, die auf einen Kontrast deuten, fängt man gewöhnlich mit **obwohl, obschon** oder **obgleich** an:

Beispiel: **Obwohl** die Faschisten Ernst Thälmann umgebracht hatten, hatten die Erwachsenen in der DDR ihren „Teddy".

die Faschisten/die Erwachsenen in der DDR

Klaus/andere Kinder

die Erwachsenen/Kinder

die Häftlinge/die Faschisten

Kerkermauern/Genossen

die fröhliche Gesellschaft/kleine Trompeter

die meisten Kampflieder waren kämpferisch (das Lied „Der kleine Trompeter" als Ausnahme)

der kleine Trompeter/Thälmann

der kleine Mensch als Held/der wertvollere Mensch

D. **Ein drittes Lesen.** Wenn Sie die Erzählung jetzt noch einmal lesen, lesen Sie sie mit besserem Verständnis. Falten Sie ein Blatt zusammen und notieren Sie auf der Oberseite, was Sie jetzt zum ersten Mal verstehen, und auf der Unterseite, was Sie erfragen möchten. Besprechen Sie die Fragen in Gruppen.

🔊 Sprechakte

Anwendung. Zeigen Sie, wo und wie diese Sprechakte im Text wichtig werden.

1. **erzählen:** eine Geschichte in der Reihenfolge darstellen, DDR-Geschichte verbinden mit der persönlichen Kindheitsgeschichte
2. **berichten:** den Leser über ein Thema, einen Stoff oder ein Geschehen im Ganzen und in wichtigen Details informieren
3. **etwas umformulieren:** etwas aus einer anderen Perspektive anders ausdrücken.
4. **ein Erlebnis schildern** (*describe*): etwas bildhaft beschreiben, so dass der Hörer es miterlebt
5. **Schlussfolgerung machen:** ein Argument logisch abschließen
6. **interviewen:** wissenswerte Fragen an jemanden stellen und diese diskutieren, so dass der Hörer oder Leser tiefere Einsicht in eine Person gewinnt

Aufsatzthemen

> **WRITING A NEWSPAPER ARTICLE**
>
> *Im Zeitungsartikel werden Informationen auf kurze, interessante und übersichtliche (clearly structured) Art angeboten. Was gehört dazu? Stellen Sie sich den Zeitungsartikel als eine auf den Kopf gestellte Pyramide vor: Das Wichtigste kommt zuerst.*
>
> *Der **Aufbau** ist Folgender:*
>
> ***Die Überschrift**, die Aufmerksamkeit erwecken soll*
> ***Der Untertitel**, der weitere Informationen bringt*
> ***Die sechs W-Fragen:** Die wichtigsten Informationen, die man gewöhnlich in einer kurzen, fett gedruckten Zusammen-fassung vor dem Text findet.*
>
> | | |
> |---|---|
> | *wer?* | *wo?* |
> | *was?* | *wie?* |
> | *wann?* | *warum?* |
>
> ***Der Nachrichtentext** – sachlich formuliert, ohne Kommentar in kurzen Sätzen.*

1. Sie sind Herr Kitzelstein, Journalist. Was würden Ihre Leser über Klaus wissen wollen? Schreiben Sie einen kurzen Artikel über den Mann, der sich für den Fall der Mauer verantwortlich (*responsible*) hält.

2. Leserbrief an Ihre Zeitung: Ihre Meinung über das Schulsystem der DDR.

   Was denken Sie über das Schulsystem der DDR, das die Ideologie der DDR lehrte (*to instruct*)? Schreiben Sie klar, was Ihre Meinung ist, und begründen Sie sie.

   Ich glaube, dass …

   Ich bin der Meinung, dass …

   Meiner Meinung/ meiner Ansicht nach …

   Ich finde, dass …

   Vielleicht …

   Es ist möglich, dass …

   Möglicherweise …

   Ich halte die Ideologie für …

   Begründung:

3. Bericht. Wenn möglich, fragen Sie jemanden aus Ostdeutschland, wie er/sie den Fall der Mauer erlebt hat, und schreiben Sie Protokoll darüber (*einen Bericht*). Es ist Ihr Ziel, es dem Leser zu ermöglichen, sich dieses Ereignis vorzustellen. Ein Bericht ist sachlich, objektiv, chronologisch und genau.

4. Reportage. Eine Reportage ist ein Augenzeuge eines Ereignisses. Es ist Ziel der Reportage, die Ereignisse bildlich so darzustellen, dass der Leser sie hautnah miterlebt. Ein szenischer Einstieg (*entry into the event*) und häufig die Perspektive eines Teilnehmenden (*a participant*) helfen dem Leser, sich das Geschehene *(event)* bildhaft vorzustellen.

Kontexte

Die jungen Pioniere

Es war ein Ziel des DDR-Regimes, eine Utopie zu schaffen, in der „der neue Mensch" in einer klassenlosen Gesellschaft zufrieden lebte und arbeitete. Die Erziehung und Sozialisierung der Kinder in verstaatlichten Schulen und in der Pionierorganisation waren ein wichtiger Baustein in diesem ideologischen Projekt.

Vom ersten Schuljahr an wurden fast alle Kinder Mitglieder der Pionierorganisation, indem sie Junge Pioniere in einer Schulfeier wurden, wo der Schulsaal mit roten Fahnen geschmückt war und jedes Kind ein blaues Halstuch von einem älteren Schüler geschenkt bekam. Für alle Schüler gab es den feierlichen Fahnenappell jeden Tag vor Schulanfang; für die Jungen Pioniere gab es Lieder, Geschichten und Spiele über den Sozialismus, über den Patriotismus zu sozialistischen Ländern, das Heldentum der Soldaten, der Arbeiter, der Astronauten und über den großen Bruder, den *homo sovieticus* aus der UdSSR (Union der Sozialistischen Sowjetrepubliken). Es gab abenteuerliche, fröhliche Ferienzeiten in Kinderlagern in der Natur.

In den oberen Klassen (4.–7. Schuljahr) gehörten die Schüler zu den Thälmann-Pionieren; für sie wurden die sozialistische, politische und ideologische Diskussionen und militärische Beschäftigungen wichtiger. Hauptthemen solcher Diskussionen waren die Solidarität mit der Sowjetunion und mit Entwicklungsländern aus der Dritten Welt, die Diktatur des Proletariats und die Verpflichtung, die DDR gegen den aggressiven Kapitalismus zu verteidigen. Vorbildliches Verhalten und gutes Lernen wurden durch Ehrenabzeichen und Urkunden belohnt, z. B. „Für gutes Lernen für den Sozialismus, die goldene Nadel". Mit der goldenen Nadel bekam man sogar Ferien im Pionierlager geschenkt. Pionierlager, Märsche, Wettbewerbe und imposante sportliche Wettkämpfe sollten die Jugend darauf vorbereiten, ihrem Land besser zu dienen. Die Parole der Organisation war der Thälmann-Spruch: „Für Frieden und Sozialismus: Seid bereit!" Die Antwort, die alle Kinder auf den Gruß gaben, war: „Immer bereit!" Schüler in der höheren FDJ (in der Freien Deutschen Jugend) grüßten einander mit erhobener Hand und dem Wort: „Freundschaft".

Die Kirche, die ihre Verbindung zur Kirche in der Bundesrepublik aufgeben musste, wurde bekämpft, indem Pioniertreffen zur selben Zeit wie Gottesdienste in der Kirche organisiert wurden. Die Kirche sollte den Schülern unbedeutend werden. Deshalb versuchte man, kirchliche Feiern durch politische zu ersetzen. Die Jugendweihe wurde z. B. Ersatz für die Konfirmation in der evangelischen Kirche und für die Kommunion in der katholischen Kirche. Durch diese Pionierorganisation, der fast alle Kinder angehörten, versuchte das DDR-Regime, einen tiefen Einfluss auf die politische Sozialisierung der Kinder und Jugendlichen auszuüben, um sie zu „neuen Menschen" im Sozialismus zu erziehen.

⊙ Zum Hören

Vor dem Hören

A. **Zum Thema.** Was wissen Sie schon über dieses Lied?

Der große Held ist Ernst Thälmann. Wer ist wohl der kleine Trompeter? Das Lied war populär unter den Jungen Pionieren in der DDR.

B. **Stichwörterliste.** Unten sind ein paar wichtige Wörter, die Sie sich vor dem Hören merken sollten. Schreiben Sie diese Wörter und andere, die Sie sich merken wollen, auf eine Stichwörterliste.

der Trompeter	*jmdm., der eine Trompete spielt*
die Kugel	*bullet*
selig	*glücklich*
die Hacke	*hoe*
der Spaten	*shovel*
hinabsenken	*to lower*
das Elend	*misery*

⊙ Beim Hören

„Der kleine Trompeter"
(Lied aus DDR-Zeiten)

Nach dem Hören

A. **Wortschatzaufgaben.**

1. Wie wird der kleine Trompeter Kindern als vorbildlicher Held vorgestellt? Listen sie viele Adjektive in Ihrer Beschreibung auf.

2. Wozu werden alle Jungen Pioniere aufgefordert (*called to do*)? Wozu sollen sie bereit sein?

> Beispiel: Sie sollen bereit sein, sich für einen Helden wie Thälmann zu opfern.

3. Vergleiche

gut – besser – am besten

lieb – lieber – am liebsten

Der kleine Trompeter wird mit andern in der Roten Garde verglichen. Man könnte **den Komparativ** benutzen und sagen:

Der kleine Trompeter war **lieber** und **besser als** alle anderen Soldaten, *ode*r „keiner war **so** lieb und gut **wie** er.“

> Welche Beschreibung ist knapper, lebendiger und klarer?

Der Superlativ wird benutzt, um die gesamte Gruppe im positiven Licht zu zeigen.

> Wir hatten ihn **am liebsten**.
> Man hätte auch sagen können: „**keiner** hatte ihn **lieber als** wir.“
> Die Formulierung „**niemand** hatte ihn **so lieb wie wir**“ ist auch möglich.

a. Welche Form wird benutzt, um Gleichheit auszudrücken?

b. Welche Form wird benutzt, um einen Vergleich auszudrücken?

c. Welche Form wird benutzt, um (die höchste Stufe) einen Superlativ auszudrücken?

d. Welche Formen halten Sie für die einfachsten und klarsten?

B. Diskussion

1. Erzählen Sie die Geschichte des kleinen Trompeters **als Kettenerzählung**. Der Reihe nach fügt jeder einen Satz hinzu.

2. Warum sangen die Jungen Pioniere in der DDR dieses Lied besonders gern?

3. Was könnte den Jungen besonders am Lied gefallen haben?

4. Was für Propaganda ist im Lied enthalten? Wozu sollte die Geschichte vom kleinen Trompeter die Kinder inspirieren?

5. Halten Sie das Lied für ein harmloses Lied? Warum oder warum nicht?

Glossar

1 die **Pioniere** *mass organization designed to socialize all children into the political ideology of the DDR*

2 das **Pioniertuc** the special scarf that indicated the rank and level of *Pioniere*

3 der **Ausweis, -e** identification card

4 der **Impfausweis, -e** immunization record

5 die **Erinnerung, -en** in mind, in memory

6 **Teddy** *nickname* for Thälmann, *but also a stuffed toy, a* **Kuscheltier,** *and mascot*

7 der **Fetzen, -** scrap

8 **KZ (Konzentrationslager)** concentration camp

9 der **Häftling, -e** prisoner, inmate

10 **umbringen** to kill

11 das **Indiz, -ien** indication, sign

12 die **Frühreife** attaining maturity early, precociousness

13 der **Hofgang, ̈e** making the rounds of all prison yards (as Thälmann was getting exercise)

14 **Moabit** area in East Berlin where the prison was located

15 **außerdem** besides

16 **spaßen mit** to make fun of

17 **passen** to suit

18 die **Gitterstäbe,** das **Gitter** bars of the prison cell

19 **Rot Front (< Rote Front)** socialist greeting

20 der **Genosse, -n** comrade, designation showing solidarity

21 das **Ferienlager** holiday camp

22 **Lied vom Kleinen Trompeter** *the song about the Little Trumpeter was sung mostly by younger Pioneers, whereas* **"Brüder zur Sonne, zur Freiheit"** *was a song meant to inspire older children to keep up the socialist fight*

23 die **Kugel, -n** bullet

24 **durchbohren** to pierce through

25 die **Vermeidung, -en** avoidance

26 der **Kitsch** art showing bad taste

27 der **Leibwächter, -** bodyguard

28 die **Schlacht, -en** battle

29 **zielen** to aim for

30 das **Rotgardistenblut** *Die Rote Garde was a worker's militia that had been armed by the Bolsheviks in 1917 and had helped topple the government*

31 der **Abendappell, -e** flag-raising ceremony at night

32 der **Gegensatz, ̈e** contrast, opposition

33 das **Kampflied, -er** fighting song, military song

34 **herzerweichend** heart rending (**erweichen** to soften, melt)

35 das **Gedenken** remembrance

36 **Fahnenmasten** (*pl.*) flagposts

37 **gegenwärtig** present, current

38 **Mr. Kitzelstein** *a New York Times correspondent who is interviewing Klaus Uhltzscht in order to discover how Klaus brought down the Berlin wall. Klaus is telling the story of his*

life to Mr. Kitzelstein, hoping to see it printed on the front page of the Times. *Once the* Times *announces what he has done, Klaus is confident that he will receive the Nobel Prize.*

39 **wertvoll** valuable

40 **unsterblich** immortal

41 **hinreichend entschädigt** sufficiently compensated

42 **wegstecken** to accept *(this death as necessary sacrifice)*

43 **traben** to trot

44 der **Zusammenbruch, ̈e** collapse, failure

45 die **Folter, -n** torture

46 **Verrat üben an** to betray

47 **standhaft** steadfast, courageous

Kapitel

19

Dieter Wellershoff,
born in 1925, served in the military in World War Two before taking up the study of art, history, psychology, and German literature at the University of Bonn. He participated in *Gruppe 47*, a post-war literary group that attempted to make fresh start in German literature. In his novels, short stories and radio plays (*Hörspiele*) he advocates a new realism, presenting an objective portrayal of life (showing life as it is) but discovering the unknown behind what is known. In his works he attempts to construct both the objective reality and the psychological reality of his protagonists from subjective perspectives and subjective point of view of characters themselves. A recurring theme in his narratives is the depiction of how people tend to be pulled into the suction of potentially devastating catastrophes.

⚙ Vor dem Lesen

Überfliegen des Textes

A.   Mitlesen, mitteilen

1. Sie haben gerade gehört, dass ein Bekannter von Ihnen einen Schlaganfall (*stroke*) erlitten hat. Was und woran denken Sie? Schreiben Sie
   Ausdrücke, die Ihnen dazu einfallen, an die Tafel.

2. In dieser Erzählung hat ein Mann einen Schlaganfall erlitten. Lesen
   Sie den Text und stellen Sie dabei **W**-Fragen (Wer? Was? Wo? Wann?
   Wie? Warum?). Was hat sich verändert? Wie hat sich das Verhältnis
   zu anderen verändert?

3. Machen Sie sich das Lesen etwas leichter, indem Sie vorher im Glossar nach der Bedeutung von folgenden Wörtern suchen.

die Luftblase	der Teich
sich regen	der Abstand
mutlos	der Rumpf
gequält	aufgerichtet
die Weinerlichkeit	die Nachahmung
sich verzerren	minderwertig
trüb	auffangen/fing auf
umhüllt	der Mundgeruch
lapidar	flüchtig
die Wange	starr

B.   Zweites Lesen. Lesen Sie den Text jetzt gründlich durch. Ver-
suchen Sie beim Lesen Abschnitte zu markieren. Was wäre eine passende
Überschrift für jeden Abschnitt?

Bleibe

Nun sprach er nur noch dieses einzige Wort. Obwohl man eigentlich
nicht sagen konnte, dass er es sprach. Es trat aus ihm hervor[1] wie eine
Luftblase[2], die aus dem Schlammgrund[3] eines Teiches[4] aufsteigt und an
der Oberfläche[5] fast lautlos platzt[6]. Nichts regte sich[7] in seinem Gesicht,
5 dessen rechte Seite schlaff[8] herunterhing, so dass sich der Mund zu
einer Karikatur mutloser[9], gequälter[10] Weinerlichkeit[11] verzerrte[12]. Die
Augen waren blicklos[13] trüb[14], mit geweiteten Pupillen. Der Körper,

umhüllt[15] von dem alten, schäbig[16] gewordenen Bademantel, saß seltsam statuenhaft in dem Stuhl am Fenster, so als hätte ihn jemand in
10 dieser lapidaren[17] Grundstellung[18] hingesetzt: die Unterarme und
Hände auf den Lehnen[19], die nackten Füße in den Lederpantoffeln[20] in
einigem Abstand[21] parallel nebeneinanderstehend und den Rumpf[22]
aufgerichtet[23] und von der Rückenlehne[24] aufrecht[25] gehalten, als wäre
er dort angebunden[26]. Die ganze Gestalt[27] schien leblos zu sein und
15 wirkte wie eine Nachahmung des lebendigen Originals in einem min-
derwertigen[28] Material, und das deutlichste Lebenszeichen[29], das sie
auffing, war der schlechte Mundgeruch[30], den sie roch, als sie flüchtig
die starre[31] Wange[32] küsste. War es denn möglich, dass sie ihn richtig
verstanden hatte, dieses einzige, überraschende[33] Wort „bleibe", das
20 mühsam[34] aus ihm hervorgekommen war, als sie gehen wollte, sogar
noch ein zweites Mal, als sie dann wirklich ging? Er hatte gesehen, dass
ihr die Tränen kamen, doch[35] wohl nicht verstanden, dass sie auf einmal
glücklich mitten im Unglück war. Nein, das brauchte er nicht zu wissen.
Aber durfte sie nicht ganz heimlich[36] auch das Geschenk in diesem
25 Unglück erkennen? Er, der sie immer[37] wieder verlassen hatte, er, dieser
Flüchtling[38] vor ihrer beständigen[39] Liebe, hatte sie gebeten[40], ihn nicht
allein zu lassen. Sie ging weiter durch die langen Gänge[41], wartete beim
Fahrstuhl[42], fuhr hinunter. „Bleibe", hatte er gesagt. „Ich werde jeden
Tag kommen", hatte sie geantwortet, „jeden Tag, verstehst du? Ich
30 lasse dich nicht allein!" Aber war sie denn verrückt[43], dass sie überhaupt[44] ging, bloß[45] weil sie Unterricht[46] in der Schule hatte? Konnten
nicht alle warten, wenn nur[47] er nicht alleine war? Wie konnte sie
glauben, alles verstanden zu haben, was er mit diesem einen Wort zu
sagen versuchte? Hatte er Angst, dass sie ihn verlassen würde, jetzt, da
35 er krank war? Fürchtete er, die Dinge kehrten[48] sich jetzt um? Dann
musste sie sofort noch einmal zu ihm, um ihm diese Angst zu nehmen.
Sie wollte ihn umarmen[49] und fühlen lassen, was sie wusste, dass diese
Krankheit für sie beide eine neue Chance war. Ja, sie wollte heute so
lange bei ihm bleiben, bis er einschlief[50], und wenn er den Erfolg[51]
40 dieses einen Wortes erlebte[52], würden sich bald auch andere Wörter
wiederfinden, lauter[53] Wörter, die zu diesem einen passten[54]. Sie ging
zurück, entschlossen[55], aber nicht hastig[56]. Sie wollte leise eintreten und
ganz ruhig sein. Vor der Tür kam ihr eine Krankenschwester entge-
gen[57]. „Der Doktor ist bei ihm. Aber gehen Sie einfach rein[58]." Von der
45 Tür aus[59] sah sie den Stationsarzt[60] am Bett ihres Mannes sitzen. Er
machte eine Sprechübung[61] mit ihm. „Apfel", sagte der Arzt. „Bleibe",
sagte ihr Mann. „Baum", sagte der Arzt. „Bleibe", sagte ihr Mann.
„Nein, Baum. Sagen Sie Baum." „Bleibe", hörte sie wieder. „Dann sagen
Sie mal Leib[62]", sagte der Arzt. Er sprach das Wort deutlich[63] und
50 langsam, zog[64] es übertrieben[65] in die Länge. „Bleibe", tönte[66] es
zurück. „Fast hundertprozentiger[67] Sprachausfall[68]", sagte der Arzt, als

er mit ihr auf den Gang trat. „Aber ich hoffe, das Sprachvermögen[69] wird allmählich[70] zurückkommen." „Und warum ist dieses eine Wort zurückgeblieben[71]? Was bedeutet das?" „Das ist Zufall[72]. Ich möchte
55 annehmen, es bedeutet[73] nichts. Oder es bedeutet jetzt alle Worte, auch sein Gegenteil[74]. Wir haben keine Verbindung[75] zu ihm, auch wenn wir ihn sehen." Sie nickte[76]. Als sie wieder in das Zimmer ging und sich an sein Bett setzte, versuchte sie zu lächeln[77]. „Ich bleibe", sagte sie. ➤

⊕ Leseverständnis

A. Gruppenarbeit

1. Die Klasse wird aufgeteilt. Kleine Gruppen in einer Hälfte der Klasse sollen feststellen, was die fünf wichtigsten Zitate im Text sind. Dann vergleichen Sie die Zitate. Hat jede Gruppe die gleichen Zitate gewählt? Gibt es einen „Schlüsselsatz", den alle gewählt haben? Lesen Sie im Plenum Ihre Sätze vor und einigen Sie sich auf einen Satz.

2. Kleine Gruppen in der anderen Hälfte der Klasse wählen zehn wichtige Stichwörter, die die Gruppen für eine Erklärung und ein Verständnis der Erzählung besonders wichtig halten.

3. In kleinen Gruppen fassen die Studentinnen die Erzählung in nicht mehr als 10 (zehn) Sätzen zusammen. Stichwörter von **2** sollten hier verwendet werden.

4. Eine Gruppe tauscht ihre Zusammenfassung mit der Zusammenfassung einer anderen Gruppe aus und „verbessert" oder „ergänzt" (*completes)* ihre Zusammenfassung sprachlich und inhaltlich.

B. Interpretation. Was bedeutet der Titel „Bleibe"?

⊕ Diskussion

A. Gruppenarbeit

1. Die Klasse wird in zwei Gruppen aufgeteilt. Die eine Hälfte steht auf der Seite der Frau, die es für richtig hält, zu bleiben. Die andere Hälfte steht auf der Seite des Arztes, der ihrer Meinung widerspricht. Schreiben Sie sich Stichpunkte für Ihre Argumente auf und versuchen Sie, mit Ihren Argumenten die andere Gruppe von Ihrer Meinung zu überzeugen. Daraufhin folgt eine Abstimmung.

Wer stimmt der Frau zu?

Wer stimmt dem Arzt zu?

2. Jeder im Kurs stellt vier Fragen an andere Studenten(inn)en darüber, was im Text über die Beziehung/Ehe der zwei Menschen im Text **nicht** gesagt wird. Notieren Sie sich die Antworten für den späteren Bericht im Plenum.

3. Student(inn)en machen Aussagen über die Ehe der beiden. Wie war sie vor dem Schlaganfall? Was für Möglichkeiten bestehen für die beiden in der Zurkunft?

B. Fragen zum Text

1. Aus wessen Perspektive wird erzählt? Ändert sich die Erzählperspektive?

2. Worin besteht der Wendepunkt in dieser Geschichte? Wo ist der Höhepunkt?

⊕ Wortschatzaufgaben

A. **Stichwörterliste.** Stellen Sie die Stichwörter zusammen, die Sie sich merken wollen. Welche Gliederung der Stichwörterliste ist die geeignetste für Sie, um die neuen Vokabeln zu lernen?

B. Zuordnung

1. Unten ist eine Liste von Wörtern, die den Körper beschreiben. Ordnen Sie diese Wörter den richtigen Körperteilen zu.

   Beispiel: **der Körper:** der Kopf, der Rumpf, die Glieder

   der Kopf
   das Gesicht
   das Auge
   der Arm
   der Rumpf
   die Gestalt
   das Bein
   der Mund

die Stirn	der Nacken	die Hüfte
das Knie	die Kehle	der Bauch
der Knöchel	die Achsel	das Kinn
der Hals	der Gaumen	die Faust
der Nabel	das Gesicht	die Zehe
die Glatze	der Rücken	die Lippe

die Brust	die Wade	der Zahn
die Wange	das Gesäß	die Haut
der Ellbogen	der Zeigefinger	der Daumen
der Bart	die Zunge	die Nase

2. Mit welchem Körperteil verbinden Sie folgende Tätigkeiten:

   a. riechen

   b. werfen

   c. tasten

   d. dehnen, recken

   e. stoßen

   f. beugen

   g. abschmecken, kosten

   h. anfassen

   i. frieren

   j. sehen, erblicken

   k. unterscheiden

   l. hören, vernehmen

  m. gehen

   n. schlürfen

   o. schlafen

   p. wachen

   q. essen

   r. zeigen

C. **Satzbildung.** Körperpflege. Was tut man? Und warum?

Beispiel: Man spült mit Listerin, um Mundgeruch zu vermeiden.

spülen

putzen

bürsten

sich schminken

sich waschen

sich baden

sich duschen

sich eincremen

jmdn. massieren

sich rasieren

sich frisieren

sich pflegen

D. **Gruppenarbeit.** Zuordnungsübung: Gehören die Wörter unten zum Begriff Krankheit oder Gesundheit?

sich verletzen	schwach	kräftig	entstellt
der Schlaganfall	die Entzündung	schlaffe Haut	Fieber
wohlauf sein	bluten	gedeihen	sich wohl fühlen
kerngesund sein	trüb	verzerrte Muskeln	munter sein
schmerzen	schwach sein	süchtig sein	gelähmt sein
leblos	starr	beweglich	

Gesundheit

_____

_____

_____

_____

_____

_____

Krankheit

_____

_____

_____

_____

_____

_____

E. **Drittes Lesen.** Wenn Sie die Erzählung jetzt noch einmal lesen, lesen Sie sie mit ausgezeichnetem Verständnis. Falten Sie ein Blatt zusammen und notieren Sie auf der Oberseite, was Sie jetzt zum ersten Mal verstehen, und auf der Unterseite, was Sie erfragen möchten. Besprechen Sie die Fragen im Plenum.

🎙 Sprechakte

Belegen Sie, wie diese Sprechakte in der Erzählung benützt werden.

um etwas bitten	jemanden höflich fragen etwas zu tun
interpretieren	tiefere Bedeutung suchen, hinter dem Äußeren eine innere Bedeutung suchen
beschreiben	Einzelheiten eines Zustands oder einer Lage sachlich schildern
gliedern	Teile ordnen, das Verhältnis von allen Details zum Gesamtbild zu zeigen
beschreiben	Einzelheiten eines Vorgangs/Geschehens darlegen
vergleichen	Gegenüberstellen von zwei verschiedenen Arten etwas zu beobachten oder zu beurteilen

⟳ Aufsatzthemen

1. Welche Funktion hat die Beschreibung im ersten Abschnitt? Warum gibt es so viele Hinweise auf Körperteile? Wie sind die Metaphern zu verstehen, z. B. die „Luftblase, die aus dem Schlammgrund eines Teiches aufsteigt"?

2. Gibt es verschiedene Deutungen des Wortes „bleibe"? Wieso?

   Deutung der Frau: „Wie konnte sie glauben, alles verstanden zu haben, was er mit diesem einen Wort zu sagen versuchte?"

   Deutung des Arztes: „Das ist Zufall. Ich möchte annehmen, es bedeutet nichts. Oder es bedeutet jetzt alle Worte, auch sein Gegenteil."

3. Wie kann/soll man die Haltung der Frau und ihre Entscheidung, bei ihrem Mann zu bleiben, beurteilen?

4. Ist das „sich aufopfern" etwas typisch Weibliches? Wäre der Mann, dessen Frau schwer krank ist, geblieben?

5. Welche typischen Merkmale der Kurzgeschichte finden Sie in dieser Geschichte? (Siehe *Kontexte* in Kapitel 18.) Was wird in dieser Geschichte besonders wichtig?

Kontexte

„Die sich aufopfernde Frau"

In der deutschen Literatur ist der Topos (commonplace, convention, *from Greek* topos, *place*) von der **sich aufopfernden Frau** besonders wichtig. Durch ihre Liebe zum geliebten Mann, über die auch der Tod machtlos ist, gelingt es ihr, zu seiner Erlösung beizutragen. In Goethes *Faust* trägt Gretchens Liebe auch noch nach ihrem Freitod zu Fausts Erlösung bei, denn sie ist es, die um Gnade für ihn betet. Diese sich aufopfernde Liebe ist ein Teil des „Ewig-Weiblichen", das die Menschen nach oben ins Himmlische zieht. Im *Tannhäuser* stellt Wagner die Liebe der Elisabeth von Thüringen, die sich für Tannhäuser aufopfert, der triebhaften Liebe von Venus gegenüber, die den Mann zerstört. Die sich aufopfernde Liebe der Elisabeth führt zu ihrem Tod, doch gleichzeitig zu Tannhäusers Erlösung von schwerer Sünde. Durch ihren Tod erlöst die liebende Frau den geliebten Mann, der in Schuld verstrickt *(trapped)* ist.

Die Literatur, der Film (z. B. *Opfergang*) und die Kirche (Maria, Maria Magdalena) haben diese Eigenschaft als spezifisch weibliche Eigenschaft gedeutet und oft auf die mütterliche Liebe übertragen.

Die Frau in „Bleibe" wird Teil von dieser Tradition, aber erst *nachdem* sie mit dem Arzt gesprochen hat. Was hat sich für sie geändert von ihrem ersten Versprechen, zu bleiben, *vor* dem Gespräch mit dem Arzt, zum zweiten Versprechen, zu bleiben, *nach* dem Gespräch mit dem Arzt?

⊙ Zum Hören

Vor dem Hören

A. **Zum Thema.** Der Sonntag ist in allen Gegenden Deutschlands, Österreichs und der Schweiz ein Ruhetag. Früher gingen fromme (*pious*) Familien am Sonntagvormittag in die Kirche. Heute werden Kirchen hauptsächlich von alten Leuten besucht. Moderne Familien betrachten den Sonntag als Familientag oder als friedlichen Tag, an dem sich jeder von dem Stress der Arbeitstage erholt. Während man am Sonntag Nachmittag ins Café geht, Besuche macht, im Park spazieren geht oder außerhalb der Wohnung etwas unternimmt, gilt (*to be dedicated to*) der Sonntag Morgen einfachen, friedlichen Familienbeschäftigungen.

B. **Hörschema.** Dieser Hörtext besteht aus einem langen **Als...** Satz, gefolgt von einem kurzen **da...** Abschluss. Sehen Sie sich vor dem Hören das Hörschema an.

Als...

Mutter [in der Küche stand] und ...

Vater ...

der Bruder des Erzählers ...

die Schwester ...

die beiden Onkel ...

die zwei Tanten ...

die kleine Cousine des Erzählers ...

der Bruder der Cousine ...

der Hund ...

der Erzähler (ich) ...

Bienen *(bees)* ...

Schmetterlinge *(butterflies)* ...

da...

C. **Stichwörterliste.** Schauen Sie sich noch den Wortschatz im Hörtext vor dem Hören an.

bereiten	*to prepare*
der Zaun	*fence*
plaudern	*to chat*
gegenseitig	*(to) each other, mutually*
einen Witz erzählen	*to tell a joke*
schallend lachen	*to laugh very loudly*

genießen*	*to enjoy*
stricken	*to knit*
herrlich	*magnificent*
in den entlegensten Winkel	*into the farthest corner*
sich verdrücken	*to sneak off, hide*
ab und zu	*now and then*
verschlafen	*sleepily*
die Entfernung	*distance*
hocken	*to crouch, squat*
im Begriff sein*[zu tun]	*to be about [to do]*
summen	*to hum*
rauschen	*to rustle, rush*
die Verschnaufspause	*breather, break*
der Alltagstrott	*daily humdrum*
einschlagen*	*to hit, strike*
schaffen*	*to create*
ewig	*eternal*
der Friede(n)	*peace*

◉ Beim Hören

„Sonntagvormittag"
Clemens Hausmann

Clemens Hausmann ist 1966 in Gmunden am Traunsee in Oberöster-
reich geboren. Unterstützt von seinem Deutschlehrer schrieb er „Sonntagvormittag" im Alter von fünfzehn Jahren für einen Wettbewerb des
Österreichischen Bundesverlags. Wie Gappmaiers Text „Der gute Mann"
wurde der Text für die Veröffentlichung *Junge Literatur aus Österreich*
1983/84 gewählt.

Nach dem Hören

A.   Hörverständnis.

1. Was für Erwartungen hatten Sie, nachdem Sie den Titel „Sonntagvormittag" und den **Als ... Satz** hörten?
2. Entsprach der ... **da Satz** Ihren Erwartungen?
3. Wie reagierten Sie auf den Kontrast zwischen dem „**Als ... Satz** und
   dem ... **da Satz?**
4. Ergänzen Sie die fehlenden Informationen im Hörschema.
   NOTE: *Ignore the* **als**, *and place verbs in regular second position.*

B. **Wortschatzaufgaben.** Welche der folgenden Tätigkeiten machen Sie *manchmal, oft* oder *sehr oft?* Welche machen Sie *selten* oder *nie?* Drücken Sie Ihre Antworten in Sätzen aus.

Beispiele: Ich bereite manchmal das Essen.

Ich rauche nie.

das Essen bereiten

rauchen

mit Mädchen/Jungs plaudern

Witze erzählen

stricken

sich Tier-/Horror-/Liebesfilme ansehen

faul im Gras liegen

fotografieren

C. **Diskussion.**

1. Gruppenarbeit: Kettenreaktion (*chain reaction*): „Bei diesem Thema denke ich an…"

Beispiel: Bei diesem Thema denke ich…

Student(in) 1: an kaputte Städte und Länder

Student(in) 2: an den Krieg in…

Student(in) 3: an Atombomben

Usw.

2. Halten Sie dieses Thema in der neuen Weltordnung nach 1990 für wichtig? Warum? Warum nicht?

Glossar

1 **hervortreten*** to emerge

2 die **Luftblase, -n** bubble of air

3 der **Schlammgrund, ⸚e** muddy bottom

4 der **Teich, -e** pond

5 die **Oberfläche, -n** surface

6 **platzen** to burst

7 **sich regen** to move

8 **schlaff** limp

9 **mutlos ohne Mut**, courage

10 **quälen** to torture

11 die **Weinerlichkeit** whining

12 **verzerren** to contort

13 **blicklos** vacantly

14 **trüb** dull

15 **umhüllen** to wrap,

16 **schäbig** shabby

17 **lapidar** petrified

18 der **Grund, ⸚e** ground, base

19 die **Lehne, -n** support, armrest

20 der **Pantoffel, -n** slipper

21 der **Abstand, ⸚e** distance

22 der **Rumpf, ⸚e** rump

23 **aufrichten** to straighten, put in upright position

24 die **Rückenlehne, -n** backrest

25 **aufrecht** upright

26 **angebunden* sein** to be tied to

27 die **Gestalt, -en** shape

28 **minderwertig** cheap

29 das **Lebenszeichen, -** sign of life

30 der **Mundgeruch** odor

31 **starr** rigid

32 die **Wange, -n** cheek

33 **überraschen** to surprise

34 **mühsam** with difficulty

35 **doch** however

36 **heimlich** secretly

37 **immer** again and again

38 der **Flüchtling, -e** refugee

39 **beständig** constant

40 **gebeten** to request; to beg

41 der **Gang** walkway

42 der **Fahrstuhl, ⸚e** fahren, der Stuhl, the lift, elevator

43 **verrückt sein** to be crazy

44 **überhaupt** at all

45 **bloß** only, for no other reason than

46 der **Unterricht** instruction

47 **wenn nur** if only

48 **sich umkehren** to turn around

49 **umarmen** to embrace

50 **einschlafen*** to fall asleep

51 der **Erfolg, -e** success

52 **erleben** to experience

53 **lauter** pure, many

54 **passen zu** to go with; to be fitting, appropriate

55 **entschlossen** determined

56 **hastig** in haste

57 **entgegenkommen*** to come up to someone

58 **reingehen*** to walk in

59 **von … aus** from a particular point

60 der **Stationsarzt, ⸚e** doctor of that section

61 die **Sprechübung, -en** speaking exercise

62 der **Leib, -er** body

63 **deutlich** clearly

64 **in die Länge ziehen*** to extend

65 **übertrieben*** exaggeratedly

66 **zurücktönen** to sound back

67 **hundertprozent** 100%, total

68 der **Sprachausfall, ̈e** loss of language

69 das **Sprachvermögen** capacity for language

70 **allmählich** gradually

71 **zurückbleiben*** to remain

72 der **Zufall, ̈e** coincidence

73 **bedeuten** to mean

74 **sein Gegenteil, -e** opposite

75 die **Verbindung, -en** contact

76 **nicken** to nod, to agree

77 **lächeln** to smile

Kapitel

20

Franz Kafka

was born in Prague in 1883 and grew up amidst different Czech and German cultures in a middle-class Jewish family. He attended an elite German Gymnasium, where he rebelled against the authoritarian teaching and the dehumanized humanistic curriculum by declaring himself to be an atheist and a socialist. He identified with his mother's tradition of mystical, rabbinical learning but focused much of his autobiographical and literary work on his problematical relationship to his father. The conflict with his father is the major theme in the story "Das Urteil" (1916). In his novels *Der Prozess* and *Das Schloss*, this theme is also significant. His writings, and especially his parables and paradoxes, have given rise to the term "kafkaesque" as a description of the absurdity many find in modern existence.

⊕ Vor dem Lesen

A.   **Mitlesen, mitteilen.** „Eine kaiserliche Botschaft" was published in l919, during Kafka's lifetime, in the collection *Ein Landarzt* as the central legend of the narrative „Beim Bau der chinesischen Mauer." In this first person narrative, the narrator, a Chinese scholar, describes how the Great Wall in China was built. He indicates in this legend with what hope and hopelessness the people of China view their relationship to their emperor (**der Kaiser**), who sends a message (**eine Botschaft**) to one of his subjects.

1. Was verstehen Sie unter einer *Botschaft*?
   a. Was ist ein Bote?
   b. Wie kommen Botschaften gewöhnlich an? Gibt es ganz besondere Botschaften, die auf besondere Weise vermittelt werden?
   c. Für wie wichtig halten Sie eine Botschaft vom Kaiser?

B.   **Erstes Lesen.** Hauptideen

1. Um was für eine Botschaft handelt es sich?
2. Was geschieht mit dieser Botschaft?

C.   **Stichwörterliste**

Fangen Sie an, wichtige Ausdrücke auf eine Stichwörterliste zu schreiben. Konzentrieren Sie sich auf die Hindernisse, die zwischen dem Kaiser und dem Individuum liegen, dem er eine Botschaft schickt.

Der Text ist in drei Teile geteilt, um Ihnen das Lesen zu erleichtern.

D.   **Zweites Lesen.** Lesen Sie jetzt den Text genauer durch.

Eine kaiserliche Botschaft[1]

I

Der Kaiser – so heißt es – hat Dir, dem Einzelnen,[2] dem jämmerlichen

Untertanen,[3] dem winzig[4] vor der kaiserlichen Sonne in die fernste Ferne geflüchteten Schatten, gerade Dir hat der Kaiser von seinem
5 Sterbebett aus[5] eine Botschaft gesendet. Den Boten hat er beim Bett niederknien lassen[6] und ihm die Botschaft ins Ohr zugeflüstert; so sehr war ihm an ihr gelegen[7], daß er sich sie noch ins Ohr wiedersagen ließ. Durch Kopfnicken hat er die Richtigkeit des Gesagten[8] bestätigt[9]. Und

vor der ganzen Zuschauerschaft[10] seines Todes – alle hindernden
10 Wände werden niedergebrochen[11] und auf den weit und hoch sich
schwingenden Freitreppen[12] stehen im Ring die Großen[13] des Reichs[14] –
vor allen diesen hat er den Boten abgefertigt[15].

II

Der Bote hat sich gleich auf den Weg gemacht; ein kräftiger, ein
unermüdlicher Mann; einmal diesen, einmal den andern Arm vorstreck-
15 end[16] schafft er sich Bahn[17] durch die Menge;[18] findet er Widerstand,[19]
zeigt er auf die Brust, wo das Zeichen der Sonne[20] ist; er kommt auch
leicht vorwärts, wie kein anderer. Aber die Menge ist so groß; ihre
Wohnstätten[21] nehmen kein Ende. Öffnete sich freies Feld, wie würde
er fliegen und bald wohl hörtest Du das herrliche Schlagen seiner
20 Fäuste[22] an Deiner Tür. Aber statt dessen, wie nutzlos[23] müht er sich
ab[24]; immer noch zwängt[25] er sich durch die Gemächer[26] des innersten
Palastes; niemals wird er sie überwinden[27]; und gelänge[28] ihm dies,
nichts wäre gewonnen; die Treppen hinab müsste er sich kämpfen[29];
und gelänge ihm dies, nichts wäre gewonnen; die Höfe wären zu
25 durchmessen[30]; und nach den Höfen der zweite umschließende Palast;
und wieder Treppen und Höfe; und wieder ein Palast; und so weiter
durch Jahrtausende[31]; und stürzte[32] er endlich aus dem äußersten[33]
Tor – aber niemals, niemals kann es geschehen[34] – liegt erst die Resi-
denzstadt vor ihm, die Mitte der Welt, hochgeschüttet voll ihres Boden-
30 satzes[35]. Niemand dringt hier durch[36] und gar mit der Botschaft eines
Toten. –

III

Du aber sitzt an Deinem Fenster und erträumst[37] sie Dir, wenn der
Abend kommt. ➤

🔷 Leseverständnis

A. **Gruppenarbeit.** Bilden Sie Gruppen von fünf Student(inn)en.
Jede/r in der Gruppe macht Aussagen darüber, was in der Erzählung
passiert. Wenn Sie sich über die Fakten geeinigt haben, zeichnet eine/r in
der Gruppe Ihre Interpretation der Erzählung.

1. die Abfertigung des Boten (*dispatching of the messenger*)
2. die Reise des Boten
3. den Traum

Alle Zeichnungen werden jetzt an die Wand gehängt, damit alle Gruppen
Ihre Zeichnungen vergleichen und feststellen können, ob die Zeichnungen alles enthalten, was für die Erzählung wichtig ist. Vergleichen Sie die
verschiedenen Interpretationen, die den Zeichnungen zugrunde liegen.

B.   Stichwörterliste. Was für Wörter brauchen Sie, um Ihre Zeichnung zu erklären? Erweitern Sie Ihre Stichwörterliste durch Ausdrücke, die wichtig für die Interpretation dieser Erzählung sind.

C.   Zusammenfassung. Fassen Sie jeden Teil in einem Satz zusammen.

D.   Interpretation. Suchen Sie einen Satz, der Ihnen besonders wichtig erscheint. Erklären Sie, warum dieser Satz ein Schlüsselsatz für die Erzählung ist.

E.   Arbeit im Plenum. Aufmerksam werden auf den Text.

1. Was sind die Fakten?
   a. Was passiert im ersten Teil der Erzählung?
   b. Wird hauptsächlich im Indikativ oder im Konjunktiv (*subjunctive*) erzählt?
   c. Ist es eine Sache von Fakten oder Spekulationen?
   d. Äussern Sie sich darüber im Plenum.
2. Was passiert im zweiten Teil?
   a. Wird hauptsächlich im Indikativ oder Konjunktiv erzählt?
   b. Handelt es sich hier um Fakten oder Spekulationen über mögliche Ereignisse?
3. Erklären Sie das Geschehen.
   a. Was geschieht im dritten Teil?
   b. Haben wir es mit Fakten im Indikativ oder Möglichkeiten im Konjunktiv zu tun?
4. Unterstreichen Sie bitte alle Verben im Indikativ mit einer Farbe und alle Verben im Konjunktiv mit einer anderen.
   a. Was wird über die Zustellung (*delivery*) im Indikativ ausgesagt, d.h. in der Realität ausgesagt?
   b. Was wird über die Hindernisse (in der Zustellung) im Konjunktiv ausgesagt
   c. Warum ist dieser Unterschied wichtig?

🎙 Diskussion

A.   Wie steht es im Text? Was für Widersprüche (*contradictions*) gibt es in der Erzählung? Warum könnte man hier von „Catch 22" sprechen?

B.   Gruppenarbeit. Jeder schreibt sich eine Frage über den Text auf. Die Fragen können dann im Plenum oder von zwei Gruppen beantwortet werden, wo jede Gruppe ihre Lösung vorträgt. Es ist gut möglich, dass diese Lösungen ganz verschieden sind. Besprechen Sie besonders, warum sich die Antworten der beiden Gruppen vielleicht widersprechen.

C. **Interpretation.** Welche Bilder in Kafkas Bildersprache gefallen Ihnen besonders? Für wie wichtig halten Sie z. B. das Sonnen-Emblem auf der Brust des Boten? Welche anderen Bilder sind besonders eindrucksvoll?

D. **Bestimmung des Kontextes**

1. Die Erzählung beginnt einen Augenblick vor dem Tode des Kaisers; es dauert aber Jahrtausende, bis sie zu dir kommt. Ist das möglich bei einer Botschaft für dich? Oder handelt es sich hierbei um Werke, wie die Bibel oder um Literatur, von der du glaubst, dass sie an dich gerichtet (*intended for you*) ist?

2. In der Erzählung geht der Blick vom Kaiser zu dir; die Geschichte erzählt wie du die Botschaft erhältst. Aber Kafka verallgemeinert (*generalizes, universalizes*) deine Geschichte. Versteht ein Leser je (*ever*) die Geschichte so, wie der Autor sie erzählte? Ist diese Erzählung ein Gleichnis (*parable*) darüber, dass man Geschichten/ Erzählungen nie „richtig" verstehen kann? Dass wir alle unsere eigene Idee haben, von dem was wir lesen? Finden Sie das schade? Oder faszinierend?

E. **Charakteristik.** Die Parabel ist gewöhnlich eine Erzählung, die eine Wahrheit oder eine Lehre (*moral*) in einer anderen Welt als die der Erzählung darzustellen versucht.

Kafkas Parabeln „enden aber nicht in einer Lehre, sondern gipfeln in einem Paradoxon, das rätselhaft bleibt, daher vieldeutig und esoterisch ist, visionäre Schau einer Realität der Träume" (Ivo Braak, *Poetik in Stichworten*, Hirt, 1972, S. 165).

Inwiefern ist diese Erzählung solch eine **rätselhafte Parabel**, die von der Traumlogik Gebrauch macht?

⊞ Wortschatzaufgaben

A. **Partnerarbeit.** Welche Substantive aus dem Text passen zu den folgenden Sätzen? Vergessen Sie die Artikel nicht.

Beispiel: Solche Zimmer zum Ausruhen gibt es in großen Palästen.
  Das ist **das Gemach**/ das sind **die Gemächer**.

1. Er ist ein Überbringer von wichtigen Nachrichten.
2. Man bekommt eine wichtige Nachricht.
3. Wo es etwas Interessantes zu sehen gibt, sind diese Leute anwesend.
4. In solchen Häusern wohnen viele Leute.
5. Sie verbindet eine Etage im Haus mit einer anderen.
6. Man muss diese Hindernisse überwinden, die sich einem entgegenstellen.
7. So nennt man eine Anzahl vieler Leute.
8. Hier marschieren die Soldaten vor dem Palast.
9. Vor dieser großen Tür eines Palastes steht oft eine Wache, die dich nach deinem Ausweis fragt, bevor du eintreten darfst.
10. Was in solchen Zeitabschnitten passiert, studiert man in der Geschichte.

B. **Grammatikübung.** Was für Objektergänzungen oder Infinitivergänzungen gehören zu den folgenden Verben?

senden

zuflüstern

schaffen

niederbrechen

bestätigen

abfertigen

überwinden

gelingen

durchmessen

C. **Wie steht es im Text?**

1. Mit wem oder mit welcher Handlung verbindet der Text folgende reflexive Verben?

   sich etwas wiedersagen lassen

   sich auf den Weg machen

   sich Bahn schaffen/sich einen Weg bahnen

   sich abmühen

   sich zwängen

   sich die Treppe hinab kämpfen

   sich etwas erträumen

2. Bilden Sie vollständige Sätze mit diesen Verben.

D. **Zuordnungsübung.** Suchen Sie Phrasen im Text, die die beiden wichtigen Themen illustrieren, die miteinander im Konflikt stehen.

1. die Kommunikation glückt oder scheint zu glücken
2. alles geht fehl (*everything goes wrong*)

die Kommunikation glückt	alles geht fehl
_____	_____
_____	_____
_____	_____
_____	_____
_____	_____
_____	_____

🎙 Sprechakte

Welche wichtigen Details aus der Erzählung verbinden Sie mit jedem Sprechakt?

anfangen   das Interesse des Lesers durch ein ungewöhnliches Ereignis erwecken

mitteilen   eine Botschaft verfassen und weitersagen

berichten   von den Hindernissen in der Zustellung einer Botschaft erzählen

schildern   etwas so bildhaft beschreiben, dass der Leser etwas miterleben kann

🎯 Aufsatzthemen

USING THE CONDITIONAL SUBJUNCTIVE FOR CONJECTURE

Facts are presented in the indicative, hypotheses in the subjunctive. When conjecturing, use the conditional subjunctive (often called subjunctive II, since it is formed from the past tense, i.e., the second principal part of a verb).

   In modern German, and in the Kafka text, there is a strong tendency to use **würde(n)** *plus the main verb infinitive instead of a subjunctive II form of the main verb:* **Wie <u>würde</u> er [der Bote] fliegen…** *However, with common verbs, such as* **sein (wäre), haben (hätte), geben (es gäbe), bekommen (bekämen), gelingen (es gelänge), hören (du hörtest),** *and the modals* (**müssten, dürften**) *Kafka (and most Germans) use the subjunctive II forms of these verbs themselves:* **Und <u>gelänge</u> ihm dies, nichts <u>wäre</u> gewonnen; die Höfe <u>wären</u> zu durchmessen;** *etc.*

Choose the forms you wish, but generally avoid **würde(n)** + infinitive in a **wenn**-clause.

1. Wie könnte man sich eine Botschaft erträumen? Was sind mögliche Interpretationen von dieser Art und Weise die Botschaft zu bekommen? Ist es möglich, dass alles nur in unserer Vorstellung (*our imagination*) besteht?

2. Erzählen Sie, was Sie als Kaiser von China tun würden, um Ihre Botschaft ihren Untertanen zuzustellen.

3. Was bedeutet die Botschaft? Das Evangelium (*the gospels*) nennt man gewöhnlich „die frohe Botschaft." An was für mögliche Interpretationen denken Sie? Halten Sie eine für richtig?

4. Wer ist dieser Bote? Er überwindet alle Hindernisse, die ihm in der Zeit und im Raum widerstehen. Was sind mögliche Interpretationen?

5. Verändern Sie die Erzählperspektive (*point of view*) der Erzählung, indem Sie den Boten seine Geschichte erzählen lassen. Was weiß der Bote? Was kann er nicht wissen? Was hätte er sonst noch tun können?

Kontexte

Kafkaesk nennt man eine rätselhafte, paradoxe Situation, die zum Rätsel unserer Existenz gehört. Kafkas Erzählungen fangen in unserer bekannten Welt an, aber diese Welt verfremdet sich plötzlich auf unheimliche Art, so wie Gregor Samsa „eines Morgens aus unruhigen Träumen erwachte, [und] sich in seinem Bett zu einem ungeheuren Ungeziefer verwandelt fand." In Kafka's Erzählungen, so wie zum Beispiel in der „Kaiserlichen Botschaft," versucht ein Bote sich einen Weg zu machen, doch wird er dabei immer mehr verstrickt in rätselhafte Hindernisse, die zum auswegslosen Labyrinth werden. Der Weg der Botschaft vom Kaiser zum Individuum ist ein vergeblicher Kampf eines Individuums; dass die Kommunikation trotzdem glückt, ist kein logischer Akt, sondern traumhaft, rätselhaft und außerhalb normaler Kategorien der Erfahrung. Da es viele Kommunikationswege gibt, doch keinen Weg, der aus dem Paradox führt, sieht man die Situation in dieser Erzählung sowie auch anderen, z. B. „Gib's auf!" als auswegslos und absurd an.

⊙ Zum Hören

Vor dem Hören

A. **Zum Thema.** Der Verkäufer in dieser Geschichte will einem Elch eine Gasmaske verkaufen. Achten Sie darauf, wie der Verkäufer den Elch dazu bringt, eine Gasmaske zu kaufen.

B. **Stichwörterliste.**

das Sprichwort	*saying*
tüchtig	*capable, competent*
die Zahnbürste	*toothbrush*
die Kiste	*case*
wozu	*what for*
die Fabrik	*factory*
wahnsinnig	*crazy*
giftig	*poisonous*
das Abgas	*exhaust gas*
der Schornstein	*chimney*
die Höflichkeitsform	*polite form*
übrigens	*incidentally*
verwechseln	*to confuse, mistake one for the other*

⊙ Beim Hören

„Einem Elch eine Gasmaske verkaufen"
Franz Hohler

Franz Hohler wurde im Jahr 1943 geboren. Er wohnt in Zürich, wo er als Schriftsteller, Schauspieler und Kabarettist tätig ist. Er hat viele lustige Geschichten und Szenen gestaltet, aber auch satirische Radio- und Fernsehprogramme. Bekannt sind seine Kinderbücher, für die er viele Preise gewonnen hat. Diese Erzählung kommt aus der Sammlung *Ein eigenartiger Tag* (1983).

Nach dem Hören

A. **Hörprotokoll.** Machen Sie Notizen über das, was Sie gerade gehört haben. Erzählen Sie diese Geschichte jemandem im Kurs nach. Dann soll er/sie die Geschichte noch einmal nacherzählen, aber diesmal vom Standpunkt des Käufers. Verwenden Sie den angegebenen Wortschatz aus dem Hörtext.

B. **Partikel: Wörter ohne Endungen.** Zu dieser Gruppe gehören Adverben (**mitten, bis, wirklich, bestimmt, erst, schon, noch, übrigens**) aber auch die sogenannten *flavoring particles,* die die Bedeutung von einem Verb oder einem Adverb intensivieren oder verstärken.

1. Wenn Sie so eine Partikel in der Geschichte hören, klopfen Sie mit dem Bleistift leicht auf ihren Tisch.

2. Lesen Sie die folgenden Sätze mit und ohne die Partikel. Bemerken Sie einen Unterschied in der Stärke des Verbs?

   a. Ich weiß **doch** nicht genau, ob es ein schwedisches oder ein schweizerisches Sprichwort ist, aber die beiden Länder werden **ja** oft verwechselt.

   b. Sie brauchen **schon** noch eine Gasmaske.

   c. Ein wirklich guter Verkäufer bist du **aber** erst, wenn du einem Elch eine Gasmaske verkaufst.

3. **Nur** oder **schon**?

   a. Der Verkäufer hatte _____ einem Zahnarzt eine Zahnbürste verkauft und einem Bäcker ein Brot.

   b. „Ich will _____ dem Elch eine Gasmaske verkaufen," sagte der Verkäufer.

   c. „Warten Sie _____", sagte der Verkäufer, „sie brauchen _____ noch eine."

Diskussion

1. Was will der Autor mit dieser Geschichte zum Ausdruck bringen?

2. Mussten Sie einmal (vielleicht als Schüler/in) Zeitschriften, Pralinen oder etwas anderes verkaufen? Haben Sie das gern gemacht? Haben Sie das *gut* gemacht? Erzählen Sie davon.

3. Was meinen Sie: Steckt Sinn oder Wahnsinn in den Handlungen, die in der Geschichte beschrieben werden? Finden Sie die Handlungen des Verkäufers logisch? Begründen Sie Ihre Antwort.

Glossar

1 die **Botschaft, -en** message

2 **einzeln** singly, individually

3 der **Untertan** subject

4 dem **winzig geflüchteten Schatten** a pure nothing, an escaped shadow

5 **von seinem Sterbebett aus** from his deathbed

6 **niederknien lassen** ordered him to kneel

7 **ihm** (*dat.*) **war gelegen an der Botschaft** the message was important to him

8 des **Gesagten** *the past participle* **gesagt** *is used as a noun with weak adjectival endings*

9 **bestätigen** to confirm

10 die **Zuschauerschaft** assemblage

11 **... niedergebrochen** visualization of the miracle taking place *(using the present passive construction)*

12 **... Freitreppen** on the staircases swinging high and in the far distance: read **auf den Freitreppen, die sich weit und hoch schwingen**

13 die **Großen** the dignitaries, grandees, high society

14 das **Reich, -e** the empire, realm

15 **abfertigen** to dispatch

16 **vorstreckend** extending before him

17 **sich Bahn schaffen** to create a path

18 die **Menge** mass of people

19 der **Widerstand** resistance

20 das **Zeichen der Sonne** the emblem of the sun

21 **ihre Wohnstätten, ihre Wohnungen**

22 das **Schlagen seiner Fäuste** the knocking of his fists

23 **nutzlos** in vain

24 **sich abmühen** to tire o.s. out (trying)

25 **sich zwängen** to press o.s.

26 das **Gemach, vornehmes Zimmer**

27 **überwinden*** to conquer, overcome

28 **gelingen*** to succeed

29 **kämpfen müssen** to have to fight one's way

30 die **Höfe wären zu durchmessen** the courtyards would have to be crossed in measured paces

31 das **Jahrtausend, e** millenium

32 **stürzen** to burst, dash

33 **äußerst** farthest

34 **geschehen*** to take place; to happen

35 **hochgeschüttet voll ihres Bodensatzes** piled high with sediment

36 **durchdringen*** to penetrate

37 **erträumen** to dream something up

Kapitel

21

Yoko Tawada

was born in 1960 in Tokyo and studied literature in Japan. In 1979 she took the trans-Siberian railroad bound for Germany, where she has been living ever since. In 1982 she began to study modern and contemporary German literature at the University of Hamburg. Her first publications appeared in Germany in 1986 in her *Japan Lesebuch*. She has published novels, essays, and poems in Japanese and in German, making highly innovative and creative use of both languages, and using one to add to the understanding of the other. Both in Japan and in Germany she has been honored with distinguished prizes for her writings. Recently she was writer-in-residence at MIT.

About her trans-Siberian journey in 1979 she said,

Ich habe bei meiner ersten Fahrt nach Europa mit der transsibirischen Eisenbahn meine Seele verloren. Als ich dann mit der Bahn wieder zurückfuhr, war sie auf dem Weg nach Japan. Danach bin ich so oft hin und hergeflogen, dass ich überhaupt icht mehr weiß, wo sich meine Seele gerade befindet.

⊕ Vor dem Lesen

Überfliegen des Textes

A.   **Mitlesen, mitteilen.** Tawada sagt, man bleibt blind in einer Sache, die man beherrscht (*to master*). Neue Wahrnehmungen (*perceptions*) macht, wer zwischen zwei Sprachen lebt. Tawada schreibt über die deutsche Sprache aus der Sicht ihrer Muttersprache, dem Japanischen.

1. Was für Unterschiede haben Sie zwischen dem Deutschen und dem Englischen bemerkt?
2. Welche neuen Wahrnehmung haben Sie gemacht?
3. Ist Ihre Muttersprache Englisch?
4. Was verstehen Sie unter einer „Sprachmutter"?

❗

CONTEMPORARY GERMAN WRITING

The contemporary literary scene in Germany is exciting and varied, as is evident from the small selection made in this volume. Authors writing in German are no longer exclusively those whose mother tongue happens to be German. Aside from English, Turkish is the second major language in Germany, and Turkish-German writers have shaped the German literary consciousness, as have those coming to Germany from other cultures, such as Andalusians, Greeks, Italians, Bosnians, Palestinians, Iranians, and Japanese, among others. A good introduction to this literature is offered in **Fremde Augenblicke: Mehrkulturelle Literatur in Deutschland** *(Internationes, l996). Since 1985, the Albert-von-Chamisso prize has been awarded annually to authors writing in German who are not German by birth. An anthology on CD of some of their best works,* **"vielstimmig,"** *introduced by José F. A. Oliver, was issued in 2003 by the Bosch Foundation. The two CDs in this collection will introduce you to writers who have enriched and shaped contemporary German literature with new forms of artistic experimentation.*

Von der Muttersprache[1] zur Sprachmutter

In meinem ersten Jahr in Deutschland schlief ich täglich über neun Stunden, um mich von den vielen Eindrücken[2] zu erholen[3]. Jeder normale Büroalltag[4] war für mich eine Kette[5] rätselhafter[6] Szenen. Wie jede andere, die in einem Büro arbeitet, war ich umgeben[7] von ver-
5   schiedenem Schreibzeug[8]. Insofern wirkte[9] meine neue Umgebung auf mich zuerst nicht so fremd: Ein deutscher Bleistift unterschied[10] sich

kaum von einem japanischen. Er hieß aber nicht mehr „Enpitsu", sondern „Bleistift". Das Wort „Bleistift" machte mir den Eindruck, als hätte ich jetzt mit einem neuen Gegenstand[11] zu tun. Ich hatte ein leichtes Schamgefühl[12], wenn ich ihn mit dem neuen Namen bezeichnen[13] musste.

Es war vergleichbar[14] mit dem Gefühl, das auf mich zukam[15], als ich meine verheiratete Bekannte mit ihrem neuen Familiennamen ansprechen musste. Bald gewöhnte[16] ich mich daran, mit einem Bleistift – und nicht mehr mit einem Enpitsu – zu schreiben. Bis dahin war mir nicht bewusst[17] gewesen, dass die Beziehung[18] zwischen mir und meinem Bleistift eine sprachliche war.

Eines Tages hörte ich, wie eine Mitarbeiterin[19] über ihren Bleistift schimpfte[20]: „Der blöde Bleistift! Der spinnt[21]! Der will heute nicht schreiben!" Jedesmal, wenn sie ihn anspitzte[22] und versuchte, mit ihm zu schreiben, brach die Bleistiftmine[23] ab. In der japanischen Sprache kann man einen Bleistift nicht auf diese Weise personifizieren. Ein Bleistift kann weder blöd sein noch spinnen. In Japan habe ich noch nie gehört, dass ein Mensch über seinen Bleistift schimpfte, als wäre er eine Person.

Das ist der deutsche Animismus[24], dachte ich mir. Zuerst war ich nicht sicher, ob die Frau ihre Wut[25] scherzhaft[26] übertrieb[27] oder ob sie wirklich so wütend war, wie sie aussah. Denn es war für mich nicht vorstellbar[28], so ein starkes Gefühl für einen so kleinen Gegenstand empfinden zu können. Ich bin zum Beispiel noch nie in meinem Leben über mein Schreibzeug wütend geworden. Die Frau schien aber – so weit ich es beurteilen[29] konnte – ihre Worte nicht als Scherz gemeint[30] zu haben. Mit einem ernsthaften[31] Gesicht warf sie den Bleistift in den Papierkorb und nahm einen neuen in die Hand. Der Bleistift, der in ihrem Papierkorb lag, kam mir plötzlich merkwürdig[32] lebendig vor. Das war die deutsche Sprache, die der für mich fremden Beziehung zwischen diesem Bleistift und der Frau zugrunde[33] lag. Der Bleistift hatte in dieser Sprache die Möglichkeit, der Frau Widerstand[34] zu leisten. Die Frau konnte ihrerseits[35] über ihn schimpfen, um ihn wieder in ihre Macht[36] zu bekommen. Ihre Macht bestand darin, dass sie über den Bleistift reden konnte, während der Bleistift stumm war.

Vielleicht schimpfte sie über ihn, um sich dieses Machtverhältnisses[37] zu vergewissern[38]. Denn die Frau war sehr verunsichert[39] in dem Moment, als sie nicht weiterschreiben konnte. Unabhängig[40] davon, ob es an der ständig[41] brechenden Bleistiftmine liegt[42] oder an der mangelnden[43] Kreativität, wird jeder Mensch verzweifelt,[44] wenn er plötzlich nicht weiterschreiben kann. Er muss dann seine Position als Schreibender wiederherstellen[45], indem er über sein stummes Schreibzeug schimpft. Leider handelt[46] es sich hier nicht um einen Animismus.

Trotzdem kam[47] mir der Bleistift lebendig vor, als die Frau über ihn schimpfte. Außerdem kam er mir männlich[48] vor, weil er *der* Bleistift hieß. In der japanischen Sprache sind alle Wörter geschlechtslos[49]. Die Substantive[50] lassen sich zwar – wie das bei den Zahlwörtern[51] sichtbar

55 wird – in verschiedene Gruppen aufteilen[52], aber diese Gruppen haben nie das Kriterium des Männlichen oder des Weiblichen: Es gibt zum Beispiel eine Gruppe der flachen Gegenstande oder der länglichen oder der runden. Häuser, Schiffe und Bücher bilden[53] jeweils[54] eigene Gruppen. Es gibt natürlich auch die Gruppe der Menschen: Männer und

60 Frauen gehören zusammen dahin. Grammatikalisch gesehen ist im Japanischen nicht einmal ein Mann männlich.

Es machte mir viel Mühe[55], das grammatische Geschlecht eines deutschen Wortes zu lernen. Ich vergaß es sofort, als hätte es gar keine Beziehung zu dem Wort. Einem Muttersprachlichen[56] komme das gram-

65 matische Geschlecht wie ein natürlicher Teil eines Wortes vor, stand in einem Sprachlehrbuch[57]. Ich versuchte immer wieder herauszufinden, wie man sich diese Empfindung[58] erwerben konnte.

Es gab einen Vergleich, an dem ich mich damals orientierte: Wenn ich zum Beispiel eine Menschengestalt[59] sehe, nehme[60] ich als erstes

70 wahr, ob es eine Frau oder ein Mann ist. Auch bei dem Gedanken, diese Unterscheidung[61] sei für mich vollkommen bedeutungslos, konnte ich keinen Menschen wahrnehmen, ohne sein Geschlecht wenigstens zu beachten. Ich sollte wahrscheinlich[62] die Gegenstände genauso wahrnehmen – dachte ich mir damals –, sonst könnte ich mir niemals ihr

75 grammatisches Geschlecht merken[63].

Wenn ich zum Beispiel einen Füller[64] sah, versuchte ich, ihn wirklich als ein männliches Wesen[65] zu spüren[66], und zwar nicht im Kopf, sondern mit meinem Gefühl. Ich nahm ihn in die Hand, starrte[67] ihn lange an, während ich leise vor[68] mich hin wiederholte: männlich,

80 männlich, männlich. Der Zauberspruch[69] brachte mir langsam einen neuen Blick. Das kleine Reich auf dem Schreibtisch wurde nach und nach sexualisiert[70]:

der Bleistift, der Kugelschreiber, der Füller – die männlichen Gestalten lagen männlich da und standen wieder männlich auf, wenn ich sie

85 in die Hand nahm.

Es gab auch ein weibliches Wesen auf dem Schreibtisch: eine Schreibmaschine. Sie hatte einen großen, breiten, tätowierten[71] Körper, auf dem alle Buchstaben[72] des Alphabets zu sehen waren. Wenn ich mich vor sie hinsetzte, hatte ich das Gefühl, dass sie mir eine Sprache

90 anbot. Ihr Angebot änderte zwar nichts an der Tatsache,[73] dass Deutsch nicht meine Muttersprache ist, aber dafür[74] bekam ich eine neue Sprachmutter.

Diese weibliche Maschine, die mir eine Sprache schenkte, nannte ich Sprachmutter. Ich konnte zwar[75] nur die Zeichen[76] schreiben, die sie

95 bereits[77] in und auf sich trug,[78] das heiß[79], das Schreiben bedeutete für mich nichts weiter, als sie zu wiederholen, aber dadurch konnte ich von der neuen Sprache adoptiert werden. Es waren natürlich nur Geschäftsbriefe[80] und keine Gedichte[81], die ich im Büro schrieb. Dennoch spürte ich oft große Freude beim Tippen. Wenn ich ein Zeichen tippte, stand
100 es sofort auf dem Papier, schwarz auf weiß und geheimnisvoll[82] zugleich. Wenn man eine neue Sprachmutter hat, kann man eine zweite Kindheit erleben. In der Kindheit nimmt man die Sprache wörtlich[83] wahr. Dadurch gewinnt[84] jedes Wort sein eigenes Leben, das sich von seiner Bedeutung innerhalb[85] eines Satzes unabhängig macht. Es gibt
105 sogar Wörter, die so lebendig[86] sind, dass sie wie mythische Figuren ihre eigenen Lebensgeschichten entwickeln[87] können.

Es gab damals zwei Figuren in der deutschen Sprache, die mir stark auffielen[88]. Sie standen oft mit verdeckten[89] Gesichtern vor meinen Augen. Ich wusste nicht genau, was oder wer sie waren, und es war
110 nicht möglich, jemanden danach zu fragen[90]; denn meine deutschen Mitarbeiterinnen schienen sie nicht sehen zu können. Die eine Figur hieß „Gott" und die andere „Es". Sie zeigten sich immer wieder in verschiedenen Sätzen.

Gott kam oft aus dem Mund einer Frau, wenn ein Gefühl ohne
115 Kommentar herauskam: „Oh, mein Gott!", „Ach du lieber Gott!", „Gott sei Dank!", „Um Gottes willen![91]" Jedesmal, wenn ich einen von diesen Ausdrücken hörte, spürte ich eine große Macht, die mich beherrschen[92] wollte. Um ihren Einfluss[93] zu vermeiden[94], versuchte ich immer, dieses Wort zu ignorieren. Noch heute kann ich keinen Ausdruck verwenden,
120 in dem das Wort „Gott" vorkommt[95].

Die zweite Figur, die mir damals stark auffiel, war „Es". Man sagte: „Es regnet", „Es geht mir nicht gut", „Es ist kalt". Im Lehrbuch stand, dass dieses „es" gar nichts bedeutete[96]. Dieses Wort fülle nur die grammatische Lücke[97]. Ohne „es" würde nämlich[98] das Subjekt[99] des Satzes
125 fehlen[100], und das ginge auf keinen Fall, denn das Subjekt müsse sein. Ich sah es aber nicht ein[101], dass ein Satz ein Subjekt haben musste.

Außerdem[102] glaubte ich nicht, dass das Wort „es" keine Bedeutung hatte. In dem Moment, in dem man sagt, dass es regnet, entsteht[103] ein Es, das das Wasser vom Himmel gießt. Wenn es einem
130 gut geht, gibt es ein Es, das dazu beigetragen[104] hat. Dennoch [105]schenkte ihm keiner besondere Aufmerksamkeit[106]. Es besaß[107] nicht einmal einen Eigennamen[108]. Aber Es arbeitete immer fleißig[109] und wirksam[110] in vielen Bereichen[111] und lebte bescheiden[112] in einer grammatischen Lücke.

135 Was mir im Reich des Schreibzeugs besonders gut gefiel, war der Heftklammerentferner[113]. Sein wunderbarer Name verkörperte[114] meine Sehnsucht[115] nach einer fremden Sprache. Dieser kleine Gegenstand, der an einen Schlangenkopf[116] mit vier Fangzähnen[117] erinnerte,

war Analphabet[118], obwohl er zum Schreibzeug gehörte: Im Unter-
140 schied zu dem Kugelschreiber oder zu der Schreibmaschine konnte er
keinen einzigen Buchstaben schreiben. Er konnte nur Heftklammern
entfernen. Aber ich hatte eine Vorliebe[119] für ihn, weil es wie ein
Zauber[120] aussah, wenn er die zusammengehefteten Papiere auseinan-
dernahm.
145   In der Muttersprache sind die Worte den Menschen angeheftet[121],
so dass man selten spielerische Freude an der Sprache empfinden kann.
Dort klammern[122] sich die Gedanken so fest an die Worte, dass weder
die ersteren noch die letzteren[123] frei fliegen können. In einer Fremdsprache hat man aber so etwas wie einen Heftklammerentferner: Er
150 entfernt alles, was sich aneinanderheftet und sich festklammert. ◢

◆ Leseverständnis

A. **Aussagen.** Machen Sie im Plenum möglichst viele Aussagen über
den Text. Die folgenden Stichwörter sind als Stütze (*support*) gedacht.

die Beziehung der Erzählerin zu Gegenständen

der Animismus der deutschen Sprache

Sprache als Machtmittel (z. B. schimpfen)

Geschlecht (*gender*) – männlich, weiblich, sächlich (< die Sache, *matter*) neue
Erfahrungen durch das Lernen von einer Sprache, z. B. „Sprachmutter"

Gott

das Es

der Heftklammerentferner

B. **Stichwörterliste.** Was für zusätzliche Stichwörter benötigen Sie
für Ihre Aussagen? Machen Sie sich eine Liste, wenn möglich mit Zeichnungen, damit Sie sich die Ausdrücke leichter merken können.

C. **Gruppenarbeit**

1. Gruppenarbeit im Plenum oder in Gruppen von fünf Personen:
   Welche Stelle im Text war am interessantesten für Sie? Jeder markiert
   eine Stelle und liest sie laut vor. Erklären Sie, warum Ihnen die Stelle
   wichtig erscheint.

2. Gruppenarbeit zu Viert oder zu Fünft: Finden Sie eine Stelle im Text,
   die zeigt, dass man durch ein Wort in einer anderen Sprache neue
   Wahrnehmungen in der eigenen Welt macht.

🎙 Diskussion

A.   Allerlei Fragen

1. Unterschiedliche Ansichten: Ost und West

   Vilém Flusser schreibt, dass die Ansichten über Leben und Tod im
   Osten und Westen grundverschieden (*fundamentally different*) sind. Die
   Theologie im Westen will den Tod durch das ewige Leben vernichten
   (*negate*). Der Buddhismus im Osten will den Menschen helfen, der
   Ewigen Wiedergeburt zu entkommen (*to escape from eternal rebirth*),
   weil das Leben Leiden (*suffering*) bedeutet. Im Westen möchte der
   Mensch ewig leben, muss aber sterben. Im Osten möchte man nicht
   leben, wird aber zur Wiedergeburt gezwungen (*forced*). Kennen Sie
   verschiedene Kulturen mit unterschiedlichen Ansichten über wichtige
   Ideen, die sich in der Sprache äußern?

B.   Kulturelle Wahrnehmungen. Muttersprache – Vaterland –
Elternhaus. Im Englischen gibt es nur ein grammatisches Geschlecht, aber
trotzdem sagt man *fatherland, mother tongue*.

1. Gibt es andere, ähnliche Konstruktionen, die Ihnen im Deutschen
   oder Englischen aufgefallen sind?
2. Sehen wir diese Kategorien durch den Begriff Geschlecht (*gender*)?

C.   Gruppenarbeit

1. Erzählen Sie im Plenum oder in kleinen Gruppen über Ihre Erfahrungen mit Sprachen, wenn möglich beim Deutschlernen. Jeder
   macht lustige Erfahrungen, manchmal peinliche beim Versuch, einen
   Begriff von einer Sprache in eine andere zu übersetzen.
2. Machen Sie eine Umfrage oder ein Interview darüber und fangen Sie
   mit Ihrem Lehrer/Ihrer Lehrerin. Setzen Sie die Resultate als multikulturelle Ansätze (*beginnings*) zum Sprachenlernen zusammen.

🔵 Wortschatzaufgaben

A.   Fragen zu Verben. Die Schriftstellerin, die natürlich sehr sprach-
begabt (*gifted*) ist, gebraucht viele Verben mit trennbaren und
untrennbaren Präfixen.

1. Suchen Sie diese Verben im Text und ordnen Sie sie nach Verben mit
   a) trennbaren und b) untrennbaren Präfixen. Markieren Sie beide
   Arten von Verben mit verschiedenen Farben.

Hier sind einige aus den ersten paar Abschnitten, auf die Sie sich stützen können:

übertreiben	empfinden	erholen	ansprechen
auf … zukommen	abbrechen	vorkommen	unterscheiden
bezeichnen	vergleichen	gewöhnen	zugrundeliegen
weiterschreiben	wiederherstellen	in die Hand nehmen	wahrnehmen

2. Welche Verben haben folgende Präfixe? Hier liegt die Betonung nicht auf dem Präfix, sondern auf der ersten Silbe des Verbs (d.h. auf dem Stamm). Suchen Sie im Text nach Verben mit folgenden Präfixen und stellen Sie fest, was für eine Beziehung das Präfix zum Verb hat. Beachten Sie a) die Beweglichkeit und b) die Bedeutung der Präfixe.

be-

emp-

ent-

über-

unter-

er-

ver-

wieder-

ge-

3. Hier liegt die Betonung immer auf dem Präfix.

   a. Welche Verben im Text haben folgende Präfixe?

   b. Stellen Sie fest, wo das Präfix im Hauptsatz und wo es im Neben-satz steht. Markieren Sie Verben mit den folgenden Präfixen im Text.

   auf-

   zu-

   an-

   her-

   vor-

   ab-

   weiter-

   vor-

   heraus-

   wahr-

   hin-

B. **Präpositionen.** Im Deutschen muss man gut aufpassen, damit man Präfixe nicht mit Präpositionen verwechselt. Obwohl sie sich manchmal zum Verwechseln ähnlich sehen (*they appear to look alike*), haben sie ganz andere Funktionen im Satz. Einer Präposition folgt immer ein Hauptwort (Substantiv) im Genitiv, Dativ oder Akkusativ. Einem Präfix folgt kein Substantiv. Ein trennbares Präfix gehört entweder zu einem Verb, oder es steht getrennt am Ende des Satzes; im Nebensatz ist das Präfix fest an das Verb gekoppelt (*joined*); im Hauptsatz steht das Präfix getrennt vom Verb am Ende des Satzes.

Beispiel: Einfacher Hauptsatz.

Ich **spitze** jeden Tag den Bleistift **an.**

Nebensatz   *Hauptsatz*
Als ich den Bleistift **anspitzte**, sagte ich leise das Wort „männlich."

Verben mit Präfixen haben Sie schon im Text markiert.

1. Markieren Sie jetzt Präpositionen im Text mit einer anderen Farbe, damit Sie den Unterschied zwischen Präfixen und Präpositionen wahrnehmen (*notice*).
2. Mit derselben Farbe sollten Sie auch das Präpositionalobjekt (*object of the preposition*) markieren, das zur Präposition gehört.

C. **Scheinsubjekte.** Was für „es Konstruktionen" kennen Sie in der deutschen Sprache?

Beispiele: **Es** tut mir leid.

       Es regnet. **Es** brennt. **Es** blitzt. **Es** macht Spaß.

       Wo **Es** war, wird Ich sein. (*Freud*) (*Where Id was, Ego shall be.*)

a. Führen Sie die Liste weiter, indem Sie nach Beispielen in Tawadas Text suchen.
b. Erklären Sie, wenn möglich, was das **Es** in jedem Fall bedeuten könnte.

🎙 Sprechakte

Finden Sie im Text Belege für diese Sprechakte.

anfangen	das Interesse des Lesers erwecken
mitteilen	Erlebnisse beschreiben
vergleichen	verschiedene Weltanschauungen einander gegenüberstellen, Unterschiede und Ähnlichkeiten bemerken

beschreiben	Details in der Beschaffenheit (*nature, condition*) von Objekten, Erfahrungen und Begriffen erwähnen
aufzählen	Beispiele der Reihe nach erwähnen
unterscheiden	die Verschiedenheit zwischen Dingen, Begriffen, Erfahrungen hervorheben
enden, beschließen	eine Erzählung zu Ende bringen

Aufsatzthemen

> **!** | LIVING BETWEEN LANGUAGES
>
> *Zwischen den Sprachen leben und erfinderisch denken.*
>
> *José F. A Oliver, von dem Sie schon ein Gedicht gelesen haben, schreibt in einem anderen Gedicht* (Gastling, *Lyrik*. Berlin, Das Arabische Buch, 1993):
>
> **angezählt**   grown through statistics, numbers
>
> *ins land geboren*
> *zufällig eins*
> *entzweit*   divided
> *angekommen*
> *aufgebrochen*   to break up, to embark on something new
> *gastling*

1. Oliver hat die deutsche Sprache durch dieses Wort bereichert. Vor ihm gab es die Wörter *Jüngling, Fremdling, …* mit einem -*ing* Suffix, das bedeutet, dass jemand Aufmerksamkeit, Zuwendung oder Pflege braucht. Oliver hat daraus „*Gastling*" gemacht. Wie Sie wissen, ist er in Deutschland geboren, als Kind von *Gastarbeitern* aus Andalusien. Welche Bedeutung gibt er dem Wort *Gastling*? Denken Sie daran, was das Gedicht als Ganzes über den „*Gastling*" sagt.

2. Kennen Sie die sozialen Probleme, die es in Deutschland gab und immer noch gibt, wo Gastarbeiter von den Deutschen abgelehnt wurden (*rejected*)? Sie können sich darüber im Internet informieren: In den Siebzigern gab es diesen Slogan, der gegen Fremdenhass gerichtet war:„Jeder Deutsche ist Ausländer." Schreiben Sie, wie Oliver die Existenz der *Gastlinge* beschreibt. Hören Sie sich dazu Alev Tekinays Gedicht „*Gast*" an.

3. Was kommt zuerst? Die Sprache oder die Philosophie? Sollte jeder Philosoph wenigstens zwei Sprachen sprechen? Jeder Dichter? Jeder gebildete Mensch? Warum? Warum nicht?

4. Beschreiben Sie eine von Tawada gemachte Beobachtung, die Sie besonders interessant finden. Ist Ihnen Ähnliches aufgefallen? Sind Sie anderer Meinung? Haben Sie eine dritte Sprache, mit der Sie Vergleiche machen möchten, wie es zum Beispiel Oliver tut?

5. Inwiefern wird der „Heftklammerentferner" für Tawada zum Symbol der fremden Sprache und der neuen Sicht, die die fremde Sprache ermöglicht?

Kontexte

Grammatisches Geschlecht

Tawada bemerkt, dass Muttersprachlern (*native speakers of a language*) das grammatische Geschlecht natürlich vorkomme; sie fragt, wie man die Empfindung für die „Natürlichkeit" des grammatischen Geschlechts in der deutschen Sprache erwerben könne.

Im Deutschen teilen sich Substantive in drei Klassen, die durch den Artikel zu erkennen sind:

1. die **der-Klasse** (-r)   maskulin
2. die **die-Klasse** (-e)   feminin
3. die **das-Klasse** (-s)   neutral

Es gibt im Deutschen keine sicheren Regeln, das grammatische Geschlecht eines Substantivs zu erkennen. Wie Sie aus Erfahrung wissen, müssen daher die Artikel immer mit den Substantiven gelernt werden. Tawada versucht, die neuen Dinge um sich grammatisch zu „sexualisieren", um das Gefühl für ihr grammatisches Geschlecht zu erwerben.

Das biologische Geschlecht stimmt oft nicht mit dem grammatischen überein, sondern wird durch besondere Regeln bestimmt, z. B. Suffixe:

Es heißt **der** Mann aber **das** Männ**chen**
die Frau aber **das** Frauchen (so heißt die Besitzerin eines Hundes),
   das Fräulein
die Magd, **das** Mädchen

In indoeuropäischen Sprachen hatte man drei Geschlechter, die im Deutschen und Slawischen weiter bestehen; im Spanischen gibt es maskulin und feminin, im Englischen ist nur eine Kategorie übriggeblieben.

Jakob Grimm war der Meinung, dass das grammatische Geschlecht eine „natürliche Ausdehnung" der menschlichen Phantasie auf Lebewesen (*living creatures*), Dinge und Begriffe zeige.

(weiter)

(weiter)

Andere Linguisten sind der entgegengesetzten Meinung, dass die grammatische Klasse zuerst nichts mit dem biologischem Geschlecht zu tun hatte. Sie vertreten die Ansicht, dass die meisten Substantive ursprünglich maskulin waren. Anthropologen und Linguisten beschreiben die frühe indoeuropäische Gesellschaft als eine Krieger- und agrikulturelle Gesellschaft. Weibliche Tiere wurden zur Nutztiernorm (z. B. die Stute, die Kuh, die Henne), männliche Tiere wurden zur Ausnahme (der Hengst, der Bulle, der Hahn).

Informieren Sie sich in einer Grammatik über die allgemeinen Gruppierungen und die verschiedenen Suffixe, die das Geschlechte eines Hauptwortes bestimmen.

⊙ Zum Hören

Vor dem Hören

A. **Zum Thema.** Was verbinden Sie mit den Begriffen Gast, Gastarbeiter, Ausländer, fremd, Fremder, Einheimischer, Deutsche, Türken, Staatsangehörigkeit (*nationality*), Zuhause, Heimat

B. **Stichwörterliste.** Machen Sie sich eine Stichwörterliste.

⊙ Beim Hören

„Ein Gast"
Alev Tekinay

Wie erlebt das „Ich" im Gedicht das Leben zwischen zwei Kulturen?

Nach dem Hören

A. **Wortschatzübungen**

1. Wie definiert das Gedicht folgende Personen?

   Ein Gast ist jemand, …

   Ein Tourist ist jemand, …

   Ein/e Einheimische/r ist jemand, der …

   Ein/e Deutsche/r ist jemand, …

2. Das „Ich" in diesem Gedicht ist

   Kein Gast, weil …

   Kein/e Türke/in mehr, weil …

   Kein/e Deutsche/r, weil …

3. Was ist …

      Ein/e Fremde/r?

      Ein Ausländer?

      Ein/e Staatsangehörige/r?

      Ein/e deutsche/r Türke/in?

4. Was ist eine „zwar … aber" Existenz?

Die Phrasen „zwar nicht … aber auch nicht" definieren eine Existenz, die nur unter Bedingungen *(conditions)* stattfindet. (**Zwar** *is a special connector used regularly with* **aber** *in order to restrict or relativize meaning, avoiding extremes or clearly stated positions.)* „Er ist **zwar** nicht für den Krieg, **aber** er setzt sich **auch nicht** für den Frieden ein."

Was für Bedingungen werden in diesem Gedicht erwähnt?

B. Diskussion

1. Wie bekommt man die Staatsangehörigkeit in Ihrem Land?

2. Menschen, die zwischen mehreren Kulturen leben, reflektieren von außen her und auf neue Weise über Begriffe, die die meisten für selbstverständlich halten *(take for granted)*.

    Beispiel: Einer von Tekinays Charakteren sagt über das Wort „Muttersprache": „Deutsch ist meine Muttersprache, obwohl es nicht die Sprache meiner Mutter ist." Wie wird im Gedicht über „Heimat", oder „Ausländer" reflektiert?

3. Was für eine Identität entsteht für Leute, die zwischen zwei Kulturen und zwei Sprachen leben? Was für Möglichkeiten gibt es für diese Menschen? Gibt es die Möglichkeit einer „Wahlheimat"? Sind es positive oder negative Möglichkeiten? Hat das Internet diese Möglichkeiten verändert?

4. An „Heimat" denkt, wer unterwegs oder in der Fremde ist. Es ist ein Reflektieren über eine Zugehörigkeit *(sense of belonging to a group)* zu einem Land, einer Gruppe, einem „Paradies", einer Landschaft, einer unschuldigen Gemeinschaft mit der man sich identifiziert, aber die man nicht analysiert. Wo entsteht in diesem Gedicht ein Reflektieren über „Heimat"?

Glossar

1 die **Muttersprache** mother tongue

2 der **Eindruck** impression

3 **sich erholen** to relax

4 der **Alltag** workday

5 die **Kette, -r** chain

6 **rätselhaft** riddle

7 **umgeben** surround

8 das **Schreibzeug** instrument

9 **wirken auf** to have an effect on

10 **sich unterscheiden** to differentiate

11 der **Gegenstand, ⸚e** object

12 das **Schamgefühl, -e** feeling of shame

13 **bezeichnen** to designate

14 **vergleichbar** comparable

15 **zukommen auf** to approach, come up to

16 **sich gewöhnen an** to get used to

17 **sich bewusst sein, dass...** to be aware of

18 die **Beziehung, -en** relationship

19 die **Mitarbeiterin, -nen** co-worker

20 **schimpfen über** to rail against

21 **spinnen** to be up to tricks; to be crazy

22 **anspitzen** to sharpen, bring to a peak

23 die **Bleistiftsmine, -n** lead

24 der **Animismus** animism (ascribing life to inanimate objects)

25 die **Wut** rage, anger

26 der **Scherz, -e** joke

27 **übertreiben*** to exaggerate

28 **vorstellbar** imaginable

29 **beurteilen** judge

30 **meinen** to mean

31 **ernsthaft** serious

32 **merkwürdig** strange

33 **zugrunde liegen*** underlying

34 **Widerstand leisten** to put up resistance

35 **ihrerseits** on her part

36 die **Macht** moral power

37 das **Machtverhältnis, -se** power relationship

38 **sich etwas vergewissern** make sure of, ascertain

39 **verunsichern** to render insecure

40 **unabhängig davon...** independent, apart

41 **ständig** constantly

42 **liegen an*** the cause is, the reason lies in...

43 **mangeln** lacking

44 **verzweifelt werden** to become desperate

45 **wiederherstellen** to restore

46 **sich handeln um** to be a question of, deal with

47 **vorkommen*** (+ *dat.*) to appear, seem

48 **männlich** masculine

49 **geschlechtslos** genderless

50 das **Substantiv, -e** noun

51 das **Zahlwort, ⸚er** counting word, numeral

52 **sich aufteilen lassen** can be separated

53 **bilden** to form, constitute

54 **jeweils** in each case, instance

55 **Mühe machen** to be difficult

56 der **Muttersprachler** native speaker of a language

57 das **Sprachlehrbuch, ̈er** grammar

58 die **Empfindung** feeling, perception

59 die **Menschengestalt, -en** form of a person

60 **wahrnehmen** to perceive

61 die **Unterscheidung, -en** distinction

62 **wahrscheinlich** probably

63 **sich etwas merken** to remember

64 der **Füller, -** fountain pen

65 das **Wesen, -** creature, entity

66 **spüren** to sense

67 **anstarren** to stare at

68 **vor mich hin** to myself

69 der **Zauberspruch, ̈e** incantation

70 **sexualisieren** to render in grammatically gendered terms

71 **tätowieren** to tattoo

72 der **Buchstabe, -n** letter of the alphabet

73 die **Tatsache** fact

74 **dafür** to make up for

75 **zwar** to be sure

76 das **Zeichen, -** sign

77 **bereits** already

78 **in und auf sich tragen** to bear or have (letters) stored within and on it

79 das **hieß** i.e., that was

80 der **Geschäftsbrief, -e** business letter

81 das **Gedicht, -e** poem

82 **geheimnisvoll** full of secrets

83 **wörtlich wahrnehmen** to perceive literally

84 **gewinnen** to gain, win

85 **innerhalb** within

86 **lebendig** alive

87 **entwickeln** to develop

88 **auffallen*** to strike

89 **verdeckt** hidden, covered

90 **fragen nach** to ask about

91 **um Gottes willen!** for God's sake!

92 **beherrschen** to control; to master

93 der **Einfluss, ̈e** influence

94 **vermeiden** to avoid

95 **vorkommen** to occur

96 **bedeuten** to mean

97 die **Lücke füllen** to fill a gap

98 **nämlich** for (*explanation that follows its topic*) *for without this "it"…*

99 das **Subjekt, -e** subject

100 **fehlen** to be missing

101 **einsehen*** to realize; to understand

102 **außerdem** aside from that

103 **entstehen** to originate

104 **beitragen zu** to contribute

105 **dennoch** in spite of that

106 **Aufmerksamkeit schenken** to pay attention to something

107 **besitzen** to possess

108 der **Eigenname, -n** proper name

109 **fleißig** diligently

110 **wirksam** effectively

111 der/das **Bereich, -e** area

112 **bescheiden** modest, modestly

113 der **Heftklammerentferner, -** staple remover

[114] **verkörpern** to embody

[115] die **Sehnsucht nach** addiction

[116] der **Schlangenkopf, ̈e** head of a snake

[117] der **Fangzahn, ̈e** tusk

[118] der **Analphabet, -en** illiterate (person)

[119] die **Vorliebe** preference

[120] der **Zauber** magic

[121] **anheften** attached, clipped to

[122] **sich klammern an** to cling to

[123] **ersteren ... letzteren ...** the former ... the latter

Vocabulary

This vocabulary section provides a basic list of German words as a supplement to the less common vocabulary provided in the **Glossar** section at the end of each chapter. This list is not meant to be exhaustive: students are encouraged, at this stage in their study of the language, to consult a German-English dictionary in addition to the textbook resources.

The vocabulary contains the following features:

1. Meanings for words are given for the specific contexts in which they occur in this textbook. However, every attempt has been made also to provide indications of the major or most common meanings of a word.

2. Plural endings are listed unless the plural is uncommon or does not exist. Irregular genitive endings are also given.

3. Strong and irregular verbs are indicated by an asterisk (*). (For the principal parts of strong and irregular verbs, as well as other student learning resources, visit the Web site at **http://mitlesen.heinle.com.**)

4. Verbs with separable prefixes are hyphenated.

5. Verbs that normally require the auxiliary verb **sein** are indicated by **(s)** after the verb. Verbs that take either auxiliary, depending in most cases on whether they are used transitively (with **haben**) or intransitively (with **sein**), are indicated by **(h** *or* **s)**.

6. A dative object is indicated by **jmdm. (jemandem)** or *(dat.)*; an accusative object is indicated by **jmdn. (jemanden)** or *(acc.)*.

7. Reflexive verbs are preceded by **sich**. If the verb can also be used non-reflexively with exactly the same meaning, this is indicated by **(sich)**. A dative reflexive is indicated by *(dat.)*.

Abbreviations

acc.	accusative	*interject.*	interjection
adj.	adjective	*jmdm.*	*jemandem* (dative)
adv.	adverb	*jmdn.*	*jemanden* (accusative)
arch.	archaic	*o.s.*	oneself
coll.	colloquial	*past part.*	past participle
comp.	comparative	*pl.*	plural
conj.	conjunction	*prep.*	preposition
d. h.	*das heißt* (that is)	*rel.*	relative
dat.	dative	*sing.*	singular
gen.	genitive	*s.o.*	someone
i.e.	(*Latin*) *id est* that is (to say)	*s.th.*	something
inf.	infinitive	*z. B.*	*zum Beispiel* (for example)

A

ab off; **ab und zu** now and then, off and on

ab-brechen* (h *or* **s)** to break off

ab-drehen to turn off, switch off

ab-drucken to print (*a copy of*)

der **Abend, -e** evening; **eines Abends** one evening; **abends** in the evening

das **Abendbrot, -e** cold supper

das **Abendessen, -** evening meal

das **Abendgymnasium** night classes at a **Gymnasium**

der **Aberglaube (-ns)** superstition

abermals again

ab-fahren* (h *or* **s);** to depart; to drive away

die **Abfahrt, -en** departure

die **Abfahrtszeit, -en** departure time

sich **ab-finden mit* etwas** to come to accept, resign

o.s. to, *or* come to grips with s.th.

das **Abgas, -e** exhaust fume(s)

ab-geben* to hand over, check (*baggage*); to give (*an opinion, testimony, etc.*)

abgegriffen worn (*out*) from being handled

ab-gehen* (s) depart

abgesehen von not taking into account

abgezirkelt precise, exact

der **Abgrund, ⸚e** abyss, chasm, deep hole

abhanden kommen* (s) to get lost, become mislaid

abhold (*with dat.*) averse to

ab-holen to fetch, pick (*s.o.*) up

ab-horchen to listen carefully for

das **Abitur** graduation certificate from a **Gymnasium**

ab-legen to discard; set down

ab-lehnen to decline, refuse, reject

ab-leiten to derive

ab-lenken to distract, divert one's attention

ab-machen to settle, conclude an agreement

ab-nehmen* to take off; to remove; to reduce, lose weight; **jmdm. etwas abnehmen** to relieve s.o. of s.th.

ab-pflücken to pluck, pick

ab-räumen to clear away *or* off

ab-reißen* (h *or* **s)** to tear off *or* away

der **Absatz, ⸚e** paragraph

ab-schaffen to do away with, abolish

ab-schließen* to conclude; to close off

der **Abschluss, ⸚e** close, conclusion; end; edge, border

ab-schneiden* to slice off; **sich bei jmdm. eine Scheibe abschneiden** to take a leaf out of s.o.'s book, learn from s.o.'s example

der **Abschnitt, -e** segment, section; paragraph

ab-sehen* (jmdm. etwas) to learn s.th. by watching s.o. do it

abseits off to the side, off the beaten path

die **Absicht, -en** intention

ab-sinken* (s) to drop off, lose speed

sich **ab-spielen** to take place, occur, happen

ab-stammen (s) to be descended from

abstauben to wipe off the dust

ab-steigen* (s) to climb off, dismount

ab-stellen to put down

ab-streiten* to dispute, deny *(an assertion, a fact, etc.)*

das **Abteil, -e** compartment

die **Abteilung, -en** department, section, division

der **Abteilungsleiter, -** department head

ab-trennen to separate, detach

ab-tupfen to wipe *or* dab off

ab-warten to wait for, await the outcome

ab-waschen* to wash off

ab-wechseln to alternate

die **Abwechslung, -en** change *(of pace)*, variety

ab-wenden* *(also weak)* to prevent, avert; to turn away; to ward off

abwesend absent; absent-minded

ab-ziehen* (h *or* **s)** to pull off; to leave, depart

ach! oh! ah! alas; **ach so!** oh, I see; **ach was!** nonsense; oh, come on! certainly not!

das **Achselzucken** shrugging of the shoulders; **die Achseln zucken** *or* **mit den Achseln**

zucken to shrug one's shoulders

achten to heed, pay attention

achtlos inattentive, negligent

die **Achtung** attention; esteem, respect

ächzen to moan, groan

der **Adel** nobility

die **Ader, -n** vein, artery

der **Affe, -n, -n** monkey, ape

das **Affenhaus, ⁻er** monkey house

die **Afferei, -en** mimicry

ahnen to have an inkling, have a foreboding *or* premonition, suspect

die **Ähnlichkeit, -en** similarity

die **Ahnung, -en** presentiment, inkling

der **Akkord** wage *(based on piece work rather than hours worked)*

die **Akkordprämie, -n** piece work bonus

akkurat precisely, meticulously

die **Aktie, -n** stock in a corporation

aktuell up-to-date, topical

albern silly, daffy, foolish

all- all

alle *(coll.)* sold out, gone, at an end, over

allein alone; however; **von allein** without help, by oneself

allerhand all kinds of, all sorts of

allerlei all kinds of

allerletzt- the very last

alles everything; **alles in allem** all in all; **alles daran setzen** to do everything possible to assure an outcome

allgemach gradually

allgemein general

allmächtig almighty, omnipotent

allmählich gradually

alltäglich daily

der **Alltagstrott** daily routine, everyday humdrum

allzu all too

als as, when; as if; than

als wo except for where

also so, thus; okay, well; therefore, consequently

alt old

das **Alter** age

älter older, elderly

ältlich oldish, appearing old

altmodisch old-fashioned

die **Ampel, -n** traffic light

das **Amt, ⁻er** official position, office

das **Amtsdeutsch** German language of officials, "officialese"

der **Amtsrat, ⁻e** office counselor *(Austrian civil service supervisor title)*

amtsrätlich pertaining to s.o. who is an **Amtsrat**

an at, to, by, near

an-bauen to build on, add on

an-blicken to look at, view

an-blinzeln to wink at

an-brennen* to scorch; **(s)** to start to burn

ander- other

ändern to change; sich **ändern** to change, become changed

an-deuten to indicate, intimate

aneinander together; to *or* against one another; **aneinandergedrängt** pushed *or* shoved together; **aneinander vorbei** past one another

das **Anerbieten, -** proposal

anerkennend acknowledging, approving

der **Anfang, ⸚e** beginning, start; **von Anfang an** from the very start

an-fangen* to begin, start

der **Anfänger, -** beginner

anfänglich beginning, initial

anfangs in the beginning, initially

an-fassen to take hold of, touch

an-fragen to inquire

sich **an-freunden mit** to make friends with

an-führen to bring forward (arguments)

die **Angabe, -n** statement; assertion

an-geben* to state, give (facts)

das **Angebot, -e** offer

an-gehen* to approach, solicit; **jmdn. nichts angehen (s)** to not concern s.o., not be s.o.'s business

an-gehören (dat.) to belong to, be part of

die **Angelegenheit, -en** affair, matter, business

angemessen appropriate, suitable, fitting

angenehm pleasant, pleasing

angespannt drawn taut, tense

angewidert disgusted, nauseated

angewiesen sein* (s) auf to have to rely on (acc.), be left with nothing to do but

die **Angst, ⸚e** fear; **Angst haben*** to be afraid

ängstlich fearful

an-halten* to stop, halt; to continue unabated, not

cease; **den Atem anhalten** to hold one's breath

anhand (von) with the aid of

der **Anhänger, -** follower, adherent, disciple, fan

an-heften to fasten (on), pin on, affix

an-klagen to accuse

an-klopfen to knock, tap (to s.o.)

an-knurren to growl at, grumble at

an-kommen* auf to depend on, be a matter of; **es kommt darauf an** it all depends

an-kreuzen to mark with an x

an-kündigen to advertise, proclaim; to announce

die **Ankunftszeit, -en** arrival time

an-lächeln to smile at

an-langen (bei) (s) to arrive (at), reach

an-nehmen* to assume; to accept

die **Annonce, -n** advertisement, announcement

annoncieren to advertise

an-ordnen to arrange, put in order

die **Anpassung** adapting, adjustment, conformity

an-reden to address, speak to

anrüchig disreputable, shady

der **Anruf, -e** telephone call

an-rufen* to call up, phone

an-schaffen to purchase; to procure

die **Anschaffung, -en** purchase

an-schauen to look at, observe; sich **etwas anschauen** to take a look at s.th.

der **Anschein** appearance, impression; **den Anschein erwecken** to create the impression, appear or look as if

der **Anschluss, ⸚e** contact; **Anschluss finden*** to find contact, make some acquaintances

an-schreien* to scream at, shout at

an-sehen* to look at, view, regard; **jmdm. etwas an-sehen** to see s.th. from one's appearance; sich **etwas an-sehen** (dat.) to take a look at s.th.

das **Ansehen** appearance; **ohne Ansehen** (arch.) without respect to; **vom Ansehen** by sight, from appearance

die **Ansicht, -en** view, opinion; **meiner Ansicht nach** in my opinion

die **Ansichtskarte, -n** picture postcard

an-sprechen* to speak to; appeal to, take one's fancy

an-springen* (s) to start (a motor)

der **Anstand** decorum, proper demeanor

an-starren to stare at

an-stellen to appoint, employ; to cause or do (mischief, something naughty, etc.)

der **Anstoß, ⸚e** impetus

an-strahlen to illuminate, shine light on

anstrengend strenuous

die **Anstrengung, -en** exertion, effort, strain

die **Anteilnahme** interest, concern

der **Antrag, ⸚e** application, petition

an-treffen* to come across, find *(at home)*

an-tun* to put on *(clothing)*

die **Antwort, -en** answer

antworten to answer

die **Anweisung, -en** instruction, direction

an-wenden* *(also weak)* to make use of, use, apply

an-widern to disgust, nauseate

die **Anzeige, -n** ad; notice, announcement

an-ziehen* to dress, put on; to attract; sich **an-ziehen** to get dressed

der **Anzug, ̈-e** suit

an-zünden to ignite, light

apart unusual, striking

der **Apfel, ̈-** apple

die **Apfelsorte, -n** kind of apple

der **Apparat, -e** apparatus, device

appetitlich appetizing

die **Arbeit, -en** work; *(academic)* paper

arbeiten to work

der **Arbeiter, -** worker

das **Arbeitsamt, ̈-er** employment office

die **Arbeitserfahrung, -en** work experience

die **Arbeitserlaubnis, -se** work permit

der **Arbeitskittel, -** work smock, frock

der **Arbeitskollege, -n, -n** work colleague

die **Arbeitsleistung, -en** work output

das **Arbeitszimmer, -** workroom, den

arg bad

der **Ärger** annoyance, irritation

ärgerlich annoying, irritating

ärgern to annoy, irritate, provoke; sich **ärgern** to be annoyed

argwöhnen to suspect, be suspicious

die **Art, -en** type, kind; way, manner, fashion; **auf solche Art** in such a manner

-artig *suffix* -like

die **Arzneipille, -n** medicinal pill

der **Arzt, ̈-e** doctor

der **Aschenbecher, -** ashtray

der **Ast, ̈-e** branch

das **Atelier, -s** art studio

der **Atem** breath

atemlos breathless

die **Atempause, -n** breather, breathing pause

der **Atemzug, ̈-e** breath of air

atmen to breathe

auch also; **auch wenn** *or* **wenn auch** even if, even though

auf *(prep.)* on, onto, upon; **auf** *(adv. or sep. prefix)* up, upward; open; **auf einmal** suddenly, all of a sudden, all at once; **auf ewig** forever; **auf und ab** up and down; **auf ... zu** up to, toward

auf-atmen to breathe a sigh of relief

auf-bauen to construct

auf-binden* to tie up

auf-blasen* to inflate, puff up

der **Aufenthalt, -e** stay, abode

die **Aufenthaltserlaubnis, -se** residency permit

auf-fallen* (s) to be noticeable, be conspicuous

auf-fressen* to eat up *(of beasts)*; to devour

auf-geben* to give up

auf-gehen* (s) to open up

aufgeregt excited, agitated

auf-halten* to hold up, delay, stop

auf-heben* to keep, save; to pick up, raise

auf-hören to cease, stop (doing)

auf-knöpfen to unbutton

die **Auflage, -n** edition

(sich) **auf-lösen** to dissolve

auf-machen to open (up); sich **auf-machen** to get up; to set out of one's way

aufmerksam attentive; **aufmerksam machen auf** to draw attention to

die **Aufmerksamkeit, -en** attentiveness

auf-muntern to cheer up, encourage

auf-nehmen* to take up *or* in; receive; to photograph

(sich) **auf-opfern** to sacrifice (o.s.)

auf-passen to watch out, take care; **auf-passen auf** *(acc.)* to keep an eye on, take care of

der **Aufputz** finery, flashy dress

auf-räumen to clean up, put things away

auf-regen to excite, stir up; sich **auf-regen** to get excited, become upset

aufregend exciting; upsetting

sich **auf-richten** to sit up, raise o.s., get into an erect position

aufrichtig honest, sincere

der **Aufruhr, -e** tumult, uproar, riot

der **Aufsatz, ̈-e** written composition, article

sich **auf-schieben*** to push *(itself)* open, open

auf-schlagen* to open up; to break open

auf-schließen* to open up, unlock

auf-schneiden* to cut open

auf-schreiben* to write down

die **Aufschrift, -en** label

auf-sehen* to look up(ward), raise one's head

das **Aufsehen** commotion

auf-setzen to put on; to draw up *(a letter, petition)*

aufs neue anew

auf-springen* (s) to jump *or* leap up

auf-stecken: es auf-stecken to give it up

auf-stehen* (s) to stand up, get up; to stand open

auf-steigen* (s) to rise, climb up

auf-stellen to set up; sich **auf-stellen** to position o.s.

auf-tauchen (s) to arise, turn up

auf-tauen (h *or* **s)** to thaw *(out)*

auf-tragen* to lay or smear on; **dick auf-tragen** to lay on thick

auf-tun* to open *(up)*

auf-wachen (s) to awake, wake up

auf-weisen* to show, exhibit

auf-wogen (s) to billow up, surge up

auf-zählen to count up, enumerate

auf-zeigen to show, point out

auf-ziehen* to rise, draw up

das **Auge, -n** eye

der **Augenaufschlag** upward glance

der **Augenblick, -e** moment

augenblicklich momentar(il)y

die **Augenbraue, -n** eyebrow

aus out, out of, from; *(adv.)* over, past; **von mir aus** as far as I'm concerned *(it's OK)*

die **Ausbildung** education; training

aus-denken* to think up

der **Ausdruck, ⁻e** expression; **zum Ausdruck bringen*** to express

aus-drücken to express; to extinguish

die **Ausdrucksweise, -n** manner of expression, way of talking

auseinander apart

aus-fallen* (s) drop out

der **Ausflug, ⁻e** excursion, outing

ausführlich detailed, in detail

aus-füllen to fill out

die **Ausgangssituation, -en** initial situation, point of departure

aus-geben* to spend

ausgebreitet spread out

ausgelassen boisterous, hilarious

ausgerechnet *(adv.)* precisely; of all times *(places, things, people, etc.)*

ausgesprochen *(adj.)* pronounced, marked

ausgezeichnet excellent

aus-halten* to stand, endure

aus-handeln to negotiate, bargain for

die **Aushilfskraft, ⁻e** temporary help

die **Auskunft, ⁻e** information

das **Ausland** foreign countries; **im Ausland** abroad

der **Ausländer, -** person from a foreign country, foreigner

die **Ausländerfeindlichkeit** hostility toward foreigners

aus-machen to turn off; to find; to arrange, settle upon; **jmdm. etwas ausmachen** to matter to s.o., bother s.o.

aus-probieren to try s.th. out

aus-richten to convey a message; **aus-richten lassen*** to have s.o. convey a message

das **Ausrotten** extermination

aus-rutschen (s) to slip, lose one's traction *or* footing

die **Aussage, -n** statement

aus-schlafen* to get enough sleep

der **Ausschnitt, -e** décolletage, neckline

aus-schreiben* to write out

aus-schütten to shake out, pour out; **sein/ihr Herz aus-schütten** to pour one's heart out

aus-sehen* to appear, look like

das **Aussehen** appearance, look

außen outside; **nach außen** outwards; outwardly

außer *(dat.)* except for, besides; outside of

außerdem besides, anyway, moreover

äußerlich outward, external; superficial

sich **äußern** to express o.s.; to manifest itself

die **Äußerung, -en** utterance, remark; expression, manifestation

die **Aussprache, -n** pronunciation

aus-sprechen* to say, speak (out); to pronounce

aus-spucken to spit out

aus-steigen* (s) to get off, climb out

aus-stellen to exhibit, display

aus-suchen to pick out

aus-tauschen to exchange

aus-üben (einen Beruf) to practice (a profession)

aus-weichen* (s) (dat.) to evade

ausweichend evasive

der **Ausweis, -e** ID, identification

auswendig by heart

aus-wischen (jmdm. eins) to pull a nasty one on s.o., deal s.o. a blow

sich **aus-zeichnen** to distinguish o.s.

der **Auszug, ⁚e** excerpt

die **Autobahn, -en** superhighway, freeway

die **Autoschlange, -n** line of cars

der **Autostopp** hitchhiking

B

Baal Baal (Canaanite god of fertility, later a false god or idol)

das **Bächlein, -** little brook

backen* to bake

der **Bäcker, -** baker

der **Bahnbeamte (ein Bahnbeamter)** (adj. noun.) railroad offical

bahnen; einen Weg bahnen to make or clear a way, push or force one's way

der **Bahnhof, ⁚e** train station

der **Bahnsteig, -e** (station) platform

die **Bahnsteigkante, -n** edge of a train platform

bald soon; **bald ... bald** now ... now, sometimes ... sometimes; **bald darauf** soon after

der **Balkon, -e** or **-s** balcony

die **Bandenergie** band-energy

bang(e) afraid, anxious; **mir wird bange** I am (becoming) afraid

bangen to be afraid or anxious; **es bangt mir vor etwas** I am afraid of s.th.

die **Bank, ⁚e** bench

die **Bank, -en** bank

der **Bär, -en, -en** bear

bärenzuckersüß licorice-sweet

barfuß barefoot

der **Bau, -ten** structure, edifice; (sing. only) construction

die **Bauart, -en** style of construction

der **Bauch, ⁚e** belly

bauchig bulgy

bauen to build, construct

der **Baum, ⁚e** tree

die **Baustelle, -n** construction site

der **Bautyp, -en** model (of a car, engine, etc.)

das **Bauwesen** construction industry, building trade

beachten to heed, take note

der **Beamte (ein Beamter)** (adj. noun) official

das **Beamtentum** officialdom, administration

beantworten to answer

beben to tremble

der **Becher, -** cup, mug

bedächtig careful, deliberate; with thought

der **Bedarf** need, demand

bedauern to regret, be sorry for

bedeuten to mean, signify

bedeutend important; significant, weighty

bedeutsam meaningful, significant

die **Bedeutung, -en** meaning, significance

bedienen to serve, wait on

die **Bedienung** waiter; service

bedrückt depressed; oppressed

bedürfen (gen.) to require, need

das **Bedürfnis, -se** need

sich **beeilen** to hurry (up)

beeindrucken to impress

beeinflussen to influence

sich **befassen mit** to concern or occupy o.s. with, deal with

befehlen* (jmdm.) to order, command; to be in charge

sich **befinden*** to be

sich **befleiß(ig)en** (gen.) to take great pains (to do correctly)

die **Befreiung** (act of) freeing, deliverance

begabt gifted, talented

begeben*: es begab sich, dass (arch.) it happened that

begegnen (jmdm.) (s) to meet up with s.o., run across, encounter

die **Begegnung, -en** encounter; **keine einzige Begegnung** didn't meet anybody at all

begehen* to commit (an error, sin, etc.)

begeistert enthusiastic

die **Begeisterung** enthusiasm

beginnen* to begin

beglücken to make happy

das **Begräbnis, -se** burial, funeral

begreifen* to comprehend, understand

begreifend comprehending

der **Begriff, -e** concept, idea, conception; **im Begriff sein* (s)** to be about to do, be on the verge of doing

begründen to substantiate, give reasons

die **Begründung, -en** reason(s), ground(s)

begrüßen to greet

die **Begrüßung, -en** greeting

begünstigen to favor, show favor to

behalten* to keep, retain; to remember

behandeln to treat, deal with

die **Behandlung, -en** treatment

behängen to drape, cover

behaupten to maintain, assert, claim

die **Behauptung, -en** assertion, claim

beheben* to remove, eliminate

behend nimble, adroit

beherrschen to control, have command of, be master of; sich **beherrschen** to control o.s., restrain o.s.

behilflich sein* (jmdm.) to lend s.o. a helping hand

der **Behuf: zu diesem Behuf** to this end, for this purpose

bei by, near, with, among, at

bei-bringen* (jmdm. etwas) to teach (s.o. s.th.)

beid- both

beidseitig on both sides

der **Beifall** applause, cheering; approval

bei-legen (einem Brief) to enclose with a letter

das **Bein, -e** leg; bone

beinahe almost, nearly

beiseite aside; **beiseite legen** to set aside

das **Beispiel, -e** example; **z. B. = zum Beispiel** for example; **als Beispiel hin-stellen** to hold up as an example

beißen* to bite

bei-treten* (s) (dat.) to join

beizen to stain wool

bekannt known

bekannt geben* to make known or public, announce

bekanntlich as is well known, as you know

bekannt machen to make known, introduce

die **Bekanntschaft, -en** acquaintance

sich **beklagen** to complain, lament

bekleiden to clothe

bekommen* to get, receive

bekümmert disturbed, troubled, sad

belagern to besiege

belästigen to annoy, pester

der **Beleg, -e** proof, evidence

belehren to instruct, enlighten; to apprise

beleidigen to insult, offend

beliebt popular

bellen to bark

beloben to praise, commend

belügen* to lie to, deceive by lying

bemerken to notice, comment, observe

benachbart neighboring

das **Benehmen** behavior

sich **benehmen*** to behave

beneiden to envy

benommen confused, benumbed

benützen or **benutzen** to use

beobachten to observe; follow, obey (rules)

bequem comfortable

beraten* to advise; sich **beraten** to consult; to take counsel

berechtigt justified

bereden to talk over, discuss s.th. with s.o.

der **Bereich, -e** field, area, domain

die **Bereifung** tires

bereit ready, prepared

bereiten to prepare

bereits already

bereitwillig ready, willing, eager

der **Berg, -e** mountain, hill

bergen* to hide, conceal; to shelter; to rescue

der **Bergsteiger, -** mountain climber

der **Bericht, -e** report

berichten to report

berichtigen to correct, make right

der **Beruf, -e** profession, occupation

beruflich occupational

das **Berufsleben** professional life

beruhigen to calm, quiet, reassure

berühmt famous

berühren to touch

beschädigen to damage

sich **beschäftigen mit** to occupy *or* concern o.s. with

beschäftigt occupied *(with)*, busy

bescheiden modest, humble

beschleunigen to speed up, accelerate

die **Beschleunigung** acceleration

beschließen* to decide or resolve

beschmieren to smear

beschreiben* to describe

die **Beschreibung, -en** description

beschwatzen *(coll.)* to persuade, talk into

sich **beschweren** to complain, make a complaint

beseitigen to eliminate, do away with

der **Besen, -** broom

die **Besenkammer, -n** broom closet

besessen possessed

besetzen to occupy; to fill a position

besetzt occupied

besiegen to conquer, overcome

besichtigen to inspect; to view

besitzen* to possess

der **Besitzer, -** owner

besitzergreifend taking possession

besonders particularly, especially; **insbesondere** in particular

besorgt worried, anxious, intent upon, worrying about

besprechen* to discuss

sich **bessern** to improve o.s.

best- best; **am besten** *(adv.)* the best

beständig constant, enduring, lasting

bestätigen to confirm, verify

bestechen* to bribe

bestehen* to be *(in existence)*; to pass an exam *or* test; **bestehen aus** to consist of; **bestehen in** to consist of

besteigen* to climb

bestellen to order *(goods, food, etc.)*; to put in order, set up

bestimmen to determine, ascertain

bestimmt *(adv.)* certainly, without doubt; for sure; *(adj.)* certain, determined, specific

die **Bestimmung, -en** rule, regulation

bestrafen to punish

das **Bestreben** striving, effort

die **Bestrebung, -en** endeavor, effort, exertion

bestürzt dismayed, aghast

der **Besuch, -e** visit; **zu Besuch kommen* (s)** to come to visit

der **Besucher, -** visitor

betasten to touch *or* feel *(with one's hands)*, finger

betäuben to bewilder; to stun, anesthetize

die **Betäubung** daze, stupor, numbness; anaesthesia

beten to pray

beteuern to assert, aver, swear

betonen to stress, accentuate, emphasize

betrachten to observe; to reflect on; to look at, view

das **Betragen** behavior

betreten* to enter, set foot on

betreten *(adj.)* disconcerted, surprised, stunned

betreuen to take care of, look after

der **Betrieb, -e** business, firm

betroffen taken aback

betrübt sad, gloomy, depressed

betrügen* to cheat, deceive

der **Betrüger, -** deceiver, imposter

betrunken drunk

das **Bett, -en** bed

betteln to beg

die **Bettkante, -n** edge of a bed

sich **beunruhigen** to become upset *or* worried

beurteilen to judge, form an opinion

der **Beutel, -** bag

sich **bewegen** to move (o.s.)

die **Bewegung, -en** movement, motion; emotion

der **Beweis, -e** proof, evidence

beweisen* to prove, demonstrate, show

sich **bewerben* um** to apply for

der **Bewohner, -** inhabitant, dweller

bewusstlos unconscious

das **Bewusstsein** consciousness

bezahlen to pay

bezeichnen to designate, label, mark

die **Bezeichnung, -en** designation, term

bezeihen* *(gen.)* *(arch.)* to accuse s.o. of s.th.

beziehbar ready for occupancy

die **Beziehung, -en** relationship

der **Bezirk, -e** district

der **Bezirksmeister, -** district champion

der **Bezug, ⁻e** reference; **in Bezug auf** with regard to

bezweifeln to doubt, have one's doubts

die **Bibliothek, -en** library

die **Biene, -n** bee

das **Bild, -er** picture

bilden to form

die **Bildung, -en** formation, development; *(no pl.)* upbringing, education; culture

billig cheap, inexpensive

billigen to approve of

bis until; **bis auf** down to and including; **bis dahin** until then; **bis zu … hin** down to, as far as

bisher up until now

bisschen: ein bisschen a little bit

bisweilen now and then, occasionally

bitte please

die **Bitte, -n** request

bitten* um to ask for, request

der **Blas(e)balg, ⁻e** bellows

blasen* to blow

das **Blatt, ⁻er** tree leaf, leaf of a book

der **Blattspinat** leaf spinach

blättern to page, leaf *(through a book)*

blauen to turn blue

das **Blech, -e** tin, sheet metal

blecken: die Zähne blecken to bare one's teeth

bleiben* (s) to remain, stay

bleich pale

der **Bleistift, -e** lead pencil

der **Blick, -e** glance, look; view, glimpse

blicken to look, glance

der **Blickkreis, -e** field of vision

der **Blindgänger, -** misfire, unexploded bomb; a person who is a dud

blindlings blindly, headlong

blitzend flashing, sparkling

blitzschnell quick as a flash

blöd(e) stupid, foolish

bloß simply, merely; **bloß so** simply

blühen to bloom, blossom

die **Blume, -n** flower

der **Blumenstrauß, ⁻e** bouquet of flowers

die **Bluse, -en** blouse

der **Blust: in Blust** *(dialect)* in bloom

das **Blut** blood

blutig bloody

die **Blüte, -n** blossom, bloom

BMW (Bayerische Motorenwerke) *(a make of car)*

der **Boden, ⁻** ground, soil; base, bottom, floor

der **Bogen, -** *or* **⁻** arc; arch, bow; sheet of paper

bohnern to wax, polish

bohrend penetrating, drilling

die **Bohrmaschine, -en** drill

die **Bombe, -n** bomb

böse evil, bad; angry

braten* to fry, roast, grill

brauchen to need, want; to use

brausen to storm, roar; **brausen (s)** to rush

brav obedient, capable, hardworking

brechen* (h *or* **s)** to break; to pick *(flowers)*

breit broad

brennen* to burn

das **Brett, -er** board

die **Bretterwand, ⁻e** board fence

der **Brief, -e** letter

der **Briefträger, -** letter carrier

die **Brille, -n** eyeglasses

bringen* to bring; **es weit bringen** to go a long way *(in one's career)*; **es zu etwas bringen** to have some success, make s.th. of o.s.; **etwas hinter sich bringen** to get s.th. behind one; **jmdn. dazu bringen** to get *or* induce s.o. *(to do s.th.)*

der **Brocken, -** morsel

die **Brücke, -n** route of contact; bridge; small narrow (Persian) carpet, runner

das **Bruderherz, -ens, -en** brother dear

brüllen to roar

brummen to mutter, mumble

die **Brust, ⁻e** breast; chest; bosom

sich **brüsten** to boast, brag

der **Bube, -n, -n** boy

der **Buchstabe, -ns, -n** letter of the alphabet

sich **bücken** to stoop, bow, bend over

die **Bude, -n** stall, small room *(with sleeping quarters)*

das **Bügeleisen, -** *(clothes)* iron

die **Bügelfalte, -n** trousers' crease

bummeln (s) to stroll, walk around

der **Bundeskanzler, -** Federal Chancellor of Germany

bunt colored, multicolored

der **Bürger, -** citizen

bürgerlich bourgeois, middle class

der **Bürgermeister, -** mayor

der **Bürgersteig, -e** sidewalk

das **Büro, -s** office

büßen to pay for, suffer for, atone for

C

der **Chef, -s** boss, head, manager

der **Chilene, -n, -n** Chilean

der **Chor, ⁻e** choir; chorus

D

da (adv.) here, there; (conj.) since

dabei by it or them; yet, for all that; while doing so; thereby; moreover

das **Dach, ⁻er** roof; shelter

dadurch thereby, in that way

dafür for it or them; for that

dagegen on the other hand

daheim at home

daher thus, for this or that reason; (to) here

dahin-schwinden* (s) to fade out, gradually disappear

dahinter-kommen* (s) to find out, discover

damalig of that time

damals at that time, then

die **Dame, -n** lady

die **Damenwäsche** ladies' underwear

damit (conj.) so that, in order to; (adv.) with it or them, with that, therewith

danach thereafter, after that; after it; accordingly

daneben next to it or them

der **Dank** thanks

dankbar grateful

danke thanks, thank you

danken (jmdm.) to thank

dann then; **dann und wann** now and then

daran thereby; **daran ist nichts zu ändern** nothing about that can be changed

darauf on it or them, thereupon; afterward, then, next

dar-stellen to depict, portray, present

darum therefore, for that reason

darunter among them; by this

das **Dasein** being, existence

dauerhaft lasting

dauern to last, continue, endure, take (time)

dauernd continual(ly)

der **Daumen, -** thumb

davon from it or them

dazu to it or them, to that; besides, moreover

dazwischen in between

die **Decke, -n** blanket, cover; ceiling

decken to cover; to set (a table)

das **Deckengemälde, -** ceiling fresco

dehnen lengthen, stretch (out)

dementieren to deny

demnächst in the near future, shortly

denken* to think; sich denken (dat.) to imagine; **denken an** to think about, remember; **denken von** to think of (opinion), have an opinion about

die **Denkgewohnheit, -en** mental habit

die **Denkmaschine, -n** thinking machine

die **Denkweise, -n** way of thinking

die **Denkweite** breadth of thought

denn (conj.) because, for, since (often used in questions for emphasis and not translatable)

dennoch nevertheless, yet, still

deprimiert depressed

derb coarse, uncouth, rude

dergleichen the like

derselbe, dieselbe, dasselbe the same

deshalb therefore, for this reason

desinfizieren to disinfect

dessen (adj.) his, its (i.e., the latter's); (rel. pron.) whose

deswegen for this reason, therefore

deutlich clear, distinct, evident

deuten to interpret, construe

die **Deutschkenntnis(se)** (pl.) ability in German

die **Deutung, -en** interpretation

d. h. = das heißt that is (to say), i.e.

dicht thick, tight

dichten to compose, write poetry

die **Dichtung, -en** fiction; poetic writing

dick fat; **dick auf-tragen*** to lay on thick

dienen (dat.) to serve

der **Diener, -** servant

der **Dienst, -e** service

die **Dienstleistung, -en** service performed

der **Dienstschluss** closing time

das **Ding, -e** thing, object

das **Discountgeschäft, -e** discount store

doch oh yes! yes, there is! *(contradicting a negative);* but, yet, however; after all; indeed, of course *(common intensifier with imperatives)*

dolmetschen to act as an interpreter

der **Dom, -e** cathedral; dome

der **Donnerschlag, ˸e** thunderbolt

das **Dorf, ˸er** village

dort there; **dort drüben** over there

dosiert in doses

drahtig wiry

drall buxom, robust

sich **drängeln** to push one's way, jostle, shove

drängen to press, urge; sich **drängen** to push one's way, crowd

draußen outside

der **Dreck** mud, dirt, filth; **jmdn. einen Dreck interessieren** *(coll.)* to not interest s.o. a damn

drehen to turn, twist, rotate; sich **drehen** to turn o.s.; **ein paar Runden drehen** to pedal a few laps

dreimal three times

drin *(coll.)* = **darin** in it

drinnen inside

dringend urgent, pressing

dritt- third; **zu dritt** in groups of three

drohen (jmdm.) to threaten; to be imminent

dröhnen to roar, boom, rumble

drollig droll, comical, odd

drüben over there, on the other side

der **Druck, ˸e** pressure; impression; *(pl. -e)* print

drücken to press; to pinch *(shoe)*

der **Druckfehler, -** misprint

der **Duft, ˸e** fragrance, scent, odor, smell, aroma

dulden to tolerate, put up with

dunkel dark

das **Dunkel** dark(ness); **im Dunkeln** in the dark

dunkelhäutig dark-skinned

dunkeln to turn dark

dünn thin

durch *(prep.)* through; **durch … hindurch** right through

durchaus thoroughly, quite, absolutely, completely, by all means; **durchaus nicht** absolutely not

das **Durcheinander** confusion, commotion

durchgraut filled with horror

durch-kommen* (s) to come through, get through

durch-machen to undergo, go through

sich **durch-setzen** to successfully assert o.s., get one's way

die **Durchsuchung, -en** search *(of baggage, etc.)*

dürr withered

die **Dusche, -n** shower

düster dark, gloomy, dire, ominous

E

eben *(adv. and particle)* just, right now, exactly; *(adj.)* flat, even; **eben doch** but you see

ebenso just as, likewise

ebensowenig just as little

echt genuine

die **Echtheit** authenticity, genuineness

die **Ecke, -n** corner; edge

eckig cornered, edged

egal *(coll.)* all the same; **das ist mir ganz egal** it's all the same to me

ehe *(conj.)* before

die **Ehe, -n** marriage, wedlock

der **Ehebruch** adultery

die **Ehefrau, -en** wife

das **Eheleben** marital life

ehemalig former, past

das **Ehepaar, -e** married couple

eher sooner; but rather; formerly

die **Ehre, -n** honor; **jmdm. zu Ehren** in s.o.'s honor

ehrlich honest

das **Ei, -er** egg

der **Eichbaum, ˸e** oak tree

eifern to compete for, strive

die **Eifersucht** jealousy

eifersüchtig jealous, envious

eifrig eager, keen, zealous; ardent

eigen *(adj.)* own

eigenartig peculiar, strange

die **Eigenschaft, -en** characteristic, trait

der **Eigensinn** obstinacy; caprice

eigentlich *(adv.)* strictly speaking, actually, really; *(adj.)* proper, true, real

sich **eignen (zu)** to be suited *or* qualified for

eilen (h *or* **s)** *or* sich **eilen** to hasten, hurry, make haste

eilig quick, speedy, in a hurry

ein *(prefix)* in, into; **ein paar** several, a few; **ein und aus** in and out

ein-bauen to install, build in

sich **ein-betten** to become embedded

der **Einbrecher, -** burglar

eindringlich forceful, urgent

der **Eindruck, ⸚e** impression

eineinhalb one and a half

einer *(some)*one

einfach simple

ein-fallen* *(jmdm.)* **(s)** to occur to s.o., come to mind

ein-fangen* to capture, catch; to captivate

sich **ein-finden*** to show up, arrive

eingebildet conceited

eingehend in detail

sich **ein-gewöhnen** to become accustomed to new surroundings

ein-gießen* to pour *(a drink)*

ein-halten* to adhere to, observe *(rules)*

einig in agreement, united, as one; (sich) **einig werden* (s)** to come to an agreement

einig- some

einig in agreement

sich **einigen über** *(acc.)* to agree upon, come to terms on

einiges a few things

der **Einkauf, ⸚e** shopping purchase

ein-kaufen to shop

die **Einkauferei** shopping

das **Einkaufsnetz, -e** string shopping bag

der **Einklang** accord, harmony

das **Einkommen** income

die **Einkünfte** *(pl.)* income, earnings

ein-laden* to invite

sich **ein-lassen* (mit jmdm. in** *or* **auf etwas)** to have dealings (in s.th. with s.o.), engage in (s.th. with s.o.), get involved (with s.o.)

ein-legen to insert, put in; **einen Spurt ein-legen** to put on a spurt, sprint

einlösen to cash *(a check)*; to redeem *(coupon, pledge)*

ein-lullen to lull to sleep, lull into

einmal once, one time; **auf einmal** all at once, suddenly; **es ist nun einmal so** well that's just the way it is; **nicht einmal** not even; **noch einmal** once more

einmütig unanimous

ein-nehmen* to occupy, take up *(space)*; to take in

sich **ein-reihen** to get in a line *or* row

sich **ein-rollen** to roll o.s. up *(into s.th.)*

die **Einsamkeit** loneliness

ein-schenken to pour *(a beverage)*, fill *(a glass)*

ein-schlafen* (s) to fall asleep

ein-schlagen* to hit, strike; to bash in

ein-schließen* to lock in, lock up; to enclose

einschließlich *(gen.)* including, inclusive of

ein-sehen* to see, realize, understand

ein-setzen to insert, put *or* set in

einsilbig taciturn; monosyllabic

ein-singen* to sing to sleep

ein-spannen to insert *(a piece of typing paper)*; to fasten in; to harness up

einst once, one day *(past or future)*

ein-stecken to put in *(one's pocket, purse, etc.)* put away; plug in

ein-steigen* (s) to get in, board, climb in

der **Einstieg, -e** entry

ein-stellen to put away *(a car)*; to focus, adjust, set, regulate; sich **bei jmdm. ein-stellen** to come to mind

einstimmig unanimous

ein-teilen in *(acc.)* to divide *or* separate into

ein-tragen* to enter, make entries *(in a book, register, etc.)*, post

ein-treten* (s) to enter

der **Eintritt, -e** entrance

die **Eintrittskarte, -n** ticket to an event

ein-trocknen (s) to dry in *or* up; shrivel up

das **Einverständnis** understanding, agreement, consent

ein-wandern (s) to immigrate

der **Einwurf, ⸚e** interjection, interruption

ein-ziehen* (s) to move in

einzig single, only, sole; unique

das **Eis** ice cream; ice

eisig icy

der **Eisschrank, ⸚e** icebox

der **Elch, -e** moose

das **Elend** misery, distress; misfortune

elfenbeinern ivory

elterlich parental

die **Eltern** *(pl.)* parents

empfangen* to receive; to welcome

empfehlen* to recommend

das **Empfehlungs-schreiben, -** written recommendation

empfinden* to feel, sense

die **Empfindung, -en** feeling, sentiment; sensation, perception

empor-heben* to lift, raise up

das **Ende, -n** end; **letzten Endes** in the final analysis, after all is said and done; **zu Ende** at an end, over; **zu Ende gehen* (s)** to come to an end

enden to end

endlich finally

eng narrow, confined, tight

entarten (s) to degenerate

entartet degenerate, debased

entbrechen* *only in the phrase:* **sich nicht entbrechen konnte** could not refrain from

die **Entdeckung, -en** discovery

entfahren* (jmdm.) (s) to slip out *(words)*; escape

entfallen* (jmdm.) (s) to slip out; to escape one's memory

entfernen to remove, take away, eliminate

entfernt distant, removed, remote; slight, faint

die **Entfernung, -en** distance, range; removal

entfliehen* (s) to flee from, escape

enthalten* to contain, hold

der **Enthusiasmus** enthusiasm

entkräften to refute *(an assertion)*

entlang *(followed by dat. or preceded by acc.)* along; **den Fluss entlang** *or*

entlang dem Fluss along the river

entlassen* to dismiss

entleeren to empty

entlegen *(adj.)* distant, removed, remote

entnehmen* to deduce *or* infer, conclude, gather

entscheiden* to decide, determine, make a decision; sich **entscheiden** to decide, make up one's mind

entscheidend decisive, deciding

die **Entscheidung, -en** decision; **eine Entscheidung treffen*** to make a decision

sich **entschließ en*** to decide

der **Entschluss, ¨e** decision, resolve

entschuldigen to excuse, pardon

die **Entschuldigung, -en** excuse, apology

entsetzlich awful, horrible, frightful, dreadful

entsetzt horrified, appalled

entspannen to relax, relieve tension; sich **entspannen** to relax, become relaxed

entsprechen* *(dat.)* to correspond to, meet *(expectations)*

entstehen* (s) to originate, arise

enttäuschen to disappoint

die **Enttäuschung, -en** disappointment

entweder ... oder either ... or

entweichen* (s) to vanish, escape

(sich) entwickeln to develop, evolve

die **Entwicklung, -en** development

entzückend delightful, enchanting

entzwei in two, asunder, apart; **entzwei-springen* (s)** to crack, split, burst, break into pieces

das **Erachten** opinion, estimation; **meines Erachtens** in my estimation

erarbeiten to work out, get by working

erbauen to erect, construct; to edify

der **Erbe, -n, -n** heir

erblicken to catch sight of, behold, see

die **Erbse, -n** pea

das **Erbstück, -e** heirloom

das **Erdbeben, -** earthquake

das **Erdbeereis** strawberry ice cream

der **Erdboden** earth, ground

die **Erde** earth, ground, soil; planet earth

der **Erdrutsch, -e** landslide

das **Ereignis, -se** event; **ein freudiges Ereignis** a joyful event *(i.e., the birth of a child)*

erfahren* to come to find out, learn, discover

die **Erfahrung, -en** *(practical)* experience

erfassen to seize; to comprehend, grasp

erfinden* to invent

der **Erfinder, -** inventor

die **Erfindung, -en** invention

der **Erfolg, -e** success

erfragen to inquire into, ascertain by questioning

erfreulich pleasing, welcome

ergänzen to complete, add to

die **Ergänzung, -en** complement, supplement, completion

sich **ergeben* aus** to be the consequence of, ensue from

die **Ergebenheit** devotion, loyalty

das **Ergebnis, -se** result

die **Ergebung** resignation

ergießend pouring, outflowing

ergreifen* to seize, take hold of, grasp

erhalten* to get, receive; to preserve, maintain

sich **erhängen** to hang o.s.

erheben* to lift, raise; sich **erheben** to get up, raise o.s, rise

erhöhen to heighten

das **Erholungsheim, -e** convalescent home

erinnern to remind; sich **erinnern** to remember

die **Erinnerung, -en** remembrance, recollection

erkennen* to recognize, discern

die **Erkenntnis** insight, realization

erklären to explain; to declare

die **Erklärung, -en** explanation

sich **erkundigen (nach)** to inquire (about)

erlauben to allow, permit

die **Erlaubnis, -se** permission; license

erläutern to explain, elucidate

erleben to experience, to live or go through

erledigen to take care of or finish (a task), discharge (a duty)

der **Erlkönig, -e** king of the elves

erlogen false, fabricated

der **Erlös, -e** (net) proceeds

erlöschen* (s) to extinguish

der **Erlöser, -** redeemer, savior

ermahnen to admonish, warn

ermäßigen to reduce, lower

ermitteln to ascertain, find out

ermüdend tiring, fatiguing

erneut (adv.) anew, again

ernst serious, grave; earnest

ernstlich serious

erobern to conquer, overcome

eröffnen to open, start

erquicken to refresh, revive

erraten* to guess correctly

erregen to stir, excite

erregend arousing, provoking

die **Erregung** excitement, emotion, agitation

erreichen to reach, attain

(sich) **ersäufen** to drown o.s.

erschallen* (also weak) to resound, ring

erscheinen* (s) to appear; to seem

erschießen* to shoot (and kill)

erschnappen to snatch, grab

das **Erschöpfungs-merkmal, -e** sign of exhaustion

erschrecken* (s) to be frightened; to be startled

erschrocken startled, frightened, scared

ersehen* to see, perceive; **daraus ist zu ersehen** it is clear from that

ersehnen to long for, desire

ersetzen to replace

erst (adv.) (at) first; not until, only, just; (adj.) first, foremost; **fürs erste** for the present

erstarrt paralyzed with fear, benumbed, stiff, rigid

erstatten to give (an answer, report)

erstaunen to astonish, amaze; **(s)** to be astonished or surprised

erstaunlich amazing, astonishing

erstaunt amazed

ersterben* (s) to die, vanish (sounds, smiles, feelings)

ertappen to catch in the act

ertönen to ring, resound

ertragen* to endure, bear, stand

(sich) **ertränken** to drown o.s.

erwachen (s) to wake up, awake

erwachsen* (s) to grow, arise

erwachsen (adj.) grown-up

erwähnen to mention

erwarten to expect, await

die **Erwartung, -en** expectation

erwecken to awaken, wake up

erweisen* to prove; to show, demonstrate; sich **erweisen als** to prove to be

erweislich demonstrable, provable

erwerben* to acquire, gain, obtain

erwidern to reply, answer

erwischen to catch, nab, get a hold of

erzählen to tell, relate, narrate

die **Erzählkarte, -n** card with cue words for telling a story das **Erzeugnis, -se** product

die **Erziehung** education, upbringing

die **Erziehungsweise, -n** method of upbringing

das **Erziehungswesen** educational system

erzwingen* to force; to gain by force

der **Esel, -** ass, donkey

die **Esse, -n** forge

essen* to eat

das **Essen, -** food, meal

der **Esser, -** eater

das **Etikett, -e** or **-s** label, tag

etliche some, a few

etwa about, roughly; perhaps, perchance

etwas *(pron. & adj.)* something, anything; *(adv.)* somewhat

ewig eternal; **auf ewig** forever

das **Exemplar, -e** copy; specimen

F

fabelhaft fabulous

die **Fabrik, -en** factory

das **Fabrikareal, -e** factory area

der **Fabrikbesitzer, -** factory owner

fahren* (s) to go *(in a vehicle)*, travel, ride; **(h)** to drive; **mit der Hand darüber fahren** to pass one's hand *(over s.th.)*; **fahren lassen*** to let loose, drop

der **Fahrer, -** driver

der **Fahrgast, ⸚e** passenger

der **Fahrplan, ⸚e** schedule, timetable

fahrplanmäßig according to schedule

die **Fahrt, -en** ride, drive, trip

das **Fahrzeug, -e** vehicle, vessel

das **Faktum,** *(pl.)* **Fakta** *or* **Fakten** fact

der **Fall, ⸚e** case; instance, event; **auf jeden Fall** in any case; by all means

die **Falle, -n** trap; **in eine Falle geraten* (s)** to fall into a trap

fallen* (s) to fall; **fallen lassen*** to drop

die **Falte, -n** fold, crease, wrinkle

falten to fold

das **Familienmitglied, -er** family member

fangen* to catch

die **Fangfrage, -n** question to trap s.o.

die **Farbe, -n** color, tint; paint, dye

der **Farbfilm, -e** color film

fassen to seize, grasp; **sich fassen** to compose o.s., pull o.s. together

die **Fassung, -en** composure; setting, mounting

fast almost

faul lazy, indolent; rotten

die **Faust, ⸚e** fist

die **Feder, -n** pen, quill

fehlen to be missing *or* lacking

der **Fehler, -** mistake, error

fehlerfrei free of errors *or* flaws

die **Feier, -n** celebration, party; ceremony

feierlich solemn, ceremonious

feige cowardly

die **Feile, -n** file; rasp

fein fine

feindlich hostile

das **Feld, -er** field

das **Fenster, -** window

die **Fensterscheibe, -n** windowpane

die **Ferien** *(pl.)* vacation

fern far, distant

die **Ferne** distance, distant place *or* time

fern liegen* (s) to be far from one's thoughts

fern-sehen* to watch television

das **Fernsehen** television

der **Fernseher, -** television set

die **Fernsehillustrierte, -n** TV magazine

fertig ready, finished, done

fertigbringen* to achieve, accomplish, do

der **Fesselballon, -e** or **-s** tethered hot-air balloon

fesseln to fetter, chain, bind; to fascinate, capture *(attention)*

fest firm, solid, fast, stable

festgenagelt firmly fastened

(sich) **fest-halten* (an)** *(dat.)* to keep a firm grip, hold fast *or* tight *(to)*, not let go *(of s.th.)*

fest-legen to determine; to stipulate

fest-nehmen* to seize

fest-setzen to stipulate

fest-stehen* to be certain, be sure

fest-stellen to ascertain, determine

fett fat; greasy

der **Fettdruck** boldface print

der **Fetzen, -** rag, tatter, shred

feucht moist

das **Feuer, -** fire

die **Figur, -en** figure, **(k)eine gute Figur machen** to *(not)* do well, *(not)* cut a good figure

die **Fingerspitze, -n** fingertip

finster dark, gloomy, grim

die **Firma, -men** firm, business

fixieren to fix one's eyes on

flach flat, plane, level

flackern to flicker

die **Flasche, -n** bottle

flattern to flutter, float in the wind; to dangle

der **Fleck(en), -** spot, mark

das **Fleisch** meat; flesh, pulp

die **Fleischerfaust, -̈e** butcher's fist

der **Fleiß** diligence, hard work

fliegen* (s) to fly; to get the sack (slang), be fired; to flunk an exam

fliehen* (s) to flee

die **Fliese, -n** flagstone, pavement stone, tile

das **Fließband, -̈er** conveyor belt, assembly line

die **Flosse, -n** fin

fluchen to curse, swear

das **Flugzeug, -e** airplane

der **Flur, -e** hallway, entrance hall, corridor; floor

flüstern to whisper

die **Flut, -en** incoming tide; flood

fluten (s) to flow, flood, cascade

die **Folge, -n** series; result

folgen (s) (dat.) to follow; **daraus folgt** from this it follows

folglich accordingly

der **Fonds, -** fund

die **Fontäne, -n** fountain

fordern to demand

fördern to further, support, sponsor

das **Formular, -e** form, blank

die **Forschung, -en** research, investigation

fort away, gone; on, forward

fort-dauern to last, continue, endure

fort-fahren* to continue, go on (with s.th.); **(s)** to depart

fort-gehen* (s) to go away; to continue

fort-reißen* to carry away (by passion, excitement)

der **Fortschritt, -e** progress, advance

die **Fortsetzung, -en** continuation

fort-tragen* to carry off

fort-ziehen* to drag away; **(s)** to move away

der **Fotoapparat, -e** camera

die **Frage, -n** question, inquiry

der **Fragebogen, -** or **-̈** questionnaire

fragen to ask; **fragen nach** to inquire about

die **Franse, -n** fringe (clothing)

der **Franzose, -n, -n** Frenchman

französisch French

die **Frau, -en** woman; Mrs.; Ms.

frech impudent, cheeky

frei free; open

freilich to be sure

freimütig frank, candid

freitags (on) Fridays

fremd foreign, strange, unfamiliar

der **Fremde** (ein **Fremder**) (adj. noun) stranger, foreigner

die **Fremdsprache, -n** foreign language

fressen* to eat (of beasts), devour

die **Freude, -n** joy

freudestrahlend beaming for joy

freudig joyful, joyous, happy

freuen to make glad, delight; sich **freuen (über)** to rejoice, be glad (about)

der **Freund, -e** (boy)friend

die **Freundin, -nen** girlfriend, lady friend

freundlich friendly

die **Freundschaft, -en** friendship

frevel(haft) wanton, sacrilegious

der **Friede(n), -ns, -n** peace

der **Friedhof, -̈e** graveyard, cemetery

friedlich peaceful

frieren* (h or **s)** to freeze; to be or feel cold

die **Frischhaltepackung, -en** sealed or vacuum packed bag or container

die **Frisur, -en** hairdo

froh happy

fröhlich cheerful, gay

fromm pious, wellbehaved; gentle, meek

der **Frosch, -̈e** frog

die **Frucht, -̈e** fruit

früh early; **in der Frühe** (early) in the morning **früher** earlier, previous

der **Frühling, -e** spring

das **Frühstück, -e** breakfast

die **Fuge, -n** joint

fühlen to feel, sense; sich **fühlen** to feel

führen to lead, guide; to bring

der **Fuhrherr, -n,** (pl.) **-leute** (horse)cart driver

die **Führung** command, leadership

füllen to fill

der **Füller, -** fountain pen

die **Füllfeder, -n** fountain pen

das **Fünkchen, -** little spark

funkeln to sparkle, twinkle, flash

funktionieren to work, function, operate

die **Funktionspartikel, -n** flavoring particle

die **Furcht** fear

furchtbar frightful, terrible, awful

fürchten to fear; **sich fürchten vor** *(dat.)* to be afraid of

der **Fürst, -en, -en** prince, sovereign

der **Fuß, ⸚e** foot; **zu Fuß** on foot

die **Fußstapfe, -n** footprint, footstep

das **Futter, -** lining

G

die **Gabel, -n** fork

der **Gabelgriff, -e** fork handle

gähnen to gape; to yawn

der **Gang, ⸚e** hall, corridor; gait

ganz whole, entire, complete; **ganz und gar** completely, totally

das **Ganze** whole, entirety

gar even, very; **gar nicht** not at all; **gar nichts** nothing at all

garantieren to guarantee

die **Gardine, -n** drape, curtain

die **Gasse, -n** lane, street, alley

die **Gassenaussicht, -en** view of the street

das **Gassenkabinett, -e** *(Austrian)* small one-room, street-level apartment

der **Gast, ⸚e** guest

der **Gastarbeiter, -** foreign worker

der **Gastgeber, -** host; die **Gastgeberin, -nen** hostess

das **Gasthaus, ⸚er** restaurant; inn

das **Gastland, ⸚er** host country

die **Gaststätte, -n** restaurant, inn

der **Gaukler, -** juggler, illusionist, magician

die **Gebärde, -n** gesture; bearing, appearance

das **Gebäude, -** building, structure

geben* to give; **es gibt** there is, there are

das **Gebiss, -e** dentures, set of artificial teeth; set of teeth

gebrauchen to use

die **Gebrauchsanweisung, -en** operating instructions

die **Geburt, -en** birth

der **Geburtstag, -e** birthday

das **Gebüsch, -e** bushes

geckenhaft dandyish, foolish

das **Gedächtnis** memory

der **Gedanke, -ns, -n** thought, idea

gedankenlos thoughtless

das **Gedeck, -e** table setting

das **Gedicht, -e** poem

das **Gedröhn** roar, thundering sounds

die **Geduld** patience

geduldig patient

die **Gefahr, -en** danger

gefallen* **(jmdm.)** to be pleasing (to s.o.); **es gefällt mir** I like it; sich **gefallen lassen*** *(dat.)* to put up with

der **Gefallen, -** favor, good turn; **jmdm. einen**

Gefallen tun* to do s.o. a favor

die **Gefangenschaft** captivity

das **Gefängnis, -se** prison, jail

gefrieren* (s) to freeze solid, congeal

gefroren frozen, icy

das **Gefühl, -e** feeling

gegen against; toward

der **Gegensatz, ⸚e** opposite, contrast

gegenseitig mutual, each to the other, reciprocal

der **Gegenstand, ⸚e** object

gegenüber across from, vis-à-vis; sich **gegenüber** across from each other

der **Gehalt** literary content

geheim secret, secretive; **insgeheim** secretly

das **Geheimnis, -se** secret

gehen* (s) to go; **es geht um etwas** it is a matter of, it is about, the point is

das **Gehirn, -e** brain; brain power

gehoben elevated

gehören *(dat.)* to belong to; **gehören zu** to be part of, belong to

gehörig fitting, right, proper

gehorsam obedient

der **Gehorsam** obedience

der **Geier, -** vulture

der **Geist, -er** spirit; mind, intellect; ghost

gekachelt tiled

das **Gelächter** laughter

das **Gelände** tract of land, area

das **Geländer, -** railing, banister

das **Geld, -er** money

die **Gelegenheit, -en** opportunity, occasion

gelingen* (jmdm.) (s) to succeed *(in doing)*

gellend shrieking, piercing

gelten* to be valid, hold true for; to be aimed at, concern **gelten lassen*** to let pass, not dispute

das **Gelüst, -e** desire

das **Gemälde, -** painting

gemeinsam (in) common, mutual; jointly, together

gemessen precise, in measured words

das **Gemisch** mixture, mix

die **Gemse, -n** chamois, Alpine goat

der **Gemüsegarten, :** vegetable garden

genau exact, precise; **genauso** just as, exactly as

genial ingenious, very creative

genieren (from French) to embarrass

genießen* to enjoy

genug enough

genügen to suffice, be enough

gerade (adv.) precisely, particularly, quite, exactly, just, at that very moment; (adj.) straight; even

geradeaus straight ahead

geradezu downright

das **Gerät, -e** tool, instrument, apparatus

geraten (s) in (acc.) to fall into, get into; **außer Fassung geraten** to lose one's composure

das **Geräusch, -e** noise

das **Gerede** talk, gossip

gereizt irritated

die **Gereiztheit** irritation

das **Gericht, -e** court of law, tribunal

der **Gerichtsdiener, -** court officer or usher

gering slight, trifling

geringschätzig disdainful

gern gladly

der **Geruch, :e** smell, odor, aroma

der **Geruchssinn** sense of smell

gesamt whole, entire, complete

der **Gesang, :e** singing; song

das **Geschäft, -e** store

geschehen* (s) to happen, occur

das **Geschenk, -e** present, gift

die **Geschichte, -n** story; history

die **Geschichtsfälschung** falsifying of history

das **Geschirr** dishes, tableware

das **Geschlecht, -er** sex

geschliffen polished; elegantly formed

der **Geschmack, :e** taste, flavor

geschmeidig supple, lithe

das **Geschmeiß** vermin

geschwind quick, swift

die **Geschwindigkeit, -en** speed, velocity

die **Gesellschaft, -en** society; company

die **Gesellschaftsschicht, - en** social stratum

das **Gesicht, -er** face

der **Gesichtsausdruck, :e** facial expression

gesinnt minded, disposed, inclined

das **Gespräch, -e** conversation, discussion, talk; **ein Gespräch führen** to converse, carry on a conversation

die **Gestalt, -en** figure; shape

die **Geste, -n** gesture

gestehen* to admit, confess

gestern yesterday

das **Gesuch, -e** petition, application; **ein Gesuch auf-setzen** to draw up a petition

gesund healthy

das **Getränk, -e** drink

sich **getrauen** (dat.) to feel confident, trust o.s. to do

die **Gewalt, -en** power, force; violence

gewaltig mighty, huge, vast

das **Gewand, :er** garment, gown

die **Gewerkschaft, -en** trade union

das **Gewicht, -e** weight

gewillt willing, inclined

gewinnen* to win, gain

gewiss (adv.) certainly, of course; (adj.) certain; sure

gewissenhaft conscientious

die **Gewissheit** certainty, assurance

gewitternd stormy, tempestuous

gewitzigt made wise by experience

sich **gewöhnen (an)** (acc.) to become accustomed, to, get used to

die **Gewohnheit, -en** habit

gewöhnlich usual, customary; regular; **für gewöhnlich** usually

gewohnt accustomed, customary

gießen* to pour; **Blumen gießen** to water flowers

das **Gift, -e** poison

giftig poisonous

das **Gitter, -** bars (of a cage)

der **Glanz** splendor, radiance

glänzen to shine, glitter, be resplendent

glänzend splendid; gleaming, radiant

die **Glasplatte, -n** glass plate

der **Glasschrank, ⸚e** glass cabinet

glatt smooth; slippery

die **Glatze, -n** bald head; bald spot

der **Glaube, (-ns)** belief, religious faith

glauben to believe

glaubhaft plausible, credible

gleich (adj.) equal, like, same; (adv.) just, immediately, alike; **gleich, als** as soon as

gleich bleiben* (s) to remain the same

gleichen* to resemble

gleichgestellt equal in rank, on a par with

gleichsam as it were, as if; almost

gleichzeitig simultaneous

gleiten* (s) to slide, glide

das **Glied, -er** limb

das **Glockenspiel, -e** carillon, chimes

der **Glockenturm, ⸚e** bell tower

das **Glück** luck, good fortune; happiness; **Glück haben*** to be lucky or fortunate

glücklich happy; fortunate

glühen to glow; to burn

die **Glut, -en** passion, ardor; glow, heat

der **Glutqualm** scorching fumes or smoke

gnädig gracious; die **Gnädige** or **gnädige Frau** madam

der **Goldmachertiegel, -** smelting pot for gold

die **Gondel, -n** gondola

gotisch Gothic

die **Gottheit, -en** deity

der **Götze, -n, -n** idol, false deity

der **Graben, ⸚** ditch, trench

der **Grabstein, -e** gravestone

grässlich awful, horrible

gratulieren (jmdm.) to congratulate

grau gray

grausen: mir graust es I dread, I am afraid

grausig dreadful, horrible

greifen* to grip, seize; **greifen nach** to reach for, grab

der **Greis, -e** old man

grell dazzling (of colors); shrill (of sounds)

die **Grenze, -n** border

der **Grieche, -n, -n** Greek

grob uncouth, coarse, rude

grollen grumble

groß large, great, big; tall; **im Großen und Ganzen** by and large, for the most part

großartig splendid, great, grand

die **Großmutter, ⸚** grandmother

großzügig generous, on a grand scale, large

die **Grube, -n** pit

der **Grund, ⸚e** reason, argument; ground; base, bottom, foundation; **im Grunde (genommen)** basically, actually, in reality

grundsätzlich on principle

grünspanig covered with copper acetate

die **Gruppe, -n** group

grüßen to greet

das **Guckloch, ⸚er** peephole

gülden (poetic) golden

die **Gummihülle, -n** rubber holder

die **Gunst** favor, goodwill

günstig favorable, advantageous

gut good

gut gehen* (s) to go well

gutmütig good-natured

der **Gymnasiast, -en, -en** student in a **Gymnasium**

die **Gymnastik** calisthenics, exercises

H

das **Haarwuchsmittel, -** hair-growing tonic

die **Habe** belongings

haben* to have

der **Häher, -** jay

der **Haifisch, -e** shark

halb half

halber (with preceding gen.) because of, on account of

die **Hälfte, -n** half; **zur Hälfte** (adv.) half way

die **Halle, -n** hall

der **Hals, ⸚e** neck; throat

die **Halskette, -n** necklace

halt (particle) well; just

der **Halt, -e** stop

halten* to hold, keep; to stop; sich **halten (an)** to stick to, depend upon; **halten für** to regard as, consider to be; **halten von** to have an opinion about; **viel auf etwas halten** to hold in high regard

die **Haltestelle, -n** bus stop

die **Haltung, -en** posture, bearing; attitude

die **Hand, ⸚e** hand; **zur Hand nehmen*** to take in one's hand

handeln to act, behave; **es handelt sich um etwas** it is a question or a matter of; **handeln von** to be about (of stories) die **Handfeuerwaffe, -n** gun, rifle, pistol; weapon

die **Handfläche -n** palm

der **Händler, -** dealer

die **Handlung, -en** plot; shop, store

der **Handlungsablauf** plot ending

das **Handlungsgerüst, -e** main points of the plot

der **Handschuh, -e** glove

die **Handtasche, -n** handbag

das **Handwerk, -e** trade, craft

hängen* *(also weak)* to hang

der **Harlekin, -e** joker, clown *(comic figure from the Italian commedia dell'arte)*

harren auf *(acc.)* to wait for

harzartig resinous

(das) **Haschen** game of tag

der **Hass** hate

hassen to hate

hässlich ugly

die **Hast** haste

hasten (s) to hasten, hurry

hastig hasty

die **Haube, -n** bonnet, hood

häufig frequent(ly)

das **Haupt, ⁼er** head

der **Hauptgedanke, -ns, -n** main idea

das **Hauptgericht, -e** main course of a meal

das **Haupthaar** hair on the head

die **Hauptperson, -en** main person

die **Hauptsache, -n** main thing

das **Haus, ⁼er** house; home; **nach Hause** (go) home; **zu Hause** (be) at home

der **Hausangestellte, -n** (ein **Hausangestellter**) (domestic) servant; *(adj.*

noun) die **Hausangestellte, -n** maid

die **Hausaufgabe, -n** homework assignment

der **Hausbesitzer, -** homeowner

der **Hausbewohner, -** house occupant

der **Häuserblock, (s)** *or* **⁼e** block of houses

der **Hausherr, -n, -en** head of the family, master of the house

der **Hausmeister, -** building caretaker

die **Haut, ⁼e** skin; hide

heben* to raise, lift; **sich heben** to rise

die **Hebung, -en** accented syllable

die **Hecke, -n** hedge

heda! hey there!

das **Heft, -e** notebook, booklet

heftig hard, with intensity; fervent, passionate

heilig sacred

heilsam beneficial to

heim home

heim-bringen* to bring home

heim-kehren* (s) to return home

heim-kommen* (s) to come home

heimlich secret(ly); secretive(ly)

der **Heimweg, -e** way home

das **Heimweh** homesickness

heiß hot

heißen* to be called; to bid, order; **das heißt** that is (to say); **es heißt** it says (that)

heiter cheerful, serene; amusing

die **Heiterkeit** cheerfulness; merriment

die **Heizung, -en** heating

der **Held, -en, -en** hero

heldenmütig heroic, valiant

das **Heldentum** heroism

hell bright, light

der **Helm, -e** helmet

das **Hemd, -en** shirt

hemmungslos unrestrained

her (to) here, this way; **es ist** *or* **es sind fünf Jahre her** it has been five years; **von … her** from

heran-ziehen* to consult

herauf-ziehen* to pull up

heraus-brechen* (h *or* **s)** to break out

heraus-fallen* to fall out

heraus-suchen to pick out

heraus-werfen* to throw out **(s)**

heraus-ziehen* to pull out; to move out

der **Herd, -e** stove

herein-kommen* (s) to come in

herein-strömen (s) to stream in

das **Herkommen** tradition, custom

hernach after this, hereafter, afterward

der **Herr, -n, -en** gentleman; lord; sir; Mr.

herrlich splendid, magnificent

die **Herrlichkeit, -en** magnificence, splendor

die **Herrschaften** *(pl.)* master and mistress; illustrious persons

her-sagen to recite

her-stellen to make, produce

herüber-schauen to look over toward

herumbummeln (s) to stroll about

herum-gehen* (s) to go around, walk about

herum-kommen* (s) to get around

herum-liegen* to lie around

herum-tanzen (s) to dance around

sich **herum-treiben*** to gad about; to loiter

herunter haben* to have kilometers or miles on an engine

herunter-hängen* to hang down

herunter-kurbeln to crank down

herunter-stürzen (s) to plunge down, fall

hervor-bringen* to bring forth; to utter

hervor-gehen* (s) to go forth

hervor-kommen* (s) to come forth

hervor-treten* (s) to stick out; to step forward

hervor-ziehen* to pull out or forth

das **Herz, -ens, -en** heart; **jmdm. am Herzen liegen*** to be very important to s.o.

das **Herzklopfen** (heart) palpitations

herzlich cordial; sincere

die **Hetze, -n** chase, pursuit; mad rush

heute today

heutzutage nowadays

der **Hexenschwindel** witches' hocus-pocus

der **Hexenstaat** witchcraft trappings

die **Hilfe, -n** help; **jmdm. zu Hilfe kommen* (s)** to come to one's aid

hilflos helpless

hilfsbereit helpful, obliging

der **Himmel** sky; **freier Himmel** open sky

die **Himmelskönigin, -nen** queen of heaven

der **Himmelskörper, -** celestial body

hin (to) there; toward; **hin und her** to and fro, back and forth; **vor sich hin** in front of oneself

hinab (to go) down(ward)

hinab-spülen to wash down

hinauf (to go) up(ward)

hinauf-blicken to look up (at)

hinaus (to go) out

hinaus-blicken to look out(ward)

hinaus-sehen* to see out, look out

Hinblick: im Hinblick auf (acc.) with or in regard to

hinein-bitten* to ask s.o. (to go) in

hinein-gehen* (s) to go in(to)

hinein-gucken to peek in

hinein-schauen to look in(to)

sich **hinein-setzen** to sit down in

die **Hingabe** submission, surrendering of o.s.

hingegen on the other hand

hin-kommen* (s) arrive (there)

hin-legen to set down

hin-schauen to look over toward

hin-stellen to set down, place; **als ein Beispiel hin-stellen** to hold up as an example

hinter behind

hinterdrein after, behind

der **Hintergedanke, -ns -n** ulterior motive

hinterher (hinter … her) after or behind s.o.

hinterlassen* to leave behind

die **Hinterseite, -n** other side; drawback

die **Hinterziehung** (tax) evasion

hinüber-treten* (s) to walk over (to)

hinunter down, downward

hinunter-laufen* (s) to run down

hinweg-strecken to stretch over (toward)

hinweg-wenden* to turn away

hinzu-fügen to add, append

das **Hirn, -e** brain, mind; brain power, intellect

der **Hirsch, -e** deer, elk

die **Hitze** heat

hoch high; upward

die **Hochachtung** high regard, respect

hoch-heben* to lift up

(sich) **hoch-klappen** to flip up

hochmütig haughty, arrogant

höchst (adj.) highest; (adv.) highly, extremely; **höchste Zeit** high time, about time

höchstbestens (coll., interject.) great!

höchstens at most, at best

die **Hochzeit, -en** wedding

die **Hochzeitsreise, -n** honeymoon trip

hocken to crouch, squat

der **Hof, ¨e** backyard; courtyard, court; manor, house

der **Hofarzt, ¨e** court physician

hoffen auf *(acc.)* to hope for

hoffentlich hopefully

die **Hoffnung, -en** hope

höflich polite

die **Höflichkeit, -en** politeness, courtesy

die **Höflichkeitsform, -en** polite form of address

hohe *see* **hoch**

die **Hoheit, -en** nobility; Highness *(title)*

holen to fetch, come and pick up

höllisch hellish

das **Holz, ⁻er** wood

das **Holzkreuz, -e** wooden cross

der **Holzschnitzer, -** woodcarver

der **Holzzaun, ⁻e** wooden fence

honett *(French)* respectable, honorable

der **Honig** honey

der **Hörapparat, -e** hearing aid

hören to hear

das **Hörensagen** hearsay

der **Hörer, -** *(telephone)* receiver

das **Hörspiel -e** radio play

der **Hörtext, -e** listening text

die **Hosenfalte, -n** pant crease

hübsch pretty, handsome, nice, lovely

der **Hubschrauber, -** helicopter

der **Hügel, -** hill, knoll

die **Hühnerhaut** goose bumps

der **Hund, -e** dog

der **Hungerleider, -** needy wretch

hüpfen (s) to hop; to leap, skip

husten to cough

der **Hut, ⁻e** hat, cap

hüten to look after, take care of; sich **hüten vor** *(dat.)* to be on guard against, watch out for

I

die **Illustrierte, -n** illustrated magazine

immer always; continually; **immer mehr** more and more; **immer noch** still; **immer schneller** faster and faster

immerfort continuously

immerhin still, yet, all the same

immerzu continually, all the time

die **Impfung, -en** vaccination, inoculation

imponieren (jmdm.) to impress

indem *(conj.)* by … -ing; in that

der **Inder, -** native of India

indes(sen) meantime, meanwhile

infam shameless

der **Infanterist, -en, -en** infantryman

der **Ingenieur, -e** engineer

der **Inhalt, -e** content(s)

die **Inhaltsaussage, -n** statement on the content

die **Initiale, -n** initial

inne-halten* to pause, stop (doing s.th.)

innerlich inner, internal

innig fervent, intense, with deep feeling

der **Insasse, -n, -n** passenger; occupant; inmate

insbesondere in particular

das **Insekt, -en** insect

das **Inserat, -e** advertisement, ad insert *(in newspaper)*

insgesamt altogether

das **Interesse, -n** interest

inwiefern to what extent

inzwischen in the meantime, meanwhile

irgend (-) some … ; any … ; **irgendein-** some [thing] or other; **irgendeiner** someone or other, anyone; **irgendwann** sometime or other **irgendwas** *(coll.)* = **irgendetwas** something or other; **irgendwer** someone or other; **irgendwo** somewhere or other

sich **irren** to err, be mistaken, be wrong

das **Irrenhaus, ⁻er** insane asylum, madhouse

die **Irrgänge** *(pl.)* maze, labyrinth

das **Irrlicht, -er** jack-o'-lantern

der **Irrtum, ⁻er** mistake, error

der **Italiener, -** Italian

italienisch Italian

i wo! = ach was! *(interject.)* oh, come on!; out of the question!

J

ja yes; indeed; of course

die **Jacke, -n** jacket

jagen to chase, race, rush

der **Jäger, -** hunter

das **Jahr, -e** year

das **Jahrhundert, -e** century

-jährig -year old; **zweijährig** two-year(s) old

die **Jalousie, -n** Venetian blind

jäten to weed

jauchzen to rejoice, shout with joy, exult

je each, in each case; ever; **je mehr … um so** *or* **desto mehr** the more … the more; **je nachdem** depending on (how)

jed- every, each; **ein jeder** each one

jedenfalls in any case, in any event, at any rate

jedes Mal every time

jedoch however, nevertheless

jeglich *(elevated style)* each, every

jemals ever

jemand someone

jen- that; *(pl.)* those

jenseits on the other side, beyond, yonder

jetzt now

jetzig present, current, existing now

jeweilig respective, at the moment

jeweils in each case, respectively

johlen to howl

der **Jude, -n, -n** Jew

jüdisch Jewish

die **Jugend** youth, adolescence

das **Jugendtheater** theater for young people

der **Jugoslawe, -n, -n** Yugoslavian

jung young

der **Junge, -n, -n** boy, youth; **Jungs** *(coll.)* guys, fellows, gang

der **Jüngling, -e** youth, lad, young man

juristisch pertaining to the question of legality, legal

der/das **Juwel, -en** jewel, gem

K

die **Kachel, -n** ceramic tile

der **Käfig, -e** cage

kahl bald; bare

der **Kai, -e** *or* **-s** wharf, quay

kalt cold

die **Kälte** cold(ness)

kämpfen to fight, battle

die **Kanne, -n** jug, pot

kantig edged

die **Kantine, -n** canteen, mess

die **Kapelle, -n** band, small orchestra

die **Kappe, -n** cap, hood

kaputt broken, ruined

das **Karenzjahr, -e** *(Austrian)* year of maternity *or* medical leave

die **Karre, -n** cart, crate

die **Kartoffel, -n** potato

die **Kasse, -n** cash register

der **Kassenraum** cash register area

der **Kasten, ⸚** chest, case, box

der **Kastenbau, -ten** case construction

die **Katze, -n** cat; **die Katze im Sack kaufen** to buy a pig in a poke

kauen to chew

kaufen to buy

der **Kaufvertrag, ⸚e** purchase contract

kaum scarcely, barely

keck bold, brazen

die **Kehle, -n** throat

kehren to sweep

die **Kehrseite, -n** reverse side

keiner no one

keinerlei not any

der **Keller, -** cellar, basement

kennen* to know, be acquainted with

kennen lernen to become acquainted with, get to know

die **Kenntnis, -se** knowledge, information; **zur Kenntnis nehmen*** to take note *or* cognizance of

kennzeichnen to mark, characterize

der **Kerl, -e** fellow

der **Kinderwagen, -** baby carriage

die **Kinderwiege, -n** child's cradle

kindisch childish

das **Kino, -s** cinema, movie theater

das **Kinoinserat, -e** movie advertisement

die **Kinovorstellung, -en** movie showing

die **Kirche, -n** church

der **Kirchenchor, ⸚e** church choir

die **Kirchenglocke, -n** church bell

der **Kirsch** *(a schnapps made from distilled cherries)*

die **Kirsche, -n** cherry

die **Kiste, -n** box, chest, trunk, crate, case

der **Kitsch** rubbish, kitsch

die **Kittelschürze, -n** smocklike apron

klagen to bring legal action; to complain, bemoan

der **Klang, ⸚e** sound, ring

klappen to work out OK, go well

klappern to clatter; to rattle; **mit den Zähnen klappern** to chatter one's teeth

klapprig shaky, rickety, clattering

die **Klassenarbeit, -en** classwork

das **Klavier, -e** piano

kleben to paste, glue, stick

das **Kleid, -er** dress; *(pl.)* clothes

kleiden to dress

die **Kleidung** clothing

das **Kleidungsstück, -e** piece of clothing

klein small, little

klettern (s) to climb, scramble

die **Klingel, -n** doorbell, chime

klingeln to ring, chime

klingen* to sound, ring

die **Klinke, -n** door handle

klirren to rattle, clatter, clank

klopfen to knock, tap

der **Knabe, -n, -n** boy, lad

knapp terse, succinct; scarce

der **Knecht, -e** serf, servant; warrior *or* knight *(older meaning)*

die **Knechtenschar, -en** group of **Knechte**

das **Knie, -** knee

der **Knochen, -** bone

der **Knopf, ⸚e** button

der **Knopfdruck, ⸚e** pressing a button

knurren to grumble

kochen to cook

der **Koffer, -** suitcase, trunk

der **Kohlenmann, ⸚er** coal delivery man

kohlschwarz coal black

der **Kollege, -n, -n** colleague

das **Kollektivgesicht, -er** collective face, face like all the others

komisch strange, odd; funny, comical

kommen* (s) to come; **um etwas kommen** to lose, be deprived of

der **Konditor, -en** confectioner, baker of fancy pastry

die **Konferenz, -en** conference, meeting

der **König, -e** king

das **Königsmahl, -e** festive meal of a king

der **Königssaal, -säle** banquet room of a king

die **Kontaktgläser** *(uncommon)* = **Kontaktlinsen** *(pl.)* contact lenses

kontrollieren to check, adjust

das **Konzentrationslager, -** concentration camp

der **Kopf, ⸚e** head

kopflos headless

das **Kopftuch, ⸚er** *(cloth worn over the head by women from the Middle East)*

kopfunten upside down

der **Korb, ⸚e** basket

der **Körper, -** body

korrigieren to correct

der **Korybant, -en, -en** Corybant *(any of the attendants to the Phrygian goddess Cybele)*

der **Krach** crash, noise, ruckus; **zu einem Krach kommen* (s)** to come to a quarrel *or* scene

krachen to crash, slam; **ins Schloss krachen** to slam shut

die **Kraft, ⸚e** strength; power, force; **bei Kräften sein* (s)** to have one's strength

kräftig strong, powerful, vigorous, firm; **ein kräftiger Schluck** a big gulp *or* swallow

der **Kragen, -** collar

der **Kram** trash, junk; small wares

der **Krampf, ⸚e** cramp, spasm

krampfhaft convulsive

der **Kran, ⸚e** crane, hoist

krank sick, ill

kränken to offend, insult

das **Krankenbett, -en** sickbed

das **Krankenhaus, ⸚er** hospital

kratzen to scratch

das **Kraut, ⸚er** cabbage; herb

die **Krawatte, -n** necktie

der **Krawattensitz** way a necktie sits

der **Krebs** cancer

die **Krebsforschung** cancer research

der **Kreidestaub** chalk dust

der **Kreis, -e** circle; circuit

das **Kreuz, -e** cross

die **Kreuzung, -en** crossing

kribbeln to tickle, tingle

der **Krieg, -e** war; **Krieg führen** to wage war

kriegen *(coll.)* to get

kriegerisch warlike, militant

der **Kriminalfilm, -e** crime *or* detective film

die **Krone, -n** crown

die **Küche, -n** kitchen

der **Kuchen, -** cake; pastry

die **Kugel, -n** sphere, ball

die **Kuh, ⸚e** cow

kühl cool

die **Kühltasche, -n** bag for keeping s.th. cold

kulant *(French)* accommodating, obliging

das **Kulturamt** office for cultural affairs

der **Kummer** worry, sorrow, care

sich **kümmern um** to concern o.s. with, care for, worry about

der **Kunde, -n, -n** customer; die **Kundin, -nen** female customer

künden to proclaim, announce

die **Kunst, ⸚e** art; skill

der **Künstler, -** artist

die **Kuppel, -n** cupola, dome

der **Kurs, -e** price of stocks, currencies, etc.; course, class

die **Kursivschrift** italics

der **Kursteilnehmer, -** course participant

kurz short, brief; **vor kurzem** recently

kürzlich recently

die **Kusshand: jmdm. eine Kusshand zuwerfen*** to toss s.o. a kiss

L

lächeln to smile

lachen to laugh

lächerlich ridiculous

der **Lack, -e** enamel paint; lacquer

laden* to invite; to load

der **Laden, ⸚** store, shop

das **Lager, -** camp

lagern to camp

lackieren to enamel, paint

das **Lamm, ⸚er** lamb

der/das **Lampion, -s** Chinese lantern

das **Land, ⸚er** land; country; **aufs Land fahren* (s)** to travel into the country(side)

die **Landpartie, -n** country outing

der **Landsmann,** die **Landsleute** compatriot, fellow countryman

lang long; tall

lange for a long time; **lange her** a long time ago

langen (nach) to reach (for)

länger longer

die **Lang(e)weile** boredom

langsam slow(ly)

längst long since, long ago; **längst vorbei** long since past; **schon längst** long since, long ago

langweilen to bore; **sich langweilen** to be bored

langweilig boring

lärmen to make noise, make a racket

lärmend noisy, unruly

lassen* to let, leave *(in a certain state)*; **lassen** + *inf.* to let *or* have s. th. be done, let *or* have s.o. do; **das muss man ihm lassen** you have to give/concede him that

die **Last, -en** burden, loan

lästern to blaspheme, slander

der **Lastwagen, -** truck, van

die **Laube, -n** little garden house, garden shed

der **Lauf, ⸚e** course; **im Lauf(e)** in *or* during the course of

laufen* (s) to run; to go; to walk

lauschen *(dat.)* to listen for, eavesdrop (on)

laut loud

der **Laut, -e** sound, tone

läuten to ring

lauter nothing but

lautlos silent

der **Lautsprecher, -** loudspeaker

leben to live

das **Leben, -** life

die **Lebensanschauung, -en** outlook on life

der **Lebensbereich, -e** area of life

die **Lebensbeschreibung, -en** biography

die **Lebensgeschichte, -n** life story, biography

der **Lebenslauf, ⸚e** curriculum vitae, résumé

die **Lebensmittelversorgung** food supply

die **Lebensweise, -n** way of living

der **Lebtag: dein Lebtag** your life long

lecker tasty, appetizing

ledig unmarried, single

leer empty; **ins Leere treten* (s)** to step into empty space

leeren to empty

die **Leerstelle, -n** vacant *or* empty spot in a text, s.th. left unsaid

legen to lay, put, place; **sich legen** to lie down; to subside, die down

(sich) lehnen to lean

die **Lehre, -n** lesson, moral

lehren to teach, instruct

die **Lehrerin, -nen** female teacher

der **Lehrling, -e** apprentice

die **Lehrstelle, -n** teaching position

der **Leib, -er** body *(of a living thing)*

leibhaft in the flesh

leichenstill deathly still, still as a corpse

leicht easy; light

der **Leichtsinn** rashness, recklessness

das **Leid** hurt, harm; **jmdm. ein Leid(s) (an)tun*** to harm s.o.

leiden* to suffer, tolerate, put up with; **jmdn. leiden können*** to like s.o.

leidenschaftlich passionate; avid, enthusiastic

leider unfortunately

leidlich tolerable, passable

Leid tun* to be sorry, regret; **es tut mir Leid** I am sorry

leise soft; low-voiced; gentle, light

sich *(dat.)* **leisten können*** to be able to afford

die **Leistung, -en** accomplishment

die **Leistungsfähigkeit** capacity, performance

leiten to guide, lead

der **Leiter, -** manager

die **Leitung, -en** (telephone) line

die **Lektüre, -n** reading

lenken to steer, direct

die **Lerche, -n** lark

lernen to learn

lesen* to read

der **Lesezirkel, -** reading circle

letzt- last; **die letzteren** the latter; **zum letzten Mal** for the last time

leuchten to shine, gleam

die **Leute** *(pl.)* people

das **Licht, -er** light

lieb dear

die **Liebe, -n** love

lieben to love

liebenswürdig kind, obliging

lieber *(comp. of* **gern***)* preferably, sooner, rather

der **Liebesfilm, -e** romantic film

das **Liebespaar, -e** couple in love

der **Liebhaber, -** lover

liebkosen to caress

lieblich lovely, charming

die **Lieblingsfarbe, -n** favorite color

das **Lieblingswort, ̈er** favorite word

die **Lieferung, -en** delivery

liegen* to lie, be situated; **das liegt mir nicht** that is not my thing, that does not fit my character; **es liegt daran** it is because

links to the left, on the left

der **Lippenstift, -e** lipstick

loben to praise; **das lobe ich mir** that I like

das **Loch, ̈er** hole

locken to lure, entice, attract

löffeln to spoon

der **Lohn, ̈e** wage

der **Lokalteil, -e** local section *(of a newspaper)*

los loose; **was ist los?** what's up? what's wrong?

lösen to loosen, detach; to dissolve; to solve *(a problem, riddle, etc.)*

los-fahren* (s) to drive off, depart

der **Löwe, -n, -n** lion

der **Löwenzahn** dandelion

die **Lücke, -n** gap, opening

die **Luft, ̈e** air; **Luft holen** to get a breath of air

der **Luftballon, -s** balloon

der **Luftbefeuchter, -** humidifier

die **Lüge, -n** lie; **jmdn. Lügen strafen** to give s.o. the lie

lügen* to tell a lie

Lungenzüge machen to inhale

die **Lust, ̈e** desire, wish, longing; **vor Lust** with/for joy

der **Lustgarten, ̈e** pleasure grounds, pleasure garden

lustig merry, gay; comical, funny

sich **lustig machen (über)** to make fun of

M

die **Mäanderwindung, -en** meandering turn

machen to do; to make

die **Macht, ̈e** power, force

mächtig mighty

das **Mädchen, -** girl

der **Mädchenhändler, -** dealer in young women

der **Magier, -** soothsayer

die **Mahlzeit, -en** meal; **eine Mahlzeit einnehmen*** to eat a meal

der **Mai** May

das **Maiglöckchen, -** lily of the valley

die **Maklerfirma, -men** agency, brokerage

mal *(particle)* just; **-mal** times; **einmal** once; **dreimal** three times

das **Mal, -e** time, turn; **zum ersten Mal** (for) the first time

man one, they, we, you, people

manch- many a; **mancher** many a person

manchmal sometimes, now and then

mangeln (jmdm.) to be missing, be lacking

männlich male; manly

die **Mannschaft, -en** team

der **Mantel, ̈** overcoat

das **Märchen, -** fairy tale

die **Margerite, -n** daisy

markieren to mark, indicate

die **Markthalle, -n** covered market, market hall

die **Marmorschale, -n** marble bowl, marble basin

die **Maßnahme, -n** measure; **Maßnahmen treffen*** to take measures

die **Mauer, -n** stone *or* cement wall

das **Maul, ̈er** mouth *(of animals)*, snout

maulen to whine, moan

das **Medikament, -e** medicine, drug

das **Meer, -e** sea; ocean

der **Meeresgrund** ocean floor, bottom of the sea

die **Meerkatze, -n** long-tailed monkey

mehr more

mehrere several

mehrmals several times

meiden* to avoid

meinen to be of the opinion; to say; to mean, intend

die **Meinung, -en** opinion; **der Meinung sein* (s)** to be of the opinion; **ihrer Meinung nach** in her opinion

die **Meinungsaussage, -n** statement of opinion

die **Meinungsäußerung, -en** expression of opinion

meist most, mostly

meistens mostly

der **Meister, -** boss; master; champion

melden to report, send word; sich **melden** to report (in), announce one's presence

die **Meldung, -en** announcement, report

die **Menge, -n** multitude

der **Mensch, -en, -en** human being, man, person

der **Menschenfresser, -** cannibal

die **Menschengestalt, -en** human form *or* shape

das **Menschengewühl** throng of people

die **Menschenmenge** crowd of people

der **Menschenstrom, ⸚e** throng of people

die **Menschheit** humankind

merken to observe, notice, note; sich *(dat.)* **etwas merken** to take note of s.th.

merklich noticeable

das **Merkmal, -e** indicator

merkwürdig remarkable, strange

der **Metzger, -** butcher

die **Miene, -n** mien; facial expression

die **Miete, -n** rent

minder less

minderjährig under age

der **Minderwertigkeitskomplex** inferiority complex

mindestens at least

mischen to mix

missbilligen to disapprove

missfallen* (jmdm.) to displease

missmutig in ill humor

misstrauisch distrustful

das **Missvergnügen** dissatisfaction

mit with; **mit weg** gone like the others

der **Mitarbeiter, -** co-worker

mit-bringen* to bring along

miteinander with each other, together; **miteinander teilen** to share with each other

das **Mitglied, -er** member

mit-lachen to join in laughter

mit-nehmen* to take along

mit-spielen to play along

Mittag: zu Mittag at noon

das **Mittagessen, -** noonday meal, lunch

die **Mittagspause, -n** noonday break

die **Mittagszeit, -en** noontime

die **Mitte** middle

mit-teilen to inform, notify, impart, communicate

die **Mitteilung, -en** communication, announcement, notice, news

mittel: mittlerer medium, average, middle

das **Mittel, -** means

mittelalterlich medieval

der **Mittelpunkt, -e** center

mitten in in the midst of, in the middle of

mittlerweile meanwhile

mit-ziehen* (s) to go along with, accompany

das **Möbel, -** piece of furniture, *pl.* furniture

möchte(n) would like; might

die **Mode, -n** fashion

das **Modejournal, -e** fashion magazine

möglich possible

möglichst as much as (is) possible

der **Mohnstrudel** poppyseed strudel

die **Mohrrübe, -n** carrot

der **Monat, -e** month

der **Mord, -e** murder

der **Morgen, -** morning

das **Morgenrot** red *(sky)* of morning, dawn, sunrise

morgens in the morning, mornings

die **Moritat, -en** song of evil deeds

der **Mörser, -** mortar

der **Moschusochse, -n, -n** musk ox

die **Mühe, -n** trouble, pains, effort

das **Mühlenrad, ⸚er** mill wheel

die **Müllabfuhr, -en** garbage pickup

der **Mund, ⸚er** mouth

mündlich oral

der **Mundwinkel, -** corner of the mouth

munter lively, alive; cheerful

murmeln to murmur, mutter

das **Musikstück, -e** piece of music

der **Muskel, -n** muscle

müssen* to have to, must

müßig idle, lazy

das **Muster, -** model, specimen, pattern

der **Mut** courage

mütterlicherseits on the mother's side, maternal

die **Muttersprache, -n** mother tongue, native language

die **Mütze, -n** cap

N

na (interj.) well; what did I tell you? **na ja** oh well; **na, denn nicht** OK, let's not

nach after; toward, to; **nach und nach** little by little

nach-ahmen (jmdn.) to imitate s.o.

der **Nachbar, -n** or **-s, -n** neighbor

die **Nachbarstadt, ¨e** neighboring city

nachdem (conj.) after

nach-denken* (über etwas) to ponder, think (s.th. over)

nachdenklich reflective, pensive

nachdrücklich emphatic

nach-eifern to strive in pursuit of

nach-erzählen to retell

die **Nacherzählung, -en** retelling

nach-forschen to trace, investigate

nach-geben* to give in, yield

nach-gehen* (s) (dat.) to pursue (a matter), inquire into

nachher afterward

nach-holen to do s.th. previously omitted, make up

nach-kommen* (jmdm.) (s) to come after or behind s.o.; to rejoin

nachlässig careless, lax

nachmittags afternoons

nach-rennen* (s) (dat.) to run after

die **Nachricht, -en** news

das **Nachspiel, -e** epilogue

nächst next, nearest

die **Nacht, ¨e** night; **eines Nachts** one night

der **Nachtisch, -e** dessert

nächtlich nocturnal

nachts at night, nights

nachtschwarz night black

nach-wachsen* (s) to grow back (in)

der **Nachwuchs** progeny, one's children

nackt naked

das **Nagetier, -e** rodent

nah(e), near, close

die **Nähe** proximity; **in der Nähe** nearby, close by

nahe liegen* to be obvious or manifest, suggest itself

nahe stehen* (jmdm.) to be close to s.o.

die **Nahrung** food, nourishment

der **Name, -ns, -n** name

namentlich namely, especially

nämlich namely, that is, you see

närrisch foolish, silly, eccentric

die **Nase, -n** nose

nass wet, damp

die **Naturerscheinung, -en** natural phenomenon

natürlich (adj.) natural; (adv.) of course

der **Nebelstreif, -e** wisp or streak of fog

neben beside

nebenan next door

nebenbei by the way

nebeneinander side by side

das **Nebenhaus, ¨er** house next door

der **Nebentisch, -e** next table

der **Nebenweg, -e** indirect path or road

nehmen* to take

der **Neid** envy

die **Neigung, -en** proclivity, inclination; slope

die **Nelke, -n** carnation

nennen* to name

der **Nerv, -es** or **en, -n** nerve; **jmdm. auf die Nerven gehen* (s)** to get on one's nerves

nett nice

neuartig new kind of, newfashioned

die **Neugierde** curiosity

neugierig curious

neulich recently

nicht not; **nicht einmal** not even; **nicht mehr** no more, no longer; **nicht wahr?** isn't it? aren't you? right?

nichts nothing

nicken to nod

nie never

nieder (adj.) low, inferior; (adv.) down

sich **nieder-beugen** to bend over or down, bow

nieder-blicken to glance or look down

nieder-fahren* (s) to come down, descend

nieder-legen to lay down, put down

nieder-sinken* (s) to drop, sink

niedrig low(ly); inferior; base, mean

niemals never

niemand no one, nobody

die **Niere, -n** kidney

die **Nierengegend** kidney area

nimmer never, nevermore; **nie und nimmer** never at any time

nippen to sip, taste

der **Nischentisch, -e** table in a niche *or* alcove

noch still; **noch mal** *(coll.)* = **noch einmal** once more, once again; **noch immer** still; **noch nicht** not yet; **noch nie** never before

die **Nonne, -n** nun

die **Normaluhr, -en** public clock

die **Not, ̈e** need, want; danger, peril; difficulty

die **Note, -n** grade

notieren to make a note of, jot down

nötig necessary

die **Notiz, -en** note

notwendig necessary

Nu: im Nu in no time at all, in an instant, in the twinkling of an eye

nuancieren to give a particular nuance to

die **Null, -en** zero

die **Nullkenntnis** *(pl.)* zero knowledge

nun *(adv.)* now, at present; *(particle)* now, well; **es ist nun einmal so** well, that's just the way it is

nur only; *(particle)* just

nützlich useful

O

ob whether

oben above, overhead

das **Oberhemd, -en** dress shirt

oberst- highest, top

obgleich although

die **Obligation, -en** bond, promissory note

der **Obstbauer, -n, -n** fruit farmer

obwohl although

der **Ofensetzer, -** stove fitter

offen open

offenbar evident, obvious

offensichtlich obvious, apparent

öffnen to open; **sich weit/tief öffnen** to gape

oft often

öfter (s) frequently, often; more often

ohne without; **ohne ... zu** without ... -ing

ohnehin anyway, as it is

die **Ohnmacht, -en** faint, swoon, unconsciousness; powerlessness

ohnmächtig unconscious; powerless

das **Ohr, -en** ear

die **Ohrfeige, -n** slap in the face, box on the ear

das **Ohrgehänge, -** earring

die **Ölblumen,** *(pl.)* oil painting of flowers

ölverschmiert oil-stained

die **Oma, -s** grandma

der **Onkel, -** uncle

die **Operette, -n** operetta

das **Opfer, -** victim; sacrifice

der **Orden, -** medal, decoration

ordentlich decent, respectable; tidy, neat; *(adv.)* really

die **Ordnung** order, arrangement; orderliness

der **Ort, -e** place, spot, site

P

paar: ein paar a few, several; **(ein) paar Mal** a few times

das **Pack** mob, pack

packen to pounce on, grasp, clutch

die **Pädagogik** teacher education, pedagogy

das **Paket, -e** packet, package, parcel

der **Palast, ̈e** palace

die **Palme -n** palm

der **Pantoffel, -** *or* **-n** slipper

die **Papeterie, -n** *(French)* stationery store

der **Passagier, -e** *(French)* passenger

passen *(dat.)* to fit, suit

passend appropriate, fitting

passieren (s) to happen

pechschwarz pitch-black

peinlich embarrassing, awkward

die **Pendeluhr, -en** pendulum clock

die **Pension** retirement

per *(prep. with acc.)* per, by

der **Personalausweis, -e** personal identification card

der **Personalchef, -s** personnel manager

die **Persönlichkeit, -en** personality

die **Pest, -en** plague, epidemic

der **Pfadfinder, -** Boy Scout

der **Pfahl, ⸚e** piling, post

die **Pfeife, -n** pipe; whistle

pfeifen* to whistle

der **Pfeiler, -** pillar

das **Pferd, -e** horse

der **Pferdefuß, ⸚e** drawback, catch

der **Pfirsich, -e** peach

die **Pflanze, -n** plant

pflegen to take care of

der **Pflegeurlaub** leave to take care of s.o.

pflücken to pick, pluck

das **Pfund, -e** pound

pikiert piqued, miffed

das **Plakat, -e** placard, poster

der **Plan, ⸚e** plan

planmäßig (as) scheduled

die **Planstelle, -n** planned *or* budgeted position

die **Plastiktüte, -n** plastic bag

der **Plattfuß, ⸚e** flat foot

der **Platz, ⸚e** place, spot; seat; (city) square; **am Platz(e)** in the proper place, in order, called for; **Platz nehmen*** to take a seat

platzen (s) to burst, pop, explode

plaudern to chat, converse

plötzlich sudden

polieren to polish

der **Polizist, -en, -en** policeman

die **Portiersleute** *(pl.)* building caretakers

der **Posten, -** post, position, job; sentry

prächtig splendid, magnificent

der **Prachtschlitten, -** splendid sled *(i.e, bicycle)*

die **Praline, -n** chocolate *(as in a box of chocolates)*

prall taut, stretched

der **Preis, -e** price; prize

preisen* to praise

die **Pritsche, -n** plank bed

die **Probe, -n** rehearsal; test, experiment; proof

die **Probefahrt, -en** test drive

das **Protokoll, -e** protocol, report

der **Prozess, -e** lawsuit, trial; process

prüfen to test, examine

der **Puff, ⸚e** push, bump, nudge; blow

der **Punkt, -e** point; **Punkt zehn Uhr** at the stroke of ten

pünktlich punctual

die **Pünktlichkeit** punctuality

der **Purzelbaum, ⸚e** somersault; **einen Purzelbaum schlagen*/machen** to do a somersault

putzen to clean, scrub, polish

Q

die **Qual, -en** torment, agony, pain

die **Qualitätsware, -n** quality product

die **Querstraße, -n** crossroad

R

die **Rache** revenge

sich **rächen** to take revenge, get even with

der **Rachen, -** jaws *(of beasts);* throat

rad-fahren* (h *or* **s)** to cycle, ride a bike

der **Radsport** sport of cycling

die **Rakete, -n** rocket

der **Rand, ⸚er** edge, border; brim; circle *(under eyes)*

der **Rangierbahnhof, ⸚e** shunting yard

die **Rangliste, -n** ranking in order

rasch quick

rasen (s) to speed, race, drive fast

der **Rat** advice

der **Ratschlag, ⸚e** (piece) of advice

das **Rätsel, -** puzzle, riddle

rauben to rob

der **Rauch** smoke

rauchen to smoke

das **Rauchzeichen, -** smoke signal

der **Raum, ⸚e** room, space

räumen to clear away, clean up

der **Rausch** rapture, ecstasy, intoxication

rauschen to make a rushing sound, rustle

reagieren auf *(acc.)* to react to

rechnen to do figures, calculate; **rechnen mit** to count on, figure on

die **Rechnung, -en** bill; calculation

recht right; real, very; **Recht haben*** to be right; **jmdm. recht sein* (s)** to be fine *or* OK by s.o.

rechts to the right, on the right

rechtzeitig on time, punctual

der **Redakteur, -e** editor

die **Redaktion, -en** editorial staff

die **Rede, -n** words, talk

das **Redemittel, -** useful expression *or* phrase

reden to talk, speak

die **Redewendung, -en** expression, turn of phrase

der **Redner, -** speaker

das **Regal, -e** row of shelves

regelmäßig regular

regeln to regulate, control

regelrecht downright, thoroughly

der **Regen** rain

der **Regenschirm, -e** umbrella

der **Regenschirmstock, ⸚e** umbrella cane

die **Regenwolke, -n** rain cloud

regieren to rule, govern

die **Regierung, -en** government

der **Regierungsbeamte** (ein **Regierungsbeamter**) *(adj. noun)* government official

der **Regierungsbezirk, -e** administrative district

regnen to rain

das **Reh, -e** deer

Rei *(brand name for a cleaning agent)*

reichen to reach, extend; to suffice, be enough

reichlich abundant, plentiful, ample

der **Reichstag** Imperial Diet *(parliament)*

der **Reichtum, ⸚er** riches; wealth, richness, abundance

reif ripe, mature

reiflich careful, thorough

die **Reihe, -n** row, series; **der Reihe nach** one after the other

die **Reihenfolge, -n** sequence

der **Reihn: Reigen** *(name of dance done in a circle)*

rein clean, neat; pure; **ins Reine tippen** to type a neat copy

rein = herein into

die **Reise, -n** trip, journey

der **Reiseleiter, -** trip leader

reisen (s) to travel

der **Reisescheck, -s** traveler's check

reißen* (h *or* **s)** to tear, rip

reiten* (h *or* **s)** to ride *(an animal)*

der **Reiter, -** rider

reizen to irritate, provoke; to excite, stimulate

reizend charming

rennen* (s) to run

renovieren to renovate

die **Rente, -n** pension; **in Rente gehen* (s)** to retire

restlich remaining

die **Rezension, -en** review, critique

sich **richten nach** to conform to, take one's bearings from

der **Richter, -** judge

der **Richterstuhl, ⸚e** tribunal

richtig correct, right

die **Richtigkeit** correctness

die **Richtlinie, -n** guideline

die **Richtung, -en** direction

riechen * (nach) to smell (like)

riesig gigantic, enormous

der **Rock, ⸚e** coat *(for men)*; skirt *(for women)*

roh raw; rough, coarse

die **Rohkost** uncooked, vegetarian food *(fruits, vegetables, nuts, etc.)*

die **Rohrzange, -n** type of pipe wrench

rostig rusty

rot red

(das) **Rotkäppchen** Little Red Riding Hood

die **Roulade, -n** hair curl made by a roller

der **Rückblick** glance back; **im Rückblick** in retrospect

der **Rücken, -** back

die **Rückfahrt, -en** return trip

der **Rückgriff** recalling

die **Rückkehr** return

die **Rücksicht** respect, regard, consideration

die **Rücksichtnahme** respect, consideration; **unter Rücksichtnahme auf** with due regard to, in due consideration of

der **Rückspiegel, -** rear view mirror

das **Ruder, -** oar; rudder

rudern to row, paddle

rufen* to call

die **Ruhe** rest

ruhen to rest

ruhig calm

die **Rührung** emotion, feeling

rülpsen to belch

rumoren to make noise, kick up a row

rum-stehen* *(coll.)* = **herum-stehen*** *(North German)* **(h)**; *(South German)* **(s)** to stand around

rund round; **rund um** around, all around

die **Runde, -n** round; lap; **eine Runde drehen** to pedal a lap

(das) **Russisch** Russian

(das) **Russland** Russia

runter *(coll.)* = **herunter** down(ward)

S

der **Saal,** *(pl.)* **Säle** hall, large room

die **Sache, -n** matter, business, affair; **zur Sache** to the point

sachlich objective

der **Sachschaden, ⸚** property damage

sachte gently, cautiously

sacken (s) to sag, sink, collapse

sagen to say

die **Salbe, -n** salve

sammeln to collect, gather

samt *(dat.)* together with

der **Samt** velvet

sämtlich complete, entire; *(pl.)* all

sanft soft, gentle

die **Sanftmut** gentleness, meekness

der **Sänger, -** singer

satt full, satiated; **es satt haben*** to be fed up with

sich **satt-sehen* an** (to get) to see enough of, get one's fill

der **Satz, ⸚e** sentence

der **Satzbau** sentence structure

die **Sau, ⸚e** sow, swine; slut

sauber clean; neat, tidy

säuseln to rustle, whisper

sausen (s) to whiz, zoom

schäbig shabby, threadbare

schade! *(interject.)* too bad! a pity!; **zu schade** too good for

schaffen* to create

schaffen to do, accomplish; to work hard

die **Schale, -n** bowl, basin; bowl-like glass

schälen to peel

schallen to make a loud sound, ring, resound, peal

die **Schallplatte, -n** phonograph record

sich **schämen** to be ashamed

schänden to violate, rape; to desecrate

der **Scharfsinn** acuity, perception

der **Schatten, -** shadow; shade

schauen to see, look (at); **in die Runde schauen** to look from one person to the next

das **Schaufenster, -** display window

der **Schaukasten, ⸚** display case

schaukeln (h or s) to swing, rock

schäumend foaming

der **Schauspieler, -** actor, performer

der **Schausteller, -** performer, showman

die **Scheibe, -n** pane of glass; slice; **sich eine Scheibe ab-schneiden*** to take a leaf out of s.o.'s book, learn from s.o.'s example

der **Scheibenwischer, -** windshield wiper

scheinbar seeming, apparent

scheinen* to seem, appear; to shine

der **Scheinwerfer, -** floodlight; headlight

scheitern to run aground, shipwreck, founder

der **Schenkel, -** thigh

schenken to give; **Leben schenken** to give birth

die **Schere, -n** *(pair of)* scissors, clippers

scheu shy, timid

die **Scheu** timidity, shyness

scheuern to scrape, rub, scour, scrub

die **Schicht, -en** *(work)* shift

schicken to send, dispatch

das **Schicksal, -e** destiny, fate

schieben* to shove, push; sich **schieben** to push one's way

die **Schiene, -n** rail, track

schießen* (h or s) to shoot, fire; to shoot or burst forth

das **Schild, -er** sign

schildern to depict, describe

die **Schilderung, -en** description, portrayal

schimmern to glitter, glisten

schimpfen to express anger, curse; to use bad language

die **Schlacht, -en** battle

der **Schlaf** sleep

der **Schlafanzug, ⸚e** pajamas

die **Schläfe, -n** temple, side of the head

schlafen* to sleep

schlaff limp, slack; flabby

der **Schlag, ⸚e** stroke; strike, punch

schlagen* to hit, strike, beat, slap

schlagfertig quick with a repartee or clever response

der **Schlamm** mud, muck, mire

schlank slim, slender

schlau sly

die **Schläue** slyness, cunning

schleppen to drag

schließen* to close, shut; to conclude, deduce

schließlich *(adv.)* after all; finally, at last

der **Schlitten, -** sled

das **Schloss, ⸚er** castle; lock; **ins Schloss krachen** to slam shut

der **Schlosser, -** mechanic

der **Schlot, -e** smokestack

schluchzen to sob

der **Schluck, -e** swallow, gulp

schlucken to swallow

schlummern to slumber

schlurfen to shuffle

der **Schluss, ⁼e** end, conclusion

schmal narrow, slender

schmecken (nach) to taste (like)

der **Schmerz, -es, -en** pain, ache

schmerzen to pain, hurt, distress

schmerzhaft painful

der **Schmetterling, -e** butterfly

schmücken to decorate, adorn

schnarchen to snore

der **Schnee** snow

die **Schneiderin, -nen** seamstress

schnell fast, quick

schnellen (s) to flip up, spring up

die **Schnittblume, -n** cut flower

schnüffeln to sniff, snoop

die **Schnur, ⁼e** or **-en** string, cord, twine

der **Schnurrbart, ⁼e** mustache

schon (adv. and particle) already, so far; probably; for sure; **schon einmal** ever before; **schon lange** for some time now, for a long time

schön beautiful, lovely, pretty

schonen to protect, preserve; sich **schonen** to look after o.s., take it easy

der **Schornstein, -e** chimney

schrauben to screw, turn a screw; to twist

der **Schraubstock, ⁼e** bench vice

der **Schrebergarten, ⁼** small garden plot allotted by a municipality

der **Schreck, -e;** der **Schrecken, -** fright

schrecklich terrible

schreiben* to write

die **Schreibmaschine, -n** typewriter; **Schreibmaschine können*** to be able to type

der **Schreibtisch, -e** desk

das **Schreibwarengeschäft, -e** stationery store

schreien* to scream, shout, yell

schreiten* (s) to stride

die **Schrift, -en** writing; handwriting; script

schriftlich written

schrillen to sound shrill

der **Schritt, -e** step

schrumpfen (s) to shrivel, shrink, contract

schüchtern shy, timid

der **Schuh, -e** shoe

die **Schularbeit, -en** schoolwork, homework

die **Schuld** guilt, blame

schulden to owe, be indebted

die **Schule, -n** school

der **Schüler, -** pupil

der **Schulhof, ⁼e** schoolyard

die **Schulleitung** school directors

die **Schulter, -n** shoulder; **die Schultern heben*** to raise or shrug one's shoulders

das **Schultor, -e** school gate or entry

die **Schulung, -en** training, schooling

schüren to stir up, stoke (the fire)

die **Schürze, -n** apron

die **Schüssel, -n** bowl

schütteln to shake

schwach weak

die **Schwäche, -n** weakness, foible

die **Schwachheit** weakness, feebleness

der **Schwachsinn** imbecility, feeblemindedness

die **Schwägerin, -nen** sister-in-law

schwälen to smoulder

schwanger pregnant

schwanken to waver, sway, totter

schwarz black

schweben (s) to float (through the air), hover

der **Schweif, -e** trail, tail

schweigen* to keep silent, say nothing; **ganz zu schweigen** not to mention

schweigsam silent, taciturn

die **Schweinsblase, -n** pig's bladder

die **Schweiz** Switzerland

schwer heavy; difficult, hard

schwerhörig hard of hearing

die **Schwermut** melancholy

die **Schwierigkeit, -en** difficulty

der **Schwindel** dizziness, giddiness; swindle

schwirren to whir, buzz; **(s)** to fly about

schwitzen to sweat, perspire

schwören to swear, take an oath

die **See, -n** sea

die **Seele, -n** soul, spirit

der **Seetang** seaweed

der **Segen, -** blessing

sehen* to see; **sehen Sie nur** just look

die **Sehenswürdigkeit, -en** sightseeing attraction

sehr very, much

seicht shallow; insipid

die **Seife, -n** soap

das **Seil, -e** rope

sein* (s) to be, exist

seinesgleichen of the likes of him

seit (prep. or conj.) since; for; **seitdem** (conj.) since (temporal sense only)

die **Seite, -n** side; page; **von Seiten** on the basis of, on the part of

-seits: seinerseits for his part, **ihrerseits** for her part

der **Sekt, -e** champagne

die **Sekunde, -n** second

selber, selbst self; (with personal pronouns) **ich selber** or **selbst** I myself; **wir selber** or **selbst** we ourselves

selbst even

selbstlos selfless

die **Selbstvergessenheit** forgetting of o.s.

selbstverständlich (adv.) of course; (adj.) taken for granted, as it should be; self-evident, obvious

das **Selbstvertrauen** self-confidence

selbst wenn even if

selig deceased; blessed, blissful, happy

selten (adv.) seldom; (adj.) rare, unusual

seltsam strange, odd, unusual

senken to lower, (cause to) sink

der **Sessel, -** easy chair

setzen to set, place; **sich setzen** to sit down

seufzen to sigh

der **Seufzer, -** sigh

sicher (adv.) for sure, certainly; (adj.) safe, secure

sicherlich for sure

sichern to secure, safeguard

siehe da! (interject.) lo and behold!

singen* to sing

der **Sinn, -e** sense, intellect, mind; **aus dem Sinn gehen* (s)** to leave one's mind; **in den Sinn kommen* (s)** to come to mind; **keinen Sinn haben*** to make no sense, have no purpose

sinnlos senseless, meaningless

der **Sitz, -e** seat

sitzen* to sit

der **Sitzplatz, ⸚e** place to sit, seat

die **Skigymnastik** ski exercise (class)

so thus, in such a way, like this

so ein- such a(n)

so lange as long as

so (et)was such a thing, something

sodann (arch.) then, forthwith

sofort immediately

sogar even

sogleich immediately, at once

der **Sohn, ⸚e** son

solch- such

sollen to be supposed to, ought to; to be said to

die **Sonne, -n** sun

die **Sonnenbrille, -n** sunglasses

der **Sonnenstrahl, -en** sunbeam, ray of sunshine

sonnig sunny

sonst otherwise, else; **sonst niemand** nobody else

die **Sorge, -n** care, worry; **sich Sorgen machen um** to be worried about

sorgen für to provide for; to see to it; to take care (that)

sorgfältig careful; precise, accurate

sorglos without worry, carefree; careless

sorgsam careful; cautious

sowieso anyway

das **Sozialamt, ⸚er** social services office

sozusagen so to speak

der **Spalt, -e** crack, slit, gap

die **Spalte, -n** column

das **Sparkassenbuch, ⸚er** savings book

sparsam thrifty

der **Spaß, ⸚e** fun; joke

spät late

spätabends late in the evening

spazieren (s) to take a walk or stroll

der **Spazierstock, ⸚e** walking cane

die **Speise, -n** food; meal, dish

der **Speisesaal, -säle** dining hall

der **Spiegel, -** mirror; (name of a German weekly news magazine)

das **Spiegelbild, -er** reflection

spiegelblank mirror-clear

das **Spiegelei, -er** fried egg

spiegeln to mirror, reflect; **sich spiegeln** to be reflected

das **Spiel, -e** game

spielen to play; to flash, sparkle

der **Spielmann, -leute** minstrel

das **Spielzeug, -e** toy

der **Spinat** spinach

spirrig *(coll.)* weak and spindly

der **Spitzbogen, -** *or* ˙˙ Gothic *or* pointed arch

die **Spitze, -n** tip, point

die **Spitzen** *(pl.)* lace(work)

die **Spitzendecke, -n** lace tablecloth

der **Sportanhänger, -** sports fan

die **Sportleistung, -en** athletic accomplishment

der **Spott** ridicule, scorn, mockery

das **Spottgeld, -er** trifling sum

die **Sprache, -n** language; speech, diction

der **Sprachgebrauch** language use

die **Sprachkürze** terseness

sprechen* to speak

das **Sprichwort, ˙er** proverb, saying

springen* (s) to leap, jump, spring

spröde brittle; rough, rasping; stiff, reserved

der **Spruch, ˙e** sentence, verdict; saying

der **Sprudel** carbonated water, soda water

die **Spur, -en** trace, track

spürbar perceptible

spüren to feel, sense, perceive, be conscious of; **zu spüren bekommen*** to begin to feel, discover

der **Staat, -en** state, country, government

der **Staatsanwalt, ˙e** public prosecutor

die **Staatsbahn, -en** national railroad

der **Stab, ˙e** bar *(of a cage)*

die **Stadt, ˙e** city, town

die **Stadtgrenze, -n** city limit(s)

stammen (s) to be descended from

der **Stand, ˙e** stand; **Stand fassen** to stop, take up a position

ständig constant(ly), permanent(ly)

der **Standplatz, ˙e** bus *or* taxi stand

die **Standuhr, -en** grandfather clock

die **Stärke** strength

sich **stärken** to take refreshment

stärker stronger

starr stiff, rigid; fixed, staring

starren (auf) *(acc.)* to stare (at)

der **Starrsinn** obstinacy

statt instead of

stattdessen *(adv.)* instead

statt-finden* to take place, happen

der **Staub** dust

die **Stauung, -en** traffic jam

das **Stechen** stabbing pain, stinging

stecken to stick, put; to be (hidden)

der **Stecker, -** electrical plug

stehen* to stand

stehen-bleiben* (s) to stop, come to a standstill; to remain standing

stehen lassen* to drop *(what one is doing)*, stop doing

stehlen* to steal

steif stiff

steigen* (s) to climb; to rise, increase

steil steep, precipitous

der **Stein, -e** stone

der **Steinbock, ˙e** Alpine ibex

die **Stelle, -n** place, spot, point; **an Stelle** in place (of); **zur Stelle schaffen** to produce here on the spot

stellen to place, set; sich **stellen** to position o.s., take one's place; **eine Frage stellen** to ask a question

die **Stellung, -en** position

die **Stenographie** shorthand; **Stenographie können*** to be able to do shorthand

sterben* (s) to die

der **Sterbetag, -e** anniversary of a death

stets always, continually, constantly

die **Steuer, -n** tax(es)

das **Stichwort, -e** key word, cue phrase

stickig stifling, suffocating

der **Stiefel, -** boot

stier fixed, staring

still quiet, silent; **im Stillen** quietly, secretly, privately

stillen to satisfy *(one's hunger or thirst)*

die **Stimme, -n** voice; **jmdm. die Stimme verschlagen*** to put s.o. at a loss for words

stimmen to be correct

die **Stimmung, -en** mood, atmosphere

stinken* to stink

die **Stirn(e), -n** forehead, brow

der **Stock, ˙e** cane, stick; story *(of a house)*

stolpern (s) to stumble, trip

stolz auf *(acc.)* proud of

der **Stolz** pride

stören to disturb, bother, annoy, interrupt

störrig headstrong, obstinate

stoßen* (s) to spurt (out); **(h)** to push; to punch; sich **stoßen (an)** to bump (against), knock against, hit

die **Strafe, -n** punishment

strafen to punish; **jmdn. Lügen strafen** to give s.o. the lie

der **Strahl, -en** stream, jet *(of water etc.);* beam, ray

strahlen to beam

strahlend radiant

die **Strähne, -n** lock *or* strand of hair

der **Strand, ⁼e** shore, beach

die **Straße, -n** street

der **Straßenanzug, ⁼e** casual suit

die **Straßenbahn, -en** streetcar

das **Straßencafé, -s** sidewalk café

der **Straßenrand, ⁼er** side of the road

sich **sträuben** to stand on end, bristle

der **Strauß, ⁼e** bouquet

streben to strive; **um die Wette streben** to compete, vie

strebsam ambitious, industrious, zealous

die **Strecke, -n** stretch, distance

strecken to stretch

streicheln to caress, stroke softly

streichen* to stroke, rub gently

der **Streifen, -** strip, stripe

der **Streit, -e** quarrel, dispute, strife

streng strict, stern, severe

stricken to knit

der **Strom, ⁼e** broad river, stream; electricity

strömen (s) to stream, flow

die **Strophe, -n** stanza

die **Stube, -n** parlor, room

der **Stubs** *(usually* **Stups, -e)** nudge, push

das **Stück, -e** piece, bit

die **Studentenschaft** student body; student affairs offices

der **Studienweg, -e** track *or* route of one's studies

das **Studium, -dien** study

die **Stufe, -n** step, rung

der **Stuhl, ⁼e** chair, stool

stumm mute, silent, unable to speak

der **Stumpfsinn** stupidity, dullness

die **Stunde, -n** hour; (class) period

die **Stundengeschwindigkeit, -en** speed per hour

der **Stundenlohn** hourly wage; **nach Stundenlohn** by the hour

der **Stundenschlag, ⁼e** striking of the hour

der **Sturz, ⁼e** fall, tumble, plunge

stürzen (s) to plunge, fall; sich **stürzen auf** *(acc.)* to rush, dash, plunge at

das **Substantiv, -e** noun

suchen to seek, search *or* look (for)

summen to hum, buzz

die **Sünde, -n** sin

sündig sinful

sündigen to sin

süß sweet

die **Süßigkeit, -en** sweet, *(pl.)* sweets, candy

T

das **Tablett, -e** *or* **-s** tray

tadellos flawless

die **Tafel, -n** sign; wafer; table

der **Tag, -e** day; **an den Tag legen** to show *or* display

for all to see; **eines Tages** one day

das **Tagebuch, ⁼er** diary

tagen to dawn, start turning light

der **Tageslichtprojektor, -en** type of overhead projector

die **Tageszeitung, -en** daily newspaper

täglich daily

tags vorher the day before

die **Tante, -n** aunt

der **Tanzabend, -e** evening of dancing

tanzen (h *or* **s)** to dance

der **Tanzlehrer, -** dancing instructor

der **Tanzschritt, -e** dance step

tappen (s) to walk *or* go with uncertainty *or* blindly

die **Tasche, -n** pocket; purse, satchel

das **Taschenmesser, -** pocket knife

die **Taschenuhr, -en** pocket watch

die **Tasse, -n** cup

sich **tasten** to grope, feel one's way

die **Tat, -en** deed, action; **in der Tat** indeed

tätig active, employed

die **Tätigkeit, -en** activity

die **Tatsache, -n** fact

tatsächlich real(ly), actual(ly)

taub deaf

der **Tausch, -e** exchange, trade

tauschen to exchange, trade

täuschen to deceive; sich **täuschen** to be mistaken, deceive o.s.

die **Technik** technology

der **Techniker, -** technician, engineer

der **Tee, -s** tea

teigig doughy, puffy

der **Teil, -e** part, section; **zum Teil** partly

teilen to divide, share

die **Teilnahme** participation, sympathy

teils partly

der **Teller, -** plate

tellerweiß white as a plate

das **Tempo** pace, speed; **Tempo geben*** to speed up, increase the pace

der **Teppich, -e** carpet

der **Teppichboden** wall-to-wall carpeting

das **Teppichklopfen** hitting a carpet to knock out the dirt

die **Teppichstange, -n** carpet bar *(over which a carpet is draped for cleaning)*

der **Termin, -e** appointment; deadline

teuer expensive

der **Teufel, -** devil

das **Textverständnis** comprehension of the text

die **Theke, -n** counter

das **Thema, -men** topic, subject

die **Thematik** theme(s)

tief deep

die **Tiefe, -n** depth

der **Tiefkühler, -** freezer

das **Tiefkühlfach, ̈er** freezing compartment

der **Tiefschnee** deep snow

der **Tiefsinn** deep thought, perceptiveness

das **Tier, -e** animal

tierähnlich animallike

der **Tierfilm, -e** film on animals

die **Tierforschung** animal research

das **Tierzeug** animal life, animals

die **Tinte, -n** ink

tippen to type

der **Tisch, -e** table

der **Titel, -** title

toben to rage

die **Tochter, ̈** daughter

der **Tod, -e** death

todmüde dead tired

toll crazy, mad, insane; fantastic

der **Ton, ̈e** sound; note, tone

tönen to sound

das **Tor, -e** gate

tot dead

töten to kill

totenblass deathly pale

der **Totengräber, -** grave digger

träg(e) lazy, indolent

tragen* to carry; to wear

der **Träger, -** wearer; bearer

die **Träne, -n** tear

sich **trauen** to dare, venture

die **Trauer** sadness, mourning

die **Trauergemeinde** mourners

der **Traum, ̈e** dream

träumen to dream

träumerisch dreamy

das **Traumgesicht, -er** dream face

traurig sad, depressed

die **Traurigkeit** sadness

treffen* to hit *(the target)*, strike; to meet

treiben* to drive, impel; **(s)** to drift, float

das **Treiben** actions, doings, goings-on

trennbar separable

die **Treppe, -n** stair(s), flight of stairs

treten* (s) to tread, walk, step; **(h)** to kick

die **Treue** loyalty, fidelity

der **Trieb, -e** drive, urge, instinct

trinkbar potable

trinken* to drink

der **Tritt, -e** step, pace; kick

trocken dry

die **Trommel, -n** drum

die **Trompete, -n** trumpet

der **Tropfen, -** drop

der **Tross** (group) of followers

trösten to console

tröstlich consoling

der **Trottel, -** dimwit, nincompoop, simpleton

trotz *(gen.)* in spite of

trotzdem *(conj.)* in spite of the fact that; *(adv.)* in spite of this

trotzig defiant, obstinate

trüb gloomy; cloudy

trübsinnig gloomy, sad, melancholic

der **Tschusch, -en, -en** *(derogatory term for Southeastern Europeans and Middle Easterners)*

der **Tuchknopf, ̈e** cloth button

tüchtig capable, able

die **Tugend, -en** virtue

(sich) **tummeln** to romp, frolic

die **Tulpe, -n** tulip

tun* to do; to put; **tun, als ob** to act as if

das **Tun** actions, doings

die **Tür, -en** door

der **Türke, -n, -n** Turk

der **Turm, ̈e** tower

der **Turmfalke, -n, -n** kestrel *(a small European falcon)*

der **Türsteher, -** doorkeeper, porter

U

u. a. = unter anderem among other things

die **U-Bahn, -en** subway

übel-nehmen* (jmdm.) to hold against s.o., take amiss

über beyond; **über ... hinaus** over and beyond

überall everywhere

überaus extremely, excessively

der **Überblick, -e** overview

übereinander one on top of the other; about each other

überein-stimmen mit to agree with, be in agreement with

überfahren* to run over *(with a vehicle)*

überfliegen* to skim, glance over, read over quickly

über-fließen* (s) to overflow

überflüssig superfluous

überfüllt overfilled

der **Übergang, ⁻e** transition

überhaupt in general, generally; really, after all; **überhaupt kein-** no ... at all; **überhaupt nicht** not at all; **überhaupt nichts** nothing at all

überholen to pass, overtake; to overhaul, recondition

überlassen to leave (to s.o.); to abandon

überlegen to ponder, think over, reflect on; sich *(dat.)* **überlegen** to consider, think over

überlegen *(adj.)* superior

die **Überlegenheit** superiority

die **Überlegung, -en** consideration, reflection

überliefern to pass down, hand on

übermorgen the day after tomorrow

übermütig high-spirited; arrogant

übernächst- after the next; **am übernächsten Tag** on the day after tomorrow

übernachten to stay the night

übernatürlich supernatural

überraschen to surprise

überraschend surprising, startling

die **Überraschung, -en** surprise

überreden to persuade

überreichen to present, hand over

die **Überschrift, -en** heading, title

übersehen* to overlook

übersetzen to translate

über-springen* (s) to jump *or* leap over to

überstehen* to endure, survive, overcome

übersteigen* to exceed, surpass

die **Überstunden** *(pl.)* overtime

übertreiben* to exaggerate

überweisen* to transfer, remit *(money)*

überwinden* to overcome, surmount

überzeugen to convince; sich **überzeugen** to see for o.s., satisfy o.s. about s.th.

üblich customary; **wie üblich** as is customary

übrig left over, remaining

übrig bleiben* (s) to be left (over)

übrigens by the way, incidentally; moreover; **im Übrigen** in other respects, otherwise

die **Übung, -en** exercise, practice

die **Uhr, -en** clock

um around; at; for; by; **um ... her** all around; surrounding; **um ... willen** *(gen.)* for ... sake; **um ... zu** in order to

umarmen to embrace

um-benennen* to rename

um-binden* to tie *or* bind around

um-bringen* to kill, murder

um-fallen* (s) to fall over

der **Umfang** extent

der **Umgang** social intercourse, relations; **im Umgang mit** in dealing with

um-gehen*: mit etwas umgehen to use *or* handle s.th.

umgekehrt vice versa, conversely

umher-irren (s) to roam around, wander around

umher-laufen* (s) to run around

umhin: nicht umhin-können* cannot help but (do)

sich **um-schauen** to look around, take a look around

umschließen* to enclose, clasp

um-schreiben* to rewrite, alter; *(insep.)* paraphrase

sich **um-sehen*** to look around

um sein* (s) to be over, past

umsonst in vain, to no purpose

um-steigen* (s) to transfer *(trains, buses, etc.)*

sich **um-taufen** to rename o.s.

umwehen to waft around, fan

(sich) **um-wenden*** *(also weak)* to turn (o.s.) around

unangenehm unpleasant

unanständig improper, indecent, obscene

unausstehlich intolerable, insufferable

unbändig tremendous, mighty; unruly

die **Unbedachtsamkeit** lack of caution, carelessness, negligence

unbedenklich unhesitating

unbedingt absolutely, without fail

unbegabt untalented, ungifted

unbegreiflich incomprehensible

unbegrenzt unlimited

unbeliebt disliked, unpopular

unbestochen uncorrupted

unentgeltlich without compensation, gratis

die **Unentschiedenheit** indecision

unerfindlich incomprehensible, baffling

unerträglich intolerable

unerwartet unexpected

der **Unfallwagen, -** car that has been in an accident

unflätig filthy, dirty; lewd

ungefähr approximately

ungefährlich not dangerous

ungeheuer huge, monstrous

ungelegen inconvenient, inopportune

ungenügend insufficient

ungewiss uncertain

ungewöhnlich unusual, unaccustomed

unglaublich unbelievable

das **Unglück, -e** misfortune, accident

ungut not good

uninteressant uninteresting

das **Unkraut** weeds

unlauter shady, dishonest

unmittelbar immediate, direct

unmöglich impossible

unpünktlich not punctual

unruhig uneasy, unsettled

unschätzbar invaluable, inestimable

unsicher uncertain, unsure

die **Unsicherheit, -en** uncertainty

der **Unsinn** nonsense

unsinnig absurd, nonsensical, insane

die **Untat, -en** crime, misdeed

unten *(adv.)* beneath, below; **nach unten** downward

unterbrechen* to interrupt

die **Unterbrechung, -en** interruption

unter-bringen* to house, lodge, put up, store

unterdessen in the meantime, meanwhile

untereinander among themselves

sich **unterhalten*** to converse; to amuse o.s.

die **Unterhaltung, -en,** amusement; conversation

die **Unterlippe, -n** lower lip

untermalen to provide background *or* accompaniment

der **Untermieter, -** subtenant

das **Unternehmen, -** firm, business, enterprise

die **Unterredung, -en** conversation, talk, interview

der **Unterricht** instruction

unterrichten instruct, teach

die **Unterrichtsstunde, -n** instructional hour, class hour

unterschätzen to underestimate

unterscheiden* to distinguish, differentiate

der **Unterschied, -e** difference

unterschreiben* to sign

die **Unterschrift, -en** signature

unterstreichen* to underline

unterstützen to support

die **Unterstützung** support

untersuchen to investigate, examine, look into

die **Unterwühlung, -en** undermining

unterzeichnen to sign

untrennbar inseparable

ununterbrochen uninterrupted

unvergnügt dissatisfied

unverwüstlich indestructible

unwillig indignant, angry

unzufrieden dissatisfied

die **Urkunde, -n** certificate, document

der **Urlaub, -e** leave, vacation; **in Urlaub fahren*** to take a vacation trip

das **Urteil, -e** judgment, verdict

V

sich **verabreden** to make an appointment

die **Verabredung, -en** appointment; agreement

sich **verabschieden** to take leave, say goodbye

die **Verachtung** contempt

sich **verändern** to change, become changed

veranstalten to arrange, put on *(an event)*

die **Veranstaltung, -en** performance, event, meeting

verantwortlich responsible for

die **Verantwortung** responsibility

verantwortungsvoll responsible, full of responsibility

verärgern to irritate, annoy, anger

der **Verband, ⁻e** bandage; association

verbessern to improve, correct

verbieten* to forbid, prohibit

verbinden* to bind, connect, unite, join

verblasst pale, faded

die **Verborgenheit** obscurity, concealment

das **Verbot, -e** prohibition

verbotenerweise although forbidden

die **Verbotstafel, -n** sign prohibiting s.th.

die **Verbreitung** spread(ing)

verbringen* to spend *(time)*

verdächtigen to suspect, be suspicious of

verdammt damn; damned

verdanken (jmdm. etwas) to be indebted to s.o., have s.o. to thank for s.th.

verdattert flabbergasted

verdeutlichen to elucidate, make clear

verdienen to earn, merit

verdienstvoll meritorious

verdrucken to print wrong

sich **verdrücken** to sneak off, slink away

der **Verein, -e** club, society

vereinbaren to agree on, reconcile

vereinfachen to simplify

die **Vereinigten Staaten** United States

vereist covered with ice, iced over

verfassen to compose, write *(text)*

verfluchen to curse

verfolgen to follow, pursue

die **Verfolgung, -en** persecution

verfremdet taken aback, puzzled

die **Verfügung, -en** order, directive; **Verfügungen treffen*** to give orders *or* instructions with regard to s.th.

verführen to lead astray, seduce

vergangen past, gone

die **Vergangenheit** past

vergeben *(past. part.)* given, promised

vergehen* (s) to pass *(of time)*, slip by, fade away, vanish

vergessen* to forget

vergießen* to shed *(blood, tears, etc.)*

vergleichen* to compare; **vgl. = vergleich(e)!**

vergleichend comparative

das **Vergnügen** pleasure

vergnügt delighted, pleased, glad

verhaften to arrest

die **Verhaftung, -en** arrest

das **Verhalten** behavior

verhalten *(adj.)* reserved, restrained

sich **verhalten*** to behave, act

das **Verhältnis, -se** relationship

verheiraten to give in marriage; perform the wedding ceremony; **verheiratet** married

sich **verirren** to become lost

der **Verkauf, ⁻e** sale

verkaufen to sell

der **Verkäufer, -** salesperson

der **Verkaufsladen, ⁻** stand, booth

der **Verkehr** traffic

verklagen to sue, bring action against; sich **verklagen** to sue each other

die **Verkleidung, -en** disguise

sich **verkleinern** to grow smaller

verklingen* (s) to fade away *or* die out *(of sounds)*

die **Verkommenheit** run-down state, degeneracy

verkörpern to embody, personify, typify

verkünden to proclaim, announce

der **Verlag, -e** publishing house

verlangen to demand; **mich verlangt** I am eager (to know, hear)

verlängern to lengthen, extend

verlassen* to leave, forsake, go away *(requires direct object)*; sich **verlassen* auf** *(acc.)* to rely upon, depend upon

der **Verlauf** course (of time)

verlaufen* (s) to proceed, turn out

verlegen *(adj.)* embarrassed

die **Verlegenheit, -en** embarrassment, awkward situation; **vor Verlegenheit** of or from embarrassment

verleihen* to bestow, confer, grant; to lend, give

verleiten to lead astray, tempt

verlernen to forget what one knew or once learned

verletzen to offend, injure, damage

sich **verlieben (in)** (acc.) to fall in love (with)

verliebt in love

verlieren* to lose

verlobt engaged

die **Verlobte** (ein **Verlobter**) (adj. noun) fiancée

die **Verlobung, -en** engagement

die **Verlobungsanzeige, -n** engagement announcement

verlogen deceitful, not truthful

der **Verlust, -e** loss

vermachen to bequeath

vermeiden* to avoid

vermieten to rent out

die **Vermittlung** agency; mediation

vermögen (+ **zu** and inf.) to be able (to do)

vermuten to presume, suppose

vermutlich presumably

vernehmen* to perceive, hear; to interrogate

vernichten to exterminate, annihilate

verpacken to pack

verraten* to divulge, reveal; to betray

der **Verräter, -** traitor, betrayer

verrückt crazy

die **Versammlung, -en** assembly, gathering

verschenken to give away

verschieden different, various

verschlafen sleepy, drowsy

verschleiern to veil, cover with a veil

verschlingen* to devour

die **Verschmelzung** melting, fusion, blending

die **Verschnaufpause, -n** breather, break

verschweigen* to not mention, keep silent (about s.th.), keep secret

verschwinden* (s) to disappear

das **Versehen, -** oversight, blunder; **aus Versehen** inadvertently

versichern (jmdm.) to assure s.o.

versichert insured

versinken* in (acc.) **(s)** to become engrossed in

versorgen to take care of, provide for

sich **verspäten** to come (too) late, be late

die **Verspätung, -en** delay, lateness

verspielt playful

versprechen* to promise

das **Versprechen, -** promise

der **Verstand** intellect, intelligence, reason

verständlich intelligible

das **Verständnis** comprehension

verstehen* to understand; sich **verstehen** to understand each other, be in agreement; sich **verstehen auf** to be skilled at, be knowledgeable about; **(es) versteht sich** it goes without saying

sich **verstellen** to pretend, dissemble, sham

verstimmt ill humored, in a bad mood

verstorben dead, deceased

verstummen (s) to fall silent

versuchen to try, attempt; to tempt

die **Versuchung, -en** temptation

sich **verteidigen** to defend o.s.

verteilen to distribute, divide

sich **vertiefen in** (acc.) to engross o.s. in

der **Vertrag, ¨e** contract

die **Verträglichkeit** accommodating nature, compatibility

vertrauen (jmdm.) to trust, confide in s.o.

das **Vertrauen** trust, confidence; **zu jmdm. Vertrauen fassen** to (begin to) trust or rely upon s.o.

vertraulich confiding, confidential, low (voice)

vertraut familiar

vertreiben* to drive away, expel

vertrocknen (s) to dry up

vervollständigen to complete

die **Verwaltung, -en** administration

der **Verwandte** (ein **Verwandter**) (adj. noun) relative

verwechseln to mistake for s.o. or s.th. else, confuse (two or more things)

verwegen bold, daring

verweigern to refuse, deny

verweilen to dwell (on a subject), tarry, linger

verwenden* (also weak) to use, employ

verwirrt confused, bewildered, perplexed

verwöhnen to pamper, spoil

verwundert amazed, astonished

die **Verwunderung** amazement

verzweifeln to despair

verzweifelt in despair, desperate

die **Verzweiflung** despair

der **Vetter, -n** *(male)* cousin

das **Vieh** beast, dumb animal; livestock

viel much; *(pl.)* many

vielerlei many kinds of; **vielerlei Art** of many kinds

vielleicht perhaps

vielmehr but rather

vierkantig four-edged

der **Vogel, ⸚** bird

die **Vokabel, -n** *(vocabulary)* word

das **Volksfest, -e** folk festival

die **Volkshochschule (VHS)** adult education classes

der **Volksspruch, ⸚e** folk saying

der **Vollbart** full beard

vollends completely

völlig full, entire, complete

vollkommen complete; perfect

vollständig whole, complete

von from, about; **von wo ab** from where

von dannen *(arch.)* away from there

von weitem from afar

voneinander from each other

vor before, in front of; ahead of; ago; with; out of; **vor allem** above all;

vor kurzem recently, a short time ago; **vor sich hin** to o.s., in front of o.s.

voran in front, at the front, on ahead

voraus-sehen* to foresee

vorbei past, by

vorbei-fahren* (s) (bei jmdm.) to drive by s.o.'s home to see whether he/she is there

vorbei-gehen* (an jmdm.) (s) to go by s.o.; **im Vorbeigehen** in passing

voreinander of each other; in front of each other

der **Vorfahr, -en, -en** ancestor, forefather

vor-fallen* (s) to occur, happen

vor-finden* to meet with, find present, come upon

vor-führen to demonstrate, show

der **Vorgang, ⸚e** occurrence, incident

der **Vorgesetzte** (ein **Vorgesetzter**) *(adj. noun)* superior

der **Vorhang, ⸚e** curtain

vorher *(adv.)* before, previously

der **Vorhof, ⸚e** outer court

vor-kommen* (s) to occur, happen; **jmdm. vorkommen** to seem, appear to s.o. (that)

vor-legen to lay out; submit, present

vor-lesen* to read aloud

die **Vorlesung, -en** lecture

die **Vorliebe** predilection, preference

vor-liegen* to be submitted *(testimony, evidence)*, be on file

vor-machen (jmdm.) to demonstrate (to s.o.) by doing

vorn in front of, at the front; **nach vorn** to the front

vornehm distinguished, elegant, high-class

der **Vorort, -e** suburb

das **Vorrecht, -e** privilege

der **Vorsatz, ⸚e** resolution, intent

vor-schieben* to shove forward

der **Vorschlag, ⸚e** suggestion

vor-schlagen* to suggest

die **Vorschrift, -en** rule, regulation

vorschriftsmäßig as prescribed, according to instructions

vor-schützen to plead as an excuse, pretend

vor-schwindeln to make up stories, lie

die **Vorsicht** caution, care; foresight

vorsichtig careful, cautious

das **Vorstadtviertel, -** suburb of a city

vor-stellen to introduce; sich *(dat.)* **vor-stellen** to introduce o.s.; sich *(acc.)* **vor-stellen** to imagine

die **Vorstellung, -en** showing, presentation, performance; notion, conception

der **Vorteil, -e** advantage; **von Vorteil sein* (s)** to be beneficial

der **Vortritt; jmdm. den Vortritt lassen*** to let s.o. go first

vorübergehend passing, temporary

das **Vorurteil, -e** prejudice

vorurteilslos without prejudice

die **Vorwarnung, -en** (early) warning

vor-werfen* (jmdm. etwas) to reproach s.o. for s.th.

der **Vorwurf, ¨e** reproach, rebuke; **jmdm. Vorwürfe machen** to reproach s.o.

vor-ziehen* to give preference to, prefer

das **Vorzimmer, -** anteroom, waiting room

vorzüglich excellent, firstrate

W

wach awake, alert

wachsen* (s) to grow, increase

wagen to dare, venture, risk

der **Wagen, -** car; wagon

die **Wahl, -en** election, selection

wählen to choose, select; to elect

der **Wahnsinn** insanity, madness

wahnsinnig mad, insane, crazy

wahr true

während (prep.) during; (conj.) while

wahrhaft(ig) (adv.) truly, really, indeed

die **Wahrheit, -en** truth

wahrscheinlich probably

der **Wald, ¨er** wood, forest

der **Waldort, -e** place in the woods

der **Waldrand** edge of the woods

walten to rule, prevail

die **Wand, ¨e** wall (of a room), partition

die **Wanderdüne, -n** shifting sand dune

der **Wanderstiefel, -** hiking boot

die **Wandlung, -en** change, transformation

die **Wange, -n** cheek

ward (arch.) = **wurde**

die **Ware, -n** ware

die **Wärme** warmth

die **Warntafel, -n** warning sign

der **Wartburg** (car made in former East Germany)

warten (auf) (acc.) to wait (for)

warum why

was what; something; **was es auf sich habe** what it was all about; **was soll das?** what's that supposed to mean?

was für (ein) what kind of (a)

die **Wäsche** underwear; wash

das **Wasser** water

das **Wasserfest, -e** water festival

wechseln to change, exchange

wecken to waken, awaken (s.o.)

das **Weckerklingeln** ringing of an alarm clock

weder ... noch neither ... nor

weg away

der **Weg, -e** road, way, path; sich **auf den Weg machen** to set off or out

weg-bleiben* (s) to stay away

weg-bringen* to take away

wegen (prep. with gen.) on account of; for the sake of

weg-fahren* (s) to drive or travel away

weg-gehen* (s) to go away

weg-laufen* (s) to run away

weg-nehmen* to take away

weg-rutschen (s) to slide away, slip away

weg-schicken to send away

weg-setzen to lay aside, put away

weg-sterben* (s) to die off

weg-werfen* to throw away

weh tun* to ache, pain, cause pain

wehen to blow; to flutter, blow in the breeze

die **Wehmut** melancholy

sich **wehren gegen** to defend o.s. against, resist

weiblich feminine

die **Weide, -n** willow

die **Weihnacht; die Weihnachten** Christmas

der **Weihrauch** incense

weil because

die **Weile** a while, an amount of time

der **Wein, -e** wine

weinen to cry

das **Weingut, ¨er** wine estate, winery

-weise (suffix) -wise

die **Weise, -n** way, manner; melody, tune

weisen* to show; **weisen* von** to dismiss, send away

die **Weisheit, -en** wisdom

weit far; wide, broad; **von weitem** from afar

weiter farther; further(more); **und so weiter (usw.)** and so on

weiter-fahren* (s) to drive on, ride on

die **Weiterfahrt** continuation of a drive or ride

weiterhin in the future; furthermore

welch- which

welken (s) to wilt, wither, shrivel up

die **Welle, -n** wave

die **Wellenlinie, -n** wavy line

die **Welt, -en** world

weltanschaulich ideological

die **Weltanschauung, -en** philosophy of life, world outlook

die **Weltausstellung, -en** world's fair

der **Weltkrieg, -e** world war

die **Weltordnung** world order

weltweit worldwide

wenden* *(also weak)* to turn (s.th.), turn over *or* around; sich **wenden** to turn (o.s.)

die **Wendung, -en** expression, turn of phrase

wenig little; *(pl.)* few; **ein wenig** a little, a bit

wenigstens at least; **am wenigsten** (the) least

wenn when, whenever; if

wenn auch even if

wer (wem, wen) who, whoever (whom, whomever); **wer denn?** who?

der **Werbeprospekt, -e** travel brochure

werden* (s) to become

werfen* to throw, toss

die **Werft, -en** shipyard, wharf

das **Werk, -e** work

die **Werkstatt, ¨en** workshop

der **Werktag, -e** work day

wert worth, valuable; worthy

der **Wert, -e** value, worth

wertvoll valuable

das **Wesen, -** being, creature; behavior; character, nature; essence

die **Wette, -n** bet; **um die Wette streben** to compete, vie

wetteifern um to compete for, vie for

das **Wetter** weather

wichtig important

wickeln to wrap

widerlegen to refute, disprove

widerlich loathsome, repulsive

widersprechen* (jmdm.) to contradict

der **Widerstand** resistance

widerstehen* (jmdm.) to resist, withstand

wie as, like; how; **wie? right?**

wieder again

wieder-geben* to reproduce, quote *or* repeat *(from a text)*

wiederholen to repeat

wieder-kommen* (s) to come again

wieder-sehen* to see again

wiederum again, anew; on the other hand

die **Wiege, -n** cradle

wiegen* to weigh

die **Wiese, -n** meadow

wieso how so, how is (it) that

wie viel how much; **wie viele** how many

die **Wildsau, ¨e** wild pig

der **Wille, -ens, -n** will; **beim besten Willen** try as one might

willig willing

willkommen welcome

der **Wind, -e** wind

die **Windel, -n** diaper

der **Winkel, -** corner, angle

winken to motion, beckon, wave; to nod; to wink

winzig tiny

wirken to cause to happen, have an effect, work; to produce an impression, seem

wirklich *(adj.)* actual, real; *(adv.)* really

die **Wirklichkeit, -en** reality

die **Wirkung, -en** effect

die **Wirtin, -nen** *(fem.)* hostess; innkeeper

das **Wirtshaus, ¨er** inn

wissen* to know

die **Wissenschaft, -en** science

die **Witwe, -n** widow

der **Witz, -e** joke; wit

witzig witty, funny, clever

wobei whereby

die **Woche, -n** week; **unter der Woche** during the week

das **Wochenende, -n** weekend

wofür what for, for what; for which

wogegen against which

woher from where

wohl *(adv.)* well; *(particle)* I suppose, I guess, probably; no doubt, to be sure

das **Wohl** well-being

wohlan well then!

wohldosiert well dosed out

wohlig snug, comfortable

der **Wohlstand** prosperity, wealth, well-being

das **Wohltun** doing good, charity

wohlwollend benevolent, kind

der **Wohnblock, -s** apartment complex

wohnen to dwell, reside

der **Wohnort, -e** hometown, place of residence

die **Wohnung, -en** dwelling, apartment

das **Wohnzimmer, -** living room

die **Wolke, -n** cloud

wollen to want to; to intend to; to claim to

die **Wolljacke, -n** wool jacket

womöglich where(ever) possible, if possible

das **Wort** word *(pl. ̈er)* unconnected, individual words; *(pl. -e)* words in context, comments, sayings

das **Wörterbuch, ̈er** dictionary

wortkarg taciturn

wortlos wordless

der **Wortschatz, ̈e** vocabulary

worum geht es what is it about

wozu what for, why

die **Wunde, -n** wound

das **Wunder, -** miracle, wonder; **Wunder wirken** to work miracles

das **Wunderding, -e** marvelous thing

die **Wunderkraft, ̈e** magic power

wunderlich odd, strange

sich **wundern** to be surprised, be amazed

wunderschön very beautiful

der **Wunsch, ̈e** wish

wünschen to wish

der **Wunschtraum, ̈e** wish fulfillment

die **Würde, -n** dignity

würdelos undignified

würdig dignified; worthy

würdigen to deem worthy (of); to laud, honor

würgen to choke

die **Wut** rage, anger, fury; **vor Wut** with *or* from rage

Z

zaghaft timid, hesitant, fainthearted

die **Zahl, -en** number

zahlen to pay

zählen to count

der **Zähler, -** counter

der **Zahltag, -e** payday

der **Zahn, ̈e** tooth; **die Zähne zusammenbeißen*** to clench *or* grit one's teeth

der **Zahnarzt, ̈e** dentist

die **Zahnbürste, -n** toothbrush

zanken to quarrel, squabble

zart tender, soft

zartfühlend tactful, sensitive

zärtlich tender, gentle; affectionate

das **Zauberbuch, ̈er** book of magic

der **Zauberkram** magic stuff

der **Zaun, ̈e** fence

das **Zeichen, -** sign, signal

zeichnen to draw, sketch

der **Zeigefinger, -** index finger

zeigen to show; **zeigen auf** *(acc.)* to point at/to; sich **zeigen** to become evident, manifest itself

der **Zeiger, -** dial, pointer, hand *(of a clock)*

die **Zeit, -en** time; **vor der Zeit** prematurely, ahead of time

das **Zeitalter, -** age, era

die **Zeitansage, -n** statement of the day and time

der **Zeitausdruck, ̈e** time expression

Zeit lang: eine Zeit lang for a while, for some time

die **Zeitschrift, -en** magazine

die **Zeitung, -en** newspaper

die **Zeitungsabteilung, -en** newspaper section

der **Zeitungsständer, -** newspaper rack *or* stand

zerbrechen* (h *or* **s)** to break into pieces, shatter, smash

zerreißen* (h *or* **s)** to tear up, tear to pieces

zerschellen (s) to shatter

zerspringen* (s) to shatter, fly into pieces

zerzaust disheveled

der **Zettel, -** note, slip of paper

das **Zeug** stuff

ziehen* (h *or* **s)** to pull, draw, tow; to move, go; **auf sich ziehen** to attract *(attention, etc.)*; **sich in Falten ziehen*** to become wrinkled *or* furrowed

die **Ziehharmonika, -s** *or* **-ken** accordion

das **Ziel, -e** goal, destination, end

ziemlich rather, quite

das **Zimmer, -** room

der **Zins, -e** *(Austrian)* rent

das **Zitat, -e** quotation

zitieren to quote; to cite, summon

zittern to tremble, shiver, shake

zögernd hesitating

die **Zoohandlung, -en** *(uncommon)* pet store

der **Zores** *(Yiddish)* commotion

der **Zorn** anger, wrath

zornig angry, irate, furious

zu *(prep.)* to, toward, up to; at; *(adv.)* too (much); *(adj.)* closed; **zu all dem** accompanying all this, in addition to all that; **zu drei Mann** in groups of three

zucken to convulse, twitch, start, wince

der **Zucker, -** sugar

zu-decken to cover up, put a lid on

zueinander to each other

zuerst first, first of all, at first

der **Zufall, ⁼e** coincidence, chance, accident

zu-fallen* (jmdm.) (s) to fall to s.o., fall to one's lot

zufällig *(adj.)* chance, random, accidental; *(adv.)* by chance

zu-flüstern (jmdm.) to whisper to s.o.

zufrieden satisfied

zufrieden stellen to satisfy

der **Zug, ⁼e** trait, feature; train, procession

zu-geben* to admit, concede

zugegeben admittedly

zugleich at the same time, along with

zugrunde *(or* **zu Grunde)** **liegen*** to be at the bottom of, underlie s.th.

zu-hören (jmdm.) to listen (to s.o.)

der **Zuhörer, -** listener

zu-knöpfen to button up

zu-kommen* (s) to come up to, approach; **auf jmdn. zukommen** come toward s.o.

die **Zukunft** future

zu-lächeln (jmdm.) to smile at s.o.

zu-lachen (jmdm.) to look at s.o. with friendly laughter

zu-lassen* to allow, permit

zuletzt finally, at last

zuliebe: jmdm. zuliebe for one's sake, to please *or* oblige s.o.

zum … hinaus out the

zumal *(uncommon)* **= mit einem Male** suddenly

zu-marschieren (jmdm.) (s) to march toward

zunächst first, at first

der **Zündschlüssel, -** ignition key

zu-nehmen* to increase, grow in size *or* weight

die **Zunge, -n** tongue

zu-nicken (jmdm.) to nod to s.o.

zupfen to pluck, pull, tug

zurecht-kommen* (s) (mit jmdm.) to manage, deal, cope (with s.o.)

zurecht-machen to prepare, get ready

zurück back, backward(s)

zurück-bleiben* (s) to remain behind

zurückhaltend reserved, cool, distant

zurück-kehren (s) to return

zurück-kommen* (s) to come back

zurück-lassen* to leave behind

zurück-weisen* to refuse, reject, decline

zurück-wirken auf *(acc.)* *(uncommon)* to have an effect back on *(the source)*

zu-rufen* (jmdm.) to call to

zu-sagen *(dat.)* to accept, say yes *(to a proposal or invitation)*

zusammen together

zusammen-beißen* to bite together; **die Zähne zusammen beißen** to grit *or* clench one's teeth

zusammen-bleiben* (s) to remain together

zusammen-brechen* (s) to collapse

zusammen-fallen* (s) to collapse

zusammen-fassen to summarize

zusammen-halten* to stick together, hold together

der **Zusammenhang, ⁼e** context

zusammen-kommen* (s) to come together, assemble

zusammen-rechnen to add up, calculate

zusammen-schrumpfen (s) to shrivel up, shrink

sich **zusammen-setzen aus** to be comprised of

zusammen-stellen to put together

zusammen-zucken (s) to wince; to be startled

der **Zuschauer, -** viewer

zu-schicken (jmdm.) to send to s.o., forward

zu-schlagen* to slam shut

zu-schließen* to close, lock up

der **Zuschuss, ⁼e** advance, subsidy

zu-schütten to fill in *(a hole)*

zu-sehen* (jmdm.) to watch, look at s.o.

zustande kommen* (s) to come about, come to pass

zu-stürzen (s) auf *(acc.)* to rush toward

zu-teilen (jmdm.) to issue *(dat.)*, assign to s.o.

sich **zu-tragen*** to happen, take place

die **Zuverlässigkeit** reliability

die **Zuversicht** confidence, faith

zu viel too much

zu-wenden* (jmdm.) *(also weak)* to turn to(ward) s.o.; sich **zu-wenden** to turn (o.s.) toward

zu-werfen* (jmdm.) to toss to s.o.

zuwider against, contrary to; **jmdm. zuwider sein* (s)** to be repugnant *or* offensive to s.o.

zu-winken (jmdm.) to wave to s.o., nod *or* beckon to s.o.

zwar to be sure, of course

der **Zweck, -e** purpose; **einen Zweck verfolgen** to pursue a purpose *or* aim; **keinen Zweck haben*** to be pointless, be of no use

der **Zweibeiner, -** twolegged animal, bipod

zweifach twofold

der **Zweifel, -** doubt; **in Zweifel ziehen*** to draw into question

zweifellos doubtless

der **Zwerg, -e** dwarf

das **Zwielicht** twilight

der **Zwilling -e** twin

zwingen* to force, compel

zwischen between

Permissions

Literary Permissions

The author wishes to thank the following publishers and copyright holders for their kind permission to reprint the selections in this textbook.

Elisabeth Alexander
"Familie in Kürze" by Elisabeth Alexander, from *Damengeschichten*. Copyright © 1983, Günther Emigs Literatur-Betrieb, Trier.

Das Arabische Buch
"Ich war ein Kind" by José F. A. Oliver, from *Auf-bruch*, Lyrik ed. Rafik Schami. Copyright © 1989, Das Arabische Buch, Berlin.

Ernst Klett Sprachen GambH
"Ein Posten ist frei" by Ekkehard Müller. Ernst Klett Sprachen GambH, Stuttgart.

Fischer Taschenbuch Verlag
"Rote Korallen" by Judith Hermann, from *Sommerhaus, später: Erzählungen*. Copyright © 2000, Fischer # 1490, Frankfurt am Main.

Helden wie wir by Thomas Brussig. Copyright © 1999, Fischer # 1690, Frankfurt am Main.

"Eine kaiserliche Botschaft" by Franz Kafka, from *Meistererzählungen*. Copyright © 1970, Fischer Taschenbuch Verlag. Republished with Shocken Books. Inc.

Verlag Friedrich Oetinger
"Der Mann, der nie zu spät kam" by Paul Maar. Copyright © 1973, Verlag Friedrich Oetinger, Hamburg.

Gappmaier Family
"Der gute Mann" by Barbara Gappmaier, from *Junge Literatur aus Österreich 83/84*. Österreichischer Bundesverlag, Vienna, 1984.

Goethe Institute
"Bleibe" by Dieter Wellershoff, from *Dieter Wellershoff*, ed. Keith Bullivant and Mechthild Borries, Werkheft Literatur, 1992.

Franz Hohler
"Einem Elch eine Gasmaske verkaufen" by Franz Hohler, from *Ein eigenartiger Tag: Lesebuch*. Reprinted by permission of Franz Hohler.

Inter Nationes
"Zeitsätze" by Rudolf Otto Wiemer, from *Anspiel: Konkrete Poesie im Unterricht Deutsch als Fremdsprache*, ed. Dietrich Krusche and Rüdiger Krechel.

"Von der Muttersprache zur Sprachmutter" by Yoko Tawada, from *Fremde Augenblicke: Mehrkulturelle Literatur in Deutschland*, ed. Irmgard Ackermann. Coypright © 1996.

Verlag Kiepenheuer & Witsch
"Das Märchen vom kleinen Herrn Moritz, der eine Glatze kriegte" by Wolf Biermann, from *Das Märchen vom kleinen Herrn Moritz, der eine Glatze kriegte*. Verlag Kiepenheuer & Witsch, Cologne.

Jiří Král
"Supermarkt" by Jiří Král, from *In zwei Sprachen leben: Berichte, Erzählungen, Gedichte von Ausländern*, Copyright © 1983, Deutscher Taschenbuch Verlag, Munich.

Luchterhand Literaturverlag
"Neapel sehen" by Kurt Marti, from *Dorfgeschichten*. Copyright © 1983, Herman Luchterhand Verlag, Darmstadt/Neuwied.

Alice Penkala (Anneliese Meinert)
"Rotkäppchen '65" by Anneliese Meinert. Reprinted by permission of Dr. Alice Penkala.

Rowohlt Verlag GmbH
"Die Küchenuhr" by Wolfgang Borchert, from *Das Gesamtwerk*. Copyright © 1949, Rowohlt Verlag Gmbh, Hamburg.

"Fritz" by Hans Joachim Schädlich, from *Ostwestberlin*. Copyright © 1987, Rowohlt Verlag GmbH, Reinbek bei Hamburg.

"Geschichte ohne Moral" by Alfred Polgar, from *Kleine Schriften*, Band III. Copyright © 1984, Rowohlt Verlag GmbH, Reinbek bei Hamburg.

Suhrkamp Verlag
"Middle Class Blues" by Hans Magnus Enzensberger, from *Gedichte 1950-1995*. Copyright © 1996, Suhrkamp Verlag, Frankfurt am Main.

"Ein Mensch mit Namen Ziegler" by Hermann Hesse, from *Diesseits-Kleine Welt-Fabulierbuch*. Copyright © 1954, Surkamp Verlag, Frankfurt am Main.

Wallstein Verlag GambH
"Wien 1938" by Ruth Klüger, from *weiter leben*, Copyright © 1999, Wallstein Verlag GambH, Göttingen.

Walter-Verlag AG
"San Salvador" by Peter Bichsel, from *Eigentlich möchte Frau Blum den Milchmann kennenlermen*. Copyright © 1964, Walter-Verlag, Solothurn (Switzerland).

Gabriele Wohmann
"Imitation" by Gabriele Wohmann, from *Vor der Hochzeit: Erzählungen*. Copyright © 1980, Rowohlt Taschenbuch Verlag, Reinbek. Reprinted by permission of Gabriele Wohmann.

Wolf Wondratschek
"Mittagspause" by Wolf Wondratschek, from *Früher begann der Tag mit einer Schußwunde*. Reprinted by permission of Mr. Wondratschek.

Audio Permissions

BMG Ariola Muenchen GmbH
"Der kleine Trompeter" from *Fröhlich sein und singen*. Published by BMG Ariola Muenchen GmbH, Munich.

Brandes & Apsel Verlag
"Ein Gast" by Alev Tekinay. Copyright © 1983, Brandes & Apsel Verlag, Frankfurt am Main.

Clemens Hausmann
"Sonntagvormittag" by Clemens Hausmann, from *Junge Literatur aus Österreich 83-84*.

Deutsche Verlags-anstalt
"Die Nacht streckt ihre Finger aus" by Sarah Kirsch, from *Gedichte*, Vol 1, 1999. Deutsche Verlags-anstalt, Stuttgart.

EMI Music
"Willst du mit mir gehn" and "Alles Banane" by Die Wise Guys, from "Alles Banane". Published by EMI Music.

"Männer" by Herbert Grönemeyer, from 4630 Bochum. Published by EMI Music.

Europaton
"Für mich soll's rote Rosen regnen" by Hildegard Knef, from *Hildegard Knef: Ihre großen Erfolge nr. 3*.

CD Track Listing

Track 1
„Willst du mit mir gehen?"
Die Wise Guys

Track 2
„Männer"
Herbert Grönemeyer

Track 3
„Ein Posten ist frei"
Ekkehard Müller

Track 4
„Rotkäppchen"
nach den Gebrüdern Grimm

Track 5
„Zurück in die Freiheit"
Ekkehard Müller

Track 6
„Ich war ein Kind"
José F. A. Oliver

Track 7
„Inventur"
Günter Eich

Track 8
„Jetzt ist Sommer"
Die Wise Guys

Track 9
„Middle Class Blues"
Hans Magnus Enzensberger

Track 10
„Zeitsätze"
Rudolf Otto Wiemer

Track 11
„Der gute Mann"
Barbara Gappmaier

Track 12
„Kinder"
Bettina Wegner

Track 13
„Der Mann, der nie zu spät kam"
Paul Maar

Track 14
„Alles Banane"
Die Wise Guys

Track 15
„Der Panther"
Rainer Maria Rilke

Track 16
„Supermarkt"
Jiří Král

Track 17
„Für mich soll's rote Rosen regnen"
Hildegard Knef

Track 18
„Der kleine Trompeter"
(Lied aus DDR-Zeiten)

Track 19
„Sonntagvormittag"
Clemens Hausmann

Track 20
„Einem Elch eine Gasmaske verkaufen"
Franz Hohler

Track 21
„Ein Gast"
Alev Tekinay